Kohlhammer

Der Autor

Arne Burchartz, Dipl.-Päd., ist Kinder- und Jugendlichenpsychotherapeut mit eigener Praxis. Er ist als Dozent und Supervisor an den Psychoanalytischen Instituten Stuttgart und Würzburg sowie als KBV-Gutachter tätig. Er ist Redakteur und Mitherausgeber der Zeitschrift »Kinder- und Jugendlichenpsychotherapie«.

Arne Burchartz

Psychodynamische Psychotherapie bei Kindern und Jugendlichen

Das tiefenpsychologisch fundierte Verfahren:
Basiswissen und Praxis

3., erweiterte und aktualisierte Auflage

Verlag W. Kohlhammer

Dieses Werk einschließlich aller seiner Teile ist urheberrechtlich geschützt. Jede Verwendung außerhalb der engen Grenzen des Urheberrechts ist ohne Zustimmung des Verlags unzulässig und strafbar. Das gilt insbesondere für Vervielfältigungen, Übersetzungen, Mikroverfilmungen und für die Einspeicherung und Verarbeitung in elektronischen Systemen.

Pharmakologische Daten, d. h. u. a. Angaben von Medikamenten, ihren Dosierungen und Applikationen, verändern sich fortlaufend durch klinische Erfahrung, pharmakologische Forschung und Änderung von Produktionsverfahren. Verlag und Autoren haben große Sorgfalt darauf gelegt, dass alle in diesem Buch gemachten Angaben dem derzeitigen Wissensstand entsprechen. Da jedoch die Medizin als Wissenschaft ständig im Fluss ist, da menschliche Irrtümer und Druckfehler nie völlig auszuschließen sind, können Verlag und Autoren hierfür jedoch keine Gewähr und Haftung übernehmen. Jeder Benutzer ist daher dringend angehalten, die gemachten Angaben, insbesondere in Hinsicht auf Arzneimittelnamen, enthaltene Wirkstoffe, spezifische Anwendungsbereiche und Dosierungen anhand des Medikamentenbeipackzettels und der entsprechenden Fachinformationen zu überprüfen und in eigener Verantwortung im Bereich der Patientenversorgung zu handeln. Aufgrund der Auswahl häufig angewendeter Arzneimittel besteht kein Anspruch auf Vollständigkeit.

Die Wiedergabe von Warenbezeichnungen, Handelsnamen und sonstigen Kennzeichen in diesem Buch berechtigt nicht zu der Annahme, dass diese von jedermann frei benutzt werden dürfen. Vielmehr kann es sich auch dann um eingetragene Warenzeichen oder sonstige geschützte Kennzeichen handeln, wenn sie nicht eigens als solche gekennzeichnet sind.

Es konnten nicht alle Rechtsinhaber von Abbildungen ermittelt werden. Sollte dem Verlag gegenüber der Nachweis der Rechtsinhaberschaft geführt werden, wird das branchenübliche Honorar nachträglich gezahlt.

Dieses Werk enthält Hinweise/Links zu externen Websites Dritter, auf deren Inhalt der Verlag keinen Einfluss hat und die der Haftung der jeweiligen Seitenanbieter oder -betreiber unterliegen. Zum Zeitpunkt der Verlinkung wurden die externen Websites auf mögliche Rechtsverstöße überprüft und dabei keine Rechtsverletzung festgestellt. Ohne konkrete Hinweise auf eine solche Rechtsverletzung ist eine permanente inhaltliche Kontrolle der verlinkten Seiten nicht zumutbar. Sollten jedoch Rechtsverletzungen bekannt werden, werden die betroffenen externen Links soweit möglich unverzüglich entfernt

3., erweiterte und aktualisierte Auflage

Alle Rechte vorbehalten
© 2021 W. Kohlhammer GmbH, Stuttgart
Gesamtherstellung: W. Kohlhammer GmbH, Stuttgart

Print:
ISBN 978-3-17-038950-2

E-Book-Formate:
pdf: ISBN 978-3-17-038951-9
epub: ISBN 978-3-17-038952-6

*Wir waren nie stolz auf die Vollständigkeit
und Abgeschlossenheit unseres Wissens und Könnens;
wir sind, wie früher so auch jetzt, immer bereit,
die Unvollkommenheiten unserer Erkenntnis zuzugeben,
Neues dazuzulernen und an unserem Vorgehen abzuändern,
was sich durch Besseres ersetzen läßt.*

Sigmund Freud, Wege der Psychoanalytischen Therapie

Geleitwort

Mit dieser Publikation von Arne Burchartz über psychodynamische Therapie bei Kindern und Jugendlichen liegt zum ersten Mal ein Werk zu diesem Thema vor, das von einem erfahrenen Kinderanalytiker verfasst wurde. Der Untertitel »Das tiefenpsychologisch fundierte Verfahren: Basiswissen und Praxis« macht deutlich, dass es sich vor allem um ein Praxisbuch handelt. Ich freue mich sehr, zum Erscheinen dieses wichtigen Buches ein Geleitwort schreiben zu dürfen.

Wie Burchartz in seinem historischen Abschnitt ausführlich beschreibt, hatte bereits Freud vorausgesehen, dass es irgendwann notwendig würde, psychoanalytische Erkenntnisse und seelische Hilfeleistungen *allen* Menschen zur Verfügung zu stellen. Dann müsste gemäß Freuds Meinung auch die psychoanalytische Technik den neuen Bedingungen (vor allem mit Frequenz und Dauer) angepasst und der »einfachste und greifbarste Ausdruck der theoretischen Lehren« (Freud 1919a, S. 193) gesucht werden.

Fast könnte man glauben, Freud habe unsere Situation nach Schaffung eines Psychotherapeutengesetzes vorausgesehen. Tatsache ist zwar, dass schon vor dem Psychotherapeutengesetz sowohl analytische als auch tiefenpsychologisch fundierte Kinder- und Jugendlichenpsychotherapie durchgeführt und abgerechnet werden konnte. Aber das wurde nur selten praktiziert, das Interesse an dieser spezifischen Behandlungstechnik blieb gering.

1999 wurde eine große Gruppe von Psychotherapeuten zugelassen, die ausschließlich tiefenpsychologisch fundiert behandeln und abrechnen durfte. Damit veränderte sich die Landschaft schlagartig. Mittlerweile kann ich drei Gruppen erkennen, die sich im Umgang mit und in der Akzeptanz von tiefenpsychologisch fundierter Psychotherapie grundlegend unterscheiden.

Unter den Psychoanalytikern, sowohl bei den Erwachsenenpsychotherapeuten als auch bei den Kinder- und Jugendlichenpsychotherapeuten, existiert eine kleine Gruppe, welche die psychodynamischen Verfahren nach wie vor ablehnt und als weniger wertvolle Behandlungstechniken einschätzt. Ich halte es für durchaus notwendig, an den psychoanalytischen Standards festzuhalten. Aber es gibt noch andere Aspekte. Veränderte Behandlungstechniken können bei bestimmten Störungen durchaus indiziert und hilfreich sein. Auch stellt sich die Frage der Wirtschaftlichkeit: Wie können wir bei hohem Standard dennoch möglichst vielen Kindern und Jugendlichen hilfreich beistehen? Also gilt es auf der anderen Seite, die Grenzen von psychodynamischen Therapien anzunehmen, um andere Vorteile zu gewinnen. Diese Begrenztheit zu akzeptieren und auszuhalten, ist für Psychoanalytiker oft nicht leicht. Burchartz geht in einem Abschnitt des Buches ausführlich hierauf ein.

Dann gibt es eine zweite Gruppierung, deren Mitglieder ausschließlich zur tiefenpsychologisch fundierten Psychotherapie zugelassen sind. Die meisten von ihnen leisten gute Arbeit und unterscheiden sich kaum mehr von psychoanalytisch ausgebildeten Kolleginnen und Kollegen, die tiefenpsychologisch fundiert arbeiten. Bei einigen hat sich jedoch mittlerweile eine gewisse Überzeugung, ja fast Identität entwickelt, eine Therapierichtung zu vertreten, die besser ist als die »verstaubte Analyse«. Psychoanalyse wird nicht selten als etwas betrachtet, das von vorgestern ist, zu umständlich, zu unwirtschaftlich, sie wird gelegentlich als »unbrauchbar« entwertet. Wenn es mittlerweile eine Gruppe gibt, die ausschließlich tiefenpsychologisch fundiert arbeiten kann, so ist schon darum eine Unterscheidung der Therapieformen innerhalb der Psychotherapierichtlinien sowie bei deren Kommentar dringlich zu treffen. Diese Gemeinsamkeiten und Abgrenzungen werden in diesem Buch sorgfältig diskutiert.

Die dritte Gruppe sieht in *allen* psychodynamischen Verfahren eine *Erweiterung* unserer Behandlungskompetenzen und -techniken, und sie kann auch die Grenzen dieser Therapieform annehmen. Ein zentrales Ziel ist es, eine förderliche Ausbildung – eben nicht in *irgendeiner* Form – auch in den psychodynamischen Techniken anbieten zu können, denn bei der Lehre dieser Behandlungstechniken hat es in der Vergangenheit Versäumnisse gegeben. Tiefenpsychologisch fundierte Psychotherapie ist eine sinnvolle Variation von Behandlungstechnik und basiert auf den zentralen Grundannahmen oder »Essentials« der Psychoanalyse. Diesen Grundgedanken vertritt Arne Burchartz unbeirrt in seinem Buch, gemäß dem weisen Satz von Freud, dass die wirksamsten und wichtigsten Bestandteile jene bleiben, die von der strengen, der tendenzlosen Psychoanalyse entlehnt worden sind.

Wer das Buch von Arne Burchartz liest, wird rasch zur Feststellung kommen, dass er der geeignete Autor für dieses gewichtige Buch über die psychodynamischen Therapien ist. In seinen Grundberufen ist Burchartz Theologe und Diplom-Pädagoge, aus beiden Berufen hat er seine überragenden Qualitäten für den Kinderanalytiker gewonnen, der auch wissenschaftlich tätig ist. Er ist kenntnisreicher Theoretiker, scharfer Denker und dazu eloquent. Vor allem ist er jedoch ein ausgezeichneter, empathischer Kinderanalytiker mit praktischen Erfahrungen in vielfältigen Bereichen. Diesem lang erwarteten Buch ist jener Erfolg zu wünschen, der ihm gebührt.

Mundelsheim, im Januar 2012   Hans Hopf

Ergänzung zur zweiten Auflage

Mittlerweile ist der größte Teil der in Deutschland über Krankenkassen finanzierten Psychotherapien tiefenpsychologisch fundiert. Ich habe diesem Buch damals jene Beachtung gewünscht, die es verdient. Zu meiner großen Freude ist eingetroffen, was ich damals gehofft hatte. Das Buch von Arne Burchartz ist das wichtigste Lehrbuch zum Thema »Psychodynamische Psychotherapien bei Kindern und Jugendlichen« geworden. Es begleitet Psychotherapien und hilft beim Entwurf von Behandlungsplänen bei den Berichten zum Gutachterverfahren. Es ist *das* Standardwerk, sowohl für niedergelassene Psychotherapeuten und Ärzte als auch für alle Institutionen, die künftige Psychotherapeuten ausbilden.

Mundelsheim, im Februar 2015   Hans Hopf

Inhalt

Geleitwort 7
    Ergänzung zur zweiten Auflage 9

Einleitung zur dritten Auflage 15

1   Kurzer historischer Überblick 19

2   Zum Begriff Tiefenpsychologisch fundierte
    Psychotherapie (TfP) 23

3   Theoretische Grundannahmen 25
    3.1 Die Psychologie des Unbewussten 25
    3.2 Die psychoanalytische Entwicklungspsychologie 27
    3.3 Die Neurosenlehre: Theorie über die Entstehung und
        Aufrechterhaltung psychischer und psychosomatischer
        Erkrankungen 29
    3.4 Die psychodynamische Auffassung von Konflikt und
        Objektbeziehungen 30
    3.5 Das therapeutische Beziehungsgeschehen als Übertragung
        und Gegenübertragung 31
    3.6 Die Theorie der Abwehr, die Auffassung des Widerstandes
        und deren Einbezug in die therapeutische Arbeit 33
    3.7 Die Auffassung von Regression 35
    3.8 Das Ziel, Heilung durch Einsicht und Sinngebung in einer
        therapeutischen Beziehungsmatrix zu erreichen 37
    3.9 Das Gebot der Abstinenz des Therapeuten 38

4   Einführung in das Verfahren 41

5   Von der Erstbegegnung zur Therapieentscheidung 45
    5.1 Die Anmeldesituation 45
    5.2 Das Erstgespräch 51
        5.2.1 Das Erstgespräch mit den Eltern bzw.
             Bezugspersonen 51
        5.2.2 Die Erstbegegnung mit dem Kind 61
        5.2.3 Besonderheiten im Erstgespräch mit Jugendlichen ... 65
        5.2.4 Das Erstgespräch mit pädagogischen Bezugspersonen 68

	5.3	Diagnostik	70
		5.3.1 Das Erfassen der Symptomatik und ihrer Auslöser	70
		5.3.2 Die biografische Anamnese	74
		5.3.3 Die Beziehungsgestaltung	76
		5.3.4 Die Psychodynamik des Konflikts	77
		5.3.5 Psychische Struktur	82
		5.3.6 Ressourcen	90
		5.3.7 Behandlungsvoraussetzungen	91
	5.4	Der Fokus in der Psychotherapie	97
	5.5	Indikationsstellung	102
	5.6	Therapieziele	111
	5.7	Der Bericht zum Kassenantrag	116
6	**Der Anfang der Therapie: Grundlagen für die therapeutische Arbeit**		**126**
	6.1	Der Rahmen	126
	6.2	Das Arbeitsbündnis	129
		6.2.1 Das Arbeitsbündnis mit dem Kind	130
		6.2.2 Das Arbeitsbündnis mit den Eltern	142
		6.2.3 Das Arbeitsbündnis mit Jugendlichen	145
	6.3	Die Bedeutung der begrenzten Zeit	149
	6.4	Das Problem in die Therapie bringen	152
	6.5	Das Spiel als therapeutisches Medium	160
	6.6	Der Konflikt in der spielerischen und szenischen Gestaltung	166
	6.7	Die Eltern im Kind – das Kind in den Eltern	172
	6.8	Paarkonflikte und kindliche Neurose	178
	6.9	Die Ressourcen des Kindes/Jugendlichen und seiner Familie	192
7	**Durcharbeiten**		**198**
	7.1	Übertragung und Gegenübertragung: ihre Handhabung in der TfP	199
		7.1.1 Übertragung	199
		7.1.2 Gegenübertragung	202
		7.1.3 Wahrnehmen und Erkennen von Übertragung und Gegenübertragung	203
		7.1.4 Negative Übertragungen	208
		7.1.5 Technische Möglichkeiten der Arbeit mit der Übertragung	209
	7.2	Widerstand	216
		7.2.1 Formen des Widerstandes	218
		7.2.2 Widerstandsphänomene und ihre Bearbeitung	220
	7.3	Die Bedeutung der therapeutischen Beziehungserfahrung	228
		7.3.1 Akzeptanz, Respekt, Wertschätzung	229
		7.3.2 Empathie	230
		7.3.3 Die haltende Funktion des Therapeuten	232
		7.3.4 Containing	233

		7.3.5	Modifizierte Reaktionen auf Emotionen und Affekte des Patienten	235
		7.3.6	Die Reflexion des Beziehungsgeschehens in Übertragung und Szene	236
	7.4		Deutungen	240
		7.4.1	Deutungstechniken	243
		7.4.2	Die Rolle des Therapeuten im Spiel	247
		7.4.3	Den Affekten einen Namen geben	249
		7.4.4	Mentalisieren	251
	7.5		Die Arbeit mit Träumen	255
	7.6		Die interpersonale Dynamik – Arbeit an den »Außenbeziehungen«	263
	7.7		Der Dritte, der Vierte … Der reale Einbezug weiterer Bezugspersonen	267
	7.8		Psychopharmaka und Psychotherapie	272
	7.9		Stabilisieren und unterstützen	278
8			**Die Beendigung der Therapie**	**283**
	8.1		Abschied und Trennung bearbeiten	283
	8.2		Das Erreichte würdigen	286
	8.3		Die Grenzen der Therapie annehmen	289

Literatur	293
Verzeichnis der Fallbeispiele	301
Stichwortverzeichnis	305

Einleitung zur dritten Auflage

Die Tiefenpsychologisch fundierte Psychotherapie mit Kindern und Jugendlichen wird heute als eines der zwei psychoanalytisch begründeten Verfahren angesehen (Dieckmann, Becker & Neher 2021, S. 92f.). Gemeinsamkeiten und Unterschiede von Analytischer und Tiefenpsychologisch fundierter Psychotherapie sind auch im Kindes- und Jugendalter in der Fachdiskussion differenziert herausgearbeitet und begründet. Im Bereich der Erwachsenen-Psychotherapie liegt eine Fülle von Werken vor, welche das tiefenpsychologisch fundierte Verfahren theoretisch und praktisch darstellen (z. B. Dührssen 1988, Heigl-Evers & Ott 1994, Wöller & Kruse 2020, Jaeggi, Gödde, Hegener & Möller 2003, Küchenhoff 2005, Reimer & Rüger 2006, Dreyer & Schmidt 2008, Jaeggi & Riegels 2008, Rudolf 2010, Boll-Klatt & Kohrs 2014, Beutel, Doering Leichsenring & Reich 2010, um nur einige zu nennen). Für Kinder- und Jugendlichen-Behandlungen hingegen ist die Literatur zur TfP immer noch eher spärlich (Seiffge-Krenke 2007, Poser 2010, als Beiträge in Zeitschriften Pfleiderer 2002, Rüger 2002, Streek-Fischer 2002, Einnolf 2004, Burchartz 2004). Dies gilt insbesondere für das Verständnis der TfP als psychoanalytisch begründetes Verfahren. Offensichtlich besteht bei psychoanalytisch orientierten Psychotherapeuten nach wie vor eine gewisse Scheu, sich dieser Thematik gründlich anzunehmen, wiewohl die TfP in der klinischen Praxis eine große Rolle spielt. Einer der möglichen Gründe hierfür mag in der Befürchtung liegen, den verlässlichen Boden der reichhaltigen und differenzierten Tradition der Psychoanalyse des Kindes zu verlassen. Gleichwohl sind in vielen psychoanalytischen Ausbildungsinstituten spezielle Curricula für die TfP, ihre Grundlagen, Indikationen und Behandlungstechniken entstanden. Parallel dazu wächst in vielen TfP-Ausbildungsinstituten das Interesse, sich mit den psychoanalytischen Grundlagen auseinanderzusetzen. Möglicherweise haben diese Entwicklungen dazu geführt, dass das vorliegende Grundlagenwerk mit seinem Bezug zur klinischen Praxis eine starke Nachfrage erfährt, so dass nun eine dritte Auflage erscheint.

Die Darstellung verbindet vor allem aus klinisch-praktischer Erfahrung geronnene Einsichten mit theoretischen Reflexionen, ein Lernzusammenhang, der für die Psychoanalyse typisch ist (vgl. Kahl-Popp 2011). Ein solches Vorhaben bietet den Vorzug der Praxisnähe. Das Buch verfolgt durchaus die Absicht, dem Psychotherapeuten ein Repertoire an gut begründeten Interventionsmöglichkeiten an die Hand zu geben, es ist also kein rein wissenschaftliches Werk und erhebt auch nicht den Anspruch einer umfassenden Darstellung des Standes der Forschung. (Hierzu sei auf Burchartz (2021) verwiesen, in diesem Buch ist auch ein Beitrag von E. Windaus zum Stand der empirischen Forschung.) Beispiele aus der Behandlungspraxis verdeutlichen die Zielrichtung des tiefenpsychologisch fundierten Verfahrens. Diese didaktische Form hat allerdings auch Schwächen. Es könnte der falsche Eindruck entstehen, als sei das vorgeschlagene Vorgehen das einzig »richtige« im Sinne des Verfahrens. Dies zu suggerieren, ist keineswegs die Absicht des Autors. Jeder Therapeut hat seinen eigenen Stil, seine eigene Erfahrung und die daraus gewonnene handlungsleitende Theorie. Die Darstellung von Sequenzen und Vignetten aus der Behandlungspraxis bietet einen Einblick in mögliche Vorgehensweisen, die sich der Autor aus einer gründlichen Beschäftigung mit dem Thema, im Diskurs mit Fachkollegen und aus eigener praktischer Erfahrung erarbeitet hat. Sie sollen ermutigen, in ähnlicher Weise die eigene Arbeit theoretisch und praktisch zu erweitern und zu vertiefen, auch wenn im konkreten Fall ganz andere Interventionen für sinnvoll gehalten werden. Die Authentizität des Therapeuten in seiner Vorgehensweise ist entscheidend, sie ist nicht zuletzt ein wesentlicher Wirkfaktor in der Therapie.

Die Anordnung des Stoffes folgt – das legt der Anspruch der Praxisbezogenheit nahe – dem Prozess der Therapie von ihrem Beginn bis zur Beendigung. Es ist daher kein Zufall, dass das Werk darin anderen Darstellungen ähnelt, die dem nämlichen Prinzip folgen (vgl. z. B. Wöller & Kruse 2020). Im Hintergrund stehen eine Fülle von Anregungen, die aus Arbeiten stammen, die sich mit Theorie und Technik der TfP bei Erwachsenen auseinandersetzen und die wertvolle Anknüpfungspunkte für die Tiefenpsychologisch fundierte Psychotherapie mit Kindern und Jugendlichen bieten.

Grundlage der hier vorgetragenen Auffassung der TfP ist das wissenschaftliche und klinische Gebäude der Psychoanalyse. Kollegen, die in der TfP ein von der Psychoanalyse abgetrenntes oder diese erübrigendes Verfahren sehen, werden das Buch vielleicht enttäuscht zur Seite legen. Andere Kollegen, die den Ansatz verfolgen, die Psychoanalyse als Verfahren möglichst ohne Beimischungen anscheinend verfahrensfremder Elemente anzuwenden, werden von einer anderen Richtung her ebenfalls kritische Einwände erheben. Freilich kann auch dann die vorgetragene Sichtweise zu einer – hoffentlich fruchttragenden – diskursiven Auseinandersetzung führen. Gemäß den Grundlagen der Psychoanalyse kann jede Erkenntnis nur vorläufigen Charakter haben, bis sie einer besseren Einsicht zugeführt wird.

Die TfP ist ein störungsübergreifender Behandlungsansatz, von dieser Sichtweise her ist das Buch konzipiert. Entsprechend stammen die Beispiele aus einer Vielfalt von Störungsbildern. Freilich gewinnt das Verständnis störungsspezifischer Dynamiken und ihrer Behandlung auch in psychodynamischen Verfahren an Bedeutung. Es wäre reizvoll, störungsspezifische Vorgehensweisen in der TfP darzustellen. Dies würde allerdings den Rahmen eines Grundlagenbuches sprengen. Die vorliegende dritte Auflage wurde ergänzt durch zwei Kapitel: »Psychopharmaka und Psychotherapie« und »Mentalisieren«. Das schwergewichtige Thema der spezifischen Behandlung von Kindern und Jugendlichen mit einem unbewältigten Trauma musste aus dem gleichen Grund zurückstehen – vgl. hierzu Winkelmann (2007) und Burchartz (2019c). Der Leser sei verwiesen auf die Darstellung störungsspezifischer Interventionen in Hopf & Windaus (2007) und Heinemann und Hopf (2015) sowie auf die sukzessive Erscheinung der »Leitlinien« in der Zeitschrift »Analytische Kinder- und Jugendlichen-Psychotherapie«, deren Zusammenfassung in einem Band geplant ist. Eine kritische Sicht zur Störungsspezifität und Leitlinienorientierung legt Auchter (2003) dar.

Psychotherapeuten, die in den beiden Verfahren Analytische und Tiefenpsychologisch fundierte Psychotherapie ausgebildet sind, werden an vielen Stellen feststellen: »Aber das machen wir doch in der Analytischen Psychotherapie auch.« Das hört man in theoretisch-technischen und kasuistischen Diskussionen häufig und es ist richtig. Zum einen ist die probatorische Phase bis zur Indikationsentscheidung identisch, auch manche Grundlage wie z. B. das Arbeitsbündnis spielt in beiden Verfahren eine gleichwertige Rolle. Zum anderen finden sich in einer Analyse oder in einer Analytischen Psychotherapie regelmäßig Elemente, die man eher einem tiefenpsychologisch fundierten Vorgehen zurechnen kann. Je nach dem Prozess innerhalb der Beziehung zum Patienten werden auch in einer Analytischen Psychotherapie z. B. zeitweise regressionsbegrenzende, antwortende oder auf das Arbeitsbündnis bezogene Interventionen weiterführend sein. Umgekehrt finden sich auch in einer tiefenpsychologisch fundierten Behandlung Elemente, die dem Vorgehen in einer Analytischen Psychotherapie entsprechen, z. B. Widerstands- und Übertragungsdeutungen. Wir müssen in beiden Verfahren von einer Ergänzungsreihe ausgehen, wobei deren Charakter darin besteht, welche therapeutische Haltung vorherrscht und welche Art der Intervention überwiegt.

Im Austausch mit Ausbildungskandidaten und erfahrenen Psychotherapeuten entsteht regelmäßig das Bedürfnis, im Rahmen einer Falldiskussion die unterschiedliche Arbeitsweise beider Verfahren anhand von Momenten der »Weichenstellung« in der Therapie praktisch darzustellen. Ein solcher Versuch misslingt meistens. Die Intervention eines bestimmten Therapeuten in einem bestimmten Moment der Behandlung mit einem bestimmten Patienten ergibt sich aus einem Prozess, der zwar anhand der Übertragungsdynamik reflektiert und vertieft verstanden werden kann. Was man in einem anderen Verfahren in diesem konkreten Moment hätte »anders machen« können, bleibt aber rein spekulativ. Jede Behandlungssequenz ist eingebettet in einen Prozess mit vielen, v. a. auch unbewussten Determinanten und lässt sich nicht isoliert verstehen oder gar manipulieren. Deshalb verzichtet der Autor darauf, diesem Bedürfnis entgegenzukommen, es erschiene allzu künstlich und entspricht nicht dem Verständnis der Psychotherapie als dynamisches Geschehen innerhalb einer spezifisch und individuell sich konstellierenden Beziehung.

Die meisten Fallbeispiele in diesem Buch sind als wörtliche Rede dargestellt. Das dient der Lebendigkeit und Prägnanz. Sie werden so übernommen, wie sie aus dem Gedächtnis des Therapeuten niedergeschrieben worden sind, entspringen also bereits einer Bearbeitung. Das ist unvermeidlich, denn auch bei größter Sorgfalt und Redlichkeit ist natürlich mit einer gewissen Verfälschung zu rechnen. Das entspricht der Realität eines niedergelassenen Psychotherapeuten, der aus grundsätzlichen, aber auch praktisch-behandlungstechnischen Erwägungen darauf verzichtet, Aufnahmegeräte während einer fortlaufenden Therapie zu verwenden. Aber dies ist kein Mangel. Es entspricht der Erkenntnis, dass das innere Bild, das im Therapeuten vom Behandlungsprozess entsteht, eine Quelle spezifischer Einsicht und Wirksamkeit darstellt. Wollte man ein exaktes äußeres Bild von Behandlungsausschnitten gewinnen, müsste man auf Videoaufzeichnungen zurückgreifen. Aber auch diese sind nicht »objektiv«, da sie auch lediglich Abbilder innerer Prozesse sind, die erschlossen werden müssen. Das gilt erst recht für das bloße gesprochene und aufgezeichnete Wort, bei dem wichtige Vorgänge wie Gestik und Mimik ausgeblendet bleiben.

Die Beispiele sind selbstverständlich anonymisiert und, wo nötig, in einigen Details verfremdet, die der Autor nicht für zentral hält. Der Leser wird ausdrücklich dazu eingeladen, in ihnen auch andere Facetten als die vom Autor benannten zu entdecken.

Das Verfassen eines Textes steht in einem unausweichlichen Konflikt zwischen flüssiger Lesbarkeit und gerechter Sprache. Um Ersterer willen wird durchgängig die männliche Form verwendet, wo auch die weibliche Form oder eine Kombination möglich wäre, in der Hoffnung, der Leser kann sich darauf einlassen, dass in solchen Textpassagen die weibliche Form mit gemeint und gedacht ist.

Viele haben das Buches mit Ermutigung, Gesprächen und kritischen Einwänden begleitet, ihnen sei hier herzlich gedankt; ganz besonders meiner Frau, Angelika Pannen-Burchartz, und Dr. Hans Hopf, dessen unermüdlicher Ansporn eine unverzichtbare Hilfe ist. Ein spezieller Dank geht an die Kolleginnen und Kollegen in der TfP-Forschungsgruppe des Psychonalytischen Instituts Stuttgart, die in langjähriger freundschaftlicher Kollegialität und Zusammenarbeit die Basis zu diesem Buch überhaupt erst gelegt haben. Last not least gilt der Dank auch den Ausbildungskandidaten, die sich dem gemeinsamen Lernen geöffnet haben. Sehr dankbar bin ich Kathrin Kastl, die die dritte Auflage als Lektorin geduldig und sorgfältig begleitet hat.

Wenn das Buch die Diskussion erweitert, die Praxis bereichert und dazu anregt, die vorgetragenen Gedanken kreativ weiterzuentwickeln, hat es seinen Zweck erfüllt.

Öhringen, im April 2021　　　　　　　　　　　　　　　　　　Arne Burchartz

1 Kurzer historischer Überblick

In seinen sog. behandlungstechnischen Schriften (insbes. Freud 1912e, 1913c, 1914g) fasste Sigmund Freud zusammen, welches technische Vorgehen er aufgrund seiner klinischen Erfahrung, die er bis dahin gesammelt hatte, für die Psychoanalyse für grundlegend hält. Damit war ein vorläufiger Kodex für die psychoanalytische Behandlung formuliert. Aber bereits im Jahr 1918 stellte Freud – anknüpfend an Gedanken zur »Aktivität« des Analytikers, wie sie in jener Zeit auch Ferenczi äußerte (1919a, 1919f) – Überlegungen an, »den Stand unserer Therapie zu revidieren ... und Ausschau zu halten, nach welchen neuen Richtungen sie sich entwickeln könnte« (Freud 1919a/1918). Das massenhafte neurotische Elend nach dem Ersten Weltkrieg mag hierbei eine Rolle gespielt haben. Anlass war der 5. Internationale Psychoanalytische Kongress in Budapest, bei dem auch Regierungsvertreter anwesend waren; dies mag Freud bewogen haben, seinen Vortrag vorher schriftlich zu fixieren (was er sonst nicht tat). Freud entwickelte seine Gedanken in drei Richtungen: Zum einen, indem er die Möglichkeit ins Auge fasst, die Abstinenzregel zu ergänzen, indem der Analytiker die »äußerlich konstellierenden Umstände« (S. 187), die einer Heilung im Wege stehen, zu beeinflussen versucht. Der Analytiker müsse etwa den Verzicht auf Ersatzbefriedigungen fordern, welche die Neurose ablösen, aber nicht zur Heilung führen (z. B. die Reinszenierung in Beziehungen), er müsse aber auch der Verwöhnung durch eine übermäßige Wunscherfüllung in der Übertragung entgegentreten.

Zum anderen betrifft die Aktivität Behandlungen von Patienten, »die so haltlos und existenzunfähig sind, dass man bei ihnen die analytische Beeinflussung mit der erzieherischen vereinigen muss.«(S. 190) Was Freud hier ins Auge fasst, ist mit den Worten der heutigen psychoanalytischen Theoriebildung eine Modifizierung der Behandlungstechnik bei strukturell schwer gestörten Patienten.

Eine dritte Form der Aktivität ist nach Freud in der Symptomatik selbst begründet: »... die verschiedenen Krankheitsformen, die wir behandeln, (können) nicht durch die nämliche Technik erledigt werden« (S. 191). Freud nennt als Beispiel die Phobien, zu deren erfolgreicher Behandlung die Patienten dazu gebracht werden müssten, sich der phobischen Angst-Situation auszusetzen, erst dann werde der Kranke »jener Einfälle und Erinnerungen habhaft, welche die Lösung der Phobien ermöglichen« (S. 191; vgl. Hopf 2009). Weitere technische Modifikationen schlägt er für die Zwangserkrankungen vor.

In demselben Vortrag befasst sich Freud mit der Frage, wie die Psychoanalyse unter den Bedingungen einer breiten Anwendung (»Psychotherapie fürs Volk«, S. 193f.) aussehen werde – wobei er auch »die Kinder, denen nur die Wahl zwischen Verwilderung und Neurose bevorsteht«, im Auge hatte. »Dann wird sich für uns die Aufgabe ergeben, unsere Technik den neuen Bedingungen anzupassen« (S. 193).

Leider hat S. Freud diese Gedanken später nicht mehr aufgegriffen. Allerdings hat er damit wesentliche Probleme der Kontroversen um die Technik in der weiteren Entwicklung der psychoanalytischen Verfahren benannt: die Aktivität des Analytikers in der Behandlung bestimmter Krankheitsbilder und die Anwendung der Psychoanalyse als versorgungsrelevantes Verfahren für psychisch kranke Menschen, die sich den Bedingungen der »tendenzlosen Psychoanalyse« (a. a. O., S. 194) nicht ohne weiteres anpassen können. Cremerius (1993) weist in diesem Zusammenhang darauf hin, dass sich hier der Konflikt zwischen dem Arzt und dem Forscher in der Person Sigmund Freuds selbst zeigt.

1924 erschien der Band »Entwicklungsziele der Psychoanalyse« von Sándor Ferenczi und Otto Rank, beide Schüler und enge Mitarbeiter S. Freuds. Ausgehend von der Überlegung, dass die Wiederholung des neurotischen Konflikts in der Übertragung nicht allein als Widerstand gegen das »Erinnern« zu verstehen ist, sondern folgerichtig ein Ergebnis des Wiederholungszwanges und deshalb unvermeidlich ist und oft gerade die Stücke enthält, »die als Erinnerung überhaupt nicht zu haben sind, so dass dem Patienten kein anderer Weg übrig bleibt, als sie zu reproduzieren« (Ferenczi & Rank 1924, S. 14), fordern die Autoren eine Aktivität des Analytikers »im Sinne einer direkten Förderung der bisher vernachlässigten, ja als störende Nebenerscheinung betrachteten *Reproduktionstendenz* in der Kur« (S. 15). Damit fordern sie eine aktive Haltung des Analytikers, die sich darauf richtet, das Wiederholen als eine spezifische Form des präverbalen Erinnerns in der Analyse gezielt zu fördern, ja zu provozieren. In seiner Schrift »Weiterer Ausbau der ›aktiven Technik‹ in der Psychoanalyse« empfiehlt Ferenczi, in bestimmten Phasen der Analyse diese Reproduktionstendenzen, um sie innerhalb der Analyse zu halten, dadurch zu fördern, dass dem Patienten bestimmte Gebote oder Verbote auferlegt werden (Ferenczi 1921). Die Ideen von Ferenczi und Rank fanden in der psychoanalytischen Diskussion wenig Resonanz; Freud äußerte sich skeptisch, die Mehrheit der Analytiker lehnte die aktive Methode ab (vgl. Haynal 2000). So blieb das Anliegen über 20 Jahre lang unbearbeitet, bis es von Franz Alexander (damals einer der Kritiker Ferenczis und Ranks) und seinem Kollegen Thomas Morton French, beide am Chicagoer Psychoanalytischen Institut, wieder aufgegriffen wurde (Alexander & French 1946). Alexander und French versuchten eine Komprimierung und Verkürzung des analytischen Verfahrens dadurch zu erreichen, dass sie den Patienten durch gezieltes eigenes Verhalten des Analytikers zu bestimmten Übertragungen provozierten. Bezog sich die Aktivität des Analytikers bei Ferenczi und Rank noch darauf, den Patienten überhaupt zu Reproduktionen in der Analyse zu bewegen bzw. diese zu intensivieren, notfalls durch Eingriffe in sein alltägliches Verhalten, so schlagen Alexander und French vor, *bestimmte* Übertragungskonstellationen durch gezielte Einflussnahme innerhalb der Analyse hervorzurufen. Beiden Ansätzen gemeinsam ist die Betonung, dass Deutungen allein, sofern sie auf der Ebene des kognitiven Verstehens verharren, keine Veränderung im Patienten hervorbringen; vielmehr bedürfe es einer emotionalen Beteiligung des Patienten, was auch eine emotionale Beteiligung des Analytikers voraussetze (Ferenczi 1999: »Ohne Sympathie keine Heilung«). Die Analyse solle dem Analysanden eine korrigierende emotionale Erfahrung ermöglichen (Alexander & French 1946). Die Autoren betonten, dass in jeder Psychotherapie, sei sie streng analytisch oder abgewandelt, die gleichen psychodynamischen Prinzipien wirksam seien bzw. die Grundlage des therapeutischen Vorgehens abgeben würden.

Wiederum fand der Ansatz von Alexander und French in der analytischen Diskussion keine Aufnahme; die Mehrheit der Analytiker lehnte das Vorgehen als »unanalytisch« ab. Die Antwort erfolgte wenige Jahre später durch die Festlegung einer »rite-Psychoanalyse« durch Kurt Eissler (1953). Setting, Behandlungsfrequenz usw. waren damit für die Psychoanalyse vorläufig in einer Art Ideal-Technik festgelegt, es etablierte sich eine Unterscheidung von »strikter« Psychoanalyse und daraus abgeleiteten Verfahren, die als mehr oder weniger »analytisch« anerkannt bzw. als »unanalytisch« abgelehnt wurden. Im amerikanischen Sprachraum wurden diese Verfahren oft unter dem Begriff »Psychodynamic Psychotherapy« zusammengefasst und sie gewannen hinsichtlich der Versorgungsrelevanz bald größere Bedeutung als die »klassische« Psychoanalyse[1] (vgl. zum Begriff »klassisch« in diesem Zusammenhang Haynal 2000, S. 126ff.). Im deutschen Sprachraum war es v. a. Annemarie Dührssen (1988, 1995), die unter dem Begriff »Dynamische Psychotherapie« diese Verfahren weiterentwickelte.

In den 50er und 60er Jahren des letzten Jahrhunderts fand sich eine kleine Arbeitsgruppe um Michael Balint, einem Ferenczi-Schüler, Enid Balint und David Malan zusammen, die eine Verkürzung und Konzentration der analytischen Therapie bei bestimmten Patientengruppen mittels einer Fokusbildung vorschlugen. Ziel der Kurzzeittherapie oder Fokaltherapie sollte es sein, einen umschreibbaren aktivierten zentralen Konflikt zu bearbeiten, ohne einen langwierigen regressiven Prozess einzuleiten. Dazu wurde in der Arbeitsgruppe für einen Patienten ein möglichst prägnanter Fokalsatz gefunden, der den Brennpunkt (Fokus), das Zentrum des Konfliktgeschehens beschreibt und der als roter Faden in der Behandlung dient. Dem Patienten steht es natürlich jederzeit offen, das Material in die Stunden zu bringen, das ihm im Moment naheliegt, weder ist das Prinzip der freien Assoziation noch das der Abstinenz des Analytikers aufgehoben. Auch die Verwertung der Erkenntnisse aus Übertragung, Gegenübertragung sowie Widerstand als Basis des psychoanalytischen Prozesses bleiben erhalten. Die Aufgabe des Analytikers besteht allerdings darin, das Material hinsichtlich des fokalen Konflikts zu sortieren und das aufzugreifen, was zu dessen Bearbeitung dienlich

---

1 Der Begriff »klassische Psychoanalyse« ist irreführend, impliziert er doch eine Festlegung, die der Psychoanalyse ihrem Wesen nach eigentlich widerspricht. Die psychoanalytische Technik war, ähnlich wie ihr jeweiliger wissenschaftlicher Erkenntnisstand, immer im Wandel. Seit Eissler ist man geneigt, ein bestimmtes Verfahren als »klassische Psychoanalyse« zu bezeichnen, das ist zur Unterscheidung von anderen psychoanalytischen Verfahren hilfreich, sollte aber nicht zu der Ansicht verführen, als sei dieses »Standardverfahren« schon immer die »eigentliche« Psychoanalyse gewesen. S. Freud (1919a): »... wir waren nie stolz auf die Vollständigkeit und Abgeschlossenheit unseres Wissens und Könnens; wir sind, wie früher so auch jetzt, immer bereit, die Unvollkommenheiten unserer Erkenntnis zuzugeben, Neues dazuzulernen und an unserem Vorgehen abzuändern, was sich durch Besseres ersetzen läßt« (S. 183).

ist. Die Aktivität des Analytikers bezieht sich also auf ein »selektives Aufgreifen« und damit auf eine Konzentration des Prozesses auf das zentrale Konfliktthema des Fokus. Damit war eine Technik gefunden, welche einerseits die analytischen Prinzipien aufrechterhält und auf manipulatives Eingreifen in den Übertragungsprozess verzichtet und andererseits eine Konzentration und Verkürzung des therapeutischen Prozesses erlaubt. Die Bildung eines Fokus kann als das zentrale Arbeitsmittel nicht allein von Kurzzeittherapien, sondern von Tiefenpsychologisch fundierten Psychotherapien überhaupt angesehen werden.[2]

> **Merke**
>
> - Die heutige Auffassung der TfP ist historisch auf dem Boden der Psychoanalyse gewachsen.
> - Sie entspringt Bemühungen, die Analyse in bestimmten Aspekten weiterzuentwickeln, etwa in der Frage der Aktivität des Analytikers oder der Konzentration des therapeutischen Prozesses.
> - Sie ist das Ergebnis einer Suche nach einem technischen Vorgehen, das solchen Patienten hilft, die aus unterschiedlichen Gründen einer Analyse nicht zugänglich sind.

---

2 Zur Fokusbildung ▶ Kap. 5.4 »Der Fokus in der Psychotherapie«.

2 Zum Begriff Tiefenpsychologisch fundierte Psychotherapie (TfP)

In Deutschland wurde die Psychotherapie 1967 als Heilungsverfahren in die Finanzierung durch die gesetzlichen Krankenkassen übernommen. Neben der psychoanalytischen Therapie wurden auch die Verfahren kassenrechtlich anerkannt, die bislang unter der Begrifflichkeit »Dynamische Psychotherapie« Eingang in die Sprachregelung gefunden hatten. Aus einer gewissen Verlegenheit heraus, wie man Kurzzeitpsychotherapie, Fokaltherapie, Dynamische Psychotherapie und langfristig stützende Verfahren unter einen Begriff fassen kann, wurde die gleichsam »künstliche« Wortkombination »Tiefenpsychologisch fundierte Psychotherapie« eingeführt und festgelegt. Damit entstand eine Begrifflichkeit, die zwar in Deutschland im Rahmen des Kassenrechts verständlich und zur Differenzierung von der Analytischen Psychotherapie notwendig und hilfreich ist, die allerdings keine Entsprechung im internationalen Psychotherapie-Diskurs hat. Von der Analytischen Psychotherapie werden solche Behandlungsverfahren unterschieden, die sich durch eine niedrige Behandlungsfrequenz, Begrenzung der Regression und die Fokussierung auf einen umschriebenen, bewusstseinsnahen Konflikt kennzeichnen lassen (Ermann 2004). Unklar blieb, wie weit sich *in der Kinder- und Jugendlichenpsychotherapie* die TfP von der Analytischen Psychotherapie abgrenzen lässt. In einer früheren, der 6. Auflage des »Kommentar(s) Psychotherapie-Richtlinien« hieß es noch, dass eine »exakte Unterscheidung dieser Behandlungsarten – insbesondere in der Kinderpsychotherapie – nicht begründet werden konnte« (Rüdiger, Dahm & Kallinke 2003, S. 41). Die Tatsache aber, dass seit Einführung des Psychotherapeutengesetzes 1999 einerseits die Zahl der Anträge zur Tiefenpsychologisch fundierten Psychotherapie im Kindes- und Jugendalter wächst (vgl. Streek-Fischer 2002), andererseits – damit zusammenhängend – eine nennenswerte Zahl der zugelassenen Kinder- und Jugendlichenpsychotherapeuten ausschließlich über eine Qualifikation in diesem Verfahren verfügt, sollte Anlass sein, über diese Auffassung neu nachzudenken. Diese Entwicklung hat ja nicht nur äußere, in der Verfassung des Gesundheitswesens und dessen Interessenkonflikten liegende Gründe. Vielmehr haben sich – wie gezeigt – auf dem Boden der Psychoanalyse eine Reihe von Behandlungsverfahren herausdifferenziert und haben an Bedeutung gewonnen, welche solchen Patientengruppen gerecht werden können, bei denen aufgrund ihrer Struktur, ihres Störungsbildes, ihrer Selbstreflexionsfähigkeit oder auch aus äußeren Gründen eine Analytische Psychotherapie nicht indiziert ist, die aber von einem psychodynamischen Vorgehen (Einsichtsförderung, positive Beziehungserfahrung, Affektdifferenzierung, intrapsychische Konfliktaufdeckung, Analyse der bewusstseinsnahen interpersonellen (Außen-)Konflikte des Patienten, Ressourcenaktivierung etc.)

profitieren können (kurze Übersicht in: Wöller & Kruse 2020, S. 9–17, vgl. auch Rüger 2002, Burchartz 2004).

Der Versuch, Analytische und Tiefenpsychologisch fundierte Psychotherapie auch im Kindes- und Jugendalter schärfer voneinander zu unterscheiden und die jeweiligen Profile herauszuarbeiten, relativiert allerdings den Usus, beiden Verfahren die gleichen Stundenkontingente zuzuordnen. Es sollte neu begründet werden, welcher zeitliche Umfang bei den jeweiligen Verfahren im Rahmen des psychodynamischen Spektrums für sinnvoll gehalten wird. Dabei muss differenziert werden zwischen Kurzzeitpsychotherapien (wie bisher auch), tiefenpsychologisch fundierten und fokussierten Langzeittherapien und langfristig angelegten stützenden und strukturbezogenen Psychotherapien. In jedem Fall sollte beachtet werden, dass Patienten für Veränderungsprozesse ihrer psychischen Konstellationen auch unabhängig von der Frequenz ihren eigenen Zeitrahmen brauchen.

> **Merke**
>
> - Der Begriff »Tiefenpsychologisch fundierte Psychotherapie« entstand im Zusammenhang mit der Aufnahme der Psychotherapie ins deutsche Kassenrecht.
> - Er bezeichnet von der Psychoanalyse abgeleitete Verfahren, die regressionsbegrenzend und konzentriert auf einen Aktualkonflikt oder auf strukturelle Funktionsstörungen arbeiten.

3 Theoretische Grundannahmen

Das vorliegende Werk versteht die Tiefenpsychologisch fundierte Psychotherapie (im Folgenden abgekürzt »TfP«) als ein psychoanalytisches Behandlungsverfahren. Wenn wir die Psychoanalyse als ein wissenschaftliches System begreifen, das von einer spezifischen Anthropologie und damit auch von einer beschreibbaren Metapsychologie ausgeht, so finden wir unter diesem Dach eine Reihe von Behandlungsverfahren, die sich im Laufe der psychoanalytischen Theorie- und Praxisentwicklung herausdifferenziert haben. Dazu gehören Krisenintervention, psychoanalytisch orientierte Beratung, Kurzzeitpsychotherapie, Fokaltherapie, Dynamische Psychotherapie, TfP, psychoanalytische Paar- und Familientherapie, strukturbezogene Psychotherapie, Analytische Psychotherapie, »tendenzlose« (Freud) Psychoanalyse u. a. Sie alle bilden hinsichtlich der technischen Handhabung von Übertragung und Gegenübertragung, Widerstand und Regression ein Kontinuum und sind nicht vorstellbar ohne die Grundannahmen der psychoanalytischen Theorie und Praxis, die im Folgenden skizziert werden. (Wer sich vertieft mit dem aktuellen Stand der psychoanalytischen Theoriebildung und Behandlungspraxis auseinandersetzen will, dem sei das dreibändige Werk von Mertens (2010–2012), Psychoanalytische Schulen im Gespräch empfohlen). Einen Überblick bietet Burchartz (2021) sowie Burchartz, Hopf und Lutz (2016).

3.1 Die Psychologie des Unbewussten

Die Psychoanalyse fußt auf der Erkenntnis, dass die Motive menschlichen Verhaltens, Fühlens und Denkens sowie deren Einordnung in einen individuellen und kollektiven Sinnzusammenhang der bewussten Wahrnehmung entzogen sind: Sie sind unbewusst. Wie der Mensch sein Leben gestaltet, hängt von einem psychischen Kräftespiel ab, das sich unserer direkten Beeinflussung entzieht. Dies betrifft unsere psychische Befindlichkeit, psychosomatische Phänomene, unseren Alltag, die Organisation unseres familiären und gesellschaftlichen Zusammenlebens und eben auch all das, was wir als psychische Störung oder Krankheit beschreiben. Das Unbewusste lässt sich nicht einfach »bewusst« machen (dann wäre es ja nicht mehr »unbewusst«) – dies wäre auch ein Missverständnis der psychoanalytischen Therapie. Es lässt sich allerdings anhand seiner Manifestationen erkennen und erforschen und teilweise in das Ich integrieren – ein Anliegen, dem sich S. Freud lebenslang gewidmet hat und das in der Geschichte der Psychoanalyse bis heute zu beeindruckenden Ergebnissen geführt hat. S. Freud selbst hat seine Auffassung vom Unbewussten anhand dreier Manifestationen, die auch die Themen seiner grundlegenden psychologischen Schriften bilden, entwickelt: Der Traum, die Fehlleistungen und -handlungen im Alltag und der Witz[3]. In diesen Untersuchungen konnte er wesentliche Funktionsweisen des Unbewussten herausarbeiten: Das Fehlen sprachlich-logischer Verknüpfungen, stattdessen assoziative Verknüpfungen, Bilder- und Symbolsprache; Verdichtung, Verschiebung und sekundäre Bearbeitung, um nur die wichtigsten zu nennen. Die Differenzierung in einen Primärprozess, in dem eine direkte Wunscherfüllung gesucht wird, und einen Sekundärprozess, in dem sich entwickelnde Ich-Strukturen und -Fähigkeiten zunehmend die Realitätswahrnehmung und -bewältigung durch Beherrschung der Motilität, Triebaufschub, frühe Denkprozesse, Symbolisierungsfähigkeit etc. übernehmen, gehört ebenfalls zu den ersten Erkenntnissen über das Unbewusste. In einer späteren Phase der Theoriebildung entwickelte Freud das strukturale Modell des Unbewussten: Es, Ich und Über-Ich, wobei ein Teil des Ich – mit der Grenzlinie des Vorbewussten – dem bewussten Erleben und Verhalten zuzuordnen ist. Erweiterungen erfuhr die Theorie des Unbewussten durch die Ich-Psychologie mit der Beschreibung von Abwehrmechanismen (A. Freud 1936) und durch die Objektbeziehungstheorie, v. a. durch M. Klein, D.W. Winnicott u. a., in der die Bildung innerer Objektrepräsentanzen aus dem frühen Austausch zwischen dem Individuum und seinen primären Bezugspersonen untersucht und beschrieben werden. Von den neueren Beiträgen zum Verständnis unbewusster Determinanten sind v. a. die Selbstpsychologie (Kohut 1977), Narzissmus-Theorien (Kohut 1971, Kernberg 1975, Kernberg & Hartmann 2006), die Bindungstheorie (Bowlby 1969, Ainsworth 1977, Grossmann & Grossmann 2004, Brisch 1999 u. a.) und die Untersuchung der Entwicklung der Mentalisierungsfunktion (Fonagy u. a. 2002) hervorzuheben. War lange Zeit in der psychoanalytischen Theoriebildung die Triebtheorie mit ihren Beschreibungen unbewusster *Konflikte* vorherrschend, so liegt heute ein großes Gewicht auf der Untersuchung psychischer *Strukturen*, die sich aus unbewussten Verarbeitungsweisen früher Erfahrungen ergeben und die wiederum die Funktionsweise des Ich und die Selbst- und Objektrepräsentanzen beeinflussen. Solche strukturellen Bedingungen sind z. B. die Differenzierung zwischen Subjekt und Objekt, die Fähigkeit, symbolische Repräsentanzen zu bilden, die Mentalisierungsfähigkeit, Affektwahrnehmung und -steuerung und einige mehr (vgl. OPD-KJ-2 2016).

---

3 Die Traumdeutung (1900a), Zur Psychopathologie des Alltagslebens (1901b), Der Witz und seine Beziehung zum Unbewußten (1905c)

3.2 Die psychoanalytische Entwicklungspsychologie

S. Freud teilte die psychische Entwicklung des Menschen triebtheoretisch in psychosexuelle Entwicklungsphasen ein: die orale Phase, die anale Phase, die phallisch-ödipale Phase, die Latenz sowie Pubertät und Adoleszenz. Jeder dieser Phasen ist die Aufgabe der Bewältigung spezifischer Konflikte aus der triebhaften Entwicklung sexueller und aggressiver Natur zugeordnet. Dabei geht es nicht allein um die Integration spezifischer Lust- und Unlusterfahrungen, die durch das Primat der jeweiligen körperlichen erotischen Zonen vermittelt werden. Vielmehr entwickeln sich auch psychosoziale Modi, die diesen sexuellen und aggressiven Triebbefriedigungen bzw. deren Versagung entsprechen: Aufnehmen und Empfangen, das Erleben von Versorgung, Geborgenheit und Sicherheit, aber auch Gier, destruktiver Neid etc. in der oralen Phase; Geben und Nehmen, Zurückhalten und Loslassen, Macht und Kontrolle, Expansionsdrang und Begrenzung von Grandiosität in der analen Phase; die Integration von Liebe und Hass, Rivalität und Ausschluss, die Anerkennung des Dritten etc. in der phallisch-ödipalen Phase.

Freud spricht von einer »zweizeitigen« sexuellen Entwicklung des Menschen: Die Bewältigung der frühkindlichen psychosexuellen Konflikte und die Integration von sexuellen Partialtrieben erfahren in der Pubertät mit der körperlichen sexuellen Reifung eine Neuauflage mit der endgültigen Einordnung der Partialtriebe unter dem Primat der genitalen Sexualorganisation, dem Finden eines (ganzheitlichen) außerfamiliären Sexualobjekts und damit der Ablösung von den primären Objekten. Unterbrochen wird diese Entwicklung von der Latenz, in der die frühen psychosexuellen Konflikte vorläufig zur Ruhe gekommen sind und sich das Kind mit Wissbegier der realitätsgerechten Erfassung der Welt zuwendet mitsamt der Reifung seines Realitätssinns, der kognitiven, körperlichen und kreativen Fähigkeiten.

Das Freud'sche Modell der psychosexuellen Entwicklung hat v. a. E.H. Erikson (1966) mit einem »epigenetischen Entwicklungsmodell« aufgenommen und erweitert. Zum einen beschrieb er die psychische Entwicklung des Menschen über Kindheit und Jugend hinaus bis ins Alter. Zum anderen bezog er die Auseinandersetzung zwischen Individuum und Gesellschaft in seine Entwicklungstheorie mit ein. Auch Erikson geht von Phasen in der Entwicklung aus, denen er aber bestimmte »Entwicklungsaufgaben« zuordnet. Entwicklungsaufgaben bestehen in der Lösung phasenspezifischer Entwicklungskonflikte, wobei jedoch diese Konflikte in der jeweiligen Phase besonders hervortreten, in anderen Phasen aber implizit wirksam sind.

Im Unterschied zu entwicklungspsychologischen Konzeptionen von Entwicklungsstufen mit je spezifischen Entwicklungsaufgaben (z.B. Erikson 1966) geht A. Freud von *Entwicklungslinien* aus. Dabei misst A. Freud dem *Ich* große Bedeutung bei der Meisterung der Entwicklung bei. Entwicklungslinien beschreiben (chronologische und topische) Entwicklungsabfolgen bestimmter Bereiche der Triebentwicklung, der Ich-Entwicklung und der Über-Ich-Entwicklung, die gesondert betrachtet werden können:

Trieb

- *Sexualtrieb:* mit der Aufeinanderfolge der libidinösen Phasen: oral, anal-sadistisch, phallisch, Latenz, Vorpubertät, Pubertät, Genitalität
- *Aggressionstrieb:* i. d. R. weitgehend der Libidoentwicklung zugeordnet

Ich

- »Entwicklungsstufen des Wirklichkeitssinns« (Ferenczi 1913)
- von »primitiven« zu »reifen« Abwehrmechanismen

Über-Ich

- Aufeinanderfolge von Identifizierungen (Inkorporation – Introjektion – Identifizierung)
- fortschreitende Internalisierung der elterlichen Autorität

Intellektuelle Entwicklung

- gemäß den Erkenntnissen der akademischen Psychologie (z. B. Piaget)

Weitere Entwicklungslinien

- Nahrungsaufnahme
- Reinlichkeit
- Körperliche Hygiene/Pflege
- Beziehung zu Gleichaltrigen
- Spiel
- Abhängigkeit
- …

Anna Freud fasst in der Beschreibung von Entwicklungslinien die Sichtweise der Triebentwicklung und der Entwicklung von Objektbeziehungen zusammen. Entwicklungslinien unterliegen einer Wechselwirkung. In der Betrachtung der individuellen Entwicklung stellt sich die Frage, wie die einzelnen Entwicklungslinien zu einer gemeinsamen Wirkung zusammentreffen. Insgesamt findet eine fortschreitende Anpassung an die Außenwelt (äußere Realität) statt: von der Trieb- und Phantasiefreiheit zur Triebbeherrschung und Rationalität.

Entwicklungslinien sind als »latente Möglichkeit« vorgezeichnet. Ihre Abfolge und die Harmonie bzw. Disharmonie zwischen ihnen werden bestimmt durch die Außenwelt, in der frühen Kindheit durch (innere) Haltungen der Mutter, sowie durch Variationen von Regressionen. Sie verlaufen also nicht einfach linear, sondern eher in Regelkreisen zwischen Innen und Außen, Regression und Progression.

Neuere Sichtweisen in der Entwicklungspsychologie betonen den aktiven Beitrag des Individuums an seiner Entwicklung. Der Mensch verfügt von Geburt an über die Kompetenz, sich nicht allein dem psychischen Milieu seiner Beziehungsumwelt durch spezifische Bewältigungsmuster anzupassen, es formt und gestaltet dieses auch durch psychische Aktivität. Entwicklung lässt sich verstehen als ein intra- und interpsychischer Austausch. Insofern muss davon ausgegangen werden, dass ein Kind auch die Entwicklung der Eltern, Großeltern und Geschwister prägt, auch die Peergroup, das soziale Milieu usw. spielen eine gewichtige Rolle. Nicht zuletzt setzt sich der Mensch auch von Beginn an mit seinem Körper bzw. dessen Repräsentanzen auseinander, ebenso mit seinen kognitiven Fähigkeiten und den Begegnungen mit der dinglichen Umwelt, schließlich ist die Verarbeitung elementarer Erfahrungen wie natürliche Begrenztheit, Geburt und Tod, Krankheit und Gesundheit entwicklungsprägend.

3.3 Die Neurosenlehre: Theorie über die Entstehung und Aufrechterhaltung psychischer und psychosomatischer Erkrankungen

Nach psychoanalytischem Verständnis bilden sich in der (lebenslangen) psychischen Entwicklung des Menschen psychische *Strukturen*, die auf basalen Fähigkeiten in der Wahrnehmung, Regulierung und Steuerung affektiver Zustände, des Selbst- und Objekterlebens, des Verhaltens und der Kommunikation beruhen (Strukturmodell). Diese Strukturen werden im Wesentlichen durch frühe Beziehungserfahrungen des Säuglings und Kleinkindes encodiert und bilden eine grundlegende Matrix für die Verarbeitung von Reizen aus innerem und äußerem Erleben.

> *Ein typisches Strukturmerkmal ist die Fähigkeit, bei Versagungen auf die sofortige Befriedigung eigener Wünsche zu verzichten und deren Erfüllung aufzuschieben. Die dabei auftretenden Affekte wie Ärger, Missmut, Wut können zwar gespürt und geäußert werden, werden aber im Wesentlichen als gesunde aggressive Energie kanalisiert, um in Auseinandersetzung mit der Umwelt realistische Wege zur Wunscherfüllung zu suchen.*

Psychische Krankheit auf der Strukturebene entsteht, wenn bestimmte Funktionen dauerhaft unterentwickelt bleiben. Dies geschieht hauptsächlich aufgrund überwiegend defizitärer früher psychischer und interpersonaler Austauschprozesse, in denen basale Entwicklungsbedürfnisse nicht angemessen befriedigt werden konnten, sowie durch Traumatisierungen (Burchartz 2019c). Die Psyche greift dann als Schutz vor Desintegration zu Kompensationsvorgängen, die sich hauptsächlich in misslingenden sozialen Beziehungen, sexualisierten und/oder destruktiven Verhaltensweisen oder Grandiositäts- bzw. Minderwertigkeitsvorstellungen niederschlagen, oft begleitet von psychosomatischen Erkrankungen.

Von Beginn an ist das psychische Geschehen des Menschen aber auch von Kräften geprägt, die miteinander in Widerstreit treten (Konfliktmodell, vgl. Mentzos 1984, 2009). Entwicklung lässt sich – wie gezeigt – beschreiben als eine phasentypische Entfaltung und Bewältigung von *Grundkonflikten* zwischen antagonistischen intrapsychischen Strebungen einerseits sowie solchen zwischen primärprozesshaften Wünschen und Trieben und der äußeren Realität andererseits.

> *Ein typischer intrapsychischer Konflikt ist derjenige zwischen dem Bedürfnis nach Anlehnung, Abhängigkeit und Zusammengehörigkeit mit signifikanten Anderen einerseits und dem Bedürfnis nach Autonomie, Abgrenzung und Eigenständigkeit andererseits. Die intrapsychische Regulation strebt eine Homöostase dieser beiden Antipoden an, dies schlägt sich auch in der Art der Beziehungsgestaltung nieder.*

Die Reifung des Ich besteht dabei in der zunehmenden Fähigkeit, die antagonistischen intrapsychischen Strebungen zu integrieren, eine verträgliche Balance zwischen ihnen zu etablieren und die aus ihnen resultierenden Ängste in ich-verträglichen Abwehren zu binden sowie zwischen Innen und Außen, Wunschphantasien und Realität, Bedürfnissen und ihrer realen Befriedigung so zu vermitteln, dass ein dynamisches Gleichgewicht aus Assimilation an die gegebenen Realitäten, zunächst vermittelt durch die Eltern, und deren kreativer Gestaltung im Sinne eigener elementarer Bedürfnisse entsteht (Adaptation).

Psychische Krankheit auf der Konfliktebene entsteht, wenn die Integration des inneren und äußeren Konfliktgeschehens scheitert, wenn sich das Individuum etwa unter dem Ansturm übermäßiger innerer Affekte oder unter einem einseitigen Anpassungsdruck an äußere defizitäre (Beziehungs-)Realitäten genötigt sieht, einen Pol des Konfliktes abzuspalten, zu verleugnen oder zu verdrängen, und sich innerlich auf den antagonistischen Pol zurückzieht und dort in einer Fixierung verharrt. Die Psyche erstarrt dann in der Etablierung rigider Abwehren, die nicht Ich-verträglich und meist auch nicht sozialverträglich sind und welche die weitere Entwicklung behindern, wenn nicht sogar blockieren. Zur Aufrechterhaltung dieser pathologischen Konfliktlösungen und zur Angstbewältigung entwickeln sich Symptome als Kompromissbildungen.

3.4 Die psychodynamische Auffassung von Konflikt und Objektbeziehungen

Modelle des psychischen Geschehens gehen davon aus, dass dieses ein Feld verschiedener *Kräfte* (*dynamis*, griech.: Kraft) darstellt, die aufeinander einwirken. Das bezieht sich nicht allein auf Es, Ich und Über-Ich in den ersten psychoanalytischen Modellen, in der weiteren Theoriebildung auf die Abwehrleistungen des Ich, sondern auch, wie gezeigt, auf primäre Bedürfnisse aus den grundlegenden motivationalen Strebungen sowie auf die frühen Regulationsvorgänge in der Ausbildung der psychischen Struktur. Mit der psychodynamischen Sichtweise lassen sich auch Objektbeziehungen beschreiben sowie deren Niederschlag als innere Repräsentanzen. Gerade für das Verständnis der inneren Objektwelt ist entscheidend, dass diese nicht einfach als Abbild realer Objekte anzusehen sind, sondern vielmehr die Modi einer dynamischen Verarbeitung des Beziehungsgeschehens mit den primären Bezugspersonen enthalten, also durch subjektives Erleben, Wünsche und Affekte geprägt sind. Psychisches Geschehen ist also mit – bewussten und unbewussten – *Bedeutungen* versehen, die das Individuum seinen lebensgeschichtlichen Erfahrungen mit der Objektwelt verleiht. Psychische Krankheit hat es somit immer mit einem subjektiven Bedeutungsgefüge zu tun, das die Lösung innerer und äußerer Konfliktfelder behindert.

3.5 Das therapeutische Beziehungsgeschehen als Übertragung und Gegenübertragung

Der Mensch gestaltet die Beziehung zu einem anderen Menschen in Entsprechung zu seinen früheren Beziehungserfahrungen, die sich als Objektbeziehungsphantasien in seiner Psyche sedimentiert haben. Er *überträgt* also mehr oder weniger umfangreiche Anteile oder Aspekte, die auf frühere Objekte gerichtet waren, z. B. Wünsche, Bedürfnisse, Befürchtungen, Phantasien, Gefühle und Affekte, auf den gegenwärtigen Anderen. Er wiederholt so unbewusst die Beziehungsmuster, die sich durch frühe Regulationsprozesse in seiner psychischen Struktur niedergeschlagen haben. Dieser Vorgang der Übertragung ist ubiquitär und in allen Beziehungen zu beobachten; Übertragung ist also nicht per se pathologisch. In der Regel stellt sich durch den realen reziproken Austausch in aktuellen alltäglichen Beziehungserfahrungen eine Korrektur der Übertragung ein, so dass wir – bis auf einige Reste abgesehen – meist zu realistischen Objektbeziehungen fähig sind oder immer wieder fähig werden. Voraussetzung ist freilich, dass auch der Andere seine Reaktion auf unsere Übertragung und seine eigene Übertragung auf uns zu korrigieren imstande ist.

In der therapeutischen Beziehung spielt die Übertragung eine zentrale Rolle, denn der Therapeut wird unweigerlich zu einem Übertragungsobjekt.

> *Die siebenjährige Ines, die den* Vater *durch Trennung verloren hat, malt ein Herz und schenkt es dem Therapeuten. Der Therapeut wird so zu einem Objekt der Sehnsucht wie der Vater. Übertragen wird aber auch die Verlustangst (die durch den Erweis der Liebe beruhigt wird) und die Enttäuschungswut (»wem ich meine Liebe erweise, der könnte mich verlassen; das erzürnt mich schon jetzt – aber ich schenke ihm etwas Schönes, dann bemerkt er meine böse Aggression nicht und behält mich lieb«).*

S. Freud hatte dies zunächst als eine Störung der psychoanalytischen Therapie identifiziert, denn eine intensive Übertragung trat immer auf in Verbindung mit einer Stagnation des Auftauchens und der Erinnerung verdrängten Materials. Freud erkannte, dass der Patient in der Übertragung die infantile Situation und die damit verbundenen verpönten Regungen mit der Person des Therapeuten wiederholt, anstatt sie zu erinnern und in die Persönlichkeit zu integrieren. Damit war auch eine Erklärung gefunden für die ungewöhnliche Heftigkeit der Übertragung in der therapeutischen Situation: Sie dient dem Widerstand, ja ist Teil desselben, der gegen das Eindringen verdrängter Inhalte ins Bewusstsein aufgerichtet werden muss. Je gelockerter die Abwehr (s. u.) in der therapeutischen Situation, desto intensiver also muss die Übertragung werden. Was anfänglich als Störung empfunden wurde, erwies sich für Freud schon bald von höchstem Nutzen. Denn in der Übertragung sammelt sich das Verdrängte in einer aktuellen Wiederauflage in einer lebendigen, gegenwärtigen Beziehung; die Bearbeitung der Übertragung ermöglicht dem Patienten ein unmittelbares Erleben, das dem Bewussten als psychische Wirklichkeit zugänglicher ist als blasse Erinnerungen.

Die Übertragung wurde zu dem eigentlichen und wichtigsten Agens der Psychoanalyse. »Das entscheidende Stück der Arbeit wird geleistet, indem man im Verhältnis zum Arzt, in der ›Übertragung‹, Neuauflagen jener alten Konflikte schafft, in denen sich der Kranke benehmen möchte wie er sich seinerzeit benommen hat, während man ihn durch das Aufgebot aller verfügbaren seelischen Kräfte zu einer anderen Entscheidung nötigt. Die Übertragung wird also das Schlachtfeld, auf welchem sich alle miteinander ringenden Kräfte treffen sollen« (Freud 1916–1917, S. 472). Indem sich die Krankheit in der Beziehung mit der Person des Therapeuten wiederholt, sich in ihr konzentriert, entsteht die »Übertragungsneurose« – also eine in der psychoanalytischen Therapie erwünschte Verschiebung des Krankheitsgeschehens weg von den Alltagssituationen und ihren dortigen Objekten in das »Hier und Jetzt« des therapeutischen Beziehungsraumes. Parallel zu diesem Vorgang ist häufig tatsächlich ein Rückgang der Symptomatik im Alltagsleben des Patienten zu beobachten, es wäre jedoch falsch, eine solche »Übertragungsheilung« schon als den eigentlichen Heilungserfolg anzusehen. Eine Therapie, die zu einem solchen Zeitpunkt beendet würde, brächte nichts anderes zustande als ein Wiederaufflackern aller Krankheitsphänomene, u. U. noch heftiger als zuvor, da nun auch noch das Trauma einer unbearbeiteten und verfrühten Trennung von dem Objekt heftiger libidinöser sowie aggressiver Regungen hinzukommt.

Ines, die im letzten Beispiel erwähnte Patientin, litt unter einer schweren Angststörung. Die Mutter beendete die Therapie, als deutlich wurde, dass das Mädchen daran festhielt, den Vater sehen zu wollen. Zu diesem Zeitpunkt war die Angst des Kindes so weit zurückgegangen, dass es die Schule selbständig besuchen konnte. Später erfuhr der Therapeut, dass sich danach das Symptom einer Schulphobie entwickelt hatte.

Die Übertragung wiederum evoziert im Therapeuten eine spezifische emotionale oder affektive Reaktion, er antwortet gleichsam mit seiner Innenwelt auf die übertragene Innenwelt des Patienten. Dieser Vorgang wird als Gegenübertragung bezeichnet und ereignet sich – ebenso wie die Übertragung – zunächst unbewusst. Das Wahrnehmen und die Analyse von Übertragung und Gegenübertragung sind zentrale Aufgaben und übrigens auch das wichtigste diagnostische Hilfsmittel in psychodynamischen Psychotherapien, denn sie erlauben ein erlebendes Verstehen der (unbewussten) inneren Welt des Patienten.

In der Übertragung zeigen sich nicht allein (verdrängte) libidinöse Wünsche und Regungen, sondern auch feindselige und destruktive Impulse. Voraussetzung für deren Bearbeitung freilich ist zunächst eine positive Übertragung. Von besonderer Bedeutung ist die positive Übertragung – also die Erwartung des Patienten, im Therapeuten ein überwiegend gutes Objekt zu finden, das die auf ihn gerichteten libidinösen Strebungen liebevoll und verständnisvoll aufnimmt – in der TfP, da in dieser Therapieform die Übertragung zwar beachtet und verstanden, jedoch nicht zum eigentlichen therapeutischen Agens wird.

In einer erweiterten Sicht der Übertragung lässt sich das Geschehen zwischen Patient und Therapeut als Szene (Lorenzer 2000, Argelander 1970, Eckstaedt & Klüwer 1999, Raue 2007, Windaus 1999, Burchartz 2020) verstehen. Dabei wird von der Annahme ausgegangen, dass sich bereits frühe Interaktionserfahrungen in Repräsentanzen von Interaktionsmustern niederschlagen, die in der aktuellen Begegnung zwischen Patient, dessen Eltern und Therapeut in Handlung und Phantasie aktualisiert, inszeniert werden und je spezifische Gegenübertragungsreaktionen hervorrufen. Die Psyche ist szenisch organisiert. Die Szene ist ein Interaktionsgeschehen, umfasst bewusste und unbewusste Anteile und offenbart eine psychische Realität. Ihr Verstehen und ihre Analyse erlauben dem Therapeuten nicht allein eine tiefe (diagnostische) Einsicht in unbewusste konflikthafte Erlebens- und Verarbeitungsweisen, sondern auch in der Therapie einen für den Patienten evidenten Zugang zu seinen unbewussten Phantasien, wie sie sich in seiner Beziehungsgestaltung offenbaren.

3.6 Die Theorie der Abwehr, die Auffassung des Widerstandes und deren Einbezug in die therapeutische Arbeit

Innere Realität und äußere Realität treten von Beginn der Entwicklung an in einen Widerspruch: Die Befriedigung elementarer Triebwünsche, das Stillen unabweisbarer Bedürfnisse, die Bewältigung von Ängsten können von den primären Bezugspersonen nicht uneingeschränkt sichergestellt werden, die soziale und dingliche Realität stellen sich der direkten Erfüllung in den Weg. Das Individuum sieht sich einer doppelten Aufgabe gegenüber: Einerseits muss es Fähigkeiten erwerben und einsetzen, die Umwelt so zu gestalten, dass ein möglichst optimales Milieu zur psychischen Entwicklung entsteht, andererseits muss es die innere Welt so modulieren, dass sie sich in die sozialen Erfordernisse einpasst. Die innere Instanz, welche diese Vermittlung zwischen Innen und Außen leistet, wurde von Freud Ich genannt. Psychische Reifung lässt sich als ein Fortschreiten dieser Ich-Fähigkeit beschreiben, die innere Modulation der psychischen Strukturen erfolgt durch Vorgänge, die als Abwehr bezeichnet werden. Zu Beginn der psychoanalytischen Theoriebildung wurde diese Abwehr als Verdrängung beschrieben und an einem zentralen Konflikt besonders verdeutlicht: der Verdrängung inzestuöser libidinöser Strebungen im Rahmen des Ödipuskomplexes. Aber nicht allein diese Strebungen fallen der Verdrängung anheim, eigentlich ist die Arbeit der Verdrängung lebenslang wirksam und entzieht jegliche unerwünschten Anteile des motivationalen Geschehens dem Bewusstsein des Menschen, indem sie diese im Unbewussten gleichsam deponiert und damit sowohl für das Individuum als auch für seine Umwelt unkenntlich macht. Bereits die Ersetzung der Vorherrschaft des Lustprinzips durch das Realitätsprinzip lässt sich als Verdrängung beschreiben. Eine wesentliche Rolle spielt dabei die Bildung des Über-Ich, einer inneren Instanz, in der sich die – tatsächlichen und/oder phantasierten – Versagungen und Verbote der Umwelt niederschlagen. Aus zunächst äußeren Konflikten werden somit innere Konflikte zwischen Triebwunsch und Verbot. Für das Ich entsteht damit nicht nur Angst aus realen Versagungen und Gefahren, sondern auch Angst aus inneren, als inkompatibel empfundenen Reizen, die dem Lustprinzip folgen. Es war das Verdienst von A. Freud (1936), die Arbeit der Verdrängung sehr differenziert beschrieben und als eine Reihe von Abwehrmechanismen zusammengefasst zu haben. Dazu gehören neben der Verdrängung im eigentlichen Sinn Vorgänge wie Affektabwehr bzw. Affektisolierung, Verleugnung, Ich-Einschränkung, Identifizierung mit dem Aggressor, Altruismus als Reaktionsbildung, in der Pubertät Askese und Intellektualisierung; nicht zuletzt Verschiebung der Triebregungen auf andere Objekte. M. Klein (1952c) hat besonders Spaltung und projektive Identifizierung als elementare Abwehrmechanismen hervorgehoben. Abwehr ist eine Ich-Leistung und zur Herstellung einer Balance zwischen individueller Psyche und sozialer Realität lebenslang wirksam, sie ist deshalb nicht primär pathologisch. Im heutigen Sprachgebrauch hat sich der umfassendere Begriff der Bewältigung etabliert, insbesondere bei strukturellen Störungen beobachten wir Bewältigungsversuche, die sich im ungünstigen Fall als psychosomatische Erkrankungen oder als maladaptive Arrangements in der Beziehungsgestaltung niederschlagen. Hier wird der Körper bzw. die soziale Umwelt zum Schauplatz der Inszenierung unerträglicher Angst, die aus unbewältigten Konfliktspannungen entsteht.

Gleich ob die lebensgeschichtlich etablierten Abwehrstrukturen dem Menschen ein zufriedenes Leben in lebendigem Austausch mit seiner Umwelt ermöglichen oder ob sie ihn krank und unglücklich machen, immer handelt es sich um Versuche, psychisches Leben und Überleben in einer spezifischen Umgebung zu organisieren, wobei immer auch die Komponente enthalten ist, unbewusst zu machen, was für das Selbstbild und für die Vorstellung vom Anderen unvereinbar scheint. Die unbewussten Abwehrleistungen schützen damit das Ich vor der Gefahr, das Erleben einer Selbst-Kohärenz zu verlieren, sowie vor der Gefahr, von anderen Menschen, die für uns überlebensnotwendig sind, isoliert zu werden. Nun ist dieses Unkenntlichmachen im Unbewussten nie vollständig möglich. Zu groß wäre der ständige psychische Energieaufwand, Unerwünschtes in der Verdrängung zu halten. Dessen Auftauchen jedoch signalisiert Gefahr, weshalb die Psyche dagegen einen Widerstand organisiert. Auch der Widerstand gegen das Auftauchen von unbewussten Elementen ins Bewusstsein ist deshalb ein notwendiger und keinesfalls primär pathologischer Vorgang und er dient dem Schutz der psychischen Integrität und Kohärenz. Das dynamische Kräftespiel von Verdrängtem, Abwehr und Widerstand bindet Angst und ergibt Kompromissbildungen, die sich in unseren Träumen, in Alltagshandlungen, in spezifischen Charakterstrukturen und Symptombildungen zeigen. Sofern Letztere zu manifestem Leiden führen, steht das Individuum vor der Aufgabe – womöglich mit Hilfe eines Therapeuten –, eine neue Balance zu finden zwischen einer Abwehr, die der Persönlichkeit und der Umwelt förderlich ist, und einer Realisierung bisher übermäßig eingeschränkter Lebensmöglichkeiten. Eine solche Aufgabe ist nicht leicht zu bewältigen, denn hier wird sich aller Widerstand mobilisieren, um die Entbindung von (neurotischer) Angst zu verhindern. In psychoanalytisch orientierten Therapieverfahren rechnen wir mit diesem Widerstand und müssen ihm besondere Aufmerksamkeit widmen, auch über technische Möglichkeiten verfügen, um ihn zu bearbeiten.

3.7 Die Auffassung von Regression

Zeit unseres Lebens verläuft die Entwicklung nicht linear. Neue Entwicklungsaufgaben, neue Erfahrungen oder Statusübergänge rufen nicht allein Neugier und Kreativität auf den Plan, sondern auch Angst. Wir neigen dazu, vor angsterregenden Vorgängen und Phantasien zurückzuweichen (*regressus*, lat.: rückläufige Bewegung). Wir suchen damit einen sicheren inneren Ort auf, der uns vertraut ist, an dem wir uns auskennen, und nehmen alle Verhaltensweisen an, die zu dieser früheren Stufe der Entwicklung gehören.

> *Sehr augenfällig kann sich eine solche Regression zeigen, wenn ein Kind die Geburt eines Geschwisterkindes erlebt. Plötzlich verlangt der Vierjährige wieder nach einer Flasche, verfällt in Babysprache, verliert Alltagsfähigkeiten, wie etwa das Anziehen oder bestimmte Bewegungskoordinationen, kann nicht allein sein oder nässt wieder ein.*

Auch die regressive Bewegung ist kein pathologisches Phänomen, sie kann ausgesprochen entwicklungsfördernd sein, indem sich die Psyche vor Überforderung schützt und gleichsam Kraft tankt für einen nächsten großen Schritt. So werden z. B. Kinder besonders dann krank, wenn sie einen Schutz- und Schonraum brauchen, bevor sie eine neue Entwicklungsaufgabe in Angriff nehmen können (vgl. Hopf 2007). Überhaupt ist psychische Entwicklung ein Schwanken auf einem

Kontinuitätsspektrum von Regression und Progression, wobei die beiden Pole spiralförmig immer wieder durchlaufen werden. Problematisch wird eine einseitige Regression dann, wenn ein Mensch dauerhaft in ihr verharrt, sich in gewissen Aspekten auf eine Entwicklungsstufe fixiert und er damit dauerhaft die Angst vor progressiven Tendenzen zu binden versucht.

> *Der oben erwähnte vierjährige Junge hat es mit einem heftigen inneren Konflikt zu tun bekommen: Einerseits empfindet er Wut und Enttäuschung, dass er nun nicht mehr der allein Wichtige für seine Eltern sein kann, Rivalitätsgefühle zu dem Neugeborenen tauchen auf, nachdem nun feststeht, dass dieser kleine Schreihals nicht nur dauerhaft bleibt, sondern offenbar den Eltern, die dem Säugling natürlich besondere Aufmerksamkeit widmen müssen, auch besonders wichtig ist. Die Angst vor dem Verlust der elterlichen Liebe breitet sich in seinem inneren Erleben aus. Andererseits liebt er auch seine Eltern und möchte keinesfalls die Sicherheit und Geborgenheit verlieren, die sie ihm schenken. Als Lösung dieses Konflikts beginnt er sich zu einem braven, angepassten und hilfsbereiten kleinen Ritter zu entwickeln; unter seinem Altruismus werden seine aggressiven und feindseligen Regungen sorgfältig verborgen und verdrängt, freilich um den Preis der Symptombildung: Er klebt an der Mutter, kann nicht mehr in den Kindergarten gehen, schränkt sich also in seinen Ich-Fähigkeiten ein, dazu nistet sich eine Enuresis nocturna als dauerhaftes Symptom ein. Bei seiner Einschulung mit sieben Jahren hat sich an diesen Problemen nichts verändert, nur dass sie jetzt, unter dem Druck der sozialen Erwartungen, zu kaum mehr handhabbaren Schwierigkeiten führen. In der Entwicklung gesunder und ins Ich integrierter aggressiver Kräfte ist der Junge regrediert und fixiert auf eine frühere Entwicklungsstufe.*

Wenn Kinder oder Jugendliche zur Therapie vorgestellt werden, beobachten wir immer solche Formen mehr oder weniger pathologischer Regression. Nun stellt die Therapie selbst auch ein regressives Milieu her: Indem sich Kinder und Jugendliche in einem geschützten Rahmen frei spielend, assoziierend oder kreativ gestaltend äußern können, finden sie sich in einer Situation wieder, welche zunächst von dem Druck, den die äußere Realität mit ihren Forderungen und Erwartungen erzeugt, entlastet. Dieses therapeutische Milieu fördert also per se schon regressive Tendenzen, resultierend verstärkt sich die Bereitschaft zu Übertragungen. Auch die Übertragung ist ein regressives Phänomen, insofern sie die Wahrnehmung des Therapeuten nach den inneren Repräsentanzen des Patienten organisiert und eben nur sehr eingeschränkt nach der Realität seiner Persönlichkeit. In der Analytischen Psychotherapie machen wir uns die Regression zunutze, indem wir mit dem Patienten an die früheren Fixationspunkte der Entwicklung zurückgehen und die dort entstandenen Konflikte reaktivieren und durcharbeiten. Hier liegt ein wesentlicher Unterschied zur Tiefenpsychologisch fundierten Psychotherapie: In dieser Behandlungsform grenzen wir durch ein spezifisches Setting regressive Prozesse ein, um einen aktuellen Konflikt realitätsnah zu bearbeiten, ohne jedoch die regressiven Bewegungen außer Acht zu lassen. Damit sei hier vorweggenommen, was weiter unten genauer ausgeführt wird: Die TfP eignet sich für solche Patienten, deren Leiden ohne eine tiefergehende therapeutische Regression gelindert oder geheilt werden kann oder bei denen aus bestimmten Gründen eine solche nicht angezeigt ist.

3.8 Das Ziel, Heilung durch Einsicht und Sinngebung in einer therapeutischen Beziehungsmatrix zu erreichen

Allen psychoanalytisch begründeten Verfahren ist gemeinsam, dass sie die Beziehung zwischen Patient und Therapeut als Kern der therapeutischen Wirkung auffassen. Neben der angeborenen psychischen Konstitution (etwa der Reizempfindlichkeit) ist die Beziehung zwischen Kind, Eltern, Geschwistern und weiterem sozialem Umfeld entscheidend für die Ausprägung der seelischen Entwicklung des Menschen und seiner adaptiven Möglichkeiten. Aufgrund seiner Plastizität bilden sich im menschlichen Gehirn insbesondere durch frühe Beziehungserfahrungen individuell geprägte Strukturen heraus. Umgekehrt können psychische Fehlentwicklungen auch durch eine spezifische neue, nicht alltägliche Beziehungserfahrung korrigiert werden. Dies umso mehr, da sich Kinder und Jugendliche noch in einer rasanten Entwicklung befinden und sie für solche korrigierenden Beziehungserfahrungen meist sehr empfänglich sind.

Damit kommt der therapeutischen Beziehungsgestaltung eine zentrale Stellung in der Therapie zu. In der TfP arbeiten wir näher an der Realbeziehung bzw. an den bewusstseinsfähigen Anteilen der szenischen Gestaltung unter Beachtung der Übertragung und Gegenübertragung, während die analytische Therapie die Übertragung in ihrer Intensität fördert und als zentrales therapeutisches Agens nutzt.

Von Beginn an formulierten psychoanalytische Verfahren den Anspruch, durch wachsende Einsicht des Patienten in seine Innenwelt und ihre dynamischen Vorgänge eine Integration der abgewehrten Inhalte ins Ich zu erreichen und damit die Symptombildung überflüssig zu machen. Freud: »Wo Es war soll Ich werden« (Freud 1933a, S. 86). Dieses Verfahren stößt, wie gezeigt, auf das Problem des Widerstandes. Die Funktion der neurotischen Symptombildung ist u. a., die abgewehrten Inhalte vom Bewusstsein fernzuhalten und damit Angst zu binden. Deshalb geht die fortschreitende Einsicht mit Entbindung von Angst einher, die wiederum abgewehrt werden muss – etwa durch die Intensivierung der Übertragung, die so gesehen die Funktion des Widerstandes annimmt, weil sie eine direkte Wunscherfüllung anstrebt anstatt einer psychischen Integration. (Dass anders das wesentliche Konfliktmaterial meist gar nicht in die Beziehung kommt, darauf hat – wie gezeigt – v. a. Ferenczi hingewiesen.) Eine andere Form des Widerstandes ist die Isolierung des Affekts von dem ursprünglichen Konflikt. Es entsteht dann eine theoretische Einsicht, die aber keine Veränderungen nach sich zieht. Deshalb gehört zu einer Einsicht im therapeutischen Sinne immer auch die zugehörige emotionale Erfahrung. Eine solche ist nur im Rahmen eines Beziehungsgeschehens möglich, das die Ängste aufnimmt, hält, versteht und ich-verträglich bearbeitet. Die »holding function« des Therapeuten bzw. seine Fähigkeit, sich als Container im Bion'schen Sinn zur Verfügung zu stellen (Bion 1959), ist in einer TfP deshalb unverzichtbare Grundlage.

Die Integrationsleistung des Ich besteht auch darin, dem inneren Geschehen eine Bedeutung abzugewinnen und ihm einen Sinn zu geben. Damit ist gemeint, das Unverstandene, Abgespaltene und Abgewehrte zu verstehen und in den größeren Zusammenhang der eigenen Persönlichkeit und seiner Beziehungen einzuordnen. Damit werden Fragmentierungen der Psyche aufgehoben und wird ein Gefühl für die Kohärenz des Selbst entwickelt. Wir dürfen nicht vergessen, dass jeder Abwehrvorgang, jede Symptombildung, jede Selbst-Einschränkung den ursprünglichen Sinn hat, psychische Funktionen zu schützen und wenigstens leidlich das psychische Überleben zu garantieren. Das Aufgeben dieses Schutzes und sein Ersatz durch flexiblere, reifere und freiere Bewältigungen ist daher immer auch ein Prozess sich verändernder Sinngebung. Die Fähigkeit, die Widerfahrnisse des eigenen Schicksals in einem Sinnzusammenhang zu begreifen, der von Antonovski (1979) sog. »Kohärenzsinn«, lässt die Psyche auch schwerere Belastungen überstehen und stellt somit einen wirksamen protektiven Faktor dar.

3.9 Das Gebot der Abstinenz des Therapeuten

Übertragung und Inszenierungen zielen darauf ab, den Therapeuten in ein Arrangement zu verwickeln, in dem dieser genötigt wird, die ungelösten Konflikte und psychischen Strukturdefizite im Sinne einer gemeinsamen Abwehr gleichsam mitzuspielen, zu agieren. Der Therapeut soll unbefriedigte Wünsche erfüllen, empfundene Mängel und Unfähigkeiten kompensieren. Vermittels projektiver Identifizierungen werden unerträgliche Affekte in den Therapeuten verlagert mit der unbewussten Erwartung, er möge sie nun übernehmen und entsprechend den bisherigen Beziehungserfahrungen reagieren. Diese Verwicklung des Therapeuten ist ein notwendiger Prozess, um Gefühle und Affekte nicht nur irgendwie theoretisch zu erfassen, sondern sie auch in ihrer mitunter heftigen Wucht zu spüren. In der Regel setzt nun ein mehr oder weniger subtiler Sog ein, den Nötigungen des Patienten nachzugeben, durch direkte Worte und Handlungen seine Beunruhigung zu dämpfen, seine Ängste zu beruhigen, seine Wünsche etwa nach Bestätigung zu erfüllen, oder umgekehrt sich für Herabsetzungen und Entwertungen zu rächen, sie zurückzuweisen usw., mit anderen Worten, die Gegenübertragungsgefühle zu agieren. Dies würde aber nur zu einer kurzfristigen Entlastung führen, langfristig werden damit die Schwierigkeiten des Patienten lediglich wiederholt, perpetuiert und bleiben letztlich ungelöst, wie in unzähligen anderen Situationen auch, die der Patient aus seinem Lebensumfeld erlebt. Das Abstinenzgebot für den Therapeuten bezieht sich darauf, zwar einerseits ein therapeutisches Milieu des Akzeptierens, Wertschätzens und Verstehens bereitzustellen, auch unter Anerkennung der bisherigen Bewältigungsversuche einer beschädigten Psyche und unter Verzicht auf Bewertungen und Urteile, andererseits aber von Wunscherfüllungen Abstand zu nehmen und stattdessen die Konflikte, die sich zwischen Wunsch, (Beziehungs-)Realität und intrapsychischen sowie psychosozialen Abwehrarrangements abspielen, verstehend aufzunehmen und zu deuten.

Natürlich wird es dabei insbesondere in der Arbeit mit Kindern und Jugendlichen, bei denen sich die Unterscheidung zwischen Phantasie und Realität erst noch sicher etablieren muss, immer wieder um eine Balance gehen zwischen einer Realbeziehung, die ein sicheres Arbeitsbündnis herstellt und die entwicklungsbedingten Bedürfnisse des Kindes oder Jugendlichen berücksichtigt, und der Bearbeitung des szenischen Geschehens aus der Position des beobachtenden Dritten heraus. Letztlich kann das Ziel einer Therapie ja nur darin bestehen, den Patienten in die Lage zu versetzen, seine berechtigten Ansprüche an seine Beziehungen angemessen zu verwirklichen, auf Unerfüllbares, auf Illusionen aber zu verzichten und die Trauer darüber anzunehmen. Ein so verstandenes Realitätsprinzip im psychischen Geschehen zu verankern, kann dem Patienten nur gelingen durch die Haltung der Abstinenz beim Therapeuten.

Die andere Richtung des Abstinenzgebots betrifft die Wünsche des Therapeuten selbst. Es versteht sich von selbst, dass Therapeuten sorgfältig darauf achten müssen, ihre Patienten nicht zur Bewältigung eigener unbewusster Konflikte und Strebungen zu missbrauchen. Das gilt auch und gerade für sexuelles Begehren. Freilich kann es auch erfahrenen Therapeuten passieren, dass sie sich dabei ertappen, Partei zu ergreifen oder in subtiler Weise einen Patienten manipulieren zu wollen – dann gehört es zur therapeutischen Verantwortung, solche Regungen in einer Supervision zu bearbeiten. Es kann nicht oft genug betont werden, dass eine gründliche und umfassende Selbsterfahrung, etwa im Rahmen einer Lehranalyse oder Lehrtherapie, in der die eigenen neurotischen Anteile des Therapeuten bearbeitet werden, unabdingbarer Bestandteil der Ausbildung sein muss.

Eine besondere Herausforderung an die Abstinenz bzw. Neutralität des Therapeuten stellt sich in der Therapie von Kindern und pubertierenden Jugendlichen, denn auf diesem Feld hat man es auch mit realen Eltern und deren Beziehungskonflikten zu tun. In familiären Konflikten stellt sich unweigerlich der Versuch ein, den Therapeuten als Partei gegen den anderen zu gewinnen. Solche Versuche sind zunächst kaum zu beeinflussen, denn in dem, was sich außerhalb der Therapie abspielt, kommt der Therapeut nicht real vor, vielmehr wird er als vermeintlich mächtige Instanz gleichsam virtuell in die eigene Position eingebaut.

Zu Beginn der Therapie von Otto, zwölf Jahre alt, klagen die Eltern über dessen Unwilligkeit, elterliche Regeln einzuhalten. Sie reagieren mit immer rigideren Verboten, die der Sohn wiederum teils offen, teils versteckt unterläuft. Die Eltern fühlen sich entmachtet und verächtlich beiseitegeschoben. Der Patient hingegen beklagt sich über ständige Entwertungen, Zurücksetzungen und unsinnige Verbote. Ein analsadistischer Machtkampf hat sich etabliert, in den der Therapeut nun hineingezogen wird. In einem Elterngespräch schildern die Eltern, wie sie vergeblich den allabendlichen excessiven Fernsehkonsum des Jungen einzuschränken und ihn rechtzeitig ins Bett zu schicken versuchen. Es stellt sich heraus, dass der Patient einen eigenen Fernseher in seinem Zimmer hat. Die kritische Frage des Therapeuten, was sie denn bewogen hat, dem Jungen einen Fernseher ins Zimmer zu stellen, hat ungeahnte Folgen. Tags darauf entfernt der Vater wort – und erklärungslos das Gerät aus dem Zimmer seines Sohnes; sieht der Junge eine Sendung im Wohnzimmer, so zappt der Vater künftig einfach weiter zu »seinem« Programm. In seine nächste Therapiestunde kommt der Patient mit einem heftigen Vorwurf an den Therapeuten. Er vermutet richtig, dass die Aktion des Vaters etwas mit dem vorangegangenen Elterngespräch zu tun hatte, und erlebt den Therapeuten als einen verlängerten Arm der elterlichen (beschädigten) Autorität, die ihm nur weitere, diesmal verschärfte Einschränkungen und Verbote auferlegt, ihm sein Glück missgönnt und nur Unordnung stiftet. »Wenn ich nur meinen Fernseher wiederhätte, wäre alles in Ordnung.«

Natürlich nützt es in solchen Fällen nichts, wenn der Therapeut beteuert, es so gar nicht gemeint zu haben. Weiterführend ist, den Vorgang selbst zu untersuchen und die dahinterstehenden Motivationen aufzudecken. Etwa, dass die Frage des Fernsehkonsums – zu dem man ja durchaus eine kritische Haltung einnehmen kann – hier zu einem Schlachtfeld wird, an dem ein ganz anderer Krieg ausgefochten wird, samt dem Versuch, die Therapie als Waffe in diesem Krieg zu verwenden.

> **Merke**
>
> Die TfP fußt auf den Grundannahmen der psychoanalytischen Theorie und Praxis. Die wichtigsten sind:
>
> - die Psychologie des Unbewussten,
> - die psychoanalytische Entwicklungspsychologie,
> - die Neurosenlehre,
> - Konfliktdynamik und Objektbeziehungen,
> - Übertragung und Gegenübertragung,
> - Abwehr und Widerstand,
> - Regression und Progression,
> - Heilung durch Einsicht und Bedeutungsgebung im Rahmen einer therapeutischen Beziehung,
> - Abstinenzgebot.

4 Einführung in das Verfahren

Der Tiefenpsychologisch fundierten Psychotherapie werden in der Literatur vor allem zwei Wesensmerkmale zugeschrieben: Perspektivenvielfalt und Adaptivität (vgl. Wöller & Kruse 2020, S. 45ff.). Unter Perspektivenvielfalt wird eine Haltung des Therapeuten verstanden, welche das psychodynamische Geschehen und den therapeutischen Prozess aus wechselnden Perspektiven betrachtet: intrapsychisch und interpersonell, konfliktzentriert und strukturzentriert, Übertragung und Realbeziehung, pathogen und salutogen. Genaugenommen ist diese Haltung für Psychoanalytiker, insbesondere für Kinderanalytiker, nichts Neues. Jeder analytisch orientierte Psychotherapeut nimmt je nach dem momentanen Stand des therapeutischen Prozesses und dem Übertragungsgeschehen die verschiedenen Perspektiven der psychoanalytischen Grundorientierungen ein: Einmal wird eine eher triebtheoretische Sichtweise hilfreich sein, ein andermal eine ich-psychologische oder objektbeziehungspsychologische oder eine strukturbezogene, auf narzisstische Entwicklungsmodi gerichtete Perspektive. Containende und deutende Haltungen ergänzen sich wechselnd oft in derselben Stunde. Kinderanalytiker berücksichtigen parallel die Perspektiven der primären Bezugspersonen und die der kindlichen oder jugendlichen Patienten.

Adaptivität bezeichnet eine Haltung, die sich nach den Bedürfnissen des Patienten richtet. Damit ist nicht eine Bedürfnisbefriedigung gemeint, sondern die Frage, welche Art der Intervention dem Patienten in seiner im Hier und Jetzt zutage tretenden Problematik am ehesten gerecht wird und die Therapie im Sinne der therapeutischen Ziele fördert. Die sorgfältige Beobachtung der Reaktion des Patienten auf therapeutische Interventionen ist bei dieser Haltung handlungsleitend (Althoff 2019, S. 125ff.). Das ist in der TfP deshalb von entscheidender Bedeutung, weil der Therapeut eine aktivere Haltung einnimmt und damit den therapeutischen Prozess anders beeinflusst als in einer Analytischen Psychotherapie.

Auch die Adaptivität ist für analytisch orientierte Psychotherapeuten keine gänzlich neue Erkenntnis. Legis arte wird jeder Analytiker z. B. die Reaktionen seines Patienten auf eine Deutung sorgfältig beobachten und sich gut überlegen, zu welchem Zeitpunkt welche Deutung angebracht ist, und seine Haltung ggf. überdenken. Auch in der Analytischen Psychotherapie wird bei allen Interventionen die Aufrechterhaltung der therapeutischen Allianz eine zentrale Rolle spielen – und damit dem spezifischen unbewussten Zustand des Patienten Rechnung getragen.

Perspektivenvielfalt und Adaptivität sind also keine genuinen Unterscheidungsmerkmale zwischen Analytischer und Tiefenpsychologisch fundierter Psychotherapie im Kindes- und Jugendalter, lediglich ihre Gewichtung kann verschieden sein.

Eine weitere Unterscheidung wird für eine störungsübergreifende vs. störungsspezifische Orientierung postuliert. Richtig ist, dass bestimmten Störungsbildern spezifische Psychodynamiken zugrunde liegen, deren Kenntnis für den Therapeuten unabdingbar ist. Bei einigen Störungen sind auch spezifische Behandlungsstrategien erforderlich, die u. U. auch mit medizinischen, pharmakologischen und/oder physiotherapeutischen oder übenden Behandlungen kombiniert werden müssen, insbesondere bei einigen psychosomatischen und somatoformen Erkrankungen. Dem Therapeuten sei eine Offenheit und wissenschaftliche sowie technische Neugier für störungsspezifische Behandlungsansätze nahegelegt. Aber auch dies ist in der Entwicklung der psychoanalytischen Behandlungstechnik nichts Neues. Bereits Freud postulierte für einzelne Störungsbilder eine Variation der psychoanalytischen Technik (Freud 1919a). Grundlegend für die Behandlung allerdings muss die prinzipielle Orientierung an einer psychodynamisch begründeten therapeutischen Haltung und Strategie sein, sonst besteht die Gefahr einer beliebigen Methodenwahl, die der Durcharbeitung der zentralen unbewussten Konflikt- und Strukturkonstellationen ausweicht. In psychoanalytisch begründeten Verfahren behandeln wir nicht vornehmlich Störungen, sondern Menschen mit ihren individuellen Geschichten, die für ihre bedrängenden und unausweichlichen Konflikte diese oder jene Bewältigungsstrategien entwickelt haben, welche vor dem Hintergrund des individuellen Erlebens als die ihnen möglichen erscheinen. Dazu kommen kulturspezifische und gesellschaftliche Bedingungen, die in die Psychodynamik einfließen und vor deren Hintergrund sich nicht allein Schwerpunkte von Störungsgruppen herausbilden, sondern auch sich wandelnde Ansichten über psychische Erkrankungen von Kindern und Jugendlichen und deren Behandlung, wie Nissen (2005) eindrucksvoll gezeigt hat.

Störungsbild und Symptomwahl ergeben sich nicht zwingend aus einer bestimmten Psychodynamik, wiewohl sie retrospektiv verstanden werden können. Dies gilt auch für die Tiefenpsychologisch fundierte Psychotherapie. Sosehr ein breites Repertoire an Behandlungstechniken und -interventionen für einen tiefenpsychologisch orientierten Psychotherapeuten wünschenswert ist, so ist doch gegenüber einer häufig geforderten »Methodenvielfalt« (vgl. Poser 2010) eine kritische Haltung einzufordern: Allzu leicht verführt diese Konzeption dazu, das wertvollste Stück der psychodynamischen Therapien preiszugeben: nämlich die Annahme der Übertragung, die Durcharbeitung der Gegenübertragung und des Widerstandes, die auch zu den zentralen Bestandteilen der Tiefenpsychologisch fundierten Psychotherapie gehören.

Die störungsübergreifende Perspektive bedeutet keineswegs, alle psychischen Störungsphänomene »über einen Kamm zu scheren«. Psychoanalytisch begründete Verfahren gehen – im Unterschied zu modulorientierten Vorgehensweisen – sehr auf die individuellen und einmaligen Konfliktkonstellationen des Patienten ein. Jede analytische und tiefenpsychologische Behandlung orientiert sich an dem momentanen psychodynamischen Zustand des Patienten und an der sich unwiederholbar konstellierenden Übertragungsbeziehung. Dieses Eingehen auf das individuelle, unverwechselbare und einmalige intrapsychische und interpersonelle Erleben des Patienten ist allen psychoanalytisch orientierten Verfahren gemeinsam.

Worin unterscheidet sich die Tiefenpsychologisch fundierte von der Analytischen Psychotherapie von Kindern und Jugendlichen?

Während eine Analytische Psychotherapie eine Strukturveränderung und in Folge eine nicht-neurotische Konfliktverarbeitung unter Verzicht auf Symptombildungen anstrebt, beschränkt sich die Tiefenpsychologisch fundierte Psychotherapie i. d. R. auf die Bearbeitung eines eingrenzbaren Aktualkonflikts mit dem Ziel der Auflösung der Symptomatik bzw. der Verhaltensänderung. Sind dort die Förderung der Regression, damit einer Übertragungsneurose, die Übertragungsdeutung und Widerstandsanalyse wesentliche Parameter der Behandlung, so wird die Regression hier weitgehend eingeschränkt und damit in ihrer Tiefe begrenzt, eine intensivere Übertragung damit vermieden, Übertragungsmanifestationen zwar wahrgenommen, aber meist nicht gedeutet; ich-stützende und die Abwehrfähigkeit verbessernde Techniken kommen zur Anwendung. Konzentriert sich jenes Verfahren auf das Vergangenheits-Unbewusste, so dieses auf das Gegenwarts-Unbewusste, das sich »mit der Aufrechterhaltung des Gleichgewichts hier und heute« beschäftigt (Sandler & Sandler 1985, S. 804). Ein besonderes Merkmal der TfP ist die Arbeit mit dem Fokus – also die Formulierung der bewusstseinsnahen Konfliktmanifestation in Verbindung mit der dahinterliegenden unbewussten Konflikdynamik (vgl. Klüwer & Lachauer 2004). Thomä und Kächele (1985) sehen in der Fokusbildung eine zentrale Technik auch der Analytischen Psychotherapie, indem sie darauf verweisen, dass diese verstanden werden kann als »*eine fortgesetzte, zeitlich nicht befristete Fokaltherapie mit wechselndem Fokus*« (S. 359, Hervorhebung d. Verf.). Gemeinsam ist beiden Verfahren die Notwendigkeit einer sorgfältigen Gegenübertragungsanalyse.

Bei Krankheitsbildern, die eine tiefere Regression nicht angezeigt sein lassen – etwa bei erheblichen Ich-Einschränkungen und bei somatoformen Störungen –, kann eine Tiefenpsychologisch fundierte Psychotherapie indiziert sein, auch wenn sich ein eingrenzbarer Konflikt nicht beschreiben lässt (vgl. Heigl-Evers & Nitzschke 1994, S. 95; Wöller & Kruse 2020, S. 16). Diese generelle Unterscheidung muss hier die besonderen Bedingungen der Psychotherapie bei Kindern und Jugendlichen berücksichtigen. Diese sind im Wesentlichen:

- die Unreife der kindlichen Psyche und deren rasche Entwicklung, damit auch die erhöhte Flexibilität und Vulnerabilität hinsichtlich
  - der Ichstruktur und der phasentypischen Abwehr,
  - der Trieborganisation,
  - des Narzissmus,
  - der Objektbeziehungsphantasien bzw. Bindungsrepräsentanzen,
- die Abhängigkeit des Kindes/des Jugendlichen von seinen Bezugspersonen; dies betrifft sowohl die reale Abhängigkeit wie die Abhängigkeit im familiären System der interpersonellen narzisstischen Regulation (Delegationen, unbewusste Phantasien der Eltern usw.).

Daraus ergeben sich kurzgefasst die in Tabelle 1 dargestellten Unterschiede (vgl. Burchartz 2004, S. 500).

Tab. 1: Unterschiede Analytische Psychotherapie und Tiefenpsychologisch fundierte Psychotherapie bei Kindern und Jugendlichen

	Analytische Psychotherapie	Tiefenpsychologisch fundierte Psychotherapie
Ziel der Behandlung	Strukturelle Veränderung bzw. Korrektur	Entwicklungsförderung, Ich-Stärkung, reifere Realitätsbewältigung
Regression	Förderung der Regression auf die Fixierungspunkte der Triebentwicklung	Begrenzung der Regressionstiefe: Fokussierung auf Ich-nahe Konflikte, etwa durch ausgewählte Spielangebote, Geschichten und kreative Darstellungen
Übertragung	»Übertragungsneurose« Übertragungsdeutungen Arbeit an der Beziehung	Vermeiden einer Übertragungsneurose Bearbeitung von »Außenübertragungen« Beachten der Übertragungsmanifestationen Arbeit mit der Beziehung, z. B. durch Aufgreifen der Erzählungen des Kindes/des Jugendlichen aus seinem Alltag und deren verstehendes Deuten
Deutung	Deutungen im »Hier und Jetzt« der Übertragungsbeziehung	Deutungen im »Dort und Dann« der Narrative bzw. der Spielsequenzen des Patienten
Widerstand	Auflösung des Widerstandes durch Widerstandsanalyse	Beachten des Widerstandes‹ Realitätsnahes Eingehen auf die äußeren Bedingungen (z. B. Termingestaltung) Transformation des Widerstandes i. S. der Verbesserung adaptiver Mechanismen
Äußere Aktivität	Bezieht sich im Wesentlichen auf die Aufrechterhaltung des Rahmens	Darüber hinaus: Fokussierung, sprachlich bei Jugendlichen, bei jüngeren Kindern z. B. durch Aufgreifen konfliktzentrierter Spielelemente oder Spielsymbole Gestaltung des affektiven Klimas Klarifizierung Ressourcenaktivierung Anregungen, Empfehlungen
Traum	Traumanalyse unter Einbezug der Übertragungsbedeutung	Aufgreifen der Träume unter Konzentration auf fokusnahe Traumelemente
Frequenz	2–3 Stunden/Woche	1–2 Stunden/Woche, u. U. auch weniger (etwa bei langfristig stützender Psychotherapie)
Eltern	Begleitende Psychotherapie: Kinder: Einbezug im Sitzungsverhältnis 1:4 (i. d. R.) Jugendliche: Einbezug abhängig vom Grad der Abhängigkeit und von der Pathologie; meist Behandlung ohne die Eltern (evtl. Delegation der Elternbehandlung an Kollegen) Ziel: Bearbeitung der pathogenen Familienstruktur in Bezug auf die Beziehung zum Kind, Unterstützung der Therapie bzw. fokussiertes Bearbeiten von Störmanövern	

5 Von der Erstbegegnung zur Therapieentscheidung

5.1 Die Anmeldesituation

Kinder melden sich in der Regel nicht selbst zu einer Psychotherapie an. Das liegt nicht allein an den realen Schwierigkeiten eines solchen Unterfangens: Adressen und Telefonnummern heraussuchen, Telefonzeiten beachten, anrufen, die Ungewissheit ertragen, wie der Gesprächspartner reagiert, mit Schamgefühlen umgehen usw. Viel mehr noch ist von Bedeutung, dass Kinder meist keine Krankheitseinsicht haben und von sich aus deshalb auch keine Motivation spüren, etwas zu verändern. Ein Kind hinterfragt seine eigene Befindlichkeit und sein Verhalten wenig, es empfindet sie als selbstverständlich und kennt ja auch keine anderen Verhältnisse als die seiner Familie, seines sozialen Umfelds usw. Aufgrund seiner Egozentrik geht es davon aus, dass die Welt eben genau so ist, wie es sie erlebt. Entwicklungsrückstände, problematisches Verhalten, übermäßige Ängste, Kontaktschwierigkeiten, unangemessene narzisstische Empfindlichkeiten usw. sind Phänomene, die vor allem die Eltern und andere Bezugspersonen stören und die diesen Sorge bereiten. Erst wenn der Unwille der Eltern anwächst, die resultierenden Konflikte zu ertragen, oder wenn äußere Umstände eintreten, die das Kind damit konfrontieren, dass »da etwas nicht in Ordnung ist«, beginnt sich im Kind ein Veränderungswunsch zu regen.

> *Lange Zeit wird einem Kind, das mit fünf oder sechs Jahren noch nach einer Windel verlangt, dies nicht als Problem erscheinen – allenfalls registriert es, dass die Eltern das irgendwie ärgerlich finden, wie manches andere aus dem Alltag eben auch. Auch die Eltern versuchen, das Problem irgendwie zu bewältigen – dabei quälen sie sich mit Schuld- und Schamgefühlen und mit unterdrückter Wut. Spätestens mit dem Schuleintritt jedoch wird das Arrangement zum Problem: Jetzt kommt eine Instanz hinzu, die von dem Kind fordert, einen Entwicklungsschritt bewältigt zu haben, also etwas zu können, was es noch nicht kann. Dieser Erkenntnis kann nun auch das Kind nicht ausweichen, ein Leidensdruck macht sich auch in ihm bemerkbar und damit eine beginnende eigene Motivation, etwas zu verändern.*

Meist sind es die Eltern, die den ersten Kontakt zum Psychotherapeuten suchen. Oft wird ihnen dies von Ärzten, Erziehern oder Lehrern nahegelegt. Bei Kindern, die in Jugendhilfemaßnahmen betreut werden, sind es häufig Pädagogen, die um Therapie für ihre Schützlinge nachsuchen. Regelmäßig geht dieser Kontaktaufnahme eine Vorgeschichte voraus: Das Problem wird nach Möglichkeit verleugnet oder bagatellisiert, denn Entwicklungsstörungen des Kindes sind auch ein Angriff auf den Narzissmus des elterlichen Selbst. Es wird nach somatischen Ursachen gesucht (das entlastet die Eltern von Schuldgefühlen), das Kind durchläuft teils umfangreiche diagnostische Prozesse, ärztliche Behandlungen folgen, u. U. auch mit einer Medikation, pädagogische Maßnahmen werden eingeleitet, verschiedene Therapien (Ergotherapie, Logopädie etc.) kommen zum Einsatz. Nicht selten offenbart sich eine lange Leidensgeschichte, in welche die ganze Familie einbezogen ist. All diese Möglichkeiten sollen Psychotherapeuten im Kopf haben, wenn sich Eltern am Telefon melden oder – in seltenen Fällen – persönlich in der Praxis erscheinen.

Bei Jugendlichen liegen die Verhältnisse anders. Zwar sind es auch hier oft die Eltern, die unter einem hohen Leidensdruck zu einer Psychotherapie drängen. Zugleich aber stellt sich gerade bei Jugendlichen oftmals ein erheblicher Widerstand ein, eine Psychotherapie in Betracht zu ziehen. Vor allem jüngere Kinder fügen sich zumeist dem Willen der Eltern, mit einem Psychotherapeuten in eine Beziehung zu treten. Für Jugendliche, die sich in einer Entwicklungsphase erhöhter narzisstischer Verunsicherung und Vulnerabilität befinden, ist dies verbunden mit einer drohenden narzisstischen Kränkung, die sie zu vermeiden trachten. Hinzu kommt der in der Adoleszenz verschärft ausgetragene Kampf um Autonomie und Selbständigkeit, um Ablösung und eigene Identität. Die Weigerung, sich auf einen von den Eltern gewünschten therapeutischen Prozess einzulassen, kann als eine Bastion verstanden werden, von der aus die Autonomie verteidigt wird. Schließlich bedeutet eine Psychotherapie auch, sich auf eine Beziehung einzulassen, mit allen damit verbundenen Ängsten vor einem regressiven Sog, und das in einer Phase, in der Jugendliche um Unabhängigkeit ringen und progressive Entwicklungsbedürfnisse im Vordergrund stehen. Damit die Einleitung einer Jugendlichenpsychotherapie gelingt, ist deshalb eine eigene Motivation der/des Jugendlichen besonders wichtig, ebenso die Erfahrung, diesen Prozess selbst gestalten zu können. In der Regel wird daher der Therapeut Eltern, die Jugendliche bei ihm anmelden, je nach deren Alter und Entwicklungsstand vorschlagen, dass sich der Jugendliche selbst an ihn wenden möge. Manche Jugendliche melden sich von vornherein selbst an, diesem Schritt geht meist eine längere Phase der Ambivalenz voraus, die auch als quälend erlebt werden kann. Dabei schlagen Jugendliche eigene Wege ein, die oft nicht mit dem übereinstimmen, wie es der Therapeut vorgesehen hat. Sie nutzen jugendtypische Kommunikationsmöglichkeiten wie E-Mail oder Handy, einige stehen eines Tages persönlich vor der Tür und fragen nach einem Termin.

> *Ortrud, eine 17-jährige Jugendliche, klingelt nachmittags an der Tür der Praxis. Der Therapeut befindet sich mitten in einer Stunde, geht aber trotzdem zur Tür und öffnet. Sie »fällt mit der Tür ins Haus«, indem sie dem Therapeuten eröffnet, dass sie nicht mehr weiter weiß und dringend seine Hilfe benötige. Sie macht einen verzweifelten Eindruck. Der Therapeut fühlt sich überrumpelt und bietet ihr kurzfristig einen Termin an außerhalb seiner normalen Zeiten. Im Verlauf des Erstgesprächs stellt sich heraus, dass sie lange mit sich gerungen hat, ob sie den Therapeuten aufsuchen wolle. Sie war von der Angst beherrscht, abgewiesen und in ihrem Anliegen*

nicht gesehen und gehört zu werden – wie sie dies jahrelang von ihrer Mutter erlebt habe. Die »Überrumpelung« lässt sich verstehen als ein Versuch, dieser Angst entgegenzuwirken, eine Beziehungsszene, die sie auch sonst gestaltet, etwa mit ihrem Freund.

Eine andere Jugendliche »gesteht« dem Therapeuten erst gegen Ende der Therapie, dass sie seine Adresse von einer Freundin bekommen habe, die zu der Zeit bei ihm in Therapie war. Sie habe ein halbes Jahr gebraucht, bevor sie mit dem Therapeuten Kontakt aufnehmen konnte – sie habe dies als eine persönliche Niederlage erlebt in ihrem Kampf, sich selbständig und unabhängig zu machen. An diesem Ideal versagt zu haben, war offenbar so schambesetzt, dass dies erst zu einem Zeitpunkt angesprochen werden konnte, als die damit verbundenen Konflikte bereits hinlänglich bearbeitet waren und es wiederum um eine neue Unabhängigkeit ging, nämlich diejenige vom Therapeuten.

In einer niedergelassenen Praxis erleben Kinder- und Jugendlichenpsychotherapeuten in der Regel einen Konflikt zwischen Versorgungsauftrag und hohem Anmeldedruck mit der Tendenz zur persönlichen Überlastung. Es muss daher ein Weg gefunden werden, wie mit Anfragen so umgegangen werden kann, dass therapiebedürftige Kinder und ihre Eltern eine realistische Chance haben, wenigstens Gehör zu finden und bei entsprechenden Wartezeiten Hinweise zu erhalten, was sie in der Zwischenzeit unternehmen können, ohne dass ein Therapeut sich überfordert. Will man nicht von vornherein alle Anfragen, die über die Kapazität der Praxis hinausgehen, abblocken – etwa durch einen Hinweis im Anrufbeantworter –, so führt kein Weg daran vorbei, eine gewisse Zeit einzuplanen, in der man Anfragen beantwortet. Das kann so aussehen, dass man sich die Telefonnummer geben lässt mit der Aussicht zurückzurufen. Dem Vorteil, sich für dieses Telefonat Zeit nehmen zu können, wenn es in die Abläufe der Praxis passt, steht der Nachteil entgegen, dass man u. U. in die – von vornherein ungute – Position kommt, den Patienten »hinterherzutelefonieren«. In die Übertragung gerät eine Konnotation, als sei der Therapeut eine Art Dienstleister, auf dessen »Angebot« man wartet, wie etwa bei einem Handwerker. Eine andere Möglichkeit sind feste Telefonzeiten für neue Therapie-Anfragen. Das hat den Nachteil, dass es vor allem Jugendlichen oft nicht möglich ist, diese einzuhalten, und dass diese dann – nachdem sie sich endlich durchgerungen haben, einen Psychotherapeuten zu konsultieren – resigniert aufgeben. Der Vorteil ist darin zu sehen, dass dem Nachfragenden bereits eine gewisse zeitliche Regelhaftigkeit zugemutet wird, also eine Bereitschaft, sich für eine Psychotherapie selbst zu engagieren – eine Bereitschaft, die ja auch im weiteren Verlauf unabdingbar ist.

In jedem Fall gibt ein solches erstes Kontaktgespräch am Telefon in groben Zügen Aufschluss über das Problem, seine bisherige Handhabung, über den Anlass, sich jetzt zu melden, über den Anmeldekontext (Anregungen durch Dritte?), über die Motivationslage und die Bereitschaft, sich den Realitäten einer niedergelassenen Praxis zu stellen. Auch am Telefon – oder in anderen Formen der Anmeldung – stellt sich eine Szene her, in die der Therapeut in spezifischer Art und Weise verwickelt wird und die einen ersten Zugang zu der unbewussten Konfliktdynamik erlaubt.

Aus diesen Gründen ist es empfehlenswert, bereits dem Vorgang der ersten Anmeldung sorgfältig seine Aufmerksamkeit zu widmen. Die Gestaltung, die der Therapeut diesem Vorgang gibt, ist nicht allein ein Qualitätsmerkmal seiner Praxis, viel mehr noch ist sie ein erster Rahmen. Der Rahmen stellt auch hier eine Referenz dar, an der sich unbewusste psychische Vorgänge manifestieren, je nachdem, wie Anmeldende damit umgehen. Für die alltägliche Praxis eines niedergelassenen Psychotherapeuten reicht die Vorstellung nicht aus, das Erstgespräch sei der Beginn einer therapeutischen Beziehung. Argelander (1970/1999) betont: »Bereits vor Beginn des Erstinterviews machen sich Einflüsse geltend, die aus den Vorstellungen und Vorurteilen über seelische Krankheiten und ihre Behandlung stammen und ›Vorfeld‹-Phänomene konstellieren. Sie äußern sich z. B. in der Art der Anmeldung und wirken in die Gesprächsgestaltung mit hinein« (S. 16).

Praktisch kann die Anmeldung etwa wie folgt ablaufen: Zunächst lässt der Therapeut auf sich wirken, wie der Gesprächspartner spontan die Anmeldung gestaltet. Was er ggf. über den Anrufbeantworter erfährt, wird mit einbezogen. Er macht sich Notizen darüber, wer sich meldet, um welchen Patienten es geht (Alter, Geschlecht?), über die Problematik und den Anlass der Anmeldung, Empfehlungen durch Dritte und, soweit er es erfährt, über die familiäre Situation. Manchen ist es hilfreich, einen vorgefertigten »Anmeldebogen« zu benutzen, der Raum hat für Notizen und Daten, die sich ggf. im weiteren Verlauf der Probatorik ergänzen lassen – z. B. Familienmitglieder, Hausarzt, vorangegangene Therapien, bereits gestellte Diagnosen usw. So entsteht eine kurz zusammengefasste Übersicht über die wichtigsten Informationen und den ersten Eindruck sowie das szenische Erleben.

Während des Anmeldegesprächs wird im Therapeuten ein Bild von den Menschen und ihrer Problematik entstehen, das natürlich nicht vollständig sein kann und vielleicht auch nicht objektiv zutreffend ist, auch aufgrund der ersten Gegenübertragungsreaktion, die etwas mit dem Therapeuten selbst zu tun hat. Der Therapeut muss sich zugestehen, dass er nicht allein aus äußeren Gründen nicht jeden Patienten annehmen kann. Auch in ihm muss eine Bereitschaft entstehen, sich mit einem Fall auseinanderzusetzen, sei es aus Interesse oder aufgrund sonstiger emotionaler Reaktionen auf den ersten Kontakt. Er kann Unlust oder Überforderung erleben, sich auf zu viele Patienten mit einem spezifischen Krankheitsbild einzulassen. Neben seinen zeitlichen Möglichkeiten und den Voraussetzungen der Gesprächspartner fließen diese inneren Vorgänge ein in die Entscheidung, ob er ein Erstgespräch anbietet, nach einer Wartezeit in Aussicht stellt oder die Patienten weiter verweist.

Hier könnte man einwenden, dass es so gesehen für einen potentiellen Patienten mehr oder weniger unwägbare Faktoren sind, die darüber entscheiden, ob er Zugang zu einer Psychotherapie hat. Das ist solange richtig, als die Versorgungssituation im Bereich der Kinder- und Jugendlichenpsychotherapie mangelhaft ist. Darüber hinaus aber käme es einer Verschleuderung knapper Ressourcen gleich, ließe sich ein Therapeut auf einen Prozess ein, der aus inneren und äußeren Gründen von vornherein zu scheitern droht.

Angesichts des Umstandes, dass in einer übermäßig in Anspruch genommenen Praxis auch solche Patienten nicht unterkommen können, von denen der Therapeut den Eindruck gewinnt, sie könnten von seiner Arbeit profitieren, ist es notwendig, auf andere Hilfeangebote hinzuweisen. Wartezeiten von mehr als einem halben Jahr sind für die meisten Menschen, die akut in oft schwerwiegenden Problemen stecken, unübersehbar und unzumutbar. Ein Therapeut sollte sich auskennen in den entsprechenden regionalen Möglichkeiten (Kollegen, Beratungsstellen, Ärzte, psychiatrische Ambulanzen, Jugendhilfe usw.) und ggf. Anlaufstellen nennen können.

Beispiele für schwierige Anmeldesituationen:

Eine alleinerziehende Mutter dreier Kinder ruft mehrfach außerhalb der Telefonzeiten an. Ihre Nachrichten auf dem Anrufbeantworter hören sich alarmierend an. Der Therapeut entschließt sich zu einem Rückruf. Die Mutter berichtet verzweifelt, sie müsse in sechs Wochen eine Haftstrafe antreten, ihre drei Kinder seien völlig durcheinander, sie schildert verschiedene beunruhigende Auffälligkeiten. Sie sucht nach jemandem, der die Kinder therapeutisch begleitet. Sie wisse auch noch nicht, wo die Kinder untergebracht werden, das Jugendamt habe noch keine Lösung gefunden. Dem Therapeuten ist klar, dass er dies nicht leisten kann – so rasch hat er keinen Platz, er würde auch nur eines der Geschwisterkinder aufnehmen, allerdings nur dann, wenn die äußeren Lebensumstände geklärt sind. Er nennt der Frau die Adresse einer Erziehungsberatungsstelle und empfiehlt ihr, wegen der Betreuung der Kinder mit dem Jugendamt Kontakt zu halten.

Eine Mutter ruft wegen ihrer 16-jährigen Tochter an. Ein Arzt habe eine Psychotherapie empfohlen, die Jugendliche leide unter Magersucht. Der Therapeut bittet sie, ihrer Tochter nahezulegen, selbst mit dem Therapeuten in Kontakt zu treten. Etwa eine Woche später ruft die Mutter wieder an, ihre Tochter habe sie gebeten, für sie einen Termin zu vereinbaren, da sie zu den Telefonzeiten nicht anrufen könne. Der Therapeut bietet eine Stunde an, die durch eine Absage freigeworden ist. Das ginge nicht, sagt die Mutter, überhaupt sei nur ein Termin am Mittwochnachmittag möglich. Der Therapeut fühlt sich in einen Machtkampf hineingezogen: Wer darf über Termine bestimmen? Mit großer Wahrscheinlichkeit braucht diese Jugendliche psychotherapeutische Hilfe – aber der Therapeut erlebt wenig Bereitschaft, sich auf eine solche einzulassen. Schon die Terminfrage wird zu einem Feld des Agierens. Er sagt der Mutter, dass die Jugendliche lange auf einen Platz bei ihm wird warten müssen, wenn sie sich nicht auf die Zeiten einlässt, die er ermöglichen kann. Er empfiehlt ihr, das nochmals mit ihrer Tochter zu besprechen und dann wieder anzurufen.

Ein Vater sucht für seinen neunjährigen Sohn einen Therapieplatz. Die Lehrerin habe dies empfohlen, aber die habe wohl sowieso wenig Verständnis für seinen Sohn. Er sei in der Schule unkonzentriert, lernunwillig, unruhig und werde rasch aggressiv. Der Therapeut sagt ihm, dass er gegenwärtig keinen Platz frei habe, ihm aber ein Erstgespräch anbieten könne, wenn eine Stunde durch eine Absage frei werde. Der Vater wird unwillig: Das könne doch nicht sein, dass der Therapeut ihn so vertröste, das sei ihm zu vage. Der Therapeut spürt in sich eine tiefe Unlust aufsteigen. Ihn stört die narzisstisch gefärbte Anspruchlichkeit des Mannes, der offensichtlich davon ausgeht, dass andere Menschen seinem Sohn jederzeit so zur Verfügung stehen müssen, wie er das will. Dazu kommt, dass mehrere Jungen mit ähnlicher Problematik zur Zeit bei ihm in Behandlung sind – schwierige, anstrengende und mitunter frustrierende Therapieverläufe. Er sträubt sich innerlich gegen die Aussicht, einen weiteren solchen Patienten aufzunehmen, vor allem, da er angesichts des Auftretens des Vaters und aufgrund einer gewissen Erfahrung annimmt, dass auch die Mitarbeit der Eltern in einer einsichtsfördernden Therapie nicht ausreichend gegeben ist. Er nennt ihm einige Kollegen, bei denen er versuchen kann, ob er rascher einen Therapieplatz findet.

Eine alleinerziehende Mutter sucht aufgrund einer Empfehlung eines Kinderarztes eine Verhaltenstherapie für ihren siebenjährigen Sohn. Sie schildert eine erhebliche Angstproblematik und auch ihre innere Not mit dem Jungen, der ständig an ihr klebe und häufig wegen Kopf- und Bauchschmerzen nicht in die Schule könne. Sie frage sich auch, was sie falsch gemacht habe. Am Telefon macht sie einen selbstreflexiven Eindruck, der Therapeut kann sich gut in sie einfühlen. Nun wurde ihr aber eine Verhaltenstherapie empfohlen – ein Verfahren, das der Therapeut nicht anbieten kann. Andererseits weiß dieser, dass nur wenige Menschen zwischen den einzelnen Therapieverfahren differenzieren können. Die Mutter kann auch nicht sagen, was zu dieser spezifischen Empfehlung des Arztes geführt hat. Der Therapeut sagt ihr also, dass er kein Verhaltenstherapeut ist, und nennt ihr die Telefonnummer eines verhaltenstherapeutischen Kollegen. Er bietet ihr aber auch ein Erstgespräch an, falls sie dort nicht unterkommt; dann könne sie sich selbst ein Bild machen, ob seine Arbeitsweise für sie und ihren Sohn in Frage komme.

Merke

- Bei der ersten Kontaktaufnahme macht sich auch deren Vorgeschichte bemerkbar.
- Typisch sind im Vorfeld Scham- und Schuldgefühle (Eltern), Ambivalenzen und Abwehrmanöver gegen drohende Kränkungen (Jugendliche).
- Die Gestaltung der Anmeldesituation erlaubt Aufschlüsse über den Umgang mit der Problematik und wirkt ins Erstgespräch hinein.
- Aus der Erfassung erster Informationen und der Gestaltung ergibt sich eine Entscheidung, ob es zu einem Erstgespräch kommt.
- Kommt ein Erstgespräch nicht in Betracht, sollten Patienten über andere Hilfsmöglichkeiten informiert werden.

5.2 Das Erstgespräch

Das Setting des Erstgesprächs bzw. der Erstgespräche bei Kinder- und Jugendlichenpsychotherapien hängt von der persönlichen und fachlichen Einstellung des Therapeuten ab. Manchen Therapeuten ist es wichtig, eine Situation herzustellen, bei der Eltern und Kind gemeinsam kommen, und sie suchen erst aufgrund dieses Settings getrennte Gespräche, je nachdem, wie sich die Beteiligten darauf einlassen können (vgl. Kahl-Popp 2009). Ich folge hier einem anderen Konzept.

Das Erstgespräch dient zunächst einem gegenseitigen Kennenlernen zwischen Therapeut und Patient und/oder dessen Bezugspersonen. Ein solches Kennenlernen schließt unter psychodynamischen Gesichtspunkten ein, dass sich der Therapeut einen Eindruck verschafft über die Problematik, wie sie die Beteiligten selbst erleben und wahrnehmen. Bei Kindern sind es in der Regel die Eltern, die aufgrund eines Leidensdrucks eine Psychotherapie nachfragen. Mir scheint es deshalb wichtig, zunächst ihnen eine Möglichkeit zu geben, sich zu äußern – möglichst unbefangen und ohne die Rücksichtnahme darauf, was das Kind hören soll oder nicht hören soll. Unter diesem Aspekt ist es deshalb sinnvoll, zunächst die Eltern ohne das Kind (oder die Kinder) einzuladen. Dieses Vorgehen signalisiert den Eltern, dass sie einen eigenen Raum haben für ihr Erleben, ihre Gefühle, ihre Gedanken und vor allem für ihre Beziehung – einen Raum, aus dem das Kind ausgeschlossen ist. Der Therapeut nimmt so eine triangulierende Funktion wahr. Die Akzeptanz der elterlichen Ebene ist für die Eltern meist auch ein erster Impuls, ihrerseits zu akzeptieren, dass wiederum sie aus der Beziehung zwischen Therapeut und Kind ausgeschlossen sind.

Der Nachteil dieses Vorgehens liegt auf der Hand: Der Therapeut gewinnt im Erstgespräch keinen direkten Eindruck von der Dynamik der Interaktion zwischen allen Beteiligten. Allerdings ist zu bedenken, dass im Rahmen des psychodynamischen Verstehens mindestens ebenso wichtig ist, wie das Kind in den elterlichen Phantasien, in ihrer inneren Objektwelt vorkommt (und umgekehrt, wie die Eltern im inneren Erleben des Kindes vorkommen); diese innere Dynamik erschließt sich m. E. besser in einem zunächst getrennten Setting, das von der äußeren Konfliktdynamik weniger verstellt ist.

5.2.1 Das Erstgespräch mit den Eltern bzw. Bezugspersonen[4]

Zum Erstgespräch werden beide Eltern eingeladen bzw., wenn ein leiblicher Elternteil nicht zur Verfügung steht, beide erwachsenen Bezugspersonen des Kin-

---

4 Ich spreche im Folgenden von Patienten, auch wenn die Eltern gemeint sind. Die Entstehung und Aufrechterhaltung einer psychischen Erkrankung im Kindes- und Jugendalter ist nicht ohne die familiäre Beziehungsmatrix denkbar. Wenn ein Kind zum »Patienten« wird und in psychotherapeutische Behandlung geschickt wird, stehen dahinter regelmäßig elterliche Wünsche, damit auch von eigenen ungelösten psychischen Kon-

des (Mutter/Vater und Stiefelternteil, neuer Lebenspartner oder neue Lebenspartnerin, Pflegeeltern). Bei Heimkindern, die von Erziehern oder Erzieherinnen angemeldet werden, lässt sich mit diesen ein Erstgespräch führen, das allerdings etwas anderen Prinzipien folgt (s. u.). Es gibt allerdings Lebensumstände, unter denen es den Beteiligten nicht möglich ist, zusammen den ersten Termin wahrzunehmen – etwa in einer akuten Trennungskrise, einer Auseinandersetzung um Scheidung und Sorgerecht usw. Es ist ratsam, den Beteiligten weitgehend zu überlassen, in welcher Konstellation sie kommen wollen – einfach, um die Hürde zum ersten Gespräch nicht zu hoch anzusetzen, aber auch, weil man aus der Gestaltung der Situation mit dem Therapeuten bereits einiges über das aktuelle Konfliktgeschehen erfährt.

Nach der Begrüßung und Vorstellung steckt der Therapeut den Rahmen des Gesprächs ab: Wesentlich, aber auch ausreichend, sind Bemerkungen über den zeitlichen Rahmen und der Hinweis auf die Schweigepflicht – auch dem Kind gegenüber. Er ermuntert den/die Patienten, möglichst frei und spontan über sein/ihre Anliegen und sein/ihr Erleben damit zu sprechen. Patienten kommen deshalb, weil sie in einer Not sind, weil etwas in ihrem Leben festgefahren ist, weil sie etwas bedrückt, irritiert, verstimmt, lähmt usw., weil sie sich schuldig fühlen oder schämen. Das Erstgespräch soll einen geschützten Raum eröffnen für diese schwierige innere und äußere Situation. Vorschnelle Interpretationen, Ermunterungen, Ratschläge, Tröstungen oder gar Verharmlosungen und Verallgemeinerungen sind deshalb fehl am Platz und würden diesen Raum rasch verschließen. Dem Therapeuten ist deshalb größte Zurückhaltung auferlegt, was die Äußerung eigener Gefühle und Gedanken anbelangt, vielmehr wartet er zunächst ab und nimmt neben der Haltung der Akzeptanz und der Wertschätzung eine rezeptive Grundhaltung ein, selbst dann, wenn das Gespräch stockt oder sich Schweigen einstellt.

---

flikten entlastet zu werden, deren Lösung an das Kind delegiert wird. Das Kind übernimmt damit unbewusst eine Verantwortung für die Eltern bzw. für die Familie. Darin dokumentiert sich die Abhängigkeit des Kindes von seinen Eltern bzw. den nächsten Bezugspersonen nicht allein in äußeren Dingen, sondern besonders auf einer elementaren psychischen Ebene. Die Psyche eines Kindes ist noch sehr eng mit derjenigen der Eltern verwoben, als reales gegenwärtiges Geschehen. Eine psychotherapeutische Behandlung des Kindes schließt deshalb immer auch die Eltern mit ein, die begleitend »mitbehandelt« werden müssen. Deshalb haben wir es insbesondere bei Kindertherapien eigentlich mit der ganzen Familie zu tun, auch wenn wir mit den Beteiligten in unterschiedlichen Settings arbeiten. Es gibt vermutlich Leserinnen und Leser dieses Textes, die davor zurückscheuen, überhaupt von »Patienten« zu sprechen, aus Vorsicht, Menschen nicht zu pathologisieren. Für den Verfasser hat jedoch das Wort»Patient« keinen negativen Klang. Es nimmt ernst, dass Menschen in und an ihrem Gefühlserleben leiden (lat. *pati*: leiden, erdulden, sich in einer Stimmung befinden. Im Englischen hat das Wort »patient« auch die Bedeutung »geduldig«). Das schließt selbstverständlich mit ein, Patienten auch in ihren Ressourcen und kreativen Bewältigungsmöglichkeiten ernst zu nehmen. Gerade weil ein gut ausgebildeter Therapeut mit einer gründlichen Selbsterfahrung um sein eigenes psychisches Konfliktpotential weiß, kann er seinen Patienten auf Augenhöhe begegnen.

> *Nach der Begrüßung und Vorstellung und nachdem jeder seinen Platz eingenommen hat:*
> *Th.: »Wir haben jetzt 50 Minuten Zeit füreinander. Betonen möchte ich vorweg, dass alles, was hier zur Sprache kommt, unter der Schweigepflicht meinerseits steht.«*

Neben den Informationen, die der Therapeut über die Probleme der Patienten, die Symptome und ihre Lebensumstände erhält (»objektive Informationen«, Argelander 1970, S. 12, vgl. zu Folgendem auch: Laimböck 2019), signalisiert die beschriebene Grundhaltung, dass hier in einer nicht-alltäglichen Weise über schwierige Situationen und Themen gesprochen wird. Die Beziehung zwischen Patienten und Therapeut entfaltet sich in der therapeutischen Atmosphäre einer interessierten, »gleichschwebenden Aufmerksamkeit« (Freud 1912e, S. 377f.) seitens des Therapeuten, ebenso der Abstinenz und der Neutralität, in welcher der Therapeut sich der Verfolgung eigener Interessen sowie Werturteile enthält. So lernen Patienten bereits in der ersten Sitzung wesentliche Grundlagen der Arbeitsweise durch eigenes Erleben kennen.

Schließlich verfolgt die therapeutische Grundhaltung ein weiteres Ziel: Wir wollen nicht allein das bewusste konflikthafte Erleben der Patienten kennenlernen, sondern auch dessen psychodynamische, meist unbewusste Hintergründe. Das Erstgespräch ist die initiale Begegnung zwischen Patienten und Therapeut, in der die wesentlichen inneren Konflikte, die Abwehrmechanismen und Bewältigungsversuche sowie das strukturelle Funktionsniveau in nuce enthalten sind (»subjektive Informationen«, Argelander, a. a. O., S. 13f.). Die unbewusste Psychodynamik entfaltet sich in drei Richtungen:

Erstens in den Narrativen der Patienten selbst. Was sie über sich, ihre Beziehungen, ihr Erleben und ihre Sicht der Dinge sagen und vor allem wie sie es sagen, was dabei nicht zur Sprache kommt; ihre nonverbalen Mitteilungen, affektiven Äußerungen, emotionalen Regungen, beim Kind das Spiel, kreative Gestaltungen und wie es den Therapeuten einbeziehen lassen erste Rückschlüsse zu auf die Konfliktdynamik und die bevorzugten Abwehrmechanismen. Es ist nicht allein der sachliche Gehalt der Mitteilungen, es ist viel mehr die Art und Weise, wie Patienten über sich und andere sprechen, wie sie sich geben, die etwas über das unbewusste Kräftespiel verrät. Meist teilen Patienten bereits im Erstgespräch spontan auch biografisches Material mit, in dem sich in der Regel die Konfliktdynamik wiederfinden lässt.

> *Beim Erstgespräch schildert der Vater von Katie, einem 8;9-jährigen Mädchen, minutiös und distanziert deren Symptomatik (eine Angststörung), wobei er immer wieder betont, das alles sei doch normal, das kenne er von sich auch, so ähnlich sei es auch in seiner Verwandtschaft immer wieder vorgekommen. Empört berichtet er, eine Lehrerin habe eine Medikation vorgeschlagen – was sie denn dazu befähige. Die Mutter kommt erst spät zu Wort. Ihre Schilderung ist von Erschöpfung und Sorge geprägt, es sei kaum aushaltbar, dass K. sich Tag und Nacht an sie anklammert, sie gebe sich alle Mühe mit dem Kind, könne aber manchmal nicht mehr, zumal sie ja auch noch für die jüngere Schwester da sein müsse.*

> *Bereits im Erstgespräch kommt so die unterschiedliche Bedeutung zum Ausdruck, welche die Eltern der Problematik geben.*

Zweitens kommt das unbewusste Material in der Übertragung zum Vorschein. Wünsche, Befürchtungen, Erwartungen, Affekte werden auf den Therapeuten gerichtet, die aus verschütteten, bei Erwachsenen meist infantilen Quellen, bei Kindern aus den aktuellen Beziehungen zu den wichtigsten Bezugspersonen stammen und bislang keine befriedigende Antwort gefunden haben. In diesen ungelösten, in Abwehrformen gebundenen psychischen Regungen ist der Konfliktstoff enthalten, der auch die aktuellen Konflikte gestaltet. Der Therapeut reagiert auf die Übertragung mit eigenen Gefühlen, die jenen der Patienten entsprechen können (konkordante Gegenübertragung), oder mit Reaktionen, die denen früherer oder aktueller Beziehungspersonen entsprechen (komplementäre Gegenübertragung) (vgl. Ermann 2008, S. 236, Racker 1997, S. 71). Die Gegenübertragung des Therapeuten ist, sofern sie von seinen Regungen aus eigenem Konflikterleben heraus sorgfältig unterschieden und im Kontext der therapeutischen Beziehung analysiert wird, ein zentrales Erkenntnismittel unbewusster Vorgänge.

> *In dem o. g. Erstgespräch werden divergierende Wünsche auf den Therapeuten gerichtet: Der Vater sieht im Therapeuten einen Fachmann, von dem er sich erhofft, dass dieser ihm bestätigt, dass doch alles nicht so schlimm sei, eigentlich keine besondere Problematik vorliege. Letztlich wünscht er sich eine Beruhigung, dass auch er – der sich im Kind wiedererkennt – ganz normal sei. Der Therapeut kommt in die Rolle einer fachlichen Autorität, die beruhigen und bestätigen soll, spürt aber Ungeduld in sich aufsteigen, da er den Eindruck gewinnt, seine eigenen Gedanken haben gar keinen Platz. Die Mutter leidet unter der Situation manifest weit heftiger, auch sie erhofft sich eine Beruhigung, aber eine ganz andere: Der Therapeut solle die Dramatik der Situation erkennen, sich um sie in ihrer Erschöpfung kümmern und sie entlasten. Der Therapeut bekommt den Eindruck, er werde zu einer Mutter, von der sich ein Kind, das alles besonders recht machen will und sich dabei selbst verliert, Anerkennung und Fürsorge wünscht, diese aber nicht ausreichend spendet. Er spürt eine Befürchtung, nicht zu genügen.*

Drittens: Aus Übertragung und Gegenübertragung konstelliert sich eine Szene (»szenische Information«, Argelander 1970, S. 14, vgl. auch Klüwer 1983, Lorenzer 2000, Raue 2007, Windaus 1999, Burchartz 2020). Das innere Drama des Patienten entfaltet sich zwischen ihm und dem Therapeuten, wobei diesem eine bestimmte Rolle in dem Stück zugedacht ist, mit der Erwartung, er fülle diese Rolle aus wie alle bisherigen Akteure in dem Stück. Die Szene spielt sich nicht allein in der Innenwelt der Beteiligten ab, sie umfasst auch Handlungen, Gesten, interaktive Elemente. Der Patient »behandelt« den Therapeuten in einer für ihn meist unbewussten bestimmten Art und Weise. Das szenische Geschehen und seine Analyse (»Wer macht was mit wem?«) ist eine wesentliche Erkenntnisquelle über das unbewusste Konfliktgeschehen (▶ Kap. 7.3.6).

> *Die Szene im Erstgespräch mit den Eltern von Katie lässt sich wie folgt beschreiben: Die Mutter appelliert an ihren Gesprächspartner, er solle sich in ihrer angestrengten Hilflosigkeit fürsorglich – entlastend und anerkennend um sie kümmern, wobei sie signalisiert, dass er nicht genügen könne – ein Gefühl, das sie vermutlich selbst plagt. Der Vater, der diesen unbewussten Appell vermutlich kennt, weist diese Ansprüche gleichsam präventiv ab durch eine bagatellisierende, wenig empathische, aber auch kontrollierende Haltung, für die er sich im Therapeuten als »Fachmann« einen Verbündeten sucht. Der Therapeut fühlt sich hin und hergerissen: Er kann weder die Haltung des Vaters bestätigen, noch kann er die Wünsche der Mutter stillen, und hat Mühe, eigenen Gedanken Raum zu geben. Eigentlich kann auch er es nicht recht machen und spürt nun seinerseits einen ärgerlichen Impuls, sich den Ansprüchen der Eltern zu entwinden. Damit komplettiert sich die Szene: Es kommt keiner zu dem, was seinen Bedürfnissen entspricht. Die Vermutung drängt sich auf, dass dies in etwa auch das Erleben des Kindes sein könnte.*

Aus den drei Eckpunkten des Erstgesprächs: Aktuelles Konflikterleben, Übertragung, Gegenübertragung und Szene sowie biografische Informationen lassen sich erste Hypothesen über die psychischen Störungen von Patienten, aber auch über deren Ressourcen und Bewältigungsmechanismen bilden. Wir erfahren etwas über das strukturelle Funktionsniveau und das intrapsychische wie interpersonelle Konfliktgeschehen. Schließlich möchten wir aber nicht allein etwas über die psychische Erkrankung selbst erfahren, ebenso wichtig ist die Frage, inwieweit Patienten darauf ansprechbar sind, sich auf eine Therapie einzulassen, welche auf der Gewinnung neuer, emotional bedeutender Einsichten und einer therapeutischen Beziehungsmatrix basiert. Schließlich spielt auch die Motivation der Beteiligten eine Rolle, wobei die unbewusste Motivation oft entscheidender ist als die bewusste.

Erste Erkenntnisse dazu lassen sich im Erstgespräch gewinnen, wobei nunmehr auch die Aktivität des Therapeuten erforderlich ist. Es empfiehlt sich daher z. B., Patienten zu ermuntern, ein konkretes typisches Beispiel aus ihrem Beziehungsalltag zu schildern, in dem die Schwierigkeiten deutlich werden, über die sie klagen. Dies legt sich insbesondere dann nahe, wenn Patienten generalisierend im Allgemeinen bleiben.

> *Zum Erstgespräch kommen die Eltern des elfjährigen Otto. Die Mutter macht einen depressiven und sehr bemühten Eindruck, der Vater ist ein kräftiger Mann, fordernd und zielstrebig; er hat ein mittelständiges Unternehmen. Die Eltern beklagen die Aggressivität ihres Sohnes. Er flippe bei der geringsten Kleinigkeit aus, beschimpfe die Mutter, schreie und tobe. Dabei – so die Mutter – tue sie alles für den Jungen, es fehle ihm an nichts. Mit guten Worten komme sie schon lange nicht mehr weiter. Der Vater betont, er erreiche bei seinem Sohn nichts mehr, er wisse kein Mittel, ihn zur Vernunft zu bringen. Ob ich ihm vielleicht sagen könne, wie er sich da verhalten solle, ich sei doch der Fachmann? Auf meine Bitte, mir beispielhaft eine Situation zu schildern, in der sie das so erleben, erzählt der Vater Folgendes: Sie sitzen abends im Wohnzimmer zusammen, Otto habe seine Sendung im Fernseher gesehen, jetzt sei es Zeit, ins Bett zu gehen. Inzwischen hat Otto weitergezappt und will unbedingt*

die nächste Sendung sehen. Der Vater: »Wenn ich ihm dann die Fernbedienung wegnehme, sollten Sie mal erleben, was dann abgeht.« Otto brülle und tobe, so dass schon die Nachbarn darauf aufmerksam würden. Er sei nicht zu bewegen, in sein Bett zu gehen. Die Mutter: »Er will auch gar nicht allein in sein Zimmer gehen, da wehrt er sich mit Händen und Füßen.« Meist schlafe er im Bett bei der Oma (die im selben Haus wohnt und verwitwet ist). Und auch das nur, wenn sie neben ihm liege oder wenn zumindest die Tür zum Nebenzimmer, wo sich die Großmutter aufhält, offen bleibe.

Dem Therapeuten wird angesichts der geschilderten Szene klar, dass Otto Angst hat, allein zu sein. Die Trennungssituation des Schlafengehens löst offenbar eine so heftige Angst aus, dass Otto alles mobilisiert, um sie zu vermeiden. Die Aggression dient hier der Abwehr heftiger Trennungsängste, denen sich der Junge ohnmächtig ausgeliefert fühlt. Im Gegenzug lässt er die Eltern durch sein Verhalten eben diese Hilflosigkeit spüren: So fühlt es sich an, wenn man heftigen Affekten ausgeliefert ist und nicht weiter weiß. Die Schilderung des konkreten Beispiels offenbart einen Zusammenhang, den die Eltern nicht erkennen, weil sie eben in einen verzweifelten Kampf mit ihrem Sohn verwickelt sind.

Ein weiteres Mittel, etwas über die Möglichkeit von Patienten zu erfahren, sich auf eine Therapie einzulassen, ist die Probedeutung. Es ist sicherlich verfehlt, Patienten im Erstgespräch mit psychodynamischen Hypothesen zu konfrontieren. Solche können ja in dieser ersten Begegnung ohnehin nur vorläufig sein, außerdem ist damit zu rechnen, dass sich gegen eine Einsicht Widerstand regt. Zudem wäre eine nur theoretische Zustimmung zu dem »Wissen« des Therapeuten, sollte sie denn erfolgen, ohne therapeutischen Nutzen und würde die Beziehung von Anfang an in ein Ungleichgewicht bringen: Im geschilderten Beispiel würde sie im Elternpaar das Erleben der Hilflosigkeit nur weiter verfestigen. Eine Probedeutung kann mit aller gebotenen Vorsicht erste Zusammenhänge herstellen, Verknüpfungen, die bislang verborgen bleiben mussten. Man erfährt so etwas über die Abwehr, über ihre Rigidität bzw. Flexibilität und über die Möglichkeit der Patienten zur Introspektion und Empathie.

Im o. g. Erstgespräch sagt der Therapeut: »Mir kommt es so vor, als verberge sich hinter der lautstarken Aggressivität ihres Sohnes eine Angst. Es macht ihm offensichtliche Probleme, abends, wenn es ins Bett und in den Schlaf geht, auf die konkrete Gegenwart eines nahestehenden Menschen zu verzichten. Aber das zuzugeben, ist ihm als großem Jungen sicherlich peinlich.« Diese Bemerkung gibt dem Gespräch eine Wende. Die Eltern erzählen nun, dass Otto sich in der Schule gegen Gleichaltrige überhaupt nicht wehren könne und alles mit sich machen lasse. So aggressiv er zu Hause sei, so ängstlich und zurückhaltend sei er mit anderen Kindern. Er habe auch wenig Freunde, ziehe sich eher zurück. Hausaufgaben könne er allein gar nicht machen, sofern er sie nicht vermeidet, müsse die Mutter dabei sein. Otto bleibe auch aufgrund seines Lernverhaltens weit hinter seinen Möglichkeiten zurück, er sei nun – auch sehr zu seiner eigenen Enttäuschung – auf der Hauptschule. Der Vater meint, das Verhalten seines Sohnes sei ihm fremd. Er sei auch auf der Hauptschule gewesen, habe sich dann aber durchbeißen müssen, um sich eine Existenz aufzu-

> *bauen. Er hätte es seinem Sohn gewünscht, einen besseren Abschluss zu machen, da hätte dieser es leichter als er.* »*Vielleicht wollten wir Otto vieles ersparen und haben ihn zu sehr verwöhnt.*« *Die Mutter ergänzt, sie sei mit Otto schwanger geworden, als das Paar schon gar nicht mehr gehofft habe, Kinder zu bekommen. Zwei künstliche Befruchtungen seien gescheitert, der dritte Anlauf sollte der letzte sein, dann habe es geklappt.* »*Ich glaube, wir haben ihn sehr in Watte gepackt, weil er so ersehnt wurde.*«

Der Verlauf dieses Erstgesprächs zeigt, dass erste Zusammenhänge der Konfliktdynamik den Eltern vorbewusst zugänglich sind. Die Bemerkung über die Angst des Jungen konnten sie aufgreifen und mit ihrer eigenen Einstellung in Verbindung bringen. Das Problematische an der Situation liegt nun nicht mehr allein bei Otto. Vielmehr zeigen die Eltern die Bereitschaft, ihren eigenen Anteil mit zu reflektieren, bei dem es vermutlich auch um ein hohes Maß an eigenen Ängsten geht. Die Abwehr, die sich in dem sozialen Agieren manifestiert, muss allem Anschein nach nicht rigide aufrechterhalten werden, die Eltern können den therapeutischen Raum nutzen für ein Nachdenken darüber.

Das Beispiel zeigt auch etwas von der Motivation der Eltern. Die bewusste Motivation, mit der sie kommen, ist der Wunsch nach Anleitungen, Hinweisen, wie sie mit der verfahrenen Situation zurechtkommen. »Wir wissen nicht mehr weiter, von Ihnen als Fachmann erwarten wir konkrete Ratschläge.« Wir würden eine solche Motivation prognostisch eher für bedenklich halten, wiewohl sie natürlich verständlich ist. Aber hinter dieser vorgetragenen vordergründigen Motivation steckt eine andere, eine unbewusste, allenfalls vorbewusste. Die Eltern sind da, weil sie mit ihrer eigenen Angst angesichts notwendiger Separationsvorgänge nicht zurechtkommen und sie das Scheitern ihrer bisherigen Bewältigungsstrategien in Ratlosigkeit stürzt. Sie sind da, weil sie einen Ort suchen, wo über diese Ängste ohne Vorwurf gesprochen werden kann.

Schließlich zeigt das Beispiel in plastischer Weise die Szene, die sich zwischen den Eltern und dem Therapeuten konstelliert: Trotz großer Anstrengungen und ehrlicher Bemühungen will sich keine entwicklungsfördernde und entspannte Familiensituation einstellen – nun muss der Fachmann konkrete Hilfe leisten. Es entsteht im Therapeuten ein Handlungsdruck, das pädagogische Verhalten der Eltern kritisch zu hinterfragen und ihnen Modifikationen vorzuschlagen. Mit großer Wahrscheinlichkeit aber würden solche Ratschläge nicht weiterführen, womit dann der Therapeut selbst in die Rolle des hilflosen Helfers gedrängt würde. Die szenische Abfolge Hilflosigkeit – Handlungsdruck – Einbezug eines »wissenden Fachmanns« und daraus resultierend nur wieder das Erleben der Hilflosigkeit, in die nunmehr auch der Therapeut einbezogen wird, offenbart etwas von dem tieferen Konflikt, der vermutlich bereits bei der (künstlichen) Zeugung virulent war.

> *Bei der Erstbegegnung mit Otto lernt der Therapeut einen dicklichen, schüchternen Jungen kennen. Er begrüßt den Therapeuten höflich, mit verschwitzter Hand, er spricht leise, wobei er seine Hände knetet. Er meint, er habe eigentlich keine Probleme. Dann beginnt er, sich bitter über seine Eltern zu beklagen. Sie würden ihm alles*

5 Von der Erstbegegnung zur Therapieentscheidung

verbieten, v. a. die Mutter meckere ständig an ihm herum, nichts könne er ihr recht machen. Er dürfe keine Freunde mit nach Hause bringen, er habe einen türkischen Mitschüler als Freund, gegen den hätten die Eltern etwas. Neulich habe er mit diesem Jungen im Garten gespielt, sie hätten eine Hütte zusammengezimmert, da habe ihn die Mutter regelrecht ausgesperrt. Andere Kinder aus seiner Klasse hätten die tollsten Handys, er habe ein uraltes Ding, vom Vater, und er dürfe sich kein neues kaufen. Einer habe einen Fernseher mit Flachbildschirm, nicht gerade billig, aber er bekomme das nicht, obwohl fast alle in seiner Klasse einen hätten. Und wenn er im Wohnzimmer gerade seine Sendung anschaue, komme der Vater herein, und dann wird mittendrin umgeschaltet. Wenn er eine gute Note nach Hause brächte, seien die Eltern nicht zufrieden, er würde überhaupt nie Lob bekommen. In seiner Klasse gebe es Jungs, die alle anderen zu Blödsinn anstiften, dabei hacken sie auf ihm herum, weil er sich nicht wehre. Und bei den Eltern finde er da kein Verständnis. Otto überschüttet den Therapeuten geradezu mit seinen Klagen, dabei schaut er ihn flehentlich an, als erwarte er, dass er ihm helfe, seine Eltern zur Vernunft zu bringen. Ähnlich wie bei dem Gespräch mit seinen Eltern bleibt Otto zunächst einer generalisierten Anklage gegen die Eltern, gegen die Mitschüler usw. verhaftet. Dabei wird deutlich, dass er alles Aggressive in andere projiziert und sich dementsprechend verfolgt fühlt. Hat er Zugang zu seinen eigenen Aggressionen?

Th.: »Du vertraust mir vieles von dem an, was dir zu schaffen macht. Vielleicht können wir einmal eines dieser Vorkommnisse genauer miteinander anschauen.« Darauf berichtet Otto von einer Situation in der Klasse. Ein Lehrer war krank, die Schüler waren ohne Aufsicht, sie sollten sich still einer Reihe von Aufgaben widmen. Ein paar Jungs hätten angefangen, mit Stiften zu werfen, bald war der größte Teil der Klasse in eine Schlacht verwickelt. Stifte, Mäppchen, Hefte flogen durch den Raum, wobei auch seine Sachen genommen wurden. Er habe sich nicht anders zu helfen gewusst, als sich unter den Tisch zu verkriechen. Er habe die Klassensprecherin aufgefordert, einen Lehrer zu holen, aber die habe nicht gewollt, weil sie sich nicht unbeliebt habe machen wollen. Th.: »Und du selbst wolltest auch nicht einen Lehrer holen?« Pat.: »Dann hätte ich mich ja noch unbeliebter gemacht.« Th.: »Kannst du dich erinnern, was du gefühlt hast, als du unter dem Tisch warst?« Pat.: »Ich hatte Wut. Aber man kann ja gegen die nichts machen.« Th.: »Mir scheint, du hast da zwei Gefühle gehabt, die sich schwer unter einen Hut bringen lassen. Einerseits deine Wut, andererseits aber auch den Wunsch, in der Klasse anerkannt und gemocht zu werden.«

Mit dieser Probedeutung lenkt der Therapeut den Blick auf ein inneres Geschehen. Otto reagiert darauf nachdenklich. Er fühle sich oft so, dass er nichts machen könne. Aber eigentlich wünsche er sich nur, dass nicht alle auf ihm herumhackten. Ihn wenigstens in Ruhe ließen.

(▶ *Kap. 5.2.2 »Die Erstbegegnung mit dem Kind«*)

Auch in der Erstbegegnung mit Otto stellt sich eine charakteristische Szene her: In seiner Hilflosigkeit, die er zunächst als äußeres (Beziehungs-)Geschehen erlebt, sucht er im Therapeuten ein Objekt, das ihn vor den Angriffen von außen schützt. Er weiß, dass die Eltern beim Therapeuten waren, und weiß auch, dass sie wiederkommen werden. Auch für ihn soll dieser ein Agent gegen die erlittene Ohnmacht sein. Der Therapeut gerät in der gemeinsamen Phantasie von Eltern und Kind in die Rolle eines Vermittlers, der von einer überlegenen Position aus den Beteiligten durch seine Autorität ihre Gefühle der Ohnmacht und Hilflosigkeit abnimmt und ihnen so die Angst erspart, die mit der Anerkennung der Getrenntheit und dem Verzicht auf Idealisierungen einhergehen würde. In der Tat hat der Therapeut in der Gegenübertragung mit der verführerischen Phantasie zu tun, er könnte der Familie mit ein paar Kommunikationsregeln aus ihrem Dilemma heraushelfen.

Die bewusste Motivation des Jungen zur Therapie stand zunächst auf tönernen Füßen. Sein vordringliches Interesse war, dass ihm geholfen werde, seine Eltern zu einem anderen Verhalten zu bewegen, kurz, er erwartete, dass der Therapeut die Situation der Verwöhnung, die an ihr Ende gekommen war, wiederherstellen solle. *Bewusst* waren Therapeut und Patient sich beide schnell einig, dass der Therapeut seine Eltern nicht ändern könne und dies auch nicht die Aufgabe einer Therapie sei. Aber das änderte natürlich nichts an seiner *unbewussten* Erwartung. Gleichwohl lässt sich aus der Schilderung der Klassenszene noch etwas anderes herauslesen. Der Patient vertraute dem Therapeuten ein für ihn sehr beschämendes Ereignis an: wie er sich furchtsam unter dem Tisch verkriecht. Letztlich ist es dieses angstvolle Ich, das ihn dazu bewegt, sich anzuvertrauen, und in das er bereits im ersten Gespräch Einblick gewährt. Er zeigt dem Therapeuten nicht nur seine grandiosen Ansprüche, seine Wut, wenn idealisierte Objekte versagen und entsprechend entwertet werden müssen, er zeigt auch seine Angst und seine Kleinheit, wenn die Gegenwart schützender und regulierender Objekte fehlt. Im Erstgespräch wird die Tiefendimension eines solchen Konflikts keinesfalls angesprochen, aber das Signal, dass der Therapeut seine innere Welt wahrnimmt, scheint auf einer unbewussten Ebene angekommen zu sein, so dass Otto einer Therapie zustimmen konnte.

Das Erstgespräch ist eine besondere Situation, denn es ist keineswegs klar, dass es eine Fortsetzung findet. Es könnte auch ein Einmal-Gespräch bleiben. Auch dies unterscheidet ein Erstgespräch von einer Therapiestunde. Die Entscheidung, ob und wie es weitergeht, muss gemeinsam getroffen werden. Deshalb benötigt das Erstgespräch eine zeitliche Strukturierung durch den Therapeuten.

Im Verlauf eines Erstgesprächs stellt sich meist eine gewisse Gliederung ein, die man in Phasen beschreiben kann.

Die erste Phase mit Ankommen, Begrüßung, Erläuterung der äußeren Bedingungen steckt den Rahmen ab (bereits in dieser Phase tritt u. U. bedeutsames szenisches Material zutage).

In der zweiten Phase entfaltet sich das Problem – in den Narrativen des Patienten bzw. im Spiel und in kreativer Gestaltung beim Kind, in Übertragung und Gegenübertragung, in der szenischen Ausarbeitung des Konfliktgeschehens oder der strukturellen Störung, in biografischem Material. Diese Phase ist von der Haltung der abwartenden, zurückhaltenden Aufmerksamkeit des Therapeuten geprägt.

In der dritten Phase findet das dargebotene Material zu einer Vertiefung, hauptsächlich durch eine aktive Haltung des Therapeuten: das Nachfragen, das Erheben wichtiger fehlender Daten, die Ermunterung, eine »typische« Beziehungsszene zu erzählen, die Probedeutung.

Die vierte Phase dient der Herstellung eines ersten Arbeitsbündnisses: Wie soll es weitergehen? Können sich die Beteiligten vorstellen, weitere probatorische Sitzungen zu vereinbaren? Wie viele, in welchem Rhythmus, mit wem? Ist ein gemeinsames Familiengespräch sinnvoll?

Für die vierte Phase sollte ausreichend Zeit bleiben, denn es ergeben sich häufig gerade in der Ausgestaltung des weiteren Prozesses Fragen, die partnerschaftlich mit den Patienten geklärt werden müssen. Dies ist nicht allein um der Klarheit von Vereinbarungen willen wichtig. Die Verständigung über das Vorgehen unterstreicht, dass es sich hier um ein gemeinsames Unternehmen handelt, für das jeder Verantwortung übernimmt und das nur in einem Bündnis gelingt, das die Beteiligten über die Arbeit an einer Aufgabe verbindet (▶ Kap. 6.2 »Das Arbeitsbündnis«). Es sollte angesprochen werden, dass sich Eltern und Therapeut auch gegen eine Zusammenarbeit entscheiden können bzw. die Entscheidung für beide Seiten noch offen ist.

In dieser Phase des Erstgesprächs mit Eltern muss auch überlegt werden, wie sie ihr Kind auf die erste Begegnung mit dem Therapeuten vorbereiten. Was sagen die Eltern dem Kind zu ihrem Wunsch, dass es zu einem fremden Menschen geht und mit ihm eine Stunde verbringt? Mit welchen Ängsten oder Widerständen ist zu rechnen? Ist es das erste Mal, dass das Kind zu einem Therapeuten geht? Gibt es eine Vorgeschichte ärztlicher oder psychiatrischer Untersuchungen? Wird das Kind allein kommen können, oder sollte ein Elternteil dabei sein?

> *Th.: »Es ist wohl das Beste, wenn Sie Ihrer Tochter sagen, dass Sie sich Sorgen um sie machen, weil sie das Pinkeln ins Bett einfach nicht loswird. Und dass Sie deshalb einen Menschen aufgesucht haben, der Kindern bei solchen Problemen helfen kann. Wir haben ihm von uns erzählt, und nun möchte der Herr B. dich kennenlernen.«*

Andererseits sollte auch genügend Zeit zur Verfügung stehen, wenn die Entscheidung gegen eine weitere Zusammenarbeit fällt. In diesem Fall gehört zum Abschied, diesen als solchen zu benennen, der Befindlichkeit des Patienten Raum zu geben und den Ertrag dieser einen Sitzung zu würdigen.

Beispiele:

> *Th.: »Ich merke, wie Sie jetzt noch viel zu sagen hätten. Aber meine Aufgabe ist es auch, auf unsere Zeit zu achten. Wir haben jetzt noch etwas Zeit, die ich gerne nutzen würde, um mit Ihnen zu überlegen, wie es weitergeht.«*

> *Ein von seiner Familie getrennter Vater hatte den Therapeuten aufgesucht, weil er sich Sorge um seine 17-jährige Tochter macht, die aber den Kontakt mit ihm ablehnt. Th.: »Uns ist klargeworden, dass Sie Ihrer Tochter zwar anbieten können, mit*

*mir Kontakt aufzunehmen, aber nach allem, was wir bis jetzt verstanden haben, wird sie das wohl nicht annehmen. Wie geht es Ihnen jetzt am Ende dieser Stunde?«
Pat.: »Ich fühle mich erleichtert. Ich habe begriffen, dass ich ihr nicht nachlaufen kann. Ich werde ihr einen Brief schreiben, dass die Tür zu mir offen ist, dass ich sie aber nicht nötigen will. Ich möchte mich nicht länger aus Schuldgefühl demütigen. Ich glaube, davon hat auch sie nichts.«*

*Eine 16-jährige Jugendliche: »Ich glaube, ich habe etwas von den Hintergründen meiner Schwierigkeiten erfahren. Mehr wollte ich eigentlich nicht.« Th.: »Und wie geht es dir jetzt mit dieser Begegnung mit mir?« »Es war gut, dass Sie mich angehört haben. Erst hab ich gedacht, ich komm halt, dass meine Eltern Ruhe geben. Aber es war doch gut, weil ich etwas über mich erfahren habe. Aber ich glaube, dass ich allein weiter klarkommen kann.«
Th.: »Ja, ich glaube auch, dass wir etwas verstanden haben. Deine Entscheidung ist für mich in Ordnung. Ich denke, du triffst sie vor dem Hintergrund, dass du Unabhängigkeit und Eigenständigkeit suchst. Und du weißt, du kannst auch wieder anrufen.«*

5.2.2 Die Erstbegegnung mit dem Kind

Es ist sachgerecht, hier besser von »Erstbegegnung« zu sprechen, spielt sich doch die Kommunikation mit einem Kind nicht allein sprachlich, sondern viel mehr noch spielerisch und durch kreative Gestaltung ab. Abgesehen davon sind die Ziele der Erstbegegnung die nämlichen wie bei Erwachsenen und Jugendlichen, mit einer gravierenden Ausnahme:

Das Kind hat sich nicht aus eigenen Stücken entschlossen, den Therapeuten aufzusuchen. Es wurde von den Eltern resp. Bezugspersonen gebracht oder geschickt und sitzt nun einem fremden Menschen gegenüber, u. U. ohne recht zu wissen, was dieser von ihm erwartet und was es von ihm erwarten soll. Es weiß oder ahnt vielleicht, dass die Eltern es zum Therapeuten gebracht haben, weil irgendetwas »nicht stimmt« – in der Familie? mit ihm? Von einer bewussten Motivation können wir bei einem Kind nicht ausgehen. Es muss deshalb für eine Therapie gewonnen werden. Daher ist es besonders wichtig, diese Situation zu Beginn aufzugreifen.

Ein weiterer Unterschied besteht darin, dass der Therapeut von den Eltern bereits sehr viel über das Kind erfahren hat bzw. darüber, wie diese ihr Kind sehen und erleben. Er ist informiert über das »Störende« in den Beziehungen, in der Entwicklung des Kindes. Er weiß etwas über die Vorgeschichte der Probleme. Das alles prägt auch das Bild, das sich der Therapeut im Vorfeld von dem Kind macht. Man kann nicht so tun, als wisse man etwas nicht, was man weiß. In viel höherem Maße ist also vom Kindertherapeuten bei der Erstbegegnung die Fähigkeit gefordert, zwischen einer Haltung der Offenheit, des Abwartens und Raum-Gebens und seinen inneren Bildern, bewussten und unbewussten Vorannahmen zu changieren.

5 Von der Erstbegegnung zur Therapieentscheidung

Kinder überschreiten die Schwelle zum Therapieraum in sehr unterschiedlicher Weise. Die Situation der Trennung von Mutter oder Vater, die Fremdheit der Person des Therapeuten und seines Raumes evozieren Angst, der ein Kind aufgrund der Unreife seiner Abwehrmechanismen i. d. R. stärker ausgesetzt ist als ein Erwachsener. Es empfiehlt sich, dem Kind und seinen Möglichkeiten, mit dieser Angst umzugehen, einerseits offen und abwartend zu begegnen, andererseits aber durch einen klar abgesteckten Rahmen Sicherheit zu vermitteln.

Beispiele:

> *Reimund, ein 6-jähriger Junge, wurde von seinen Eltern als eruptiv aggressiv einerseits, ängstlich und gehemmt andererseits beschrieben. Er leidet unter einer Stoffwechselstörung, psychosomatischen Erkrankungen und Enuresis Nocturna. R. überspringt gleichsam die Schwelle zum Therapieraum, als müsse er sich gewaltsam von der Mutter losreißen und die Fremdheit der Situation übergehen. Er bleibt im Raum stehen, ohne weiter mit dem Therapeuten Kontakt aufzunehmen. Th.: »Das war jetzt ein mutiger Schritt, dass du allein zu mir hereingekommen bist. Es ist dir vielleicht nicht ganz leicht gefallen.« Pat.: nickt, ohne den Therapeuten anzusehen. Th.: »Ich bin der Herr B., deine Eltern waren hier und haben dir sicher davon erzählt. Wir haben jetzt eine knappe Stunde Zeit, um uns kennenzulernen. Bei mir geht es so zu, dass du mit mir reden kannst, über alles, was dir einfällt. Du kannst aber auch etwas spielen oder malen, du siehst ja hier, welche Möglichkeiten es gibt. Ich will dir noch sagen, dass ich niemandem weitererzähle, was du mir anvertraust.« Pat. nickt wieder stumm. Er betrachtet einen Hai und untersucht, was er alles in seinem Bauch hat, und leert ihn aus. Dann will er mit dem Therapeuten Kicker spielen. Dabei wird deutlich, dass er sich in Grandiositätsphantasien verliert, deren Zusammenbruch beim realen Misslingen er mit großer Wut und anschließendem Rückzug zu bewältigen versucht.*

> *Katie, 8;9 Jahre (s. o.), von ihren Eltern als lebhaft, unkonzentriert, aber auch sehr anhänglich beschrieben, verabschiedet sich von der Mutter mit einem Kuss und folgt dem Therapeuten – wie ihm scheint, brav – ins Therapiezimmer. Sie setzt sich ihm gegenüber und beginnt, ohne Aufforderung zu erzählen. Von ihren Tieren, von ihrer Schwester, von der Schule und der Lehrerin. Sie überschüttet den Therapeuten mit einem Redeschwall, dieser kommt kaum dazwischen und wird müde. Schließlich unterbricht er sie und sagt: »Du hast so viel zu erzählen, dass ich gar nicht zu Wort komme. Dabei würde ich dir gerne sagen, wie es bei mir zugeht.« Sie hört den Therapeuten an, fährt aber danach gleich wieder fort mit ihren Erzählungen, so als hätte es keine Unterbrechung gegeben.*

Beide Kinder gestalten die Eingangssituation in charakteristischer Weise. Reimund übergeht zunächst die Angst vor der Fremdheit kontraphobisch, zeigt sie jedoch in seiner Kontaktscheu. Nachdem der Rahmen abgesteckt ist, beginnt er zu spielen. Sein Spiel mit dem Hai nimmt die Situation vielschichtig auf. Es lässt sich zum einen verstehen als die Darstellung des Abschieds von der Mutter: Er muss auf ihre Obhut und schützende Gegenwart verzichten, ist gleichsam aus ihr herausgefallen – zugleich aber auch ihrer vereinnahmenden und verschlingenden Kontrolle entkommen. Zum anderen allerdings weiß er nicht, was ihn beim Therapeuten erwartet. Was hat dieser in seinem Inneren für Gedanken, Gefühle und Absichten? Beißt er im übertragenen Sinne Kindern etwas weg? Sicherheitshalber will er gleich zeigen, was er als rechter Junge kann: Kicker spielen. Der Patient scheint buchstäblich an einer Schwelle zu stehen, schwankend zwischen zwei verzwickten inneren Zuständen: auf der einen Seite im Bannkreis einer überängstlichen Mutter, von der sich zu separieren ebenfalls große Angst macht, auf der anderen Seite ein väterlicher Mann, an dem er sich messen will, was aber Kastrationsangst, narzisstische Wut und den depressiven Rückzug auslöst.

Auch bei Katie lässt sich die Angst der Anfangssituation erkennen. Sie hüllt den Therapeuten in ihren Redeschwall ein, so dass dieser als eigenständiges Objekt kaum mehr vorkommt. Sie meidet bzw. ignoriert seine differenzierenden Worte, als wolle sie jegliche Getrenntheit zwischen sich und dem Therapeuten auslöschen. Ein Objekt, das zu eigenen Regungen nicht mehr fähig ist, weil es ganz mit dem eigenen Selbst verschmolzen ist, kann auch nicht mehr gefährlich werden. Die Patientin kontrolliert die Situation fast vollständig – was sich bis in die Gegenübertragungsreaktion einer lähmenden Müdigkeit fortsetzt.

Beide Kinder gehen mit der Anfangssituation des Erstgesprächs völlig unterschiedlich um, bei beiden lässt sich jedoch eine spezifische Strategie der Angstbewältigung beobachten. Die Beispiele zeigen, wie wichtig es ist, den kleinen Patienten genügend Spielraum zu lassen, um ihre eigene Szene zu entfalten, weil der Therapeut daran schon wesentliche intrapsychische Vorgänge wie Abwehrvorgänge und Objektbeziehungsphantasien erkennen kann. Zugleich ist es aber auch wichtig, einen Rahmen vorzugeben. Der Rahmen ist eine Referenz; wie mit ihm umgegangen wird, bietet einen Einblick in die innere Welt des Patienten.

Die Technik der Probedeutung hat in der Erstbegegnung mit dem Kind nicht allein die Funktion, es auf die Ansprechbarkeit für ein verstehendes Verfahren hin zu prüfen, mehr noch soll das Kind spüren, dass seine inneren Regungen, Phantasien und Affekte vom Therapeuten aufgenommen und verstanden werden. Für die Motivation zur Therapie spielt dies die zentrale Rolle. Die Lust am Spielen, die freundliche Zugewandtheit des Therapeuten, die Besonderheit, einen erwachsenen Menschen für fast eine Stunde für sich allein zu haben – das alles sind wichtige und notwendige Voraussetzungen dafür, dass ein Kind eine »milde positive Übertragung« (Freud 1914g) entwickelt und gerne in die Therapie kommt. Aber sie sind nicht hinreichend, wenn die Erfahrung fehlt, im Therapeuten selbst einen Ort zu finden, einen Container im Bion'schen Sinn, an dem die eigenen unverstandenen und unverdauten Affekte, Triebregungen und Sehnsüchte sich niederlassen und verarbeitet werden können. Deutlich wird dies auch am Beispiel der Erstbegegnung mit Otto (▶ Kap. 5.2.1).

5 Von der Erstbegegnung zur Therapieentscheidung

> *In der Erstbegegnung mit Reimund verknüpft der Therapeut das aktuelle Spielgeschehen mit der Eingangsszene: »Du schaust nach, was im Inneren des Hais ist. Vielleicht fragst du dich, was in der Mama vor sich geht, wenn sie ohne dich ist. Und vielleicht möchtest du auch wissen, was in mir vorgeht, wenn wir uns kennenlernen.«*
>
> *Er spricht das Erleben des Patienten an: »Ich merke, wie schrecklich es für dich ist, wenn dir ein Schuss nicht gelingt. Das macht dich ganz verzweifelt.«*

Es geht bei diesen ersten Deutungen um die Exploration, wie das Kind darauf reagiert, wenn Verbindungen hergestellt werden zwischen dem manifesten Spiel- und Beziehungsgeschehen und den zugrunde liegenden unbewussten Phantasien. Zugleich gewinnt man auch einen Eindruck, wie weit ein Kind zur Symbolisierung fähig ist.

Auch mit dem Kind wird eine Vereinbarung getroffen darüber, wie es weitergeht. Dazu gehört ein offener Umgang mit dem Wissen des Therapeuten, dass das Kind wegen einer Schwierigkeit hier ist, die sich in der Beziehung zu seinen Eltern manifestiert. Oft geht ein Kind nicht von sich aus darauf ein, warum es zum Therapeuten kommen soll, es offenbart sich aber im Material der Erstbegegnung. Damit ein Arbeitsbündnis zustande kommen kann (s. u.), muss eine Verständigung darüber erfolgen, welches Problem Kind und Therapeut zusammen bewältigen sollen. Zugleich aber ist noch nicht entschieden, ob es zur Therapie kommen kann, auch dies muss offen angesprochen werden, denn es ist für ein Kind meist noch problematischer als für einen Erwachsenen, weggeschickt zu werden, wenn es sich einem Menschen vertrauensvoll geöffnet hat. Deshalb enthält die vierte Phase des Erstgesprächs mindestens folgende Elemente:

Der Therapeut greift auf, welche Schwierigkeiten das Kind ihm offenbart hat, und macht deutlich, dass er diese zusammen mit dem Kind noch besser (vertieft) verstehen möchte.

Der Therapeut spricht an, welche Schwierigkeiten er von den Eltern erfahren hat (sofern sie das Kind betreffen! Einzelheiten über die Psychodynamik der Eltern bzw. des Paares unterliegen der Verschwiegenheit). Er hält Gemeinsamkeiten und Unterschiede in den Sichtweisen von Kind und Eltern fest, soweit sie evident wurden.

Er fragt das Kind, ob es bereit wäre, noch zu einer (oder zwei) weiteren Stunde(n) zu kommen.

Er skizziert das weitere Vorgehen. Dieses muss für das Kind transparent sein, etwa auch, dass zu weiteren Stunden u. U. ein (projektiver) Test (vgl. Lutz 2007, Wienand 2019) und Fragen dazu gehören, wie es zu der schwierigen Situation hatte kommen können (Anamnese). Er erläutert, dass die Entscheidung, ob das Kind zur Therapie kommen wird, nach diesen weiteren Stunden und einem erneuten Gespräch mit den Eltern getroffen wird.

> *Beispiel Reimund. Th.: »Du hast dir jetzt ein Spiel ausgesucht, das du gerne weiterspielen würdest. Aber unsere Stunde geht bald zu Ende und dann müssen wir uns verabschieden. Zuvor möchte ich mit dir besprechen, wie es hier weitergeht. Du hast mir ja schon einiges anvertraut. Die Eltern haben mir erzählt, dass es dir nicht gut*

geht, wenn du mit anderen Kindern zusammen bist. Du fühlst dich da oft abgewiesen. Ich würde dich gerne zu einer weiteren Stunde einladen, um noch besser zu verstehen, worum es dir geht, aber ich möchte auch hören, was du dazu sagst.«
Pat.: »Hoffentlich darf ich wiederkommen.«
Th.: »Gut. In der nächsten Stunde möchte ich dir dann etwas vorschlagen. Ich habe auch noch ein paar Fragen an dich. Ich werde danach auch deine Eltern noch einmal einladen. Ob du weiter zu mir in Therapie kommen wirst, wird sich dann entscheiden.«

Besonders wertvoll für den Therapeuten ist eine Verknüpfung der Narrative, der Übertragungssituation und des szenischen Geschehens aus dem Erstgespräch mit den Eltern mit der Erstbegegnung mit dem Kind (▶ Kap. 5.2.1, Beispiel Otto). Er erhält damit ein Gesamtbild nicht allein von der individuellen Dynamik der Beteiligten, sondern auch von der Beziehungsdynamik, den Zuschreibungen und Delegationen und den gemeinsamen Phantasien über die Familie und deren Einbettung in die sozialen Realitäten. Es lassen sich Grundmuster von Bewältigungsstrategien und Abwehrmanövern erkennen, die das weitere therapeutische Vorgehen beeinflussen.

In der Familie von Otto scheint eine gemeinsame Angst vorherrschend zu sein: die Angst vor Objektverlust, wobei das Objekt erlebt wird als eine dringend notwendige Stabilisierung eigener fragiler Selbstanteile. Für die Mutter ist Otto die Erfüllung des lange gehegten Kinderwunsches, ein Kind, das sie von der schmerzlich erlebten Infragestellung ihres mütterlichen Selbst erlöst. Für den Vater ist Otto der potentielle Nachfolger im Betrieb, der den Aufstieg und Bildungserfolg leichter schaffen sollte, als ihm selbst das möglich war – eine Delegation eines unerfüllten eigenen Ideals an den Sohn (»Du sollst es einmal besser machen / haben als ich«). Für Otto sind die Eltern vor allem Garanten für die Bewahrung vor der sekundärprozesshaften Auseinandersetzung mit einer versagenden äußeren Realität. Sie fungieren an Stelle von altersentsprechend zu erwartenden Ich – Funktionen. Separationsvorgänge und damit Schmerz und Trauer werden kollektiv vermieden, weil sie mit Gefühlen von Hilf – und Ratlosigkeit einhergehen. Gemeinsam ist auch die Phantasie, durch regulierende Eingriffe von außen (»Ratschläge«) von den Ohnmachtsgefühlen befreit zu werden.

5.2.3 Besonderheiten im Erstgespräch mit Jugendlichen

Die Adoleszenz ist eine Zeit erhöhter narzisstischer Vulnerabilität. Es ist auch die Entwicklungsphase, in der die Herausbildung einer eigenen Identität und die Ablösung von den primären Bezugspersonen im Mittelpunkt stehen. Das Erstgespräch (und die probatorische Phase) steht deshalb vor besonderen technischen Herausforderungen. Einerseits fällt es Adoleszenten schwer, psychische »Probleme« trotz Vorliegen einer Symptomatik als solche wahrzunehmen oder zu offenbaren. Dies dient »der Wahrung des Selbsterlebens gegenüber den inneren und äußeren ›Objekten‹« (Timmermann 2001, S. 9). Defensive Manöver, Externalisierungen und die psychosomatische Verarbeitung des Konfliktstoffs bzw. der strukturellen Störungen schützen vor der Einsicht in psychische Zusammenhänge. Zur Psychotherapie geschickt zu werden – von Eltern, Lehrern, Ärzten usw. –, wird häufig als narzisstische Kränkung erlebt. Andererseits kommen Adoleszente mit einem hohen Leidensdruck und entsprechenden oft idealisierenden Erwartungen zum Psychotherapeuten. Sich aber in einer Zeit, in der es allerorten um den Kampf um Unabhängigkeit und Selbständigkeit geht, auf einen verbindlichen Prozess mit einem bedeutsamen anderen Menschen einzulassen, lässt um die eigene (noch) fragile Identität fürchten. Andererseits sind Adoleszente in ihrer Ambivalenz trotz aller Vorbehalte interessiert an einer Psychotherapie. Die äußere und innere Motivation klaffen auseinander. Häufig entsteht im Erstgespräch eine widersprüchliche Situation: Einerseits kommt der Jugendliche und zeigt damit, dass ihn etwas zum Psychotherapeuten treibt. Das können nicht allein andere Personen sein, denn deren Aufforderungen kann sich ein Jugendlicher durchaus widersetzen – viel mehr als ein Kind. Andererseits signalisiert er, dass man als Therapeut ja nicht denken solle, irgendetwas über psychische Probleme zu erfahren, geschweige denn erwarten solle, dass sich der Adoleszente auf eine therapeutische Beziehung einlassen würde. Schon im Vorfeld stellen sich solche Ambivalenzen nicht selten dar: Terminschwierigkeiten, Nicht-Erscheinen, Zu-spät-Kommen usw. Im Erstgespräch muss also nicht allein geklärt werden, worum es gehen soll, es muss auch ausgehandelt werden, was überhaupt der Charakter einer Psychotherapie ist. »(Der Beginn einer Psychotherapie) ist eine erzieherische Phase, in der der Patient lernt, was Therapie und die Einhaltung des Rahmens bedeuten ...« (Seiffge-Krenke 2007, S. 216).

Der Therapeut sollte sich nicht täuschen lassen: Hinter den Schutzhaltungen von Adoleszenten schält sich im Verlauf des Erstgesprächs bzw. der Probatorik in der Regel die andere Seite der Ambivalenz heraus, der Wunsch, verstanden und mit den rätselhaften eigenen inneren Vorgängen ernst genommen zu werden.

Auch Erstgespräche mit Jugendlichen folgen den geschilderten Prinzipien. Dabei scheinen Jugendliche eher von der »holding function« des Therapeuten zu profitieren als von interpretativen oder direktiven Interventionen. Die empathische, interessiert-abwartende Haltung des Therapeuten ist entscheidend, ob sich Jugendliche öffnen können. Die Erfahrung, dass sie hier ihren eigenen Raum haben und die Freiheit, ihren eigenen Prozess zu gestalten, trägt dazu bei, der unbewussten oder vorbewussten Motivation einen Ausdruck zu geben. Das setzt voraus, dass der Rahmen deutlich benannt wird und für den Jugendlichen transparent ist. Rahmenvereinbarungen haben eine Sicherheit gebende und haltende Funktion, gerade dann, wenn sich an ihnen – wie häufig bei Adoleszenten – ein Agieren entwickelt.

Zur Eröffnung des Erstgesprächs bei jüngeren Adoleszenten gehört, sofern sich der Therapeut nicht von vornherein auf das »Sie« festlegt, eine Verständigung, wie der Patient angesprochen werden will: mit »Sie« oder mit »Du«. Das hat nicht nur eine äußere Bedeutung. Manche Jugendliche bevorzugen das »Du« und signalisieren damit, dass sie mit dem Umgang mit dem Therapeuten auch regressive Wünsche verbinden. Mit dem »Sie« kann der Wunsch zum Ausdruck kommen, dem Therapeuten eher in einer erwachsenen Haltung gegenüberzutreten. In beiden Fällen hat die Wahl der Anrede eine regulierende Funktion: Wie können wir uns hier so begegnen, dass es für beide stimmt?

> *Elisabeth, eine 16- jährige Jugendliche, kommt auf Initiative ihrer Mutter. Eine Vertrauenslehrerin hatte bemerkt, dass die Jugendliche immer unglücklicher und zurückgezogener wirkte, und sie daraufhin angesprochen. E. vertraute ihr an, dass sie sich ritze. Die Lehrerin war alarmiert und hatte die Eltern informiert, was E. teils als Vertrauensbruch erlebte, teils aber sei sie auch erleichtert gewesen.*
>
> *Elisabeth hatte nach dem ersten Kontakt der Mutter selbst angerufen und mit dem Therapeuten einen Termin vereinbart. Sie eröffnet das Gespräch mit der Feststellung: »Ja, also ich ritze mich, das hatte ich der Frau X. gesagt, aber ich finde das gar kein Problem. Ich will auch gar nicht damit aufhören, ich brauche das. Sie hat es dann meiner Mutter erzählt, und die hat mich hergeschickt. Ich verstehe die ganze Aufregung nicht.« Th.: »Es ist dir gar nicht recht, dass andere davon wissen.« Pat.: »Bei der Mutter ist es o.k., ich hätte es sowieso nicht auf Dauer geheim halten können.« Th.: »Und ich weiß es jetzt auch.« Pat.: »Aber Sie stehen unter Schweigepflicht.« Th.: »Es ist dir wichtig, dass du dich darauf verlassen kannst, nach dem Erlebnis mit der Lehrerin.« Pat.: »Ja, klar, logisch.« Th.: »Du sagst, du brauchst das Ritzen. Das würde ich gerne besser verstehen.« Elisabeth berichtet, dass sie es immer dann brauche, wenn sie unter Stress stehe. Sie sei eigentlich immer und überall Außenseiterin. Im Schulbus z. B. sei es schrecklich, vor allem jüngere Kinder machten sie zur Zielscheibe von Spott und Häme, sie werde rücksichtslos herumgeschubst. In der Klasse sei sie isoliert. Sie habe auch keine Freunde. Sie würde sich halt nicht wehren, sie verabscheue diese Aggression, auch das ganze zickige Gehabe der anderen. Th.: »Und dann überkommt dich der Drang, dich zu ritzen.« Pat.: »Das ist wie eine Erlösung. Ich fühle mich entspannt und ruhig danach.« Th.: »Der psychische Schmerz wird so zu einem körperlichen – und den kannst du selbst handhaben.« Pat.: »Ja, so könnte man es formulieren, das klingt logisch.«*

In dieser Vignette aus dem Erstgespräch zeigt sich das Problem in verdichteter Form. Eine starke Aggressionshemmung tritt zutage, verbunden mit Projektionen und entsprechenden Verfolgungsgefühlen. Aber nicht allein das aggressive Potential scheint einer Hemmung zu unterliegen, auch das emotionale Erleben überhaupt wird intellektualisiert: Es muss »logischen« Erklärungen folgen. Aggressionen werden gegen das eigene Selbst gerichtet, im Ritzen – das aber als Bewältigungsform auch eine Bastion der Autonomie zu sein scheint und entsprechend verteidigt wird, obwohl das Symptom an sich gar nicht »logisch« ist. Der Therapeut wird in eine Szene der »vernünftigen Diskussion« hineingezogen. Der Versuch, einen inneren Zusammenhang zwischen erlittener Schmach, psychischem Schmerz und Ritzen herzustellen, bleibt als »logische« Erklärung stehen.

Man könnte nun diese Szene als eine schlechte Prognose für eine Psychotherapie werten. Es lässt sich aber auch daraus ablesen, wie die Jugendliche die Beziehung mit dem Therapeuten regulieren muss, damit sie sich überhaupt darauf einlassen kann. So betrachtet dient das Erstgespräch beiden zur Orientierung, wie ein gemeinsames psychotherapeutisches Arbeiten in diesem Moment und mit diesen Beteiligten möglich ist.

Im weiteren Verlauf erzählt Elisabeth von ihrem Pferd und wie wichtig es ihr ist, möglichst häufig im Stall zu sein bzw. auszureiten. Bei der abschließenden Besprechung über die weitere probatorische Phase lässt sie den Therapeuten wissen, dass sie zwar gerne zu ihm kommen wolle, aber an der Zeit mit ihrem Pferd keinesfalls Abstriche machen wolle.
Auch dies könnte man als Widerstand deuten. Der Therapeut betont hingegen, dass er glaube zu verstehen, wie wichtig ihr der Umgang mit ihrem Tier und das Erleben seiner Freundschaft ist – als Kraftquelle angesichts ihres psychisch anstrengenden Schulalltags.

In dem Erstgespräch mit Elisabeth wird deutlich, dass eine Therapie wahrscheinlich nicht zustande gekommen wäre ohne die Erfahrung der Patientin, einen Raum vorzufinden, in dem sie ihre jetzt mögliche Form der Beziehung gestalten kann. Auch die Respektierung, Anerkennung und Förderung der Ressourcen der Patientin spielen eine erhebliche Rolle.

5.2.4 Das Erstgespräch mit pädagogischen Bezugspersonen

Es kommt vor, dass Kinder von pädagogischen Mitarbeitern zur Therapie angemeldet werden. Der Einbezug der Eltern dieser Kinder ist oft nicht möglich – entweder weil sie verstorben sind, oder weil sie aus äußeren oder inneren Gründen nicht zur Verfügung stehen (»Verschwinden« von suchtkranken Eltern, Delinquenz, Haftstrafen o. Ä.) oder weil ein Kontakt nicht ratsam erscheint. Die Zusammenarbeit mit den pädagogischen Bezugspersonen ist nicht darauf gerichtet, deren innere Psychodynamik mit einzubeziehen, wohl aber muss ein Rahmen eröffnet werden, in dem ein verstehendes Arbeiten an den intrapsychischen Konflikten und Defiziten des Kindes, an seinen Ressourcen sowie an der Beziehungsdynamik möglich ist. Diese Arbeit hat supervisorischen Charakter. Das Erstgespräch dient neben der Erhebung der kindlichen Schwierigkeiten, ihrem symptomatischen Ausdruck und ihrer Genese auch der Exploration, ob eine Zusammenarbeit im Rahmen einer verstehenden und aufdeckenden Therapie möglich ist. Kinder in Heimen weisen regelmäßig strukturelle Störungen auf, die kaum symbolisiert sind und psychosozial agiert werden. Auch für Erzieherinnen und Erzieher geht es darum, ihr pädagogisches Verhalten psychodynamisch zu reflektieren, wenn eine Therapie Erfolg haben soll. Die Bereitschaft muss gegeben sein, über Vorgänge wie Übertragung und Gegenübertragung, Projektion und Identifikation nachzudenken; das lässt sich im Erstgespräch explorieren. Der Schwerpunkt liegt daher in der Herstellung einer Atmosphäre der vertrauensvollen fachlichen Zusammenarbeit.

Frau R., eine Heilpädagogin einer Jugendhilfeeinrichtung, betreut als Bezugserzieherin Sergej, einen 12-jährigen Jungen, der durch sadistische Angriffe gegen Erwachse-

ne, hauptsächlich Lehrer, und durch Quälereien anderer Kinder auffällt. Zum Erstgespräch hat sie eine umfangreiche Akte mitgebracht, die sie immer wieder konsultiert, um dem Therapeuten die leidvolle und komplizierte Geschichte des Jungen zu verdeutlichen. Th.: »Sie möchten mir alles genau und korrekt mitteilen. Mir scheint, da gibt es so viel Verwirrendes, dass man es gar nicht innerlich erfassen und einordnen kann.« Frau R.: »Ich weiß ja eigentlich auch nicht, was Sie wissen wollen.« Th.: »Mich interessiert, wie es Ihnen mit dem Jungen geht.« Frau R.: »Mir?« Th.: »Ja, Sie haben ja täglich Umgang mit ihm.« Frau R.: »Also mir tut er unendlich leid. Und eigentlich habe ich ihn sehr lieb.« Th.: »Sergej ruft in Ihnen Mitleid und liebevolle Gefühle hervor. Dabei benimmt er sich ja eigentlich grausam und rücksichtslos.« Frau R.: »Ja, das ist eigentlich merkwürdig. Manchmal vergesse ich ganz, wie schrecklich er ist.« Th.: »Vielleicht hat dieses Erleben eine Bedeutung?« Frau R.: »Ich glaube, er schont mich. Ich bin ja auch fast die Einzige, die zu ihm hält.« Th.: »Möglicherweise muss Sergej seine Gefühle aufspalten, das spüren Sie. Meiner Überzeugung nach ist das Erleben, das Sie mit Sergej haben, eine wichtige Quelle, um zu verstehen, was in dem Jungen vor sich geht. Können Sie sich eine Zusammenarbeit vorstellen, in der wir auf das achten, was mit Ihnen im Umgang mit dem Jungen geschieht?«

Merke

- Ziel des Erstgesprächs bzw. der Erstbegegnung ist, Informationen zu erhalten über
  - die Problematik, ihre Entstehung, anamnestische Daten, Lebensumstände,
  - das subjektive Erleben und die Bedeutung, welche der/die Patient(en) dem Geschehen beimessen,
  - psychodynamische Hintergründe, die sich in Übertragung und Gegenübertragung und Szene darstellen,
  - die Motivation und Ansprechbarkeit der Patienten auf ein psychodynamisches Verfahren.
- Ein Erstgespräch verläuft meist in vier Phasen:
  - Herstellen des Kontakts, Abstecken des Rahmens,
  - Entfaltung der Problematik (rezeptive Haltung des Therapeuten),
  - Vertiefung, weitere Informationserhebung, typische Szene, Probedeutung (aktive Haltung des Therapeuten),
  - Vereinbarungen über den weiteren Verlauf.
- Das Erstgespräch vermittelt dem/den Patienten einen Eindruck über die Arbeitsweise des Therapeuten.

5.3 Diagnostik

Für den Therapieantrag muss eine Diagnose nach ICD 10 der WHO (World Health Organisation) formuliert werden. Dabei werden Störungsbilder beschrieben und phänomenologisch zusammengefasst, in eine diagnostische Codierung gebracht und von anderen Störungen differenziert. Die ICD ist eine nosologische Diagnostik, die auf eine Theoriebildung über die Ätiologie und Pathogenese verzichtet. Sie dient damit der interprofessionellen, schulen- und fachübergreifenden Verständigung und der Festlegung, was als psychische Störung aufgefasst wird und was nicht.

Für das psychodynamische Verständnis über die Entstehung und Aufrechterhaltung psychischer Krankheit ist diese Form der Diagnostik – so sehr sie im interprofessionellen Diskurs ihre Berechtigung und ihren Nutzen hat – unbefriedigend. Das Ziel einer psychodynamischen Diagnostik muss sein, eine valide Beschreibung der Ätiologie, der Genese und der intrapsychischen wie interpersonellen regulierenden Funktion der Erkrankung zu erhalten. Die psychodynamische Diagnostik strebt an, den inneren Sinn der Störung herauszuarbeiten, nicht zuletzt, um ein (vorläufiges) Bild darüber zu erhalten, wie diese psychotherapeutisch zu beeinflussen ist. Deshalb ist die Diagnostik auch nicht mit deren Erhebung in der probatorischen Phase abgeschlossen, vielmehr ist sie ein Geschehen zwischen Patient und Therapeut, das fortlaufend bewusste und unbewusste Beziehungselemente enthält.

Die Elemente der psychodynamischen Diagnostik sind das *Erfassen der Symptomatik und ihrer Auslöser*, die *biografische Anamnese*, der Modus der Beziehungsgestaltung, eine möglichst genaue Beschreibung der *Psychodynamik des Konflikts* und des *Strukturniveaus* sowie die Erhebung der *Behandlungsvoraussetzungen*. Man sollte sich bewusst machen, dass die diagnostische Einordnung auch bei der gebotenen Sorgfalt hypothetischen Charakter hat und im Verlauf der Therapie immer wieder überprüft werden muss.

5.3.1 Das Erfassen der Symptomatik und ihrer Auslöser

In der Regel benennen Patienten bereits im Erstgespräch die von ihnen erlebten bzw. beobachteten Symptome. Bei Kindern ist dies – wie gezeigt – allerdings nicht selbstverständlich. Aber auch bei Eltern und Jugendlichen kommen manche Symptome nicht oder erst viel später zur Sprache, insbesondere, wenn sie schambesetzt sind. Schließlich wird manches Verhalten oder Erleben gar nicht als Symptom eingeordnet, es ist den Betroffenen wie selbstverständlich zur »zweiten Natur« geworden, ohne dass sie weiter darüber nachdenken. Ihre Aggressionshemmung war z. B. der Jugendlichen Elisabeth nicht als Symptom zugänglich, zumal sie durch Über-Ich-Bildungen, ein hohes moralisches Selbst-Ideal und projektive Prozesse abgesichert war. Um das vorgebrachte »Hauptsymptom« gruppieren sich zumeist weitere, unerkannte oder verschwiegene Symptome. Der Therapeut muss sich also möglichst genau schildern lassen, in welchen Zusammenhängen das erlebte Symptom auftaucht, wie es auf die Betroffenen wirkt, welche Folgen es hat. Er begibt sich mit den Patienten auf eine gemeinsame Erkundung, die das Terrain im Umfeld des Hauptsymptoms abtastet. Er bedient sich dabei einer *offenen Fragetechnik*, die den Patienten einlädt, sich aktiv an dieser Erkundung zu beteiligen.

In aller Regel ist es der Leidensdruck der erlebten Symptomatik, der die Eltern oder Jugendlichen einen Therapeuten aufsuchen lässt. Auch wenn wir im tiefenpsychologisch-analytischen Verständnis überzeugt sind, dass das manifeste Symptom die Oberfläche tieferliegender psychischer Konflikte und Defizite darstellt und die therapeutische Arbeit mit deren Bearbeitung die Symptomatik aufzulösen oder zu verbessern vermag, nehmen wir den Patienten dadurch ernst, dass wir uns für sein manifestes Leiden interessieren. Hinweise darauf, dass wir die Symptomatik zugunsten ihrer Hintergründe in ihrer Bedeutung zurückstellen, wird Patienten in der Eingangsphase eher unverständlich sein oder sie gar abschrecken, es besteht die Gefahr, dass wir dann auch weiterhin wenig über die Entwicklung der Symptomatik oder über neu auftauchende Symptome erfahren.

Symptome haben eine regulierende Funktion sowohl intrapsychisch wie interpersonell. Sie binden Angst, treten als Affektkorrelate auf, schlagen sich als wiederkehrende Beziehungsmuster nieder und gestalten Objektbeziehungen in einer Weise, die für den oder die Patienten den jetzt möglichen erträglichen Kompromiss darstellt. Symptome können als Handlungen und Verhalten im sozialen Kontext auftreten und dort erhebliche Konflikte verursachen (Externalisierung), sie können sich als Einschränkungen psychischen Erlebens und von Ich-Funktionen bemerkbar machen und sich in teils autoaggressiver Form gegen das Selbst richten (Internalisierung), sie können sich auf den Körper beziehen (psychosomatische Symptome), erhebliche Scham verursachen und/oder eine weitgehende Rücksichtnahme auf vermeidende Verhaltensweisen erzwingen usw. Innere und äußere Regulierungsfunktion verschränken sich zu einem Gesamtbild, das man unter verschiedenen Aspekten betrachten kann und soll, insbesondere unter der Fragestellung, wie das Symptom die innerfamiliäre Dynamik reguliert. Meist zeigt sich, dass das Kind oder der Jugendliche als Symptomträger unbewusst eine verborgene familiäre Problematik aufnimmt und dadurch paradoxerweise gleichzeitig zur Entlastung der innerfamiliären Konfliktspannung beiträgt und doch durch die manifeste »Störung« zur Belastung für die übrigen Familienmitglieder wird (Richter 1962).

Ein Symptom manifestiert sich, wenn eine bis dahin mehr oder weniger erfolgreiche Abwehr- oder Bewältigungsstrategie überstrapaziert wird oder zusammenbricht. Zu der Erkundung der Symptomatik gehört deshalb auch die Frage, wann das Symptom zum ersten Mal aufgetaucht ist und wie es mit der Lebensgeschichte zusammenhängt, welche symptomauslösenden Situationen erkennbar sind. Auf diese Weise ergeben sich bei der Symptombeschreibung bereits wichtige anamnestische Daten.

> *Bei dem Erstgespräch mit den Eltern der knapp 9-jährigen Katie schildern diese folgende Symptomatik: Katie sei nach Aussagen der Lehrerin unkonzentriert, spiele ständig mit etwas herum und könne kaum still sitzen. Sie könne kaum abwarten,*

bis sie dran ist; sie brauche auch zur Erledigung von Aufgaben viel Zeit, weil sie sich mit Nebensächlichkeiten aufhalte. Die Lehrerin sei überzeugt, dass ein ADHS vorliege. Zu Hause, so der Vater, verhalte sich Katie anders, sie sei zwar lebhaft, aber nicht anders als andere Kinder; nur das mit ihren Hausaufgaben könne er bestätigen. Sie trödele damit herum, könne sie auch nur in Gegenwart der Mutter erledigen. Die Mutter berichtet von viel Streit in diesen Situationen. Sie müsse ständig mahnen und antreiben. Ich frage, wie es denn ist, wenn Katie morgens zur Schule gehe. Die Mutter: Da klage sie oft über Kopfweh oder Bauchweh. Meist schicke sie das Kind doch zur Schule, die Beschwerden gingen dann rasch vorüber. Th.: »Es fällt ihr schwer, sich von Ihnen zu lösen.« Die Eltern bestätigen dies und berichten von Situationen, in denen Katie förmlich an der Mutter klebe. Th.: »Wann haben denn diese Schwierigkeiten mit Katie angefangen?« Der Vater: »Wir haben in W. gebaut und sind von N. dort hingezogen. Katie musste in eine neue Schule. Bisher hatte sie einen sehr verständnisvollen Lehrer, der konnte mit Katies Lebhaftigkeit gut umgehen. Die neue Lehrerin versteht das nicht so gut. Katie hat auch viele Freundinnen zurücklassen müssen.« Th.: »Sie haben eine jüngere Schwester erwähnt. Wie ist denn das Verhältnis zwischen den beiden?« Die Eltern: Da gebe es viel Streit, oft sehr heftigen. »Obwohl wir darauf achten, beide gleich zu behandeln.« Der Vater: »Manchmal komme ich heim, das ist schrecklich, alle sind nur am Streiten und Schreien, und meine Frau ist fertig mit den Nerven.« Th.: »Ist das schon immer so gewesen?« Die Eltern berichten, Katie sei am Anfang ganz begeistert von ihrer Schwester gewesen, habe sich liebevoll um sie gekümmert. Sie sei überhaupt nicht eifersüchtig gewesen. Erst als die Schwester auch in die Schule kam, habe das Streiten angefangen.

Bei der Erstbegegnung mit Katie fällt dem Therapeuten auf, dass sie einen Hautausschlag hat, man sieht einen roten Flecken in ihrem Gesicht. Die Eltern hatten das nicht erwähnt. Erst auf spätere Nachfrage erfährt der Therapeut, dass dieser Ausschlag immer dann aufflackert, wenn es besonders viel Streit gebe.

Wie die geschilderte Szene in der Erstbegegnung zeigt (▶ Kap. 5.2.2), präsentiert sich Katie als lebendiges, freundliches Mädchen, lediglich im Übertragungsgeschehen lässt sich etwas von ihrem Konflikt erahnen. Über das symptomatische Geschehen erfährt der Therapeut erst auf Nachfrage, z. B. von der Geschwisterrivalität. Sie fühle sich von der Schwester ständig belagert, diese nehme ihr Sachen weg, mache sie kaputt, gehe nicht aus ihrem Zimmer, sie sei richtig lästig. Und immer würden die Eltern ihre Partei ergreifen. Sie ahmt die Mutter nach: »Du darfst die J. nicht hauen, du bist doch die Größere.« Das gehe ihr so was von auf die Nerven, die J. dürfe wohl hauen und kratzen. Sie krempelt einen Ärmel hoch und zeigt mir eine Kratzwunde. Auch ihr Kopfweh und Bauchweh hält Katie zunächst vor dem Therapeuten verborgen, ebenso die Probleme mit der Schule und den Hausaufgaben. Im Verlauf der Probatorik sagt der Therapeut, dass sie viel von sich erzählt habe und auch gerne mit ihm spiele, aber das Schwierige offensichtlich lieber nicht anspreche. »Ich kann mir vorstellen, dass du befürchtest, ich würde dich dann nicht mehr mögen oder gar wegschicken.« Katie hat daraufhin den Einfall: »Ich glaube, die Frau B. (Lehrerin) mag mich nicht.«

Wenn wir die Symptomatik von Katie versuchen einzuordnen, so ergeben sich, je nach Betrachtungsweise, *Hinweise* zu einer nosologischen Diagnostik. Einige Symptome, die die Lehrerin beobachtet, deuten auf eine Aufmerksamkeitsstörung hin (wobei zu betonen ist, dass eine solche Beobachtung noch lange keine valide Diagnostik ist; leider fühlen sich Pädagogen gerade bei dem Phänomen ADHS häufig berechtigt, vorschnell eine Diagnose zu stellen, womöglich samt Indikation). Einige symptomatische Erscheinungen verweisen auch auf eine zwangsneurotische Verarbeitungsweise: Das Haften an Äußerlichkeiten, die übergenaue und zeitraubende Ausgestaltung von Nebensächlichkeiten bei ihren Aufgaben (so kann sie stundenlang Muster an den Rand ihrer Aufgabenblätter malen), auch die Kontrolle, die sie über die Objekte ausübt, und ihr »Kleben« an den Objekten (»adhäsive Identifizierung«, vgl. Bovensiepen 2009). Nimmt man aber die auslösende Situation und das Übertragungsgeschehen hinzu, drängt sich eine Einordnung unter das Leitmotiv einer Trennungs- und Verlustangst auf. Mit ihrer Symptomatik versucht das Mädchen, der befürchteten *Abwendung* des Objekts und dem Verlust seiner Liebe zuvorzukommen. Wenn wir im psychodynamischen Verständnis noch einen Schritt weitergehen und fragen, welcher Kompromiss der Symptomatik zugrunde liegt, so stoßen wir auf die Wut der Patientin darüber, die exklusive Liebe der Eltern verloren zu haben – eine Wut, die sich spätestens mit dem Verlust ihrer bisherigen Lebensumgebung nicht mehr durch Reaktionsbildungen in Schach halten ließ. Die geschilderten Symptome zeigen sämtlich diesen Kompromiss zwischen Verlustangst und aggressiven Impulsen gegen die primären Objekte, wobei die Aggression sich teils verschiebt (Schwester, Lehrerin), teils sich gegen das eigene Selbst richtet. Auch die völlige Vereinnahmung des Therapeuten im Erstgespräch unterbindet eine Differenzierung und somit die Erfahrung von Getrenntheit. Dass das narzisstische Gleichgewicht der Patientin unter diesem Konflikt gefährdet erscheint, sei hier nur angedeutet.

Das Beispiel zeigt, wie eine Symptomerhebung bereits zu ersten Hypothesen über die Art des neurotischen Konflikts führt.

> **Merke**
>
> - Die Symptomatik ist zumeist der Anlass zur Vorstellung beim Therapeuten.
> - Kinder und Jugendliche sind sich häufig nicht bewusst, dass bestimmte Phänomene als Symptome einzuordnen sind.
> - Beginn, auslösende Situationen, begleitende Symptome sollen erhoben werden.
> - Zur Erhebung bedient sich der Therapeut der teilnehmenden Beobachtung in den probatorischen Sitzungen und einer offenen Fragetechnik.

5.3.2 Die biografische Anamnese

Zur Erhebung der biografischen Anamnese empfiehlt es sich, einen gesonderten Termin anzuberaumen. Im Unterschied zur therapeutischen Haltung in den probatorischen Sitzungen, erst recht in der Therapie selbst, erfragt der Therapeut gezielt Daten. Es entsteht zunächst ein direktives Frage- und Antwortspiel, ausufernde Erzählungen der Patienten wird der Therapeut eingrenzen müssen. Deshalb sollte diese Sitzung auch so angekündigt werden.

> Th.: »Bei der Sitzung am ... möchte ich mit Ihnen die biografische Anamnese erheben. Ich werde Ihnen einige Fragen zur Entwicklungsgeschichte Ihres Kindes stellen, mich interessieren auch einige Daten aus Ihrer Geschichte. Ich brauche diese Angaben, um die Entstehung der Problematik besser verstehen zu können.«

Die Patienten sind dann darauf vorbereitet, dass es in dieser Sitzung um eine andere Art des Umgangs miteinander geht.

Die biografische Anamnese verknüpft die Erhebung von biografischen Daten zu den Lebensumständen des Patienten mit der Erkundung spezifischer Bewältigungsstrategien von Konfliktkonstellationen einzelner Entwicklungsphasen sowie mit den Beziehungen zu den wichtigsten Bezugspersonen (Dührssen 1986). Der Therapeut erkundet die Bedeutung, die der Patient seinen Beziehungen zumisst, er erfährt etwas über die verinnerlichten Werte und Normen und über die Formen der Abwehr bei wiederkehrenden angstauslösenden Situationen. Die Anamnese erlaubt Erkenntnisse darüber, wie der Patient in Auseinandersetzung mit seiner Umwelt und seinen inneren Impulsen eine Persönlichkeitsstruktur entwickelt.

Zur Anamnese des Kindes gehört ebenso die Anamnese der Eltern, und zwar sowohl hinsichtlich deren Primärfamilien als auch der Paargeschichte und -dynamik. Die so gewonnenen Erkenntnisse werden mit dem biografisch-anamnestischen Material des Kindes/des Jugendlichen in einen inneren Zusammenhang gebracht. Sie geben einen Einblick in die interpsychische familiäre Dynamik und die transgenerationale Weitergabe ungelöster Konflikte oder Traumata.

Bei anamnestischen Erhebungen mit älteren Jugendlichen wird man die Eltern in die Anamnese nicht mit einbeziehen, es sei denn, es erscheint unter Berücksichtigung des Reifegrads unabdingbar. Es ist für den Ablösungsprozess wichtig, dass die Jugendlichen selbst über sich und ihre Familie erzählen können und einen von den Eltern abgetrennten therapeutischen Raum zur Verfügung haben, in dem die Erlebensweise ihrer Entwicklung gleichsam unkontaminiert von der elterlichen Sichtweise zur Sprache kommt. Oft ist das anamnestische Gespräch für Jugendliche ein Anlass, ihre Eltern zu bestimmten Ereignissen, die ihr Leben betreffen, zu befragen – und setzt so einen Austausch über die unterschiedlich erlebte Lebensgeschichte in Gang und erweitert das Sinnverstehen der familiären Biografie.

Manche Therapeuten bevorzugen zur Erhebung der Anamnese einen Fragebogen, welcher den Patienten ausgehändigt wird. Das hat den Vorteil, dass nichts

»vergessen« wird und dass sich die Patienten sehr genau mit ihrer Geschichte auseinandersetzen müssen, ihr Erleben dabei aber nicht unmittelbar mit dem Therapeuten teilen. Auch erleben die Patienten den Therapeuten nicht in der u. U. als intrusiv erlebten Rolle des Fragenden.

Eine Erhebung der Anamnese in Gesprächsform hingegen hat den Vorteil, dass sich ein Bild darüber abzeichnet, wie sich der Patient selbst sieht und erlebt, mit anderen Worten, man erhält Hinweise auf die Selbstrepräsentanz. Darüber hinaus lässt sich die Art und Weise, wie mit dem Therapeuten die Lebensgeschichte (re-)konstruiert wird, auch als szenisches Geschehen begreifen. Was wird wie erzählt? Mit welchen emotionalen Konnotationen? Wo verweilt der Patient, was lässt er aus bzw. übergeht er? Gibt es Erinnerungslücken? Wie teilen sich die Affekte, welche mit einzelnen Lebensereignissen verbunden sind, dem Therapeuten mit?

> *Diana, eine anorektische 16-jährige Jugendliche, schildert ihre Kindheit in einem rosigen Licht. Sie hebt hervor, wie rasch und problemlos sie alles bewältigt habe. Sie spricht über sich wie Eltern, die stolz sind auf ihre begabte, brave und anpassungsfähige Tochter, dem Therapeuten kommt der Gedanke: Sie präsentiert sich als »Vorzeigetochter«, die gerne von ihm stolz und bewundernd angenommen werden will. Diese Übertragungswahrnehmung wäre durch einen Fragebogen allein nur sehr vermittelt möglich gewesen. Sie sagt etwas aus über die Beziehung zwischen Vater und Tochter, beide sind in einer hohen wechselseitigen Idealisierung eng miteinander verbunden. Schwierigkeiten in Übergangssituationen, die mit Separationsschritten verbunden sind und die real vorhanden waren (und sind), erfährt der Therapeut erst auf Nachfrage.*

Es empfiehlt sich daher bei Verwendung eines anamnestischen Fragebogens, diesen mit dem Patienten in einer gesonderten Sitzung zu besprechen. In jedem Fall sollte sich der Therapeut darüber im Klaren sein, dass eine Anamnese mehr ist als eine bloße Datensammlung. Sie ist auch ein Übertragungsgeschehen, das als solches wichtige diagnostische Hinweise liefert.

Aus diesem Grund kann es besser sein, evtl. vorliegende Anamnesen aus vorgehenden Untersuchungen (in psychiatrischen Praxen, Kliniken u. Ä.) erst nach der eigenen Anamnese zur Kenntnis zu nehmen. Dann aber sollten sie sorgfältig mit einbezogen werden. Oft entdeckt man Unterschiede, die meist auf konfliktbesetzte biografische Ereignisse hindeuten.

Merke

Die biografische Anamnese

- verknüpft objektive Daten aus der Lebensgeschichte des Patienten und seiner Eltern mit der Erkundung spezifischer Bewältigungsstrategien von Konfliktkonstellationen einzelner Entwicklungsphasen,
- erhebt die Symptomentwicklung,

- erkundet den Umgang mit angstauslösenden Situationen,
- ist selbst ein Interaktionsgeschehen, dessen Psychodynamik Aufschlüsse über die Verarbeitung der Erkrankung gibt.

5.3.3 Die Beziehungsgestaltung

Aus den primären Erfahrungen des Kindes mit seinen Bezugspersonen ergeben sich Beziehungsmuster, die sich als Objektrepräsentanzen in der Psyche einnisten. Sie enthalten Schemata affektiver Regulierung, Bindungsstile und Objektbeziehungsphantasien, die immer wieder in der Gestaltung von Beziehungen auftauchen und welche in der Psychoanalyse schon früh als Wiederholungszwang und Übertragung beschrieben wurden. Als maladaptive Beziehungsmuster können sie krankheitsverursachend sein (Strupp & Binder 1991). Entscheidend für das Verständnis dieser Vorgänge ist zu berücksichtigen, dass das Kind von Anfang an die angebotenen Beziehungsmodi durch Identifizierung und Projektion aktiv verarbeitet und zu einem individuellen inneren Bild seiner Beziehungs- und Objektwelt formt. Das Kind bzw. der Jugendliche bringt eine Bereitschaft mit, solche verinnerlichten Schemata, die von ihm selbst mitgestaltet wurden und werden, auf den Therapeuten zu übertragen (Übertragungsbereitschaft).

Konflikthafte Beziehungsmuster, die nicht entwicklungsentsprechend gelöst werden, können sich nicht allein in problematischen interpersonellen Konfliktkreisläufen manifestieren, sie verstärken auch intrapsychisch ungelöste Konflikte und verursachen Einschränkungen im Selbsterleben und in psychischen Funktionen und sind mithin ein Faktor für die Entstehung und Aufrechterhaltung psychischer Krankheit. Eine sorgfältige Diagnostik versucht deshalb, solchen Beziehungsmustern auf die Spur zu kommen. Dazu stehen prinzipiell drei Zugänge zur Verfügung: zum einen das Übertragungs- und Gegenübertragungsgeschehen in den probatorischen Sitzungen, zum anderen die Erzählungen des Patienten bzw. seiner Eltern aus dem Beziehungsalltag, schließlich – darauf bezogen – die symbolischen Gestaltungen in projektiven Tests und im Spiel des Patienten.

Eine valide Erhebung der Beziehungsgestaltung auf den Ebenen Dyaden, Resonanz des Untersuchers, Selbstbezug und Triaden schlägt die OPD-KJ-2, Achse Beziehung vor (Arbeitskreis OPD-KJ-2 2016). Sie verwendet ein Cirkumplexmodell interpersonellen Verhaltens mit den Achsen Affiliation (liebevoll-zugewandtes vs. feindselig-distanziertes Verhalten) und Kontrolle (dominant-kontrollierend vs. submissiv-unterwürfig) (a. a. O., S. 109f.). Zwischen diesen Polen lassen sich differenziert Mischformen des Verhaltens und der Reaktionen darauf erheben, und zwar sowohl in Richtung Patient–Therapeut als auch in Richtung Therapeut–Patient. Es empfiehlt sich, das Vorgehen zumindest in der Literatur zu studieren. Die Handhabung der verschiedenen Achsen der OPD-KJ-2 werden in Fortbildungen vermittelt, die als Hintergrund für den diagnostischen Prozess ausdrücklich empfohlen werden. Die beschriebenen diagnostischen Verfahren sind aufwändig, nicht zuletzt, weil sie auch in wissenschaftlichem Interesse entwickelt wurden. In der Praxis ist deren Kenntnis eine wesentliche Hilfe, auch wenn sie nicht in jedem Detail nachvollzogen werden.

> *Katie gestaltet die Beziehung in einer freundlichen, lebendigen Weise, kontrolliert aber die Situation in hohem Maße durch ihren Redeschwall. Interventionen des Therapeuten gegenüber verschließt sie sich zunächst bzw. sie übergeht sie. Der Therapeut schafft sich Raum durch freundlich – direktive Unterbrechungen und Nachfragen. Er fühlt sich unzufrieden und eingeengt. Im Umgang mit sich selbst erscheint die Patientin ebenfalls unzufrieden in ihren Versuchen, sich der äußeren Situation anzupassen.*

Aus dieser Form der Interaktion zwischen Patientin und Therapeut ist zu erkennen, wie sich die Patientin unzufrieden und irgendwie eingeengt fühlt. Die resultierende Aggression allerdings kommt nur versteckt zum Ausdruck – sie wird aus Angst vor Abweisung zurückgehalten bzw. autoaggressiv verarbeitet. Die befürchtete Abweisung führt zum Versuch, das Objekt zu kontrollieren, verbunden mit betont freundlichen Signalen. Der Beziehungspartner kann jedoch die Freundlichkeit nur bedingt annehmen – das Gefühl, kontrolliert zu werden, führt zu dem Versuch, seinerseits Kontrolle zu übernehmen, allerdings auch wieder unter Vermeidung direkter Aggression. Dies führt bei der Patientin wiederum zu Unzufriedenheit und zu Gefühlen, eingeengt zu werden, worauf sie mit Angst, Aggression und Kontrolle reagiert. Ein kreislaufartiges Beziehungsmuster wird zwischen Patientin und Therapeut erkennbar, aus dem sich die psychodynamischen Hintergründe sowie die familiäre Konfliktdynamik erschließen lassen.

> **Merke**
>
> Die Untersuchung der Beziehungsgestaltung gibt Aufschluss über maladaptive Beziehungsmuster, Angst und Abwehr sowie über die Konfliktdynamik in der Familie.

5.3.4 Die Psychodynamik des Konflikts

Äußere interpersonale Konflikte gehören zum menschlichen Zusammenleben und damit auch zum Zusammenleben von Erwachsenen und Kindern. Sie sind in Art, Ausprägung und Heftigkeit von einer Vielzahl von Parametern abhängig: der Persönlichkeit der Eltern, ihrem Erleben als Paar, der familiären Konstellation, dem sozialen Netzwerk, gesellschaftlichen Gegebenheiten und dem Entwicklungsstand und der Persönlichkeit des Kindes bzw. der Kinder in der Familie usw. Ein Konflikt entsteht, wenn antagonistische Strebungen aufeinandertreffen, die sich nicht ohneweiteres miteinander in Einklang bringen lassen. Hier interessiert uns dieser Vorgang in Bezug auf innere Vorgänge: Zumeist unbewusst kollidieren innere Motivationen, Triebregungen, Strebungen, Forderungen und Verhaltenstendenzen so, dass sie nicht ohne weiteres harmonisiert oder integriert werden können (▶ Kap. 3.4). Erik H. Erikson konzeptualisiert psychische Entwicklung als Aufeinanderfolge phasentypischer Konflikte, die zu lösen und in eine Balance zu bringen als Entwicklungsaufgaben des Individuums angesehen werden können (Erikson 1966). Gelingt diese Lösung nicht – aufgrund nicht ausreichend guter Beziehungserfahrungen, Traumatisierungen oder maladaptiver Verarbeitungsweisen –, so bleiben die antagonistischen Pole eines Konflikts als unversöhnliche Gegensätze stehen und werden in verschiedenen Transformationen im Lauf der Entwicklung als anhaltende innere Spannungen mitgeführt. Ungelöste intrapsychische Konflikte sind entwicklungshemmend; sie sind entscheidend für die Ausprägung psychischer Erkrankungen mit einseitigen, oft rigiden Abwehrstrukturen samt der Entfaltung psychopathologischer Symptomatik (Mentzos 1984). Zumeist zieht sich das seelische Erleben auf einen Pol des Konflikts zurück unter Einsatz diverser Abwehrmechanismen, Reaktionsbildungen und Hemmungen bis hin zu erheblichen Ich-Einschränkungen. Neurotische Erkrankungen können stets beschrieben werden als ein ungelöstes intrapsychisches Konfliktgeschehen. Für die psychodynamische Diagnostik ist es deshalb entscheidend, den zentralen Konflikt in der neurotischen Erkrankung zu erkennen, zu beschreiben und in seiner Entwicklungsgeschichte darzustellen.

Ungeachtet der individuellen Entstehung und Ausprägung sowie der biografischen Transformation des neurotischen Konflikts lassen sich Kategorien typischer Konflikte beschreiben (vgl OPD-KJ-2 2016):

- Nähe vs. Distanz,
- Unterwerfung vs. Kontrolle,
- Selbstversorgen vs. Versorgtwerden,
- Selbstwertkonflikte (Selbst- vs. Objektwert),
- Schuldkonflikte,
- ödipale Konflikte (Liebe vs. Hass),
- Identitätskonflikte (Identität vs. Identitätsdiffusion),
- aktuelle Konflikte.

Konflikte gehen einher mit Ängsten, die nicht intrapsychisch gehalten und verarbeitet werden können. Die Angst entsteht daraus, dass ein Konfliktpol unintegriert bleibt und als existentiell bedrohlich erlebt wird, entsprechend mobilisieren sich Abwehrmechanismen zur Angstbewältigung. Bei der Konfliktverarbeitung lassen sich ein überwiegend passiver Modus oder ein überwiegend aktiver Modus beobachten. So kann ein Konflikt, der sich um das Thema Autonomie rankt, beispielsweise so in Schach gehalten werden, indem ein Kind sich ängstlich an seine Primärobjekte klammert und jeden Trennungsschritt vermeidet bzw. mit Symptombildung darauf reagiert. In Katie haben wir eine solche Patientin kennengelernt, die u. a. mit Somatisierungen ihre Trennungsangst symptomatisch zu bewältigen trachtet – ein überwiegend passiver Modus. Reimund hingegen versucht, das Objekt manisch herabzusetzen und zu beseitigen, seine Bedeutung in grandioser Weise zu verleugnen und sich in eine Welt von Unabhängigkeit und Überlegenheit zu phantasieren – ein Modus, in dem er scheinbar das Gesetz des Handelns innehat, jedoch im sozialen Bereich beständig in Schwierigkeiten kommt, die wiederum mit Omnipotenzphantasien abgewehrt werden – ein überwiegend aktiver Modus.

Psychische Konflikte haben auch bei Kindern eine oft lange Entwicklungsgeschichte und graben sich tief in die Persönlichkeitsstruktur, den Charakter ein. Das ist insbesondere dann der Fall, wenn sie sich bereits früh fixiert haben und in einem familiären und sozialen Milieu verankert sind, das den Konflikt beständig aktualisiert und kreislaufartig verstärkt. Sie werden dann immer wieder manifest an entscheidenden Stationen der Entwicklung, die eine Bewältigung des Konflikts fordert oder voraussetzt. Im Aktualkonflikt, der sich an äußeren Konfliktsituationen festmacht, wiederholt sich dementsprechend die neurotische Konfliktverarbeitung.

Im Verlauf der kindlichen Entwicklung lassen sich aber auch typische Konfliktkonstellationen beobachten, die aufgrund äußerer Umstände zum gegenwärtigen Zeitpunkt nicht angemessen, d. h. entwicklungsfördernd gelöst werden können, ohne dass ein neurotisch verfestigter Konflikt erkennbar ist. Das Individuum hat es immer wieder mit derartigen Konflikten zu tun, und es gibt aufgrund der individuellen Verarbeitung der Erfahrungen mit den Primärobjekten eine Neigung, auf typische Konflikte mit erhöhter Alarmbereitschaft zu reagieren, ohne dass wir davon ausgehen müssen, dass die Bewältigung misslingt. Tut sie es doch, dann haben wir es mit einem momentan nicht lösbaren, aber eingrenzbaren Aktualkonflikt zu tun. Wenn einem Kind geholfen werden kann, diesen zu bearbeiten und zu integrieren, dann lässt sich darauf vertrauen, dass diese Hilfe das Kind eher bestärkt, auch weiterhin auf seine regulatorischen Funktionen zurückgreifen zu können, ohne eine tiefgreifende und regressionsfördernde therapeutische Intervention.

Die Differenzierung zwischen einem eingrenzbaren und umschreibbaren Aktualkonflikt – der auf einer spezifischen inneren Konfliktbereitschaft ruht – und einem verfestigten und in seinen Abwehrstrukturen rigiden neurotischen Konflikt ist v. a. im Hinblick auf die Indikationsstellung von großer Bedeutung. Deshalb muss am Beginn einer Behandlung eine sorgfältige Diagnose des Konfliktgeschehens stehen.

Beispiel für einen tiefgreifenden neurotischen Konflikt:

Mike, ein 6-jähriger, stark übergewichtiger Junge, entwickelte das Symptom einer sekundären Enkopresis. Seine Eltern haben festgefügte Vorstellungen davon, wie die Erziehung zu sein hat, die sich v. a. an gesellschaftlichen Konventionen orientiert. Als Einzelkind wird er von der Mutter umsorgt und verwöhnt, bereits im Säuglingsalter beobachtet sie jede eigene Regung des Jungen, die nicht in ihre Vorstellungen, wie er zu sein hat, passt, angstvoll und kontrollierend. M. scheint zunächst ein problemloses, stilles und fügsames Kind zu sein, das zum Stolz der Mutter alle Normen erfüllt, die zu einer »gelungenen« Erziehung gehören: Er schläft rasch durch, fremdelt nicht, krabbelt und läuft, wie es vorgesehen ist. Erste manifeste Hinweise auf

Trennungsprobleme ergeben sich beim Spracherwerb: M. besteht darauf, »wortlos« verstanden zu werden, und will nicht sprechen lernen. Die Kontrolle der Ausscheidungsfunktionen verzögert sich; erst im Alter von 4 ½ Jahren ist der Junge trocken und sauber. M. entwickelt ein anspruchsvolles Verhalten: Er sei sehr unverschämt und fordernd der Mutter gegenüber, bestehe auf ganz bestimmtes Essen (»Gemüse, Obst und Salat isst er überhaupt nicht«), wenn er nicht bekomme, was er wolle, schreie er übermäßig und terrorisiere damit seine Umgebung. Er könne sich von der Mutter kaum lösen, immer müsse sie in der Nähe sein, allein spielen könne er nicht. Es falle ihm auch schwer, in seinem Bett einzuschlafen, und er komme ins Elternbett. Vorherrschend sind dyadische Beziehungsmuster: Den Vater lehne er ab und beachte ihn nicht, nur wenn er mit ihm alleine etwas unternehme, gehe es gut, sobald Vater und Sohn wieder zu Hause bei der Mama seien, gelte der Vater nichts.

Etwa zwei Monate vor dem Erstgespräch musste sich M. einer größeren HNO-Operation unterziehen. Die Mutter reagierte mit panischen Ängsten, seit der OP kotet der Junge wieder ein.

Zunächst fällt ein Aktualkonflikt auf: Angesichts der OP bei dem Kind tauchen bei der Mutter panische Ängste auf, es sind Kontrollverlustängste: Mit ihrem Kind geschieht etwas durch einen fremden Eingriff, das sie nicht in der Hand hat. Etwas ist nicht »in Ordnung« und muss durch eine fremde Autorität (Arzt) behoben werden. Auch der Junge erleidet einen Kontrollverlust: Er begibt sich »unters Messer«, muss einen Eingriff in seine körperliche Sphäre unter Narkose hinnehmen, den er möglicherweise als sadistischen Angriff erlebt, und er ist dem Arzt ausgeliefert. Allerdings ist auch deutlich, dass der aktuelle Konflikt ein grundlegendes, weit zurückreichendes inneres Konfliktgeschehen aktualisiert: Der Konflikt zwischen Unterwerfung unter ein früh als rigides Über-Ich verinnerlichtes Objekt versus Kontrolle desselben. Auch wenn sich der Konflikt beständig in Beziehungsdyaden rekonstelliert (triadische innere Muster haben sich konfliktbedingt noch kaum gebildet), dürfen wir mit Recht von einem verfestigten inneren Konflikt sprechen. Ganz altersentsprechend zeigt sich der Konflikt zunächst auf der oralen, sodann auf der analen Stufe.

Beispiel für einen Aktualkonflikt:

Ralf, ein 5- jähriger Junge, erlebt einen schweren Gewittersturm. Im Garten werden Bäume entwurzelt, einer stürzt auf das Nachbarhaus, Dachziegel und Antennen werden durch die Luft gewirbelt. Eine große Fensterfront im Haus der Familie liegt auf der Windseite, die Eltern sind in Panik, dass diese dem Unwetter nicht standhält, hilflos versucht der Vater, sich von innen gegen das große Fenster zu stemmen. Ralf und sein älterer Bruder flüchten sich in die Räume auf der windabgewandten Seite, die Mutter, selbst voller Angst, vermag die Kinder kaum zu beruhigen. In der Folgezeit entwickelt Ralf eine regelrechte Phobie: Er, der immer gern draußen gespielt und getobt hat, traut sich nicht mehr aus dem Haus, verliert alle Freude am Spielen überhaupt, allenfalls sein Gameboy macht ihm noch Spaß. Er verliert seine sozialen Kontakte, ist nur mit großer Mühe in den Kindergarten zu bringen, dort sitzt er und starrt ängstlich aus dem Fenster, ob sich die Blätter in den Bäumen bewegen. Er verliert seinen Appetit, verkriecht sich in dunkle Ecken und reagiert wei-

nerlich und verstört, wenn der Vater ihn nach draußen zu einem Spaziergang mitnehmen will.

Für Ralf war der Sturm ein traumatisch bedrohliches Erlebnis. Die Frage ist, warum er dieses Trauma nicht verarbeiten kann, so dass es als eine zwar schlimme, aber letztlich nicht entwicklungshemmende Erinnerung integriert wird. War es wirklich nur die Angst vor den Naturgewalten, die jeder Mensch erlebt, die eine neurotische Reaktion ausgelöst hat?

Ein tieferer Konflikt wird deutlich. Ralfs Mutter ist eine ausgesprochen ängstliche Frau, die selbst eine lebensbedrohliche Situation auf einem Ausflugsboot erlebt hatte und seither unter gelegentlichen Panikattacken leidet. Ralfs Vater ist ein zupackender Mann, der seine Ängste eher kontraphobisch bewältigt: Er ist der starke, stabile Pol in der Familie, der immer eine Lösung weiß. Die Familie pflegt gerne ausgedehnte und auch abenteuerliche Reisen zu unternehmen, die Ralf bisher immer sehr genossen hat. In dem Gewittersturm hat nun der Junge erlebt, wie sein starker und idealisierter Vater plötzlich selbst voller Angst und Ohnmacht war, und dass dieser ihn und die Familie durchaus nicht immer vor allem schützen kann. Es ist der Zusammenbruch einer Idealisierung, die dem Jungen zu schaffen macht. Er ist gewissermaßen ein betrogener Ödipus: Seine Separation von dem mütterlichen Objekt und damit das Wagnis, aus dem Kreislauf der Angst zu treten, war ihm mit Hilfe der Identifikation mit einer idealisierten und omnipotent phantasierten Vaterimago gelungen; nun muss er erleben, dass er sich da geirrt hat, und regrediert: Der schützende Hafen der symbiotischen und angstbetonten Mutterbeziehung scheint sicherer.

Wir haben einen umschreibbaren Aktualkonflikt vor uns: Die Separationsbestrebungen des Jungen erfuhren eine schwere Erschütterung, andererseits hat die schützende Abhängigkeit erhebliche Ich-Einschränkungen zur Folge. Im Hintergrund ist aufgrund der elterlichen psychischen Konstellation eine spezifische Konfliktbereitschaft zu erkennen, die bisher jedoch für den kleinen Patienten kein Entwicklungshemmnis darstellte.

Das Konfliktgeschehen ist ganz aktuell, wir können in diesem Fall die Entstehung einer Neurose an ihrer Quelle beobachten, sie ist im Fluss, noch nicht verfestigt, wie wir es in späteren Entwicklungsstadien beobachten, mit allen Folgeerscheinungen intrapsychischer und interpersoneller schwer auflösbarer Abwehrarrangements. Der Konflikt ist bewusstseinsnah, die auslösende Situation noch nicht von den Affekten geschieden und verdrängt. Die Bearbeitung des Aktualkonflikts und des traumatischen Geschehens reicht also möglicherweise aus, um die Entwicklung des Kindes wieder in Gang zu bringen (zur Indikation s. u.).

Merke

Die Diagnostik des psychischen Konflikts erfasst

- die Qualität und Ausprägung des Konflikts,
- die Entstehung des Konflikts,

- die Manifestationen des Konflikts in den Stadien der Entwicklung,
- die Differenzierung zwischen Aktualkonflikt und innerem Konflikt sowie
- deren Gewichtung.

5.3.5 Psychische Struktur

Unter psychischer Struktur verstehen wir ein komplexes Zusammenwirken einzelner aufeinander bezogener Elemente im Aufbau des psychischen Funktionierens (▶ Kap. 3.3). Die Art und Weise, wie ein Individuum seine Beziehungen wahrnimmt und gestaltet, welche bevorzugten Abwehrmechanismen es entwickelt, wie es seine Wünsche und Bedürfnisse regelt, seine Affekte wahrnimmt und im sozialen Zusammenhang zur Geltung bringt usw., beruht einerseits auf der spezifischen Verarbeitung phasentypischer Entwicklungskonflikte und befindet sich bei Kindern und Jugendlichen noch im Aufbau und ist starken Schwankungen unterworfen. Andererseits hängt der Aufbau der Persönlichkeitsstruktur von basalen psychischen Fähigkeiten ab, die vor allem im Rahmen der frühen Objektbeziehungen erworben werden. Dabei geht es weniger um psychische Konflikte, die eine gewisse Reife der Selbst- und Objektrepräsentanzen voraussetzen, als vielmehr um psychische Funktionen, die ausgebildet sein müssen, um überhaupt die innere und äußere Welt wahrzunehmen, um Affekte, Emotionen und den interpsychischen Austausch zu regulieren. Um diesen Strukturbegriff im engeren Sinne geht es in der Strukturdiagnostik (zu den theoretischen Hintergründen s. OPD-KJ-2 2016, S. 56ff. u. S 197ff.).

Zur psychischen Struktur gehören Fähigkeiten, die sich im Laufe der kindlichen Entwicklung herausbilden und die je nach Entwicklungsniveau und Reifungsgrad unterschiedliche Ausprägungen zeigen. Die Strukturdiagnostik muss sich also an einem altersentsprechend zu erwartenden Entwicklungsstand orientieren. Diese Fähigkeiten sind im Wesentlichen die Folgenden:

Steuerung

Emotionen können als solche wahrgenommen und altersentsprechend benannt werden, Affekte, insbesondere negative wie Wut, Ärger, Enttäuschung, Trauer können in einem gewissen Ausmaß intrapsychisch gehalten und abgepuffert werden; das Kind kann Trennungssituationen ertragen und durch Symbolisierungen auffangen, es gelingt ihm im Spiel ein »Als-ob-Modus«. Es kann sich nach Impulsdurchbrüchen beruhigen bzw. lässt sich trösten. Es ist in der Lage, die Befindlichkeit anderer Menschen, soweit sie von seinem Handeln betroffen sind, wahrzunehmen, später differenziert zu verstehen, und entwickelt eine Vorstellung davon, wie sein eigenes Verhalten psychisch auf andere wirkt. Das ältere Kind oder der Jugendliche kann mögliche Reaktionen der sozialen Umwelt phantasierend vorwegnehmen und das eigene Verhalten darauf einstellen (Mentalisierungsfunktion, ▶ Kap. 7.4.4). Die allmähliche Herausbildung von realer

Angst und Schuldgefühl trägt zu steuernden und fürsorglichen Über-Ich-Strukturen bei. Kritik, Misserfolge, Frustrationen greifen das Selbstgefühl nicht grundsätzlich an, sondern können in einem gewissen Ausmaß ertragen oder sogar kreativ genutzt werden.

Selbst- und Objekterleben, Identität

Das Kind entwickelt ein zunehmend differenziertes Bild der eigenen Person, ihrer Wünsche, Bedürfnisse, Fähigkeiten und Vorlieben. Es sieht sich eingebettet in einen sozialen Zusammenhang (Familie, Kindergarten, Schule, Peers) und es nimmt seinen Platz, seine Rollen darin wahr, wobei sich Grandiosität und Illusionen allmählich realistischen Selbst-Repräsentanzen unterordnen.

Das Kind kann unterscheiden zwischen eigenen Gefühlen, Wünschen und Impulsen und denen anderer (Subjekt-Objekt-Differenzierung). Es erkennt in zunehmendem Maße an, dass andere Menschen eigene Bedürfnisse haben, die sich u. U. auch konflikthaft den eigenen entgegenstellen. Es integriert die Ambivalenz in Beziehungen, überwindet also die Wahrnehmung des anderen als »nur gut« oder »nur böse«. Es kann spielerisch Kompromisse eingehen, entwickelt Gefühle von Fürsorglichkeit gegenüber Objekten und spürt das Bedürfnis nach und erlangt die Fähigkeit zur Wiedergutmachung.

Kommunikative Fähigkeiten, Interpersonalität

Hier geht es um eine doppelte Fähigkeit: zum einen in Kontakt zu treten mit Bezugspersonen im engeren und weiteren Sinn, zum anderen mit der eigenen Innenwelt der Affekte und der Objektrepräsentanzen. Beides dient u. a. dem Ausdruck und der Regulation affektiver Zustände. Ein reziproker äußerer affektiv-emotionaler Dialog entwickelt sich parallel zur Fähigkeit, einen inneren Dialog zu führen, Introspektion und Empathie zu entwickeln und auf Objektrepräsentanzen zurückzugreifen, als Voraussetzung, allein zu sein (auch: »vor anderen« allein zu sein). Diese Fähigkeit setzt die sichere Etablierung eines inneren Raumes und intermediärer psychischer Vorgänge voraus. Nähe und Distanz können im sozial erwarteten Rahmen reguliert werden, die Reziprozität der Kommunikation erlaubt ein flexibles Eingehen auf soziale Situationen. Nicht allein äußere Konflikte werden als solche wahrgenommen, anerkannt und reguliert, sondern ebenso auch inneres Konfliktgeschehen. Die Entwicklung der kommunikativen Fähigkeiten ist v. a. auf die Verfügbarkeit äußerer und innerer triangulierender Objekte angewiesen. Die OPD-KJ-2 (2016) nennt als Strukturelement auch die Dimension Bindung (s. dazu den Abschnitt »Bindung« S. 87 ff.).

Die OPD-KJ-2 (2016) ermöglicht anhand von »Ankerbeispielen« eine differenzierte Diagnostik der altersspezifischen Struktur; auf ihr Studium sei hier abermals empfehlend hingewiesen.

Den Entwicklungsstand der psychischen Struktur beschreiben wir anhand der Kategorien unreif – reif, unintegriert – integriert, oder auch, je nach Alter des

Kindes oder des Jugendlichen, als präödipal – ödipal (je nachdem, ob dyadische oder triadische Repräsentanzen vorherrschen). Das Strukturniveau kann bei Kindern und insbesondere Jugendlichen je nach psychischem Zustand und/oder sozialem Erleben schwanken. Zu den Entwicklungsstufen der Struktur gehören charakteristische Abwehrmechanismen. Die Psyche eines Kindes oder eines Jugendlichen mit unreifer bzw. unintegrierter Struktur auf »niedrigem« Niveau greift auf primitive Abwehrmechanismen wie Spaltung und projektive Identifizierung, primitive Idealisierung und Entwertung, Verleugnung und manisches Agieren zurück. Eine »reifere« neurotische Symptombildung misslingt, stattdessen wird die innere Not in die Außenwelt oder auf den Körper verlagert. Auf einem reiferen Strukturniveau greift das Kind zu Abwehrmechanismen wie Projektion, Verleugnung, Verdrängung und Rationalisierung; in der Adoleszenz kommen Abwehren wie Intellektualisierung, Askese und Sublimierung hinzu.

Die psychische Struktur bleibt insbesondere dann defizitär, wenn dem Kind bereits früh die haltende und containende Funktion der Primärobjekte nicht ausreichend zur Verfügung steht, wenn Triangulierungsprozesse misslingen, wenn traumatisches Geschehen wie Deprivation, Misshandlung oder Missbrauch unintegriert bleiben oder gar persistieren oder wenn ein elementarer Mangel an Bedürfnisbefriedigung vorherrscht. Das Kind bzw. der Jugendliche bleibt dann angewiesen auf die regulatorische Funktion konkreter äußerer Objekte, die durch manipulative Manöver gezwungen werden, die Defizite im Aufbau des Selbst zu kompensieren. Objekte werden dann nicht als Zentrum eigenen psychischen Strebens und Verhaltens und eigener mentaler Vorgänge wahrgenommen, sondern allein in ihrer Funktion für die Linderung oder den Ausgleich des empfundenen eigenen Mangels, sie bleiben mithin in der Wahrnehmung des so geschädigten Menschen Teilobjekte. Die Abwehr- bzw. Kompensationsmanöver strukturell wenig integrierter Patienten wirken deshalb zumeist drängend und manipulativ in das psychosoziale Geschehen hinein.

Eine wichtige Säule in der Diagnostik der psychischen Struktur ist die Analyse des Übertragungs- und Gegenübertragungsgeschehens. Bei Kindern und Jugendlichen mit einer erheblichen strukturellen Störung fühlt sich der Therapeut rasch manipuliert und benutzt, er spürt die Nötigung, für den Patienten ganz bestimmte, exklusive Funktionen zu übernehmen, er fühlt sich eingeschränkt in eigenen spontanen Gedanken und Spielimpulsen bis hin zur Lähmung der Denk- und Assoziationsfähigkeit. Unlust, aversive Gefühle und Flucht- bzw. Rückzugsimpulse breiten sich als Gegenübertragungsreaktion aus. Die andere Variante ist das Erleben einer initialen Idealisierung: Der Therapeut wird hineingezogen in eine gemeinsam agierte Grandiosität, wird als das »bessere« Objekt umschmeichelt und umworben, die spontane Gegenübertragungsreaktion mag dann darin bestehen, dem Patienten besonders entgegenkommen, ihn bemuttern und versorgen zu wollen; die »Helfer- bzw. Retter-Seite« wird abgerufen, freilich um den Preis der unweigerlich folgenden Entwertung.

> *Richard, 7;9 Jahre alt, macht bei der Erstbegegnung »einen gehetzten Eindruck. Mit anscheinend großer Begeisterung greift er nach Figuren und Spielsachen, ›boah, toll‹, und legt sie gleich wieder weg. Er schaut sich ein Känguru mit einem Kleinen im*

Beutel an, den Hai, in dessen Bauch sich alle möglichen Dinge befinden. Mich beachtet er gar nicht, es ist, als solle ich keine Bedeutung haben. Bei allem, was er in die Hand nimmt, kommentiert er: ›Das habe ich auch.‹ Mit einem kleinen Boot rast er im Sandkasten umher und verbuddelt es rasch. Th.: ›Da ist es geschützt.‹ R.: ›Nee.‹ Th.: ›Man kann es nicht sehen.‹ R.: ›Aber ich weiß, wo es ist.‹ Ratlos steht er vor dem Kicker: ›Da müsste jemand mit mir spielen.‹ Unvermittelt zielt er mit der Armbrust auf mich, ich muss ihn daran erinnern, dass hier niemand verletzt wird. Immer wieder lauscht er auf Geräusche draußen. ›Was wohl die Mama macht? Hoffentlich passiert ihr nichts.‹ Mir kommt der Gedanke, dass er fürchtet, sie mit seinen Aggressionen, die er hier zeigt, zu vernichten. Aber auch, dass sie plötzlich hereinkommen und stören könnte. Am Schluss der Stunde meint er, er könnte die Armbrust mitnehmen und seiner Mama zeigen. Er sagt: ›Ich könnte auch öfter kommen. Auch in den Ferien.‹ Erst nach der Stunde bemerke ich, dass er ein kleines Vorhängeschloß, das er in seiner Tasche hatte, bei mir ›vergessen‹ hat. Ich fühle mich an das Schloß vor Hänsels Käfig erinnert.«

In den folgenden Stunden »wiederholt sich ein ähnlicher Ablauf: R. erfindet ein Spiel, in dem er ein großartiger Held ist, z. B. ein Raumschiffpilot, der auf fremden Planeten feindselige Wesen bekämpft. Er ergreift Besitz von dem gesamten Therapieraum, räumt Tische und Stühle um. Ich soll sein Assistent sein, wobei ich nun ganz genau nach seinen Vorstellungen zu funktionieren habe. Er gibt mir Befehle, herrscht mich an, dirigiert mich, eigene Ideen darf ich nicht haben. Oder er nimmt sich einen großartigen Aufbau vor: Er will mit der Holzeisenbahn ein Schienensystem durch den ganzen Raum bauen. Bereits nach drei oder vier Schienen kommt er nicht mehr zurecht, es klappt nicht, wie er sich das vorstellt, dann soll ich weitermachen nach seinen Anweisungen. In der Gegenübertragung macht sich Müdigkeit und tiefe Unlust breit: ich mag mich nicht so funktionalisieren lassen, es geht auch meist nicht gut, denn irgend eine kleine Enttäuschung passiert immer, oder ich unterbreche und sage, dass ich es ihm wohl nicht recht machen kann und mich ganz elend fühle, wenn ich nur das machen darf, was er sagt. Meine Worte kann der Junge aber ganz und gar nicht aushalten, Deutungen ignoriert er einfach. In rasender Eile wird dann das Spiel abgebrochen, die Sachen werden weggeräumt, und dann will R. mit mir kämpfen. Ganz real. Er will mit mir boxen, greift mich an, mit hasserfüllten und hämischen Kommentaren: ›Ich mach dich fertig‹ – ›Jetzt ist es aus mit dir – jetzt schlag ich dich zusammen‹ Er hält mir ein Plastikmesser an die Kehle: ›Schade, dass das nicht scharf ist‹. In solchen Szenen verwischen sich dem Jungen Phantasie und Realität: Zum einen gibt es keinen intermediären Raum, in dem ein symbolischer Kampf stattfinden könnte, dieser ist vielmehr in symbolischer Gleichsetzung ganz real. Zum anderen geht ihm jegliche Vorstellung von den tatsächlichen Kräfteverhältnissen verloren. In seiner Angst holt er den Arztkoffer und verarztet mich, wobei auch dieser Vorgang sich zu einer sadistischen Intrusion entwickelt« (vgl. Burchartz 2008, S. 214f.).

Richard schwankt zwischen primitiver Idealisierung und Entwertung des Objekts. In der Übertragung kommt der Therapeut lediglich in seiner Funktion vor, seinen Größenphantasien Nahrung zu geben. Dahinter ist die große Angst des Jungen vor Objektverlust spürbar, aber auch die Angst vor Selbstverlust (das kleine Boot, das er verstecken muss). Einen reziproken Kontakt kann er nicht herstellen. Es fehlt ihm an reifen Symbolisierungsfunktionen, weshalb er den Therapeuten als konkretes Objekt braucht, um sein defizitäres Selbst-Erleben zu regulieren. Minimale Abweichungen von dieser Funktion evozieren narzisstische Wut, die wiederum in konkreten destruktiven Angriffen mündet. Ein Spiel »als ob« ist ihm nicht möglich. Weder verfügt der kleine Patient über eine ausreichende Differenzierung von Selbst und Objekt, noch über eine Vorstellung, was sein Verhalten im anderen auslöst. Auf einer archaischen Ebene verschmilzt der Therapeut mit seinem Selbst – oder er wird entwertend ausgestoßen und vernichtet. Die Möglichkeit eines rivalisierenden Spiels zweier Partner scheint er zwar zu ahnen (Kicker), allerdings ist es mit der Phantasie von Vernichtung und Untergang verbunden – so dreht er blitzschnell den Spieß um und bedroht den Therapeuten. Hier zeigt sich, dass ein innerer Konflikt (der sich auf der Ebene des phallischen Narzissmus bewegen könnte) nicht als solcher wahrgenommen und gehalten werden kann, vielmehr wird er sofort in konkrete Handlung umgesetzt. Von deutenden Interventionen kann Richard nicht profitieren, die Worte (die ja differenzieren und somit eine trennende bzw. triangulierende Funktion haben) scheint Richard als Verfolgung zu erleben. Aufgrund der Übertragungs-/Gegenübertragungsmanifestationen in der Erstbegegnung und den weiteren probatorischen Sitzungen muss von einem niedrigen Strukturniveau ausgegangen werden, was sich durch die Berichte der Eltern aus dem familiären und sozialen Geschehen bestätigt.

Die Erhebung des zentralen neurotischen Konflikts und des Strukturniveaus sind die tragenden Pfeiler psychodynamischer Diagnostik. Dabei werden sich beide Blickwinkel, unter denen man psychische Vorgänge erfassen und verstehen kann, stets wechselseitig ergänzen. Persistierende und verfestigte Konflikte ziehen auch Beeinträchtigungen basaler psychischer Funktionen nach sich, wie umgekehrt strukturelle Defizite zum Misslingen von Konfliktbearbeitungen beitragen. Für die Diagnose und v.a. für die Indikation und die therapeutische Technik entscheidend ist, ob Strukturdefizite oder neurotische Konflikte hauptursächlich für die psychische Erkrankung verantwortlich sind.

> **Merke**
>
> - Die Diagnostik der Struktur untersucht basale psychische Funktionsfähigkeiten. Diese sind:
>   – Steuerung,
>   – Selbst- und Objekterleben,
>   – kommunikative Fähigkeiten.
> - Struktur entwickelt sich aufgrund früher Beziehungserfahrungen und ihrer Verarbeitung.
> - Die Strukturdiagnostik berücksichtigt den Entwicklungsstand des Kindes und vergleicht zu erwartende Fähigkeiten mit den beim Patienten erkennbaren Fähigkeiten.

- Das Strukturniveau bewegt sich auf einem Kontinuum von unreif – reif, unintegriert – integriert, präödipal – ödipal (dyadisch – triadisch) und kann schwanken. Zum Strukturniveau gehören charakteristische Abwehrmechanismen.
- Strukturelle Störungen, insbesondere auf unintegriertem Niveau, verursachen diffuse Konflikte und setzen die Konflikttoleranz und die Fähigkeit, Konflikte auszubalancieren, herab.

Bindung

Zu den elementaren psychischen Funktionen lässt sich auch das Bindungsverhalten bzw. die Bindungsrepräsentanz zählen. Die Bindungsforschung (Ainsworth 1977, Bowlby 1969/1975, Brisch 1999, Grossmann & Grossmann 2004) beschreibt das Bindungssystem als ein primäres motivationales System. Aus ihm ergibt sich eine komplexe Verhaltensorganisation, die danach strebt, dass dem Individuum das basale Bedürfnis nach Sicherheit, Schutz und emotionaler Nähe befriedigt wird. Eine sichere Bindung wird gefördert, wenn die primäre Bindungsperson, meist die Mutter, feinfühlig auf das Kind reagiert: also in der Lage ist, kindliche Signale wahr- und aufzunehmen, sie richtig zu deuten und angemessen und prompt zu reagieren. Eine sichere Bindung ist auch Voraussetzung dafür, dass sich das Explorationsbedürfnis des Kindes entfalten kann. In der Versuchsanordnung der »strange situation« (Ainsworth et al. 1978) ließen sich bestimmte Bindungsstile differenzieren (Brisch 1999, S. 46f.):

Sicher gebundene Kinder reagieren auf die Trennungssituation von der Mutter mit Weinen und Suchverhalten, lassen sich bei ihrer Wiederkehr aber trösten, suchen Körperkontakt und wenden sich nach kurzer Zeit wieder dem Spielen zu.

Unsicher-vermeidend gebundene Kinder lassen sich bei der Trennung nichts anmerken, spielen anscheinend ungerührt weiter, vermeiden aber beim Wiedererscheinen der Mutter den Kontakt und reagieren mit Ablehnung.

Unsicher-ambivalent gebundene Kinder reagieren auf Trennung heftig und anhaltend, brauchen nach Rückkehr der Mutter eine lange Zeit der Beruhigung und senden widersprüchliche Signale aus: die Sehnsucht nach Körperkontakt und Trost und gleichzeitig Aggressionen und Abwendung.

Kinder mit desorganisiertem Verhaltensmuster zeigen ein zwar aktiviertes Bindungssystem (sie laufen zur Mutter hin), können dies jedoch nicht in Verhalten umsetzen (sie bleiben auf halbem Wege stehen und frieren gleichsam ein).

Diesen Bindungsstilen entsprechen später Bindungsrepräsentationen, also innere Muster im Umgang mit Bindungsbedürfnissen.

Bereits in den ersten Sitzungen lässt sich das Bindungsverhalten kindlicher und jugendlicher Patienten beobachten und es lässt sich daraus auf die Bindungsqualität schließen – zumal die Therapiestunde selbst eine Trennungssituation ist. Es muss deshalb zunächst eine Situation entstehen, in der sich der Patient sicher und geschützt fühlt, um sich auf das Angebot zum explorativen –

auch selbstexplorativen – Verhalten einzulassen. Wiewohl die verschiedenen Bindungsstile selbst keine Pathologie darstellen (mit Ausnahme des desorganisierten Bindungsmusters, das meist einhergeht mit traumatischen Erlebnissen und in der Nähe pathologischer Verhaltensmuster angesiedelt werden muss), lässt sich doch auf die Fähigkeit schließen, wie ein Kind oder Jugendlicher neurotische und strukturelle Störungen bewältigen oder überwinden kann – oder ob eine unsichere Bindung womöglich die Krankheit verstärkt. Hinsichtlich der indikatorischen und prognostischen Einschätzung ist es deshalb von außerordentlichem Nutzen, wenn der Diagnostiker seine Aufmerksamkeit auf die Bindungsqualität richtet. Für eine erfolgreiche konfliktzentrierte TfP müssen Patienten gewisse Voraussetzungen mitbringen, dazu gehören neben einer basalen Konflikttoleranz und symbolischen Funktionen auch eine sichere Bindungsfähigkeit und Trennungstoleranz. Eine sichere Bindung ist ein wichtiger protektiver Faktor und erlaubt eine günstige Prognose, sie ist damit auch ein Indikationskriterium für eine TfP. Ein weiterer Gewinn aus der Beobachtung der Bindungsqualität besteht darin, dass der Therapeut einen Eindruck davon erhält, inwieweit mit den Eltern selbst an ihrem Bindungsverhalten gearbeitet werden muss. Dies betrifft besonders den weiten Bereich der Trennungsängste.

Beispiel:

Richard (s. o.): Die Trennung von der Mutter fällt ihm schwer, er umklammert sie, macht ihr Vorwürfe, dass sie jetzt geht. Dann überspringt er die Schwelle zum Therapieraum mit einem Satz. In der Stunde selbst wirkt er unruhig und gehetzt, der Therapeut gewinnt den Eindruck, der Junge sei hin und hergerissen zwischen dem Impuls, mit ihm Kontakt aufzunehmen, und dem Wunsch, bei der Mutter zu sein. Seine Gedanken an die Mutter sind teils sehnsuchtsvoll, teils mit untergründiger Aggression gemischt. Nach der Stunde begrüßt er die Mutter eher beiläufig, beginnt dann zu jammern und zu fordern: Jetzt müsse er aber etwas kriegen dafür, dass er bei mir war.

Wir können hinter dieser Szene ein unsicher-ambivalentes Bindungsmuster vermuten, das dem Patienten die Lösung seiner Separationsproblematik erschwert.

Beispiel:

Kristin, ein drei Jahre altes Mädchen mit ihrer Mutter: Sie schaut weg, als ich die Tür öffne, läuft weg, will nicht ins Wartezimmer und auch nicht in meinen Raum, die Mutter muss sie nehmen und hereintragen. Ein verkniffenes Gesicht, das die ganze Stunde anhält. Die Mutter schlägt dem Kind vor, sich auf einen kleinen Stuhl zu setzen; die Kleine jammert und protestiert. Ich ermuntere die (unsichere) Mutter, Kristin auf den Schoß zu nehmen. Kristin jammert weiter, dabei beginnt sie sich wach im Zimmer umzuschauen.

Th.: »Du bist dir noch ganz unsicher hier bei mir, hast vielleicht auch ein bisschen Angst, weil alles so fremd ist. Aber ich sehe auch, dass du dich für die Sachen interessierst.«

5.3 Diagnostik

Kristin wird aufmerksamer, nölt aber immer wieder herum.

Kristin, erfährt der Therapeut, macht gerne Puzzle. Er holt ein Holzpuzzle mit Tieren, das Kristin interessiert aufgreift, sie sitzt auf dem Boden, allerdings der Mutter und dem Therapeuten abgewandt. Nun ist dieses Puzzle für sie wohl schwer – wenn etwas nicht geht, fängt sie an, in einer merkwürdigen Art zu jaulen, sie weint nicht eigentlich, es fließen keine Tränen, es ist wie ein nachgemachtes Weinen, aber sehr durchdringend. Die Mutter reagiert darauf mit genervter Miene, sie kommt dem Kind jedoch nicht zu Hilfe, setzt sich auch nicht zu ihr – sie findet nicht das richtige Maß zwischen Unterstützung und Ausprobieren-Lassen, sie reagiert auch sehr spät. So geht es eine Weile, Anforderungen scheinen das Kind unsicher und verzweifelt zu machen, es jammert und heult, im Therapeuten kommt eine ärgerliche Ungeduld auf und er spürt den Impuls, sich zu der Kleinen zu setzen. Kristin kann aber auch das Puzzle nicht bleibenlassen, sie wirkt wie festgeklebt. Im Therapeuten entsteht das Bild eines Babys, das sich nur durch Weinen verständlich machen kann. Schließlich setzt sich die Mutter zu ihr. Endlich ist das Puzzle mit Mutters Hilfe fertig. Kristin beginnt wieder von vorn, indem sie das Schwein herausnimmt und es ganz unmöglich findet, es wieder einzufügen.

Auch in dieser Szene lässt sich ein unsicher-ambivalentes Bindungsverhalten beobachten, zugleich aber auch eine Unsicherheit der Bindungsperson, die es schwer hat, rechtzeitig und adäquat auf die Signale des Kindes zu reagieren. Hier wird der Therapeut in der Elternarbeit auf die Bindungsrepräsentanzen der Mutter eingehen.

> **Merke**
>
> - Bindung ist ein primäres motivationales System zur Befriedigung von Bedürfnissen nach Sicherheit, Schutz und emotionaler Nähe.
> - Bindungsverhalten und Explorationsverhalten beeinflussen sich wechselseitig.
> - Bindungsqualitäten werden eingeteilt in: sichere Bindung, unsicher-vermeidende Bindung, unsicher-ambivalente Bindung und desorganisiertes Bindungsverhalten.
> - Bindungsstile bilden verinnerlichte Bindungsrepräsentanzen.
> - Eine sichere Bindung bzw. Bindungsrepräsentanz ist ein wichtiger protektiver Faktor.
> - Die Trennungssituation der Therapie aktiviert i. d. R. das Bindungssystem. Es muss durch den Therapeuten adäquat beantwortet werden, um Exploration zu ermöglichen.
> - Die diagnostische Einschätzung des Bindungsstiles stellt ein wichtiges Kriterium für Indikation und Prognose dar.

5.3.6 Ressourcen

Unter Ressourcen verstehen wir diejenigen salutogenen Faktoren, die es einem Menschen ermöglichen, konflikthafte innere Zustände und Beziehungskonflikte ich- und sozialverträglich zu regulieren. Es geht dabei weniger um äußere Fähigkeiten wie etwa kognitive, sportliche oder musische Interessen und Begabungen – wiewohl auch diese wichtige Grundlagen sein können, damit sich psychische Schutzfaktoren herausbilden (Burchartz 2007). In psychoanalytischen Begriffen denken wir hier zuvörderst an das Ausmaß der Ich-Fähigkeiten, also die Vermittlung zwischen Innen und Außen, Phantasie und Realität, Flexibilität in den Abwehrmechanismen und in der Beziehungsgestaltung, Konfliktwahrnehmung und -toleranz, Realitätsbewältigung und Verankerung der Sekundärprozesse, Reife und Qualität der Repräsentanzen, Reziprozität, Symbolbildung und Mentalisierung. Entscheidend ist nicht allein das Ausmaß und die Qualität der Ressourcen, sondern auch die Fähigkeit, diese zu nutzen. Ressourcen korrespondieren eng mit dem Niveau der psychischen Struktur.

Ressourcen stehen einem jungen Menschen und seiner Familie jedoch nicht allein aufgrund der Ich-Fähigkeiten zur Verfügung, sondern ebenso auch aufgrund seiner sozialen Beziehungen. Ein Netz aus unterstützenden Beziehungen im näheren und weiteren Bereich der Familie und Freunde, die Beziehungen zu Gleichaltrigen bzw. die soziale Einbettung in Peergroups, das Angebot und die Nutzung von psychosozialen Hilfeangeboten sind entscheidende salutogene Faktoren. Zu den familiären Ressourcen gehören auch eine verlässliche elterliche Partnerschaft, in deren Rahmen trianguläre Phantasien möglich sind; Wertvorstellungen, welche die Sinnhaftigkeit und Bedeutung der Vermittlung zwischen Wünschen und sozialer Realität erschließen; klare, aber durchlässige Grenzen der familiären Kernbeziehungen und nicht zuletzt Zugang zu Bildung und Erfahrungswissen. Familien, die entweder aufgrund äußerer Isolation oder gemeinsam agierter projektiv-paranoider Phantasien in *sozialer* Armut leben, haben es weitaus schwerer, psychotherapeutische Angebote erfolgreich zu nutzen – und es wird zur Therapie gehören, solche Ressourcen zu erschließen.

Zu einer sorgfältigen psychodynamischen Diagnostik gehört also die ressourcenorientierte Exploration des Therapeuten, der sich einen Überblick verschaffen muss über gegenwärtig unterstützende innere und äußere Voraussetzungen, über die bisher erfolgreichen Versuche des Patienten und seiner sozialen Systeme, Schwierigkeiten zu bewältigen und Konflikte zu integrieren. Wir erheben das Maß an *Resilienz* (vgl. Porsch 2007), also an Widerstandsfähigkeit eines Patienten bzw. seiner Bezugspersonen, angesichts innerer und äußerer Problemlagen psychisch gesund zu bleiben.

Die OPD-KJ-2 (2016) weist mit Recht darauf hin, dass dieser Bereich schwierig abzugrenzen ist von der Strukturdiagnostik und auch in sich schwer operabel ist. Sie fasst die salutogenen Faktoren deshalb zusammen unter dem Gesichtspunkt, welches Ausmaß an *Zuversicht* ein Mensch mitbringt, Schwierigkeiten mit Hilfe der Therapie bewältigen zu können. Anders ausgedrückt: Welche Rolle spielt der *Hoffnungsaffekt* bei der Vorstellung, eine Therapie aufzunehmen und durchzuhalten? (Burchartz 2010a)

> *Birgit, eine 19-jährige Adoleszente, sucht eine Therapie auf, nachdem sich ihre alkoholkranke Mutter suizidiert hatte. Sie hatte mit dreieinhalb Jahren ihren Vater verloren, der drogenabhängig war und an AIDS gestorben ist. Mit 15 Jahren ist sie von ihrer Mutter weggezogen und kam bei der Familie einer Freundin unter. Später wohnte sie in einer betreuten Jugendwohngruppe. Sie steht vor dem Abschluss ihrer Schullaufbahn: Sie hat ein Aufbaugymnasium mit Erfolg abgeschlossen. Nun steht sie an der Schwelle zur Aufnahme eines Studiums, verbunden mit einem angstvoll erlebten Trennungsschritt. Pat.: »Ich weiß überhaupt nicht, wie ich das alles schaffen soll – mich im Studium orientieren, umziehen, neue Freunde finden. Keine Ahnung. Aber ich habe bisher so viel geschafft, irgendwie glaube ich, dass ich auch das schaffen werde.« Th.: »Was glauben Sie, woher Sie diese Zuversicht haben?« Pat.: »Meine Mutter war eigentlich auch so. Sie hat es immer wieder probiert, auch wenn sie letztlich gescheitert ist. Aber sie hat uns (ihrer Schwester und ihr) vielleicht etwas von ihrer Kreativität mitgegeben, die sie trotz allem hatte. Und dann meine Freundinnen. Die haben mich immer ermutigt. Ja, und dann meine Erzieherin, die hat immer zu mir gehalten.«*

Diese Patientin verfügt trotz ihrer von vielfältigen Belastungen geprägten Geschichte über ein ausreichendes Spektrum von Ressourcen. Wo das nicht der Fall ist, muss in einer Therapie u. U. zunächst an den Ressourcen gearbeitet werden, damit ein konfliktzentriertes Vorgehen möglich wird. Dazu kann auch die Erschließung äußerer Unterstützungssysteme und deren Nutzung gehören, insbesondere wenn die Eltern eines Patienten sehr krank oder behindert oder die sozialen Umstände defizitär sind (vgl. Burchartz 2010b).

> **Merke**
>
> - Die Erhebung der Ressourcen des Patienten und seiner Familie gibt Hinweise für Indikation, Prognose und Interventionen in der Therapie.
> - Im Rahmen der TfP werden Ressourcen gezielt erschlossen und gefördert. Bei Patienten mit einem schwach ausgebildeten Potential an Ressourcen kann dies eine Voraussetzung dafür sein, dass eine konfliktzentrierte Therapie Aussicht auf Erfolg hat.

5.3.7 Behandlungsvoraussetzungen

Die Erhebung der Behandlungsvoraussetzungen steht an der Schnittstelle zwischen Diagnostik und Indikation. Dabei lassen sich innere Behandlungsvoraussetzungen von äußeren unterscheiden; sie beziehen sich sowohl auf das Kind oder den Jugendlichen als auch auf seine Familie. Die einzelnen Faktoren der Behandlungsvoraussetzungen sollten qualitativ und quantitativ erfragt werden (vgl. OPD-KJ-2 2016).

Innere Behandlungsvoraussetzungen

Zu den *inneren Behandlungsvoraussetzungen* zählt das *subjektive Krankheitserleben* der Patienten, das bei Kindern und Jugendlichen je nach Entwicklungsstufe variiert. Dieses kann von der Einschätzung des Schweregrades der Erkrankung durch den Therapeuten erheblich abweichen. Insbesondere bei Vorschulkindern ist das Empfinden, psychisch krank zu sein, wenig ausgeprägt, vor allem dann, wenn keine somatischen Beeinträchtigungen vorliegen. Aber auch bei Jugendlichen herrscht trotz Vorliegen einer u. U. erheblichen Symptomatik oftmals die Selbsteinschätzung vor, keine Probleme zu haben (vgl. Seiffge-Krenke 2007, S. 121f.). Gleichwohl machen sich Kinder und Jugendliche natürlich Gedanken darüber, warum sie zu einem Psychotherapeuten geschickt werden bzw. – bei Jugendlichen – sie ihn von sich aus aufsuchen. Dabei bilden sie auch implizite oder explizite *Hypothesen über ihre Beeinträchtigungen und deren Ursachen*. Um zu einer Einschätzung zu kommen, inwieweit das Kind/der Jugendliche selbst ein eigenes Leiden zu beheben wünscht (Veränderungsmotivation), ist es daher notwendig, im Rahmen der Diagnostik gezielt danach zu fragen, mit welchem Problem und mit welchem Veränderungswunsch der Patient in die Praxis kommt.

Die Auskünfte, die der Therapeut erhält, siedeln sich meist auf einem Kontinuum von Verleugnung jeglicher eigener Beeinträchtigung bis zu subjektiv tief empfundener Ausweglosigkeit an.

Beispiele:

> *Hanne, ein 6;7-jähriges Mädchen mit Enuresis, hat ihr Leiden dem Therapeuten gegenüber zunächst verschwiegen. Th.: »Du hast mir viel von dir anvertraut. Nun hat mir deine Mutter etwas erzählt, das du bisher nicht angesprochen hast, wahrscheinlich, weil es dir sehr unangenehm ist.« Pat.: »Dass ich nachts ins Bett mache?« Th.: »Ja, das muss schlimm für dich sein.« Pat.: »Ich kann ja nichts dafür. Aber meine Geschwister lachen mich immer aus. Und beim Übernachten in der Schule konnte ich auch nicht mitmachen. Es kommt halt immer wieder.« Th.: »Ist es das, warum deine Mutter will, dass du zu mir kommst?« Pat.: »Ich glaube schon. Aber was soll es bringen, wenn ich hier mit dir spiele?« Th.: »Vielleicht hast du Angst, dass ich dich auch auslache?« Pat.: »Die Mama sagt, das dürfen Sie gar nicht.« Th.: »Hast du eine Idee, wann es dir passiert?« Pat.: »Weiß nicht. Vielleicht, wenn ich abends zu viel trinke. Aber das glaube ich eigentlich nicht.«*

Die kleine Patientin zeigt einen hohen Leidensdruck und zugleich eine Resignation, ob ihr überhaupt etwas oder jemand helfen könnte. Immerhin ahnt sie, dass es wohl nicht allein mit dem »Trinken am Abend« zusammenhängt. Sie möchte etwas verändern, ist aber ratlos, wie und mit welcher Hilfe. Der Gedanke, dass eine Psychotherapie ihr helfen könnte, ist verbunden mit Angst (der Therapeut könnte sie auslachen, auch wenn ihm das verboten ist – sie kann ja nicht in seine Gedanken schauen!), aber auch mit Skepsis. Sie kann sich nicht ohne weiteres auf einen männlichen Therapeuten einlassen – das mag ein diagnostisch wertvoller Hinweis sein (die Mutter ist alleinerziehend) –, gleichwohl wird es ohne ein solches Einlassen nicht gehen. Prognostisch günstig ist immerhin, dass eben darüber gesprochen werden kann!

> *Ronny, ein 9; 11-jähriger Junge: Th.: »Du bist, wie du mir erzählt hast, hier, weil deine Eltern dich hergeschickt haben. Hast du selbst auch das Gefühl, dass dir etwas Probleme macht?« Pat.: »Keine Ahnung. Vielleicht, weil ich so schlecht schreibe (Pause). Oder weil ich klaue. Aber das ist nur meine Sache, darüber will ich nicht reden.«*

Auch für diesen Patienten ist es natürlich schwer, über den Anlass zu einer Psychotherapie zu sprechen. Bemerkenswert ist, dass er sein peinliches Symptom benennt, auch wenn er gleich darauf einen Rückzieher macht. Es ist ihm bewusst und erlebensnah, dass »da etwas nicht stimmt« – und zwar nicht allein aufgrund des sozialen Drucks, sondern auch, weil es nicht mit seinem Selbstbild übereinstimmt (»das ist nur meine Sache«).

Generell lässt sich sagen, dass – bezogen auf die verschiedenen Altersstufen – die inneren Behandlungsvoraussetzungen umso günstiger sind, je ausgeprägter die Vorstellungen über Zusammenhänge von Symptom und Krankheit und über die Prozesshaftigkeit des Krankheitsgeschehens sind. Ebenso wird die Fähigkeit zum Perspektivenwechsel und zum Hineindenken in die Gefühle und Motive anderer erhoben. Bei Jugendlichen ist das kognitive Verständnis darüber, wie auslösende Situation, frühere (familiäre) Verhältnisse und gegenwärtige Probleme zusammenhängen (etwa durch Probedeutungen), zu explorieren. Introspektionsfähigkeit und therapeutische Ich-Spaltung (vgl. Ermann 2007, S. 404) werden hier untersucht – also ob der Patient in der Lage ist, von einem gesunden Ich-Anteil aus sich selbst gegenüber einen nachdenkenden und verstehenden Standpunkt einzunehmen, sich selbst zum Gegenstand einer interessierten Erforschung zu nehmen. Dabei spielt es zunächst eine untergeordnete Rolle, ob der Therapeut die *Inhalte* dieses Selbst-Verstehens für realitätsgerecht hält oder nicht.

Kinder, Jugendliche und ihre Familien suchen eine Therapie unter einem Leidensdruck auf. Das Ausmaß und die Quellen des Leidensdrucks sagen etwas darüber aus, ob, mit welcher Intensität und in welchen Bereichen eine Veränderung gewünscht wird. Allerdings sagt der Leidensdruck nur wenig darüber aus, ob die Veränderung auch durch eine Therapie mit allen ihren Implikationen erreicht werden soll. So wichtig der Leidensdruck als initiale Motivation zur Therapie ist (und deshalb auch untersucht werden muss), so kann er doch auch einer Therapie entgegenstehen – insbesondere dann, wenn sich zunächst keine schnelle Entlastung einstellt und Patienten sich dann der Mühe des therapeutischen Durcharbeitens entziehen, wenn andere Angebote verlockender erscheinen. Darüber hinaus bedeutet eine Veränderungsmotivation noch keine Therapiemotivation. Ein weiteres Problem besteht darin, dass u. U. aufgrund einer raschen Übertragungsheilung sich die Symptomatik in der Anfangsphase einer Therapie zurückbildet und somit kein Anlass mehr zu bestehen scheint, die Therapie fortzusetzen. Dazu kommt, dass jüngere Kinder häufig selbst wenig Leidensdruck verspüren (▶ *Kap. 5.2.2*). Aber auch die Bezugspersonen kommen nicht unbedingt aufgrund *eigenen* Leidensdrucks, sondern werden etwa durch Vorschulerzieher, Lehrer usw. dazu gedrängt, für ihr Kind eine Therapie nachzufragen, obwohl sie aufgrund ihrer innerfamiliären Sichtweise wenig Anlass dazu sehen. Der Leidensdruck ist dann kein intrapsychischer oder intrafamiliärer, sondern ein sozialer. Natürlich liegt für den Therapeuten die Hypothese einer projektiven Verlagerung nahe – aber das ändert zunächst nichts an der Quelle und Struktur des Leidensdrucks. Aus den genannten Gründen ist es zwar unabdingbar, den Leidensdruck diagnostisch in die Behandlungsvoraussetzungen mit einzubeziehen, aber er ist kein guter Prädikator für eine erfolgreiche Therapie.

Von der Veränderungsmotivation zu unterscheiden ist die *spezifische* Behandlungsmotivation (▶ Beispiel Hanne, S. 92f.). Eine allgemeine Einsicht über den Zusammenhang therapeutischen Vorgehens mit der Symptomreduzierung und Heilung der psychischen Erkrankung lässt sich bei jüngeren Kindern nicht erwarten, bei Jugendlichen und bei Eltern bleibt sie zu Beginn meist auf theoretischer Ebene. Entscheidend ist für eine Einschätzung daher die Frage, ob das Kind oder der Jugendliche eine – wenn auch zunächst zögerliche – Erwartung an *diese Therapeutin oder diesen Therapeuten* richtet, mit Hilfe seiner Person und seiner Angebote könnte etwas zum Besseren gewendet werden. Eher günstig ist es, wenn eine eigentlich zu erwartende Skepsis nicht »brav« verborgen werden muss, sondern in einen Austausch mit dem Therapeuten kommt, mithin in ihren Übertragungsaspekten fassbar wird. Kann der Patient ein Interesse an einer Beziehung zum Therapeuten entwickeln? Kann er von dem, was im Raum dieser therapeutischen Beziehung an Möglichkeiten eröffnet wird – Narrative, Spiel, symbolische Gestaltung, die Zuwendung zu innerem Geschehen und seiner Bedeutung –, Gebrauch machen? Wie weit kann er Verknüpfungen der eigenen Phantasien, Emotionen, Affekte mit dem Beziehungsgeschehen im Alltag der Familie, der Peers usw. aufnehmen – oder sogar selbst herstellen? Kommt der Patient gerne in die Stunden – d. h., ist er interessiert an einer Fortsetzung der Begegnungen? Mit anderen Worten, stellt sich eine »mild positive Übertragung« (Freud 1914g) ein? Bei der Behandlung von Kindern sind diese Fragen auch und gerade hinsichtlich der Motivation der Eltern zu untersuchen. Eltern, die sich dauerhaft als »nur hergeschickt« erleben, werden die Therapie nicht in ausreichendem Maße unterstützen können. Auch sie müssen die Bereitschaft mitbringen, an ihren eigenen inneren Voraussetzungen zu arbeiten, um das Beziehungsmilieu umzustellen.

Lassen sich diese Fragen nicht befriedigend beantworten, sind entweder Überlegungen zu anderen Hilfeangeboten anzustellen, oder sie sind im Rahmen einer »Probetherapie« (Kurzzeittherapie zur Überprüfung der Indikation) genauer zu untersuchen. Dabei lässt sich im Rahmen von Familiengesprächen erheben, ob die Beteiligten verstehen können, dass ein krankheitswertiges Symptom in der Familiendynamik eine regulierende Funktion übernimmt, also je spezifische Aufgaben an alle Beteiligten stellt.

Im Rahmen des psychodynamischen Verstehens rechnen wir mit einem Krankheitsgewinn. S. Freud unterschied zwischen primärem und sekundärem Krankheitsgewinn (S. Freud 1916–1917, S. 397ff.). Dem primären Krankheitsgewinn ist die spannungsreduzierende Kompromisslösung des Symptoms zuzuordnen. Der sekundäre Krankheitsgewinn entwickelt sich aus den Folgen der Erkrankung: Anspruch auf Schonung, insbesondere bei Kindern erhöhte Aufmerksamkeit der Eltern und sonstiger Bezugspersonen, eine bevorzugte Stellung innerhalb der Geschwisterkonstellation, Macht- und Kontrollgewinn in der Familie; bei Jugendlichen u. U. eine Aufwertung innerhalb der Peergroup (etwa die narzisstisch hoch besetzte Erfüllung von Schlankheitsidealen bei anorektischen Mädchen) usw. Meist verschränken sich insbesondere bei Kindern und Jugendlichen primärer Krankheitsgewinn (mit seiner überwiegend intrapsychischen Konfliktmodulation) und sekundärer Krankheitsgewinn (mit seinen überwiegend interpersonellen Regulationsfunktionen); im Falle struktureller Störungen lassen sich beide Aspekte nur schwer unterscheiden.

Je höher der Krankheitsgewinn, umso größer sind die »Opfer«, die der Patient und seine Familie erbringen müssen, soll es zu einer Heilung kommen. Einschätzen lässt sich der Krankheitsgewinn im Rahmen der Übertragungsbeziehung, anhand der symbolischen Gestaltung des Patienten, seiner Erzählungen aus seinem Beziehungsalltag sowie in der Beobachtung des interaktiven Geschehens in der Familie. Auch wenn meist ein Kreislauf aus Erkrankung und verstärkendem Krankheitsgewinn zu beobachten ist, muss der Therapeut sorgfältig die Ätiopathogenese von deren sekundären Folgen unterscheiden. Nicht der Krankheitsgewinn verursacht die Krankheit; diese verkürzte und einseitige, von Eltern oft mit der Motivation einer gewissen Entlastung vorgetragene Vorstellung wird dem Phänomen nicht gerecht! (»Hanne macht ja nur ins Bett, weil sie Aufmerksamkeit will.«)

Beispiel:

> *Hanne lässt erkennen, dass sie einem therapeutischen Gespräch über ihr Leiden zugänglich ist. Sie möchte auch gerne etwas verändern – ist aber sehr skeptisch, ob das im Rahmen dessen gelingt, was sie als Psychotherapie kennengelernt hat. Ihre Skepsis bezieht sich auch auf die Person des Therapeuten – will sie sich auf ihn einlassen? Was ist von ihm zu erwarten? Die Behandlungsmotivation ist zunächst schwach ausgeprägt. Der primäre Krankheitsgewinn, der sich aus dem Symptom ergibt, ist eine gewisse Entlastung von dem Konfliktdruck aus Versorgungsbedürfnissen und aggressiver Selbstbehauptung. Der sekundäre Krankheitsgewinn besteht in der bevorzugten Stellung in einer sehr problematischen Geschwisterkonstellation, aber auch in der Vermeidung von altersentsprechenden Trennungsschritten und der damit verbundenen Ängste.*
>
> *Dass nun der sekundäre Krankheitsgewinn selbst zum Problem wird, ist prognostisch ein eher günstiges Zeichen.*

Äußere Behandlungsvoraussetzungen

Kinder, Jugendliche und ihre Familien leben in einem Geflecht realer Abhängigkeiten, die sie u. U. nur schwer oder gar nicht beeinflussen können: sozioökonomische Bedingungen, berufliche und schulische Zeitpläne, Anfahrwege zur Therapie, die Notwendigkeit, somatische Erkrankungen zu behandeln, körperliche Behinderung, um nur einige zu benennen. Da stellt sich u. U. rasch die Frage, ob oder wie ein Kind einen angebotenen Therapieplatz überhaupt wahrnehmen kann, wenn es z. B. von den Eltern gefahren werden muss oder der Therapeut nur innerhalb der Schulzeiten einen Platz frei hat. Oder wenn ein Jugendlicher mit öffentlichen Verkehrsmitteln kommt, diese aber so ungünstig sind, dass er fast den ganzen Nachmittag unterwegs ist. Es muss daher sorgfältig geprüft und vor Beginn der Therapie angesprochen werden, ob es dem Patienten und ggf. seiner Familie möglich ist, über den Zeitraum der Therapie hinweg den äußeren Rahmen sicherzustellen. Es ist anzuerkennen, dass dies schwierig sein kann und mit erheblichen Anstrengungen verbunden ist, gleichwohl kann für einen Erfolg der Therapie nicht darauf verzichtet werden, auf der Notwendigkeit der Einhaltung des Rahmens zu bestehen: pünktliches und regelmäßiges Erscheinen, Zuverlässigkeit beim Abholen jüngerer Kinder, die Vereinbarung einer Ausfall- und Ferienregelung usw. Kann dies von den Eltern bzw. einem älteren Kind oder Jugendlichen nicht sichergestellt werden und ist dies von Beginn der Therapie an abzusehen, sollte die Therapie nicht begonnen werden, da das Abbruchsrisiko sehr hoch ist. Natürlich rechnen wir damit, dass sich Widerstände innerhalb der Therapie bevorzugt am äußeren Rahmen manifestieren (Zu-spät-Kommen, »Vergessen« von Stunden usw.). Ist dieser Rahmen jedoch nicht sicher etabliert, lässt sich auch das Agieren nicht verstehen und eine Widerstandsmanifestation nicht bearbeiten. Es versteht sich von selbst, dass auch der Therapeut mit größter Sorgfalt darauf achtet, seinerseits den Rahmen einzuhalten – und, abgesehen von unvorhersehbaren Lebensumständen, keine Therapie anbietet, bei der dieser Rahmen von vornherein auf unsicherem Fundament steht.

Merke

- Zur Erhebung der inneren Behandlungsvoraussetzungen gehört
  - das subjektive Krankheitserleben,
  - die Einschätzung der Beeinträchtigung und ihrer Ursachen,
  - das Ausmaß des Leidensdrucks,
  - die Veränderungsmotivation,
  - die spezifische Behandlungsmotivation,
  - die Rolle des sekundären Krankheitsgewinns für den Patienten und sein Familiensystem.
- Zur Erhebung der äußeren Behandlungsvoraussetzungen gehört die Einschätzung der Faktoren, die den Rahmen der Psychotherapie sicherstellen.

5.4　Der Fokus in der Psychotherapie

Zu jeder Tiefenpsychologisch fundierten Psychotherapie – auch wenn sie nicht als Fokaltherapie beantragt wird – gehört die Erarbeitung eines *Fokus*.

»Fokus« (lat.) bedeutet Feuerstätte, Herd, auch: Heim, Familie. Der Fokus ist also der Ort, wo es brennt, wo die Nahrung zubereitet wird, das Zentrum des Hauses, um das sich die Familie schart. Am Fokus versammelt sich alles – vgl. auch das »Fokussieren« in der Optik: auf den Brennpunkt ausrichten, wo die Strahlen zusammenlaufen. Im übertragenen Sinne treffen im Fokus intrapsychisch die Kräfte konflikthaft aufeinander und es »geht heiß her«.

Es gab in der Geschichte der Psychoanalyse mehrere Versuche, den analytisch-therapeutischen Prozess abzukürzen und zu konzentrieren (▶ Kap. 1: »Kurzer historischer Überblick«); bereits T. French unterscheidet zwischen »Kernkonflikt« und »Fokalkonflikt«. Der Fokus als Arbeitsprinzip in der Therapie taucht in einer Untersuchung von David H. Malan (1963) über Psychoanalytische Kurztherapie aus dem Jahr 1963 auf. Darin erwähnt er die »Werkstatt für Fokaltherapie«, die Michael Balint – ein Ferenczi-Schüler – von 1956 bis 1961 an der Tavistock-Klinik geleitet hatte. Aus dieser Werkstatt, an der auch Enid Balint und David Malan teilnahmen, ging das erste Konzept – und auch der Name – der Fokaltherapie hervor. Etwa in den gleichen Zeitraum fiel die Zusammenarbeit Michael Balints mit Paul H. Ornstein, aus der das grundlegende Werk »Fokaltherapie« hervorging (Balint, Ornstein & Balint 1972).

Im deutschen Sprachraum griffen v. a. Rolf Klüwer und Rudolf Lachauer das Konzept des Fokus auf. Rolf Klüwer entwickelte die Arbeitsweise einer »Fokalkonferenz« (Klüwer 1995/2005), Rudolf Lachauer (1992/2004) konzeptualisierte die Erarbeitung eines Fokus im Rahmen von »Übungen im Fokussieren«. Zu erwähnen ist Jürg Willi (1978), der das Fokalkonzept auf die Paartherapie anwandte.

Balint et al. betrachten den Fokus zunächst als Behandlungsziel. Es geht darum, aus dem angebotenen Material denjenigen Konflikt zu erkennen, welcher einer Bearbeitung zugänglich ist und dessen Lösung das Ziel der Psychotherapie darstellt. Dabei muss der so gefundene Fokus bestimmte Kriterien erfüllen:

- Er muss spezifisch sein (also nicht etwa allgemeine metapsychologische Annahmen widerspiegeln wie etwa »Ödipuskomplex«),
- er muss deutlich umschrieben sein und
- er muss unzweideutig sein.

Der Fokus ist die Leitlinie der Therapie und bestimmt die Richtung der Wahrnehmung, der Auswahl und der Deutungen. Die Deutungstechnik bzw. die Interventionstechnik ist eine selektive: Es werden »diejenigen Aspekte des vom Patienten angebotenen Materials gedeutet, die die Arbeit am gewählten Fokus fördern und bereichern« (Balint et al. 1972, S. 173). Damit wird der Fluss der Assoziationen in eine bestimmte Richtung gelenkt, vergleichbar »mit der Funktion der Weichen bei den Eisenbahnschienen ... Zeigt die Weiche geradeaus, so fährt der Zug in derselben Richtung weiter; ist die Weiche jedoch gestellt, so muß der Zug unweigerlich nach links oder rechts abbiegen« (a. a. O., S. 165).

Den Unterschied zwischen den früher entwickelten Versuchen verkürzter Therapieformen und der Fokaltherapie sehen die Autoren folgendermaßen: Benutzten jene manipulative Techniken, die den Prozess willkürlich beeinflussen und u. U. das Auftauchen relevanten Materials und damit neuer Erkenntnisse im Therapieverlauf verhinderten, so beschränkt sich diese auf zwei wesentliche Aktivitäten des Therapeuten:

»a) (das) *Herausfinden des geeigneten Fokus aus dem vom Patienten angebotenen Material* und b) *aus der konsequenten Bearbeitung dieses Fokalproblems mit Hilfe ausschließlich deutender Aktivität* (Hervorhebungen d. Autoren). Der Fokus ermöglicht es dem Therapeuten, mit ›selektiver Aufmerksamkeit‹ bzw. ›selektiver Nichtbeachtung‹ zu arbeiten. Was nicht direkt auf den Fokus Bezug hat, wird ungedeutet gelassen« (Balint et al. 1972, S. 204).

Klüwer betrachtet den Fokus neben der Deutung als strukturierendes Prinzip des therapeutischen Prozesses. Der Fokus hat also eine *Orientierungsfunktion*, indem er das Material in einer bestimmten Weise ordnet. Im Hintergrund dieser Orientierung steht das Erfassen der Psychodynamik des Konflikts. Der Fokus lässt sich vergleichen mit einer Diagnose und einer Deutung bzw. enthält in seiner Formulierung beides. Beispiel: »Sie umarmen und lassen sich umarmen, damit das Schlechte nicht in die Beziehung kommt; denn Sie bekommen katastrophische Angst, daß bei Trennung das Gute verloren geht« (Klüwer 2004, S. 27).

Auch bei Klüwer enthält die Fokusformulierung implizit eine psychodynamische Hypothese. Der Fokus dient bereits am Anfang der Therapie dem Therapeuten und dem Patienten als eine ganz auf den Patienten zugeschnittene, individuelle Diagnose, die den bewusstseinsnahen Konflikt des Patienten verknüpft mit dem psychodynamischen Hintergrund in einer Art und Weise, die für den Patienten verstehbar wird. »Sie (die Fokusformulierung) ist eine operable Diagnose ...« (ebd.).

Klüwer geht der Frage nach, ob dadurch nicht die psychoanalytische Haltung in einer Art und Weise verändert wird, die sich von der gleichschwebenden Aufmerksamkeit weit entfernt. Die Gefahr besteht, dass sich der Analytiker nur noch rigide auf den Fokus konzentriert und er das Material des Patienten nicht mehr sich entfalten lässt, wodurch natürlich jeder Erkenntniszuwachs, ja eine Entwicklung überhaupt, verhindert werden würde. Er würde dann vorgeben, etwas zu wissen, dem sich der Patient zu fügen habe – und könnte sein Nichtwissen abwehren, anstatt es als einen Entwicklungs- und Übergangsraum zu begreifen. Andererseits besteht in jeder analytischen Situation die Spannung zwischen der *Haltung* der gleichschwebenden Aufmerksamkeit und dem »Bild, das im Kopf des Behandlers im Lauf der Zeit entsteht« (a. a. O., S. 25). Gleichschwebende Aufmerksamkeit würde dann heißen, dieses Bild nicht als eine vorgefasste Meinung einzusetzen, sondern es in den Hintergrund treten zu lassen zugunsten der Öffnung für das Neue, das in jeder analytischen Situation entsteht. Erst danach kann das so Entstandene verknüpft werden mit dem Bild, woraus sich etwas Neues ergibt. Analog dazu die Arbeit mit dem Fokus. »Jede Stunde stellen wir uns ganz neu auf den Patienten ein und versuchen erst dann, die neue Konkretisierung des Fokus zu erkennen. Denn zu Stundenbeginn können wir noch nicht wissen, wie, also in welcher Gestalt, sich heute der Fokus einstellen wird« (ebd.). Der Therapeut »muss den Fokus im Material der neuen Stunde wiederfinden, nicht aber das Material der Stunde mit dem Fokus erklären wollen« (a. a. O., S. 26).

Rudolf Lachauer griff in den 1980er Jahren das Konzept des Fokus auf bei der Behandlung von Patienten im Rahmen der stationären Psychotherapie – also bei Patienten mit oftmals somatoformen oder funktionellen Störungen. Damit stand er vor zwei Problemen: *Zum einen* dem Problem der Indikation. Nach dem Konzept von Balint et al., aber auch von Klüwer, eignet sich nur eine sehr beschränkte Anzahl von Patienten zur Fokaltherapie. Gerade Patienten in einem stationären Setting kämen hier kaum in Frage: Allein die Probleme der Motivation, der Einsichtsfähigkeit in psychodynamische Zusammenhänge und der Unübersichtlichkeit des angebotenen Konfliktmaterials stünden dem zunächst im Wege – ähnliche Probleme kennen wir aus Kinder- und Jugendlichentherapien.

Zum anderen das Problem der Ökonomie: Die von Balint in der »Werkstatt« und von Klüwer in der »Fokalkonferenz« entwickelten Vorgehensweisen sind enorm aufwändig: ausführlich schriftlich dokumentierte Erstinterviews, umfangreiche, ebenfalls schriftlich dokumentierte Testuntersuchungen, die Lektüre derselben von allen Mitgliedern der Gruppe, schließlich die supervisorische Begleitung der Fokaltherapie sind Bedingungen, die kaum in einem stationären Setting regelmäßig durchgehalten werden können, geschweige denn in einer ambulanten Einzelpraxis. Man muss auch berücksichtigen, dass es sich um Forschungsgruppen handelte.

Es musste daher ein Verständnis des Fokus gefunden werden, das in unterschiedlichen Settings handhabbar ist und sich für Patient (nah an dessen Bewusstsein) und Analytiker (strukturierendes Prinzip) gleichermaßen als hilfreich erweist, ohne von vornherein das Anwendungsfeld so einzugrenzen, dass eigentlich fast keiner mehr davon profitieren kann. Die Aufgabe bleibt, eine Strukturierung zu finden, die dem Material gerecht wird und einem reflektierenden Prinzip folgt, also nicht zufällig bleibt.

Wenn man die Struktur eines Fokalsatzes etwa nach Klüwer untersucht, stellt man fest: Er besteht aus zwei Teilen:

a) einer Benennung bzw. Beschreibung eines Symptoms bzw. des aktuellen Hauptproblems,
b) einer psychodynamischen Hypothese über dessen unbewusste Hintergründe, verbunden mit »weil«.

Ein wesentliches Problem besteht nun darin, dass sich das Symptom oftmals nicht eingrenzen lässt, oder es liegen eine Vielzahl von Symptomen vor – und es lassen sich keine eindeutigen Formulierungen der Psychodynamik eines Hauptkonflikts finden. Lachauer löst dieses Problem, indem er zunächst bei der Formulierung des ersten Teils ganz beim Patienten bleibt und statt vom Symptom von dessen Hauptproblem spricht. Er schreibt: »Der Fokus, wie ich ihn verstehe und benutze, stellt eine Verbindung dar zwischen einem aktuellen Hauptproblem und einer Aussage über dessen unbewußte Hintergründe« (Lachauer 1992/2004, S. 23). Der Fokus hat mehrere Funktionen, u. a. die folgenden:

Integration von Chaos und Struktur im Feld der therapeutischen Beziehung

»Aus einer zunächst unverständlich erscheinenden Ansammlung von Symptomen, Verhaltensweisen, Erlebnissen und Konflikten eines Patienten läßt (das Fokussieren) einen vorher verborgenen inneren Zusammenhang aufscheinen, der vielem plötzlich einen Sinn gibt …« (Lachauer 1992/2004, S. 27). Es geht nicht darum, das Chaos abzuwehren (diese Gefahr besteht auch ohne Bemühung um eine Fokusformulierung!), vielmehr um eine Integration und Verbindung beider Pole: des Öffnens für chaotische Vielfalt und des Strukturierens. Diese integrative Funktion wirkt sich aus auf:

- die Technik der Erarbeitung des Fokus,
- die konkrete Formulierung des Fokalsatzes,
- die Umsetzung des Fokus im therapeutischen Geschehen.

Der Fokus dient als Entscheidungshilfe für den Deutungsprozess

Ein therapeutischer Prozess ist nicht denkbar ohne Auswahl dessen, was der Therapeut aufgreift, wie er es tut und in welche Richtung er deutet. Oft geschieht dies vorbewusst oder aufgrund von Intuition. Der Fokus ist nichts anderes als eine bewusste Konzeptualisierung dieses Vorgangs, indem er eine Hypothese formuliert über die unbewussten Hintergründe des aktuellen Konfliktgeschehens bzw. über das aktuelle Problem, wie es sich in der Therapie äußert. Es geht darum, das Wirken der psychodynamischen Kräfte im Patienten zu entdecken, zu verstehen und zu formulieren.

Da dem Patienten die unbewussten Hintergründe seiner Problematik zunächst nicht bewusst sind, macht es wenig Sinn, sie zu Beginn der Therapie im Einverständnis mit dem Patienten zu formulieren oder gar zu erarbeiten. Gleichwohl lässt der Fokus so verstanden alle Freiheit für den Patienten anzusprechen, was ihm wichtig ist – »auf einer tieferen Ebene wird der Patient in allem, worüber er spricht, sein unbewußtes Problem darstellen, die Hilfe des Wiederholungszwangs ist dem Therapeuten gewiß« (Lachauer 1992/2004, S. 34).

Die synthetische Funktion der Arbeit mit einem Fokus kann auch im Sinne eines Hilfs-Ich verstanden werden. Er bildet einen Kern, von dem aus strukturell unintegrierte Persönlichkeitsanteile miteinander ins Spiel kommen.

Grundsätzlich lässt sich bei jedem Patienten ein Fokalsatz formulieren. Dies erscheint angesichts etwa multipler struktureller Störungen schwierig, eine solche Schwierigkeit gilt nach herkömmlicher Auffassung als Indikation gegen eine Fokaltherapie (Malan 1992). Gleichwohl kann eben das Problem der unintegrierten Struktur in einen Fokalsatz gefasst werden (Strukturfokus).

Der Fokus kann prinzipiell auf vier Ebenen formuliert werden:

1. auf der Ebene des zentralen Konflikts,

   Beispiel eines 8-jährigen Mädchens: Ich muss Baby sein, weil ich sonst fürchte, unversorgt zu bleiben.

2. auf der Ebene diffuser Probleme,

   Beispiel einer 16-jährigen Jugendlichen: Ich brauche konkrete Tipps, weil ich mich sonst meiner Hilflosigkeit und Wut völlig ausgeliefert fühle.

3. auf der Ebene der therapeutischen Beziehung,

   Beispiel eines 13-jährigen Jungen: Ich muss die Therapie ablehnen, weil ich meinen Eltern nur so zeigen kann, dass ich einen eigenen Willen habe.

4. auf der Ebene psychosomatischer Symptome.

   Beispiel eines 12-jährigen Jungen: Ich halte daran fest, dass mein Kopfweh nichts mit den Beziehungen in meiner Familie zu tun hat, weil ich meine kranke Mutter vor meiner Wut schützen muss.

Lachauer strukturiert den Fokalsatz folgendermaßen:
Ich ... (aktuelles Hauptproblem),
weil ... (psychodynamischer Hintergrund).

Warum »Ich ...«? – Die Ich-Form bleibt nahe am Patienten, versucht, seine Sprache aufzunehmen, etwas, womit er sich identifizieren kann und was dem Therapeuten erlaubt, ja ihn nötigt, sich einfühlend auf die Innenwelt des Patienten einzulassen, anstatt mit metapsychologischen Hypothesen etwas zu beschreiben. Hier wird möglichst das Erleben des Patienten aufgegriffen.

Warum »weil ...«? – Der zweite Halbsatz ist die Hypothese des Therapeuten über die verursachenden psychodynamischen Hintergründe des aktuellen Hauptproblems. Diese dient seiner Orientierung.

Ein Fokalsatz sollte kurz und prägnant sein, damit er dem Therapeuten im zunächst unstrukturierten Geschehen der therapeutischen Situation gegenwärtig bleibt. So ermöglicht er die therapeutische »Handhabbarkeit« und das Wiederfinden des Fokus im therapeutischen Prozess.

Die Ziele des Fokus in der TfP bestehen in:

- der Eingrenzung des Problems und der Konzentration des therapeutischen Prozesses in der Kurztherapie,
- der Bereitstellung eines Hilfsmittels des Verstehens etwa in krisenhaften Situationen einer Langzeittherapie (vgl. dazu Thomä & Kächele (1985), die die Analytische Psychotherapie als eine »*fortgesetzte, zeitlich nicht befristete Fokaltherapie mit wechselndem Fokus*« konzeptualisieren (S. 359),

- der Strukturierung der Behandlung,
- der Vergegenwärtigung des Behandlungsziels,
- der verdichteten Formulierung einer operablen psychodynamischen Diagnose,
- einer Hilfestellung im Prozess des Verstehens und der Deutung im Sinne eines »roten Fadens« in der Therapie,
- der Integration von Struktur und Chaos.

In der Kinder- und Jugendlichenpsychotherapie hat es sich bewährt, neben einem Fokus für das Kind bzw. den Jugendlichen auch einen Familien-Fokus zu erarbeiten. Regelmäßig lässt sich die Psychodynamik des Patienten verknüpfen mit einer Psychodynamik der Beziehungen innerhalb der Familie (vgl. Richter 1962, Göttken & v. Klitzing 2015, S 147ff.). Die Formulierung beginnt dann mit »Wir …« und beschreibt das aktuelle Hauptproblem der Familie, dessen symptomatischer Ausdruck sich in der Erkrankung des Kindes bzw. des Jugendlichen wiederfindet. So lässt sich die unbewusste Paar- und Familiendynamik erfassen. Der Fokus wird dann zu einem wichtigen Hilfsmittel der begleitenden Psychotherapie der Bezugspersonen.

Fallbeispiel Lukas, ▶ *Kap. 6.6.*
»Wir müssen alle fest miteinander verbunden bleiben, weil wir sonst Angst haben müssen, ins Leere zu fallen oder tödlichen Gefahren ausgesetzt zu sein.«

> **Merke**
>
> - Für eine TfP ist die Formulierung eines Fokus ein zentrales Hilfsmittel und unverzichtbar.
> - Der Fokus enthält eine Formulierung über das aktuelle Hauptproblem des/der Patienten in Ich-Form und eine psychodynamische Hypothese, verknüpft mit »weil«.
> - Der Fokus dient als Orientierung, Strukturierung und Zielbestimmung in der Therapie. Er wird in den Äußerungen, in Spiel und kreativer Gestaltung des Patienten in der jeweiligen Behandlungsstunde (wieder-)gefunden.
> - Der Fokus ist ein Hilfsmittel im Prozess des Verstehens. Er strukturiert die Deutung durch selektives Nicht-Beachten des fokusfernen Materials.

5.5 Indikationsstellung

Als Leistung der gesetzlichen Krankenkassen unterliegt Psychotherapie bestimmten Bedingungen und Definitionen. Psychotherapie soll nach den Psychotherapierichtlinien notwendig, zweckmäßig und wirtschaftlich sein (Dieckmann, Becker & Neher 2021, S. 14); sie kann »erbracht werden, soweit und solange eine seelische Krankheit vorliegt« (a. a. O. S. 132). Ausgeschlossen ist Psychotherapie als Leistung der gesetzlichen Krankenkassen, wenn »zwar seelische Krankheit vorliegt, aber ein Behandlungserfolg nicht erwartet werden kann … (a. a. O. S. 28); »sie nicht dazu dient, eine Krankheit zu erkennen, zu heilen, ihre Verschlimmerung zu verhüten oder Krankheitsbeschwerden zu lindern. Dies gilt ebenso für Maßnahmen, die ausschließlich zur beruflichen Anpassung oder zur Berufsförderung bestimmt sind, für Erziehungsberatung, Paar- und Familienberatung, Sexualberatung, körperbezogene Therapieverfahren, darstellende Gestaltungstherapie sowie heilpädagogische oder ähnliche Maßnahmen« (a. a. O. S. 134).

Soll die Psychotherapie als Kassenleistung erbracht werden, muss also zunächst gefragt werden, ob überhaupt eine seelische Krankheit vorliegt. Ungehorsam oder Trotz, Schwierigkeiten in Schule, Ausbildung und Beruf, Lernhemmungen, Verhaltensprobleme, Delinquenz, aber auch Trauer, ein gewisses Maß an Leiderfahrung oder an Realangst usw. sind per se keine Krankheit, wiewohl sie natürlich deren Ausdruck sein können. Eine Indikation zur Psychotherapie überhaupt erfordert also, dass die Störung im Rahmen eines anerkannten wissenschaftlichen Theoriesystems als eine Krankheit mit ihrer Entstehung beschrieben werden kann. Ist dies nicht der Fall, kann keine Indikation zur Psychotherapie gestellt werden und es müssen ggf. andere Hilfsmöglichkeiten erwogen werden, auch wenn das Problem manifestes Leiden hervorruft.

> *Eine 14-jährige Jugendliche wird zur Therapie vorgestellt, nachdem ihr Freund mit dem Motorroller durch Fremdverschulden tödlich verunglückt ist. Im Rahmen der probatorischen Sitzungen zeigt sich zwar eine heftige Trauerreaktion, die aber weder die psychische Struktur der Jugendlichen angreift, noch auf ein neurotisches Konfliktgeschehen hindeutet. Auch ihre Beziehungen in Familie und Peergroup kann sie gut nutzen, um sich in ihrer Trauer Unterstützung zu suchen. Eine Psychotherapie erscheint nicht indiziert, tatsächlich verabschiedet sich die Jugendliche nach fünf Sitzungen dankbar und erleichtert mit der Zuversicht, es auch ohne den Therapeuten zu schaffen.*

Eine sorgfältige Diagnostik dürfte in den meisten Fällen Klarheit darüber schaffen, ob eine seelische Krankheit im Sinne der Psychotherapierichtlinien vorliegt und damit eine Indikation zur Psychotherapie grundsätzlich gegeben ist. Damit ist aber die Indikationsstellung noch nicht erledigt. In einem nächsten Schritt muss gefragt werden, ob eine *ambulante Therapie* zu dem jetzigen Zeitpunkt in Frage kommt. Eine stationäre Psychotherapie – ggf. mit einer ambulanten Anschlusstherapie – muss erwogen werden, wenn:

- sich in Familie und außerfamiliären Beziehungen (meist in der Schule) entgleisende Beziehungsmuster so festgefahren haben, dass das Agieren der Beteiligten nicht ausreichend bearbeitet werden kann und den Therapieerfolg in Frage stellt. Oft ist dies dann der Fall, wenn die Eltern selbst unter erheblichen krankheitsbedingten Beeinträchtigungen leiden, diese aber nicht zu bearbeiten in der Lage sind;

- die seelische Krankheit mit erheblichen Gefährdungen der körperlichen Gesundheit einhergeht, die eine enge medizinische Begleitung und Verhaltenskontrolle erfordern, wie dies z. B. bei Essstörungen der Fall ist. Dies ist ambulant oft nicht zu leisten, zumindest nicht in der Anfangsphase einer Therapie. Auch eine Anschlusstherapie wird in solchen Fällen ohne klare Absprachen, unter welchen Umständen ein erneuter stationärer Aufenthalt erwogen werden muss, nicht auskommen;
- mit der Krankheit manifeste Suizidalität oder Fremdgefährdung einhergeht;
- eine akute Suchtproblematik vorliegt. Die zugrunde liegende pathologische Psychodynamik lässt sich erst bearbeiten, wenn dem Patienten und seiner Familie das Suchtmittel entzogen wird bzw. darauf verzichtet werden kann. Dies gilt u. U. auch für Computersucht.

Lässt sich eine Indikation zu einer ambulanten Psychotherapie stellen, so erhebt sich die nächste Frage: Ist der Patient und seine Familie ausreichend motiviert und in der Lage, sich auf einen therapeutischen Prozess einzulassen und diesen auch durchzuhalten? Oder gibt es zumindest Hinweise, dass eine anfangs verhaltene Motivation geweckt werden kann? Sind die äußeren Umstände gegeben, dass der Rahmen eingehalten werden kann? Eine sorgfältige Überprüfung der Behandlungsvoraussetzungen (s. o.) sollte hier ausreichend Klarheit verschaffen.

Eine 15-jährige Jugendliche meldet sich zur Therapie aufgrund selbstverletzenden Verhaltens. Den zweiten Termin versäumt sie, vereinbarungsgemäß schickt ihr der Therapeut eine Rechnung über das Ausfallhonorar. Wenig später ruft der Vater der Patientin empört an, er werde dieses Honorar keinesfalls bezahlen, Vereinbarungen mit Minderjährigen seien ja sowieso hinfällig. Gleichwohl habe aber seine Tochter Interesse an weiteren Gesprächen. Von Beginn an etabliert sich ein Machtkampf um die Rahmenbedingungen, der aber weiter nicht bearbeitet werden kann. Ein Arbeitsbündnis (s. u.) kann so nicht zustande kommen. Vor diesem Hintergrund empfiehlt der Therapeut beiden, den Therapiewunsch noch einmal zu überdenken.

Diese *patientenspezifische Indikation* zur Psychotherapie muss jedoch ergänzt werden durch eine *therapeutenspezifische Indikation*. Der Therapeut sollte sich fragen:

- Kann er eine ausreichende Sympathie für den Patienten und seine Familie entwickeln? Auch eine »mild positive« Gegenübertragung ist eine Voraussetzung für den Beginn einer Therapie. Hat der Therapeut von Beginn an überwiegend mit massiven negativen Gegenübertragungsreaktionen zu kämpfen und lassen sich diese nicht in absehbarer Zeit bearbeiten, sollte er von der Therapie Abstand nehmen. Möglicherweise handelt es sich auch um spontane Übertragungen des Therapeuten auf den Patienten. »Ohne Sympathie keine Heilung« (Ferenczi 1932).
- Hat der Therapeut ausreichend innere Kapazitäten, um die Problematik des Patienten in ihrer zu erwartenden therapeutischen Dynamik aufzunehmen und zu verdauen? Meist ist die Häufung bestimmter Krankheitsbilder außerordentlich belastend. Der Therapeut sollte sich gut überlegen, ob z. B. die vierte

oder fünfte magersüchtige Patientin für ihn noch »aushaltbar« ist. Günstig für eine Praxistätigkeit, die dem Therapeuten selbst und seiner psychischen Integrität und Stabilität zuträglich ist, ist eine Mischung verschiedener Krankheitsbilder und Altersgruppen.
- Steht der Therapeut vor gravierenden Veränderungen in seiner Praxistätigkeit? Deren Beendigung oder Reduzierung, ein bevorstehender Ortswechsel und dergleichen lassen evtl. nur zeitlich begrenzte Therapien zu; auch wird die äußere Situation des Therapeuten in die Übertragungsbeziehung hineinwirken.

Die Indikation ist nicht allein eine Frage objektiv zu erhebender Kriterien. Sie ist vielmehr auch ein unbewusster Aushandlungsprozess, bei dem die Einigung auf eine Psychotherapie, deren Verfahren und Setting für beide Seiten eine angstregulierende Funktion hat. Die Beteiligten einigen sich auf einen therapeutischen Raum, der allen eine ausreichende Sicherheit gewährt, um sich auf den therapeutischen Prozess einlassen zu können (vgl. Döll-Hentschker, Reerink, Schlierf & Wildberger 2008).

Die Differentialindikation stellt den Therapeuten vor die Aufgabe, aufgrund der bisherigen diagnostischen und indikatorischen Erwägungen, die sich aus Daten, theoretischen Überlegungen, szenischem Geschehen und Übertragung/Gegenübertragung zusammensetzen, dasjenige therapeutische Setting zu finden und zu begründen, das für den Heilungsprozess die besten Chancen eröffnet und vor der Versichertengemeinschaft verantwortbar, also »zweckmäßig« und »wirtschaftlich« ist. Dabei sind schematische Zuordnungen wenig hilfreich (»bei Störungsbild X ist das Verfahren Y indiziert«), da es sich immer um einen konkreten Patienten und seine Familie und um einen konkreten Therapeuten handelt, die miteinander in einen therapeutischen Prozess kommen müssen. Grundsätzlich eignet sich die TfP für die Behandlung aller wesentlichen Störungsbilder (und ist dafür auch zugelassen), die Frage ist nur, welche Zielsetzung der Therapeut und der Patient damit verbinden.

Die Arbeitsweise der TfP (s. o. »Einführung in das Verfahren«) legt folgende Indikationsbereiche nahe.

Vorwiegend konfliktzentrierte Störungen

- Das Kind oder der Jugendliche ist in seiner Entwicklung durch einen Aktualkonflikt blockiert, den es oder er nicht mit den ihm zur Verfügung stehenden inneren und äußeren Ressourcen zu bewältigen vermag und der zu regressiven Prozessen führt. Der zugrunde liegende psychische (Entwicklungs-)Konflikt steht jedoch in seiner Ausprägung einer altersadäquaten Adaptation nicht im Wege. Ein solcher Aktualkonflikt wird meistens ausgelöst durch einschneidende Ereignisse im Leben des Kindes oder des Jugendlichen und seiner Familie. Eine Förderung der Regression auf frühere bzw. tieferliegende Fixpunkte scheint daher nicht notwendig.

Die Geburt eines Geschwisterkindes und der gleichzeitige Eintritt in den Kindergarten führen bei einem 3½-jährigen Patienten den partiellen Verlust bereits erworbener Ich-Fähigkeiten herbei. Der Junge macht wieder ins Bett, nachdem er bereits trocken war, er braucht nachts die Nähe der Eltern in deren Schlafzimmer, er kann sich nicht von der Mutter lösen und zeigt Trotzanfälle. Die bisher unauffällige Entwicklung erscheint blockiert, das Problem verschwindet auch nicht »von selbst«. Die Familienanamnese zeigt keine über das normale Maß hinausgehenden oder unverarbeiteten Belastungen.

- Der Konflikt kann mit dem Patienten altersangemessen besprochen werden, er ist also bewusstseinsnah. Die Bezugspersonen können einen Zusammenhang zwischen den Symptomen und der inneren Problematik des Patienten herstellen und ihre eigene Beteiligung anerkennen.
- Die bisherige Entwicklung zeigt überwiegend ich-verträgliche und sozialverträgliche Lösungen alterstypischer Entwicklungskonflikte. Die Abwehrstruktur ist dem Alter angemessen und flexibel.
- Die Selbst- und Objektrepräsentanzen sind so weit ausgebildet, dass der Patient zumindest zeitweise auf ihre positiven Aspekte zurückgreifen kann. Der Patient kann seine Bindungen als sicherheitsgebende Matrix nutzen.
- Die psychische Struktur zeigt ein zumindest mittleres Niveau.
- Der Therapie-Fokus ist gut formulierbar und abgrenzbar.
- Der Patient und seine Familie verfügt über ausreichende innere und äußere Ressourcen.
- Arbeitsbündnis und Therapieziele lassen sich klar formulieren.

Je besser die genannten Kriterien erfüllt sind, desto aussichtsreicher ist die Prognose für eine Kurzzeittherapie. Meistens siedeln sich die Merkmale auf einem Kontinuum an. Sind sie überwiegend auf dessen negativem Pol zu finden, so muss von einem tiefgreifenden neurotischen Konfliktgeschehen ausgegangen werden, dessen Bearbeitung eine längere Therapie in Anspruch nehmen wird. Im Kinder- und Jugendlichenbereich gelten für die TfP die gleichen Kontingente wie für eine analytische Langzeittherapie. Dies eröffnet die Möglichkeit, auch langfristig mit einem tiefenpsychologisch fundierten Setting zu arbeiten. Allerdings ist auch dieses inhaltlich und letztlich auch zeitlich begrenzt. Auch in einer TfP-Langzeittherapie muss der Schwerpunkt auf progressionsfördernder Arbeit an der Lösung von manifesten neurotischen Konflikten und Beziehungskonflikten liegen. Ist dieses Ziel im Rahmen eines niederfrequenten, die Regression begrenzenden Setting, das überwiegend an den Außenbeziehungen arbeitet und die Abwehrstrukturen stärkt, nicht erreichbar, etwa weil das neurotische Konfliktgemenge sich bereits tief in die Persönlichkeitsentwicklung eingegraben oder die Störung sich chronifiziert hat und die Abwehr selbst ein andauerndes Leiden hervorbringt, wird eine TfP allenfalls eine vorübergehende Stabilisierung mit Hilfe des therapeutischen Objekts erbringen.

Beispiel für einen tiefgreifenden neurotischen Konflikt:

Fallbeispiel Mike, *6 Jahre alt,* ▶ *Kap. 5.3.4 »Die Psychodynamik des Konflikts«.*

Vorwiegend strukturelle Störungen

Bei strukturellen Störungen sind die Beziehungen das, was zwar dringend gebraucht wird, aber zugleich als bedrohlich erscheint und in dem sich die Konflikte manifestieren. Ein abgegrenztes inneres ungelöstes Konfliktgeschehen lässt sich meist schwer definieren, vielmehr handelt es sich um eine Verschränkung multipler Konflikte im Zusammenhang eines pathologischen Narzissmus mit Versuchen, strukturelle Defizite mit Hilfe bestimmter ausgewählter Funktionen der Objekte zu kompensieren.

Indikatorische Kriterien, die meist auch das Familiensystem betreffen, sind u. a. (jeweils gemessen am zu erwartenden Entwicklungsstand):

- »frühe« Abwehrmechanismen wie Spaltung, Projektion, primitive Idealisierung und Entwertung,
- instabile Selbst- und Objektrepräsentanzen, überwiegend Teilobjekt-Beziehungen,
- chronisch entgleisende Beziehungen, sowohl innerfamiliär als auch im weiteren sozialen Kontext wie Peergroup, Kindergarten, Schule, Ausbildung etc.,
- Einschränkungen im Bereich der Subjekt-Objekt-Differenzierung,
- unsichere oder chaotische Bindungsrepräsentanzen,
- mangelhafte Ausbildung der Symbolisierungs- und Mentalisierungsfunktion (vgl. Fonagy et al. 2002), mangelhafte Affektkontrolle und eingeschränkte Wahrnehmung des emotionalen Geschehens,
- schlecht abgrenzbarer Therapiefokus,
- Schwierigkeiten bei der Etablierung eines Arbeitsbündnisses (▶ Kap. 6.2) und bei der Formulierung eines Therapiezieles.

Patienten mit strukturellen Störungen haben es schwer, sich überhaupt auf eine therapeutische Beziehung einzulassen. Die Nähe-Distanz-Regulierung und die Angstmodulation innerhalb der Therapie spielt eine große Rolle. Oft manifestiert sich die Störung auch in einer psychosomatischen Erkrankung. Die Persönlichkeitsentwicklung ist nachhaltig gestört, so dass sich der Gedanke nahelegt, nur mit einer tiefgreifenden Analyse eine nachhaltige Verbesserung erreichen zu können. Es scheint deshalb fraglich, ob eine TfP, die ja auf einer klaren Absprache mit dem Patienten und seiner Familie beruht, welche umgrenzten Therapieziele erreicht werden sollen, überhaupt indiziert ist. Andererseits bietet gerade das Konzept der TfP, in einem niederfrequenten und regressionsbegrenzenden Setting zu arbeiten, die Chance, Patienten zunächst zu einer Nachreifung ihrer strukturellen Defizite zu verhelfen. Gerade bei diesen Patienten, die bereits eine erhebliche Ich-Regression mitbringen, sind eine sehr enge therapeutische Beziehung und eine Einladung zu weiterer Regression nicht indiziert. Die TfP bietet hier die Möglichkeit, im Rahmen einer langfristig stützenden Psychotherapie strukturbezogen zu arbeiten (A. Freud 1976; Rudolf 2004, 2010).

Konflikt und Struktur lassen sich in ihrem Verhältnis zueinander als eine Ergänzungsreihe beschreiben (vgl. Rüger 2003, S. 16). Daraus ergibt sich für eine grobe indikatorische Einschätzung die ▶ Tabelle 2:

Tab. 2: Ergänzungsreihe Struktur-Konflikt

Struktur		Konflikt
Kurzzeitpsychotherapie Fokaltherapie		**TfP-Langzeit-psychotherapie**
orientiert am Aktualkonflikt		*langfristig stützend*
		strukturorientiert
regressionsbegrenzend		*regressionsbegrenzend*
	Analytische Langzeit-psychotherapie	**Modifizierte Analytische Psychotherapie**
	orientiert an Grundkonflikten	*strukturbezogen*
	regressionsfördernd	*orientiert an Verschränkung von Entwicklungskonflikten und Struktur*

Schwierig abzugrenzen ist eine TfP-Langzeittherapie von einer modifizierten Analytischen Langzeit-Psychotherapie. Insbesondere bei jüngeren Kindern sind ungelöste basale Entwicklungskonflikte eng verzahnt mit sich anbahnenden strukturellen Defiziten. Deshalb steht der Therapeut nicht allein als Übertragungsobjekt zur Verfügung, sondern auch als Realobjekt, mit dem der kleine Patient Erfahrungen machen kann, wie sich eine Beziehung überhaupt entwickeln und gestalten kann, welche Affekte und Gefühle dabei im Spiel sind und wie man sie benennen kann usw. Eine solche reale Beziehungsgestaltung erfordert aber eine ausreichend hohe Frequenz und die Toleranz von wechselnden regressiven und progressiven Zuständen. Was sich bei älteren Kindern und Jugendlichen als z. T. bereits verfestigte, in die Persönlichkeit eingravierte Störungen beobachten lässt, ist hier noch in der Entstehung. Weil sich die Beziehungsmodi noch nicht als psychische Struktur fest verankert haben, ist eine analytische Deutungsarbeit dessen, was sich in der aktuellen Patient-Therapeut-Beziehung an Konflikthaftem ereignet, zugleich eine Arbeit an der Struktur. Der Therapeut benennt den Übertragungsaspekt, übernimmt aber zugleich seinen Teil der Verantwortung an dem Beziehungsgeschehen und benennt die Emotionen, Affekte und Wünsche beider Beteiligten und trägt damit zu einer Reifung der Subjekt-Objekt-Differenzierung und der Symbolisierungsfähigkeit bei.

Therapeuten, die in beiden Verfahren ausgebildet sind, werden daher in solchen Fällen eine analytische Therapie eher in Erwägung ziehen. Ein tiefenpsychologisch fundiertes Vorgehen wird ein Aufgreifen der Übertragungsaspekte in den Hintergrund stellen und die Spielhandlungen und symbolischen Darstellungen des Kindes überwiegend auf dessen Beziehungserleben außerhalb der Therapie beziehen.

Darüber hinaus muss hier betont werden, dass es entsprechend dem Kontinuum der Indikationsstellung auch ein Kontinuum der therapeutischen Interventionen gibt. Eine »reine« TfP oder eine »reine« analytische Therapie ist m. E. angesichts der klinischen Praxis eine Illusion. Die Unterscheidung beider Verfahren lässt sich daran treffen, welche Art der Intervention *überwiegend* zum Einsatz kommt – und zwar relativ unabhängig von der Frequenz.

> *Otto, 11 Jahre alt, wird wegen einer Tic – Störung zur Therapie angemeldet. Otto war ein von den Eltern dringlich ersehntes und idealisiertes Kind. Die Geburt war schwierig und langwierig. Er war als Säugling viel krank, so dass die Eltern ständig in Sorge um ihn waren. »Er war unser Heiligtum.« Durch seine Entwicklung zieht sich wie ein roter Faden eine Separationsproblematik: Mutter und Sohn scheinen psychisch wie verklebt, beide kämpfen darum, den jeweils anderen in eine Position zu bringen, in der er Garant ist für unerfüllte oder unerfüllbare Wünsche: Otto besteht einerseits darauf, selbst in einfachen Alltagsdingen von der Mutter versorgt zu werden, beklagt sich aber bitter über deren verfolgende und bevormundende Art. Die Mutter wiederum stellt ideale Erwartungen an ihren Sohn, besonders hinsichtlich der schulischen Karriere, denen dieser kaum entsprechen kann, und klagt über seine unselbständige und anspruchliche Art. Andererseits könne er in eruptive Wutausbrüche geraten, wenn er nicht bekommt, was er will. Der Vater wirkt diesem Geschehen gegenüber hilflos und vermag eine triangulierende dritte Position kaum ins Spiel zu bringen. Otto ist extrem aggressionsgehemmt, er wirkt mädchenhaft und in vielem kindlich – verwöhnt. Nachts kann er nicht allein schlafen, er muss bei der Oma ins Bett schlüpfen. Konflikten unter gleichaltrigen Jungen geht er aus dem Weg, wenn sie unvermeidlich sind, fühlt er sich hoffnungslos »untergebuttert« und projiziert alles Aggressive auf die jeweils anderen. In der Beziehungsaufnahme zum Therapeuten wirkt er scheu und ängstlich, erkennbar ist seine große Scham. Die männliche Identitätsentwicklung ist blockiert. Dass er in Therapie kommen soll, passt nicht zu seinem Grandiositätsanspruch.*
>
> *Die Aussicht, sich auf eine Beziehung zum Therapeuten einzulassen, ruft große Ängste auf den Plan. Wiewohl sich einerseits ein weit zurückreichender präödipaler Konflikt beschreiben lässt, der sich um die Entwicklungsaufgabe einer Separation vom mütterlichen Objekt rankt und einhergeht mit Kastrationsängsten und der Beschämungsangst, in seinem phallischen Narzissmus beschädigt zu werden, steht zunächst die pathologisch-narzisstische Entwicklung im Vordergrund und dominiert auch die Beziehungsaufnahme zum Therapeuten. Basale psychische Funktionen wie Affektsteuerung und Triebaufschub, Symbolisierungsfähigkeit, Kommunikationsfähigkeit stehen nur ansatzweise zur Verfügung, es überwiegen Teilobjekt-Beziehungen.*

In diesem Fall ist zunächst eine Ich-stabilisierende Arbeit an der Struktur in einem für den Patienten aushaltbaren niederfrequenten Setting indiziert, also eine strukturbezogene TfP-Langzeittherapie. Eine regressionsfördernde Arbeit stünde in Gefahr, den Patienten in seiner Hilflosigkeit zu fixieren, wenn er sich überhaupt darauf einlassen könnte.

Beispiel für eine Indikation zur modifizierten analytischen Arbeit:

> *Sascha, 5 Jahre alt, weist gravierende Entwicklungsrückstände auf: In seiner Symbolisierungsfähigkeit ist er eingeschränkt, er kann sich sprachlich schlecht ausdrücken,*

sein Spiel beschränkt sich auf Bauklötze, die er zu Rechtecken legt, aufeinanderstapelt und durch den Raum bewegt. Motorisch ist er ungeschickt, die Orientierung im Raum erscheint eingeschränkt, der Junge verbreitet viel Durcheinander. Im Kontakt schwankt er zwischen übergroßer Nähe, bestimmender Vereinnahmung und Ängstlichkeit. Dann wieder bricht ungerichtete Aggression durch, vor allem, wenn der Therapeut ihn sprachlich nicht versteht. Dahinter steht allerdings auch das Erleben, in einer ganz elementaren Weise in den eigenen emotionalen Befindlichkeiten nicht verstanden zu werden – was im Therapeuten ein angestrengtes Verstehen – Wollen auslöst, das immer wieder scheitert. Es scheint, als werde eine haltende Verbindung immer wieder zerstört.

Sascha ist in seinem jungen Leben mehrfach durch elterliche Gewalt und durch Verlusterfahrungen traumatisiert. Eine Therapie sollte dem Kind zunächst die Erfahrung einer verlässlichen, haltenden Beziehung ermöglichen, die destruktive Angriffe überlebt und in der der Therapeut innere Zustände containen, verarbeiten und transformieren kann. Der frühe präverbale psychische Austausch muss gleichsam nachgeholt werden. Ein konflikthaftes, unintegriertes Affekterleben und eine ebenfalls unintegrierte Struktur lassen sich noch kaum voneinander differenzieren. Im Zentrum der therapeutischen Arbeit steht eine therapeutische Beziehung, in der Realbeziehung und Übertragung ineinander übergehen. Der Begriff der Regressionsbegrenzung ist hier nicht sinnvoll, denn der Patient kommt in einem umfassend regredierten Zustand. Die therapeutische Beziehung muss ausreichend dicht, d. h. höherfrequent sein, und sie muss das Medium sein, in dem sich die Innenwelt des Patienten entfalten kann. Hier ist eine analytische Therapie erforderlich, modifiziert dadurch, dass der Therapeut frühe kindliche Sprachelemente aufgreift und »weiterspielt«. Auch Ansätze aus der Traumatherapie sollten einbezogen werden (Burchartz 2019c).

Die *Indikationsstellung bei* Jugendlichen berücksichtigt die phasentypischen Entwicklungsaufgaben der Adoleszenz. Jugendliche müssen im Wesentlichen einen Ablösungsprozess von den ehemals idealisierten elterlichen Objekten bewältigen. Die Identifikationen mit Vater, Mutter und Geschwistern unterliegen einem raschen und widersprüchlich verlaufenden Wandel, dieser Prozess mündet – wenn alles gut geht – in dem Aufbau einer eigenen und unabhängigen Identität. Typisch für Jugendliche ist eine dem rasanten inneren Wandel und den geforderten enormen Anpassungsleistungen geschuldete instabile psychische Situation. Jugendliche bringen deshalb eine Scheu mit, sich auf eine therapeutische Beziehung einzulassen, die sie wiederum in eine Abhängigkeitsbeziehung manövriert – ein Beziehungsmodus, dem sie sich ja gerade mit vielen Kämpfen und großer Energie zu entwinden trachten.

Die phasenspezifischen Eigentümlichkeiten der Jugendlichentherapie erfordern in jedem Fall eine Modifizierung des therapeutischen Vorgehens (vgl. Seiffge-Krenke 2007, S. 216 ff.): stützende Interventionen, den Therapeuten als reales Gegenüber, aber auch in seiner »holding function«, Toleranz gegenüber dem raschen Wechsel von Regression und Progression usw. Die Indikationskriterien für eine TfP sind jedoch im Wesentlichen die bisher genannten. Für eine analytische Therapie sind die Fähigkeiten zur Selbstdistanzierung und Selbstreflexion Voraussetzung – Vorgänge, die sich gerade bei Adoleszenten i.d.R. eindrucksvoll entwickeln. Fehlen diese Grundlagen eines ausreichend »inneren Raumes«, in dem phantasiert, assoziiert, geträumt und über die eigene Person nachgedacht werden kann, kann deren Herausbildung Ziel einer TfP sein.

> **Merke**
>
> - Die Indikationsstellung
>   - differenziert zwischen ambulanter und stationärer Therapie,
>   - erfasst die Motivation und die Behandlungsvoraussetzungen des Patienten und seiner Familie,
>   - erhebt die inneren und äußeren Möglichkeiten des Therapeuten für die in Frage stehende Therapie,
>   - begründet die Wahl des Verfahrens und das Setting.
> - Bevorzugte Indikationsbereiche für eine TfP sind Fälle, in denen ihre Arbeitsweise als regressionsbegrenzendes Verfahren angezeigt ist:
>   - vorwiegend Aktualkonflikte (konfliktzentrierte Therapie),
>   - vorwiegend strukturelle Störungen (langfristig stützende, strukturbezogene Therapie).

5.6 Therapieziele

Vor Beginn einer Therapie muss zwischen den Beteiligten eine Einigung hergestellt werden, welches Ziel das gemeinsame Vorhaben Psychotherapie haben soll. Eine solche Einigung unterstreicht nicht allein die Tatsache, dass alle für das Gelingen einer Therapie Verantwortung übernehmen (▶ Kap. 6.2 »Das Arbeitsbündnis«), es dient auch einer Abklärung, was überhaupt erreichbar ist und was nicht. Darüber hinaus präzisiert die Formulierung der Therapieziele die Erwartung an den Therapeuten und erleichtert die Einschätzung, wann eine Therapie beendet werden kann. Die Zielformulierung nimmt also von vornherein die Zeitbegrenzung der Therapie in den Blick und spricht die Patienten auf einer realitätsnahen Ebene als Partner in einem begrenzten Prozess an.

Die Vorstellung, die sich Patienten – Kinder, Jugendliche und Eltern – von der Therapie machen, ihre Erwartungen und Wünsche an den Therapeuten sind natürlich Teil der Übertragungsprozesse und können auch Ausdruck von Widerstand sein. Diese Vorgänge »hinter« den bewussten Äußerungen der Patienten verdienen selbstverständlich die Aufmerksamkeit des Therapeuten und sind in der Vereinbarung mit zu berücksichtigen. Sie rücken in einer TfP jedoch nicht ins Zentrum der therapeutischen Bearbeitung. Unterlaufen sie jedoch die Möglichkeit einer Zielvereinbarung, muss sich der Therapeut die Frage stellen, ob eine TfP indiziert ist, und wenn, was dann vordringlich zu bearbeiten ist. In der Regel geht es dann darum, die therapeutische Beziehung abzuklären und den Charakter diffuser Erwartungen als solchen zum Thema zu machen – u. U. ist dann diese »Vorarbeit« nötig, damit es überhaupt zu einer Psychotherapie kommen kann.

Nun könnte man einwenden, das Ziel einer Psychotherapie sei doch eigentlich unstrittig: die Heilung oder Linderung einer psychischen Störung von Krankheitswert. Aber gerade in dieser allgemeinen Feststellung steckt eine Fülle von Detailproblemen: Ist überhaupt geklärt, dass mit der Psychotherapie eine Krankheit behandelt werden soll? Welche Störung sehen die Eltern, das Kind/der Jugendliche und der Psychotherapeut? Wie verhält es sich mit dem Wunsch nach Symptombewältigung im Verhältnis zur Bearbeitung intra- und interpsychischen Konfliktgeschehens? Sind die Veränderungsziele mit einer ambulanten Psychotherapie erreichbar? Wie geht der Psychotherapeut mit unrealistischen, diffusen oder nicht erkennbaren Zielvorstellungen um?

In der Formulierung der Therapieziele kehrt vieles von dem wieder, was bereits bei der Indikationsstellung erörtert wurde – nun jedoch auf der Ebene einer interpersonellen Vereinbarung zwischen handelnden Subjekten.

Ein Therapieziel sollte folgende Kriterien erfüllen:

- Es sollte klar formuliert sein, so dass es allen Beteiligten verständlich und einsehbar ist. Sprachlich muss es nah an der Alltagssprache der Patienten sein. Die Patienten sollten sich mit dem Ziel identifizieren und es affektiv besetzen können. Formulierungen aus der Fachsprache des Psychotherapeuten können zwar präzise sein, wirken aber für Patienten eher fremdartig und aufgesetzt.

    Beispiel: Anstatt: »Der Junge sollte durch die Therapie die regressive Fixierung auf der analen Entwicklungsstufe aufgeben können«, besser: »Wir wollen erreichen, dass der Junge die Rivalität mit seiner kleinen Schwester ertragen kann, ohne in die Hose zu machen.«

- Es sollte präzise und umrissen sein. Allgemein und diffus formulierte Ziele führen in einer Therapie weg vom zentralen Konflikt und lassen, wenn es schlecht geht, die Therapie ausufern. Meist sind solche Formulierungen einem Widerstand gegen die Begrenzung und daher Trennungsängsten geschuldet. Spätestens in der Frage der Beendigung der Therapie tauchen dann bei den Beteiligten Gefühle des Ungenügens oder des Scheiterns auf, die dann schwer zu bearbeiten sind.

    Beispiel Otto: »Unser Junge sollte halt irgendwie selbstbewusster werden.« Eine solche Zielformulierung ist zwar verständlich, aber wenig dienlich. »Selbstbewusstsein« ist ein weit gefasster Begriff, unter den alle möglichen Verhaltensäußerungen und Charaktermerkmale subsumiert werden können. Es ist nicht von vornherein klar, was die Eltern – jeder für sich – unter dem erwünschten Selbstbewusstsein verstehen. Als Therapeut denke ich mir, ein selbstbewusster Otto könnte auch mit der Entfaltung der pubertären Problematik ein aufmüpfiger, risikofreudiger und sich den elter-

lichen Wünschen entziehender Junge werden, einer, der die Eltern offen konfrontiert mit Enttäuschungen – aber ich vermute, das ist nicht das, was die Eltern wollen.
Th.: »*Ich möchte gerne etwas genauer fassen, woran Sie sehen könnten, dass Otto mehr Selbstbewusstsein bekommt.*«

- Es sollte (mit einer Psychotherapie) erreichbar sein. In der Erarbeitung des Therapiezieles tauchen nicht selten unrealistische Wünsche und Erwartungen auf. Eine naheliegende und gängige Erwartung vieler Eltern besteht darin, die Therapie möge dazu führen, dass das Kind oder der Jugendliche (wieder) so wird, wie es ihrem inneren Bild entspricht. Der Therapeut soll ihnen dabei helfen, ihre unbewussten oder auch bewussten elterlichen Ideale zu verwirklichen oder auch eigene Konflikte stellvertretend am Kind abzuarbeiten. Eine komplementäre Erwartung findet sich oft auch bei Kindern und Jugendlichen vor: Der Therapeut möge dabei helfen, die Eltern so zu verändern, dass sie ihren Wünschen besser entsprechen. Für eine TfP ist es wichtig, dass diese Erwartungen, soweit sie fassbar sind, bereits vor Beginn der Therapie angesprochen und geklärt werden. Mitunter ist es auch notwendig, zunächst etwas über die allgemeinen Ziele einer Kinder- und Jugendlichenpsychotherapie zu sagen, bevor sie – bezogen auf die Patienten – konkretisiert und genauer gefasst werden.

»*Unser Sohn sollte sich in der Schule halt mehr konzentrieren können. Wenn er nur wollte, könnte er viel besser sein.*« Th.: »*Dass der Junge in der Schule schlecht mitkommt, kann eine Begleiterscheinung seiner psychischen Probleme sein. Aber mangelhafte Schulleistungen selbst sind keine Krankheit und können durch eine Psychotherapie kaum direkt beeinflusst werden. Ich denke, eine Psychotherapie sollte einem Menschen dazu verhelfen, Blockaden in seiner Entwicklung aufzulösen, damit er seinen eigenen Weg möglichst unbelastet gehen kann. Das kann dann durchaus auch im Widerspruch dazu stehen, was andere von ihm erwarten. Deshalb wäre es mir wichtig, mit Ihnen über Ihr inneres Bild von Ihrem Sohn, Ihre Erwartungen und Enttäuschungen zu sprechen. Vielleicht könnte ein Ziel unserer Zusammenarbeit auch sein, dass Ihnen die unvermeidlichen Enttäuschungen durch Ihr Kind erträglicher werden.*«

Pat.: »*Ich würde gern erreichen, dass meine Eltern nicht immer so an mir herummeckern, sondern auch mal zufrieden sind, wenn ich eine Drei heimbringe.*« Th.: »*Das belastet dich, und das kann ich gut verstehen. Allerdings haben wir gesehen, dass es dir große Schwierigkeiten macht, allein zu sein, und deine Angst davor so groß ist, dass du nachts noch bei den Eltern schlafen musst – und wie dich deine Angst nun auch hindert, mit ins Schullandheim zu gehen. Wir könnten daran arbeiten, dass deine Angst kleiner wird und du sie besser erträgst. Deine Eltern werden wir hier nicht verändern können. Vielleicht macht es dir aber eines Tages nicht mehr so viel aus, wenn sie unzufrieden mit dir sind.*«

- Es sollte realistisch sein, also Realitäten anerkennen: Jede Psychotherapie bedroht latent Verleugnungsstrategien. Wie bereits dargelegt, wird sie zwar ersehnt, um sich von unerträglichen inneren Konflikten zu entlasten, zugleich aber auch gefürchtet, weil sie bislang leidlich aufrechterhaltene Abwehrarrangements und Angstbewältigungen destabilisiert. Deshalb ist es wichtig, eine Zielformulierung zu finden, welche diese Widersprüchlichkeit berücksichtigt – sonst funktionalisiert das Ziel die Therapie zur Aufrechterhaltung der Vermeidung des Realitätsbezugs.

> *»Isolde soll endlich erkennen, dass ihr Vater nur leere Versprechungen macht und dass sie sich ihre Wünsche an ihn abschminken kann. Sie soll sich daran gewöhnen, dass sie nun mal bei mir lebt und meine Regeln zu akzeptieren hat.«*
>
> *Dieses Ziel geht an der Realität vorbei, dass das achtjährige Mädchen eine Beziehung zu ihrem (von der Mutter getrennten) Vater hat und aufrechterhalten will. Stattdessen wird das Kind – wie wir es häufig beobachten – als Streitobjekt in die persistierenden elterlichen Konflikte hineingezogen und zum Bündnispartner des einen gegen den anderen gemacht. Die Beziehungswünsche des Kindes erlebt die Mutter als Verrat, besonders dann, wenn sie sich tatsächlich in problematischer Weise äußern.*
>
> *Th.: »Ich glaube nicht, dass eine Psychotherapie dazu führen kann, dass Isolde auf eine Beziehung zu ihrem Vater verzichtet, auch wenn Sie vieles an ihrem Ex-Mann verständlicherweise sehr problematisch finden. Aber vielleicht können wir erreichen, dass Sie diesen Beziehungswunsch besser ertragen können und ihn nicht jedes Mal als Verrat erleben müssen.«*
>
> *Interessanterweise äußert auch Isolde, ein adipöses Mädchen mit einer Enkopresis, einen unrealistischen und – jedenfalls durch die Therapie – unerreichbaren Wunsch: »Ich will halt, dass die Mama mir endlich einen Hund kauft. Das wäre mein allergrößtes Glück, dann wäre alles in Ordnung.«*
>
> *Th.: »Der Papa hat einen Hund und ich denke, dass du dir wünschst, dass es ein bisschen so wie früher wird, als Mama und Papa noch zusammen waren. Aber ich fürchte, dieser Wunsch kann durch eine Therapie nicht erfüllt werden. Ich sehe aber auch, wie weh dir das tut, dass deine Familie zerbrochen ist. Wir können versuchen, einen Weg zu finden, wie du mit der Trennung deiner Eltern so zurechtkommst, dass du nicht immer so unglücklich sein musst.«*

Ein wichtiges Hilfsmittel für den Psychotherapeuten ist der Fokus. Wenn er sorgfältig erarbeitet ist, bietet er einen Leitfaden, um zusammen mit den Patienten ein Ziel zu formulieren, das sich an den genannten Kriterien orientiert.

Beispiel für ein realistisches, eingrenzbares Therapieziel:

> *Birgit (▶ Kap. 5.3.6 »Ressourcen«): Der Suizid der Mutter traf sie schwer; sie war in Vorbereitung für das Abitur und fühlte sich kaum leistungsfähig und geplagt von Schuldgefühlen, depressiven Verstimmungen und diffusen Ängsten.*
>
> *Eine mögliche Fokusformulierung durch den Therapeuten: Ich kann mir eigene Erfolge kaum gönnen, weil ich das Gefühl nicht loswerde, ich habe sie mir erkauft, indem ich meine Mutter ihrem Elend und Tod überlassen habe.*
>
> *Pat.: »Ich will mit dem Selbstmord meiner Mutter irgendwie besser fertig werden. Manchmal will ich gar nicht darüber nachdenken, aber ich merke, dass ich nicht*

ausweichen kann. Außerdem will ich unbedingt das Abitur schaffen, das ist meine Chance. Auch wenn ich überhaupt noch nicht weiß, wie es danach weitergehen soll und ob ich was damit anfangen kann.«

Th.: »Ich merke, wie schwer Sie der Verlust getroffen hat – auch die Art und Weise des Todes Ihrer Mutter. Ich kann mir vorstellen, dass in unserer Therapie auch eine Rolle spielen wird, wie Sie mit der Sucht Ihrer Mutter, mit Verlust und Trennung bisher umgegangen sind. So können sich dann auch Ihre Ängste und Schuldgefühle abmildern. Kann es sein, dass Sie in mir jemanden suchen, der Sie in Ihrer Trauer begleitet, so dass Sie sich wieder Ihren eigenen Lebenszielen zuwenden können?«

Pat.: »Ich glaube, das ist es, was ich jetzt brauche, ja.«

Natürlich können sich Therapieziele im Verlauf der Therapie modifizieren, wie ja auch die Diagnose und die Indikationsstellung in einer laufenden Therapie immer wieder überdacht werden. Das spricht aber keineswegs gegen eine klare Vereinbarung expressis verbis vor Aufnahme der Therapie. Zum einen deshalb, weil sich herausstellen kann, dass die Zielvorstellungen so weit auseinanderliegen, dass eine Therapie nicht sinnvoll erscheint. Zum anderen ist die Zielvereinbarung Teil des Rahmens, ohne den eine TfP nicht möglich ist. Der Rahmen hat eine sichernde, haltende und orientierende Funktion. Er ist die Referenz, an der sich der Therapieprozess gleichsam »messen« lässt. Ein Maßstab ist aber nicht sinnvoll, wenn sein referentieller Bezug beliebig ist. Den Raum zu vermessen ist z. B. nicht möglich, wenn man sich nicht auf ein festgelegtes und gültiges Maß wie z. B. den Meter verständigt. Die Vorstellung, dass Raum und Zeit gleichwohl etwas Relatives ist, ließe sich aber ohne diese Festlegung nicht entwickeln.

Ähnlich haben wir es auch in der Therapie mit einem Prozess zu tun, der den Rahmen beständig relativiert, angreift oder gar außer Gültigkeit zu setzen bestrebt ist – eben weil wir es mit unbewussten Vorgängen zu tun haben. Wäre der Rahmen aber beliebig, ließe sich die Arbeit und Funktion der unbewussten Vorgänge überhaupt nicht beobachten und verstehen.

Verändern oder verschieben sich also die Therapieziele während einer Psychotherapie – sei es bei den Patienten, sei es beim Therapeuten, dann signalisiert das zuallererst die Wirkung unbewusster Wünsche, Ängste, aggressiver Regungen etc., die sich in Form von Widerständen äußern können. Als solche müssen sie verstanden und bearbeitet werden. Dabei kann durchaus herauskommen, dass sich Ziele sinnvoll verändern können – oder dass sich neue, bislang unbeachtete Möglichkeiten eröffnen, weitergehendes Material zu bearbeiten. Aber auch dies erfordert eine neuerliche Vereinbarung zwischen den Beteiligten.

Merke

- Therapieziele werden sowohl zusammen mit dem Kind/Jugendlichen als auch mit den Eltern formuliert.
- Sie sollen
  - klar und verständlich in einer alltagsnahen Sprache formuliert sein,

> - präzise und abgegrenzt sein,
> - erreichbar sein,
> - realistisch sein.
> - Ein Hilfsmittel für den Therapeuten bei der Zielformulierung ist der Fokus.
> - Verändern sich Therapieziele, muss die Bedeutung hinsichtlich Übertragung und Widerstand untersucht und verstanden werden.

5.7 Der Bericht zum Kassenantrag

Die Psychotherapierichtlinien sehen vor, dass den Versicherten eine *ausreichende, zweckmäßige und wirtschaftliche* Psychotherapie bereitgestellt werden muss. Das Antragsverfahren dient zur Überprüfung, ob bei einer geplanten Psychotherapie diese Kriterien erfüllt sind. Den Antrag zur Kostenübernahme einer Psychotherapie stellen die Patienten, also das Kind oder der Jugendliche zusammen mit seinen Eltern, bei einem volljährigen Jugendlichen dieser selbst (nicht der Therapeut!). Im Einzelnen sind im Wesentlichen drei Feststellungen zu treffen:

1. Handelt es sich bei der vorliegenden Problematik um eine Störung von Krankheitswert? Nur eine solche fällt unter die Leistungspflicht der Krankenkassen.
2. Lässt sich die Störung durch die geplante Psychotherapie (die ein nach den Richtlinien anerkanntes Psychotherapieverfahren sein muss) lindern oder heilen bzw. dient die Psychotherapie einer medizinischen Rehabilitation?
3. Ist die geplante Psychotherapie bei dem geschilderten Patienten indiziert und verspricht sie einen ausreichenden Behandlungserfolg?

Die Rolle des Therapeuten besteht darin, einen umfangreichen Bericht zu definierten Fragestellungen zu verfassen, anhand derer ein unabhängiger Gutachter entscheidet, ob die genannten Voraussetzungen erfüllt sind und der Krankenkasse die Übernahme der Kosten empfohlen wird (zum Antragsverfahren vgl. die Psychotherapierichtlinien in ihrer jeweils gültigen Fassung).

Der Psychotherapeut sollte sich vor dem Verfassen des Berichts über folgende Punkte klarwerden:

- Die Probleme seines Patienten müssen sich als psychische, somatoforme oder psychosomatische Störung von Krankheitswert beschreiben lassen. Allgemeine Erziehungsschwierigkeiten, Leistungsprobleme in Schule oder Lehre und Arbeitswelt, soziale Konflikte etc. *können* zwar aus einer seelischen Erkrankung hervorgehen, sind aber per se noch keine solche und begründen nicht den An-

spruch auf eine Psychotherapie (s. o.). Auch wenn dies manchem problematisch erscheinen mag: Psychotherapie i. S. der Richtlinien setzt eine Krankheit voraus. Für etwas anderes sind Krankenkassen nicht zuständig.
- Eine Krankheit muss sich anhand einer Theorie über die Entstehung und Aufrechterhaltung von seelischen Erkrankungen beschreiben lassen. Diese Beschreibung fußt im Rahmen der TfP auf der psychoanalytischen Theorie, wie sie in diesem Buch im Kapitel 3 ausführlich dargestellt wurde. Dabei kommt der systematischen Verknüpfung von Ätiologie, innerem Konflikt, auslösender Situation und Symptomatik eine entscheidende Rolle zu. Es genügt nicht, diverse Schwierigkeiten im vergangenen oder aktuellen Lebensgeschehen eines Patienten aufzuzählen. Vielmehr muss nachgewiesen werden, wie bestimmte Konstellationen sich zu inneren Konflikten verdichteten und was dazu geführt hat, dass diese nicht entwicklungsfördernd gelöst werden konnten. Weiter muss dargelegt werden, wie sich der Patient bzw. die Patienten damit auseinandergesetzt haben, was dazu geführt hat, dass sie zu pathogenen Bewältigungsmustern und Abwehrarrangements greifen mussten, welche Symptomatik dies hervorgebracht hat und wie diese wiederum die Krankheit aufrechterhält. Schließlich wird die Frage erörtert, welche aktuellen Konflikte schlussendlich in die Therapie geführt haben. Bei vorwiegend strukturellen Störungen müssen diese in ihrer Ätiologie dargestellt und mit dem Konfliktgeschehen verknüpft werden. Es geht also um die Beschreibung eines umfassenden dynamischen Geschehens, nicht um eine vage kausale Verknüpfung äußerer Einflüsse mit der Reaktion des Individuums (»Weil die frühe Versorgung unzureichend war, kam es zu dem depressiven Rückzugsverhalten ...«).
- Die Psychotherapie sollte ausreichend sein, also nach Art und Umfang geeignet, dem Patienten zu einer Linderung oder Heilung seines Leidens zu verhelfen. Ob eine Psychotherapie ausreichend ist, bemisst sich auch nach den Zielen, die erreicht werden sollen. Eine Kurzzeitpsychotherapie kann ausreichend sein, um einen Aktualkonflikt zu bearbeiten, der die Entwicklung hemmt. Sie ist es sicher nicht, wenn es darum geht, strukturellen Einschränkungen zu einer Nachreifung zu verhelfen. Der prognostischen Einschätzung kommt hier besondere Bedeutung zu.
- Die Psychotherapie muss wirtschaftlich sein. Auch hier spielt die Prognose eine wichtige Rolle. Eine Psychotherapie, die mit großem Aufwand wenig oder keine Besserung verspricht, ist nicht genehmigungsfähig. Das anvisierte Verfahren muss der Schwere und der Art der Störung entsprechen. Ein besonderes Augenmerk muss bei einer Kinderpsychotherapie auf die prognostizierte Umstellungsfähigkeit der Eltern gerichtet werden. Es müssen sich ausreichende Ansätze finden, ein pathogenes Milieu zu verändern.

Ausführliche Hinweise zur Formulierung der Stellungnahme sind dem »Informationsblatt PT 3« zu entnehmen, deshalb beschränke ich mich hier auf einige ergänzende Überlegungen zu den einzelnen Abschnitten des Informationsblattes. Daneben verweise ich auf ausführliche Darstellungen eines Gutachters für Kinder- und Jugendlichenpsychotherapie (Hopf 2002, 2005).

Zu 1. Relevante soziodemographische Daten

Diese Angaben können knapp gehalten werden, jedoch freut sich der Gutachter über ganze Sätze statt kryptischer Kürzel und Stichwörter.

Geben Sie ggf. Alter und Geschlecht der Geschwister und Halbgeschwister an, erwähnen Sie relevante Personen in Patchworkfamilien, Besuchsregelungen usw.

Unter diesem Punkt wird jedoch noch keine Anamnese geschildert.

Hinweis: Parallele Geschwisterbehandlungen sind unzulässig!

Zu 2. Symptomatik und psychischer Befund

Symptomatik: Hierher gehören die Angaben und Schilderungen der Patienten in den Erstbegegnungen (▶ Kap. 5.2). Es empfiehlt sich, nahe an den Erzählungen und der Wortwahl der Patienten zu bleiben und sie nicht vorschnell in Fachbegriffe zu bringen. Dem Gutachter soll das subjektive Leiden der Patienten deutlich werden – die psychodynamische Hypothesenbildung kommt später. Wichtig ist eine möglichst getrennte Darstellung der Angaben der Eltern und des Kindes bzw. des Jugendlichen. Es müssen nicht alle Angaben wiedergegeben werden – hier wie auch bei den anderen Punkten sollte man sich auf das Wesentliche oder Beispielhafte beschränken. Sinnvoll ist, eine typische Szene, in der sich die Symptomatik zeigt, zu schildern.

Psychischer Befund: Die Grundlagen zu dessen Erhebung bildet das Material aus den probatorischen Sitzungen, das nun einer systematischen Betrachtung und Begrifflichkeit zugeführt wird (▶ Kap. 5.3 Diagnostik). Ausgehen lässt sich dabei vom Übertragungs- und Gegenübertragungsgeschehen, der szenischen Gestaltung, den symbolischen Darstellungen und von Testbefunden, v. a. aus projektiven Tests (vgl. Lutz 2007, Wienand 2019). Als Gliederung dieses Abschnittes hat sich folgender Dreischritt bewährt:

- Beziehung bzw. Kontakt: Wie die Patienten den Kontakt zum Therapeuten herstellen und gestalten, lässt Rückschlüsse zu auf deren soziale Erlebens- und Verhaltensweisen, ihren Zugang zur Emotionalität, ihre Differenziertheit, ihren Umgang mit Affekten usw. Objektrepräsentanzen, Bindungsverhalten, Entwicklungsdisharmonien und das strukturelle Niveau lassen sich erschließen, ebenso hat der Therapeut Einblick gewonnen in die wesentlichen Konfliktbereiche.
- Angst: Die wichtigsten Ängste und deren Niveau zu erfassen, ist Voraussetzung für die Beschreibung der Angstbewältigung bzw. der Abwehr. Hier geht es nicht um die Aufzählung aller Angstreaktionen, sondern um die Herausarbeitung der zentralen Angst, auf die das Ich unter Zuhilfenahme der Neurose oder von Kompensationsmanövern reagieren muss. Angst kann sich auf verschiedenen Ebenen manifestieren:
  - Angst vor Vernichtung (Existenzangst),
  - psychotische Angst (Angst vor Selbst-Desintegration bzw. Fragmentierung),

- Angst vor der Überflutung des Ich durch destruktive Affekte bzw. verfolgende Introjekte,
- Selbstverlust- oder Objektverlust-Angst, Angst vor Hilflosigkeit und Schutzlosigkeit,
- narzisstische Ängste wie Angst vor Selbstwertverlust, vor Kränkungen und Beschämungen,
- Gewissensangst, Strafangst, Kastrationsangst.
• Abwehr: Die bevorzugten Abwehrmechanismen, bezogen auf die zentrale Angst, lassen sich nun darstellen. Auch die Abwehr lässt sich auf verschiedenen Niveaus beschreiben (▶ Kap. 5.3.5), wobei der Entwicklungsstand des Kindes/des Jugendlichen berücksichtigt werden muss. So ist das Auftauchen primitiver Abwehren für die Adoleszenz typisch und muss in den Zusammenhang mit aktuellem Konfliktgeschehen gebracht werden.
  - Abwehrmechanismen auf niedrigem strukturellen Niveau (»primitive Abwehr«): Spaltung, Projektion, primitive Idealisierung und Entwertung, projektive Identifizierung, manisches Agieren,
  - Abwehrmechanismen auf reiferem Niveau: Identifikation mit dem Aggressor, Verdrängung, Verschiebung, reifere Formen der Verleugnung, Ungeschehenmachen, Isolierung, Intellektualisierung, Reaktionsbildungen,
  - Abwehrmechanismen aus dem narzisstischen Bereich: Omnipotenz, magische Größenphantasien,
  - psychosomatische Erkrankungen und psychosoziales Agieren als Angstabwehr.

Die hier vorgeschlagene Systematik des psychischen Befundes ist deshalb empfehlenswert, weil sie die Darstellung der Psychodynamik vorbereitet.

Zu 3. Somatischer Befund / Kosiliarbericht

Ist der Kinder- und Jugendlichenpsychotherapeut nicht selbst Arzt, ist ein Konsiliarbericht einzuholen. Dieser Bericht dient nicht allein der Orientierung des Gutachters, sondern v. a. auch derjenigen des Therapeuten. Er sollte Aufschluss geben über den somatischen Status des Patienten und evtl. laufende ärztliche Behandlungen. Meist ist es hilfreich, mit dem Konsiliararzt Kontakt aufzunehmen, sofern die Zusammenarbeit nicht ohnehin schon geklärt ist, damit dieser über den Informationsbedarf des Therapeuten Bescheid weiß.

Zu 4. Behandlungsrelevante Angaben zur Lebensgeschichte, zur Krankheitsanamnese und zur Psychodynamik

Die Zusammenfassung von Anamnese und Psychodynamik in einem Abschnitt ist verführerisch: Allzuleicht passiert es, dass Therapeuten die Ätiologie einer Erkrankung allein aus belastenden Lebensereignissen, vermuteter Insuffizienz früher Elternobjekte usw. in linearer Kausalität herleiten. Eine solche Argumentation ist unter psychodynamischen Gesichtspunkten nicht sachgerecht. Auch unter problematischen Lebensumständen und schwierigen Eltern kann ein Kind gesund bleiben. Psychische Krankheit entsteht immer aus einer Auseinandersetzung der kindlichen bzw. jugendlichen Psyche, in der äußere Bedingungen und innere Dispositionen, Konfliktmuster und Phantasien ineinander verwoben sind. In diesem Prozess ist der Patient nicht nur ein Erleidender, vielmehr ist er aktiv durch bewusste, mehr noch unbewusste psychische Aktivität beteiligt. Wie aus diesem Kräftespiel eine psychische Erkrankung mitsamt ihrer Symptomatik entsteht, beschreibt die Psychodynamik.

Es empfiehlt sich daher, die beiden Abschnitte systematisch voneinander zu trennen, etwa in 4a und 4b.

4.a Anamnese

Hier wird zusammengefasst, was sich aus der Anamneseerhebung ergeben hat (▶ Kap. 5.3.2). Die Anamnese ist ein wichtiger Baustein in der psychodynamischen Hypothesenbildung. Deshalb sollten alle Angaben, die hinsichtlich der Konfliktgeschichte bzw. der Entstehung struktureller Beeinträchtigungen von Bedeutung sind, aufgeführt werden. Dazu gehören unbedingt die Angaben zur biografischen Anamnese der Eltern bzw. der wichtigsten Bezugspersonen. Dabei sollte sich der Therapeut auf die wesentlichen Entwicklungslinien, Schwellensituationen und bedeutenden Ereignisse, wie etwa traumatisches Erleben, beschränken. Der Gutachter sollte nachvollziehen können, wie sich die Entstehung des neurotischen Konflikts bzw. der strukturellen Störung in die Lebensgeschichte der Patienten einbettet. Die Anamnese erhebt keine objektive Historie, sondern eine subjektiv erzählte (und konstruierte) Geschichte. Geschickt ist es daher, wenn die Formulierung dieses Abschnitts dieser Tatsache entspricht – etwa indem Angaben der Patienten in indirekter Rede dargestellt werden.

> »Beim Eintritt in den Kindergarten habe der Junge mit viel Weinen und großen Trennungsängsten reagiert ...«

Zur Krankheitsanamnese genügt eine Aufzählung wesentlicher Erkrankungen, soweit sie für die Entwicklung von Bedeutung waren oder sind. Nicht vergessen: bisherige psychotherapeutische, ergotherapeutische, logopädische usw. Behandlungen, Kuren und stationäre Aufnahmen etc.

4.b Psychodynamik

Dieser Punkt ist gleichsam das Herzstück des Berichts des Therapeuten und er sollte mit besonderer Sorgfalt herausgearbeitet werden. Im Mittelpunkt steht der ungelöste zentrale psychische Konflikt, der die Entwicklung beeinträchtigt und im Sinne des Wiederholungszwanges in äußeren Konflikten immer wieder auftaucht (▶ Kap. 3.3). »Zentral« meint hier, dass es natürlich noch andere Konfliktfelder gibt, auch in Folge des Hauptkonflikts. Der Therapeut sollte sich jedoch auf die Darstellung des Konflikts konzentrieren, um den sich das Krankheitsgeschehen hauptsächlich gruppiert.

Man sollte sich vergegenwärtigen, dass die Formulierung des psychodynamischen Konfliktgeschehens immer Hypothesencharakter hat. Wir beschreiben intrapsychische Vorgänge mit einem System aus metapsychologischen Vorstellungen und entsprechenden Begrifflichkeiten aufgrund der Informationen, die wir bis dahin gesammelt haben. Dies darf auch in den Formulierungen zum Ausdruck kommen (»… allem Anschein nach …«, »… legt die Folgerung nahe, dass …«).

Ein Konflikt besteht immer aus zwei antagonistischen Polen – Strebungen, Wünschen, Instanzen etc. –, die unvereinbar und nicht »unter einen Hut zu bringen« sind. Diese sich wechselseitig ausschließenden psychischen Elemente müssen benannt werden – und zwar als innerer Konflikt (▶ Kap. 5.3.4 »Die Psychodynamik des Konflikts«).

Auch Konflikte lassen sich bestimmten Ebenen zuordnen:

- frühe Konflikte aus basalem affektivem und dem dazugehörigen (Teil-)Objekt-Erleben,
- narzisstische Konflikte aus der Regulation des Selbstwerts und der Selbstrepräsentanzen (Größenselbst vs. Reales Selbst),
- Konflikte auf der Ebene der Separation und Individuation sowie der Subjekt-Objekt-Differenzierung,
- Konflikte aus Objektbeziehungsrepräsentanzen (dyadisch vs. triadisch),
- Konflikte aus den Phasen der Triebentwicklung (also z. B. orale, anal-sadistische, phallisch-narzisstische, ödipale Konfliktebenen),
- Identitätskonflikte.

Natürlich strahlt ein Konflikt auf einer bestimmten Ebene auch auf andere Bereiche aus. Gleichwohl ist es sinnvoll, sich auf die Ebene zu beschränken, welche der psychodynamischen Hypothese des Therapeuten am ehesten entspricht.

Konflikte der verschiedenen Ebenen lassen sich in unterschiedlichen Dimensionen des psychischen Geschehens beschreiben, je nachdem, wo sie hauptsächlich zutage treten: *Triebkonflikte und emotionale Konflikte* (z. B. aggressive vs. libidinöse Strebungen, masochistische Unterwerfungswünsche vs. sadistische Kontrollwünsche, Scham vs. phallischen Exhibitionismus, Anlehnungsbedürfnisse vs. Individuation etc.), *Instanzenkonflikte* (z. B. rigide einschränkendes Über-Ich vs. Ansprüche des Es oder Konflikte zwischen verschiedenen Ich-Bereichen), *Konflikte zwischen regressiven und progressiven Tendenzen* (z. B. depressiv-narzisstischer Rückzug vs. Angriff bzw. Verteidigung).

Der so beschriebene Konflikt ist in seiner Pathogenese darzustellen. Also: Welche Beziehungsmuster, unbewusste Phantasien, Traumatisierungen usw. haben dazu geführt, dass sich der Konflikt auf einer bestimmten Ebene verfestigt, »fixiert« hat und dass er nicht gelöst werden konnte? Insbesondere bei jüngeren Kindern sieht man die Entstehung eines fixierten Konflikts im aktuellen Geschehen, hier lassen sich Aktualkonflikt und verinnerlichte Konfliktkonstellation oft noch kaum voneinander unterscheiden.

Nun lässt sich der Konflikt verbinden mit den Beobachtungen aus dem psychischen Befund. Welche Ängste hat der Konflikt ausgelöst bzw. löst er aus? Wie versucht das Ich des Patienten, mit seinen Bewältigungsstrategien und Abwehrmechanismen mit den konfliktbedingten Ängsten fertig zu werden? Wie hat sich daraus die Symptomatik als Lösungsversuch gebildet und welche Funktion in der Regulation der psychischen Homöostase sowie in der Regulation des Beziehungsgeschehens übernimmt sie? Wie wirkt sich das aus auf die Beziehungen innerhalb der Familie, der Peergroup, des sozialen Geschehens? In welche familiäre Konfliktdynamik ist das psychische Geschehen des Patienten eingebunden? Was »repräsentiert« das Kind, der Jugendliche mit seiner Krankheit innerhalb der Familie? Konflikt, Angst und Abwehr sind sozusagen die Protagonisten auf der inneren Bühne des dynamischen seelischen Geschehens. Sie tauchen in der Geschichte des Patienten und seiner Familie immer wieder auf, es empfiehlt sich deshalb, in der Psychodynamik diese Geschichte nachzuzeichnen: In welchen Situationen hat sich der Konflikt wiederholt – bzw. hat der Patient ihn wiederholt –, wie hat er sich in den Entwicklungsphasen und Schwellensituationen manifestiert? Schließlich: Welches aktuelle Ereignis oder welche entwicklungsbedingte Anforderung hat dazu geführt, dass das bisherige Bewältigungsszenario überfordert ist und dekompensiert – mit anderen Worten: Was war der Auslöser für den Wunsch nach Psychotherapie?

In die Beschreibung der Dynamik von Konflikt, Angst und Abwehr gehört auch die Frage, welche inneren Strukturen und Objektrepräsentanzen dem Patienten und seiner Familie zur Verfügung stehen. Das Verhältnis zwischen Konflikt und Struktur (▶ Kap. 5.5 »Indikationsstellung«) lässt sich ebenfalls als ein dynamisches beschreiben. Strukturelle Beeinträchtigungen schwächen das Ich bei der Bewältigung von Entwicklungskonflikten, persistierende ungelöste Konflikte behindern den Aufbau ausreichend stabiler innerer Strukturen. Die Beschreibung des strukturellen Niveaus des Patienten muss – das ist selbstverständlich – seinen Entwicklungsstand berücksichtigen. Strukturelle psychische Fähigkeiten sollte man nicht allein unter pathologischen Gesichtspunkten untersuchen. Sie sind auch ein wichtiger Hinweis, welche Ressourcen dem Patienten und seiner Familie zur Verfügung stehen, um verfahrene Situationen zu meistern. Der Blick auf die gesunden Persönlichkeitsanteile und entwickelten Ich-Funktionen (nicht allein: Wie krank ist der Patient?, sondern auch: Wie gesund ist er?) ist für die Prognose unabdingbar.

Eine typische Schwierigkeit beim Verfassen der Psychodynamik erlebt der Therapeut, wenn es ihm nicht gelingen will, einen zentralen neurotischen Konflikt zu erfassen. Neben eigenen Gegenübertragungsreaktionen (die dann verstanden werden müssen) kann dies ein Hinweis darauf sein, dass die strukturellen Störungen des Patienten bzw. seiner Bezugspersonen in der Pathologie im Vordergrund stehen und multiple agierte innere und soziale Konflikte nach sich ziehen, die schwer eingrenzbar sind. In diesem Fall sollte die Beschreibung der strukturellen Störungen und ihrer Auswirkungen im psychischen und sozialen Geschehen im Vordergrund stehen, auch hier in Verbindung mit den Ängsten und typischen Abwehren.

Zur Psychodynamik gehört auch die Überlegung, wie der Patient mit der ödipalen Konfliktkonstellation umgeht bzw. wie die Konfliktdynamik und die strukturellen Gegebenheiten deren Bewältigung beeinträchtigen. Vergegenwärtigen wir uns, dass der (reife) ödipale Konflikt zwar in der Epigenese in einem bestimmten Abschnitt der Entwicklung im Vordergrund steht, jedoch als grundlegende Herausforderung den Menschen in seinem gesamten Leben begleitet. Die zentralen Themen des ödipalen Geschehens sind die Integration von Liebe und Hass sowie von dyadischen und triadischen Beziehungskonstellationen und -phantasien. Hinsichtlich der Struktur fragt sich, inwieweit trianguläre Prozesse einen inneren Raum eröffnen konnten, der dem Menschen die Fähigkeit zu symbolisieren, zu mentalisieren und introspektiv nachzudenken zur Verfügung stellt.

Wie der Therapeut an die Strukturierung dieses Abschnittes herangeht, wird sich nach dem richten, was ihm in der Probatorik besonders auffällig erschien. Ausgehen lässt sich etwa vom szenischen Geschehen oder von der Übertragungs-/Gegenübertragungskonstellation, in welchen der Patient bzw. seine Bezugspersonen den Konflikt wiederholen. Oder man nimmt die Anamnese zum Ausgangspunkt und beschreibt die Entstehung und Wiederholungen des Konflikts in der Biografie der Beteiligten. Auch der Psychische Befund lässt sich zugrunde legen: etwa wenn sich in einem projektiven Test der zentrale Konflikt besonders markant symbolisch zeigt. Wichtig ist jedoch, dass man die Quellen der Hypothesenbildung in eine Zusammenschau bringt, also Szene, Übertragung, Anamnese und Psychischen Befund aufeinander bezieht.

Zu 5. Diagnose zum Zeitpunkt der Antragstellung

Die Diagnose ist auf drei Ebenen zu stellen:

- als symptombezogene Diagnose nach ICD 10,
- als Konfliktdiagnose,
- als Strukturdiagnose.

Da die gleichen Symptome in verschiedenen Krankheitsbildern auftauchen können, ist die differentialdiagnostische Abgrenzung wichtig. (Motorische Unruhe z. B. ist ein unspezifisches Symptom, das bei Angsterkrankungen regelmäßig auftaucht; es wird jedoch häufig als »ADHS« fehldiagnostiziert.)

Zu 6. Behandlungsplan und Prognose

Behandlungsplan

Hier muss ein Zusammenhang hergestellt werden zwischen Art und Umfang der Störung, den vereinbarten Zielen und der Indikation zur TfP. Das Setting wird hier begründet: Einzel- oder Gruppentherapie, Kombinationsbehandlung, ggf. stationäre Therapie). Die TfP zeichnet sich dadurch aus, dass sie an einem eingrenzbaren Aktualkonflikt progressionsorientiert arbeitet. Deshalb sollte hier nachgezeichnet werden, inwiefern die Bearbeitung dieses Aktualkonflikts eine blockierte Entwicklung freisetzt und welche Ziele in der anvisierten Dauer und Frequenz in Absprache mit den Patienten erreicht werden sollen. Hilfreich ist auch die Benennung des Fokus, um deutlich zu machen, worauf sich der Therapeut konzentrieren will. Im Fall einer strukturbezogenen oder langfristig stützenden Therapie sollte aufgezeigt werden, welche Interventionen der Therapeut für vordringlich hält, welche psychischen Funktionen entwickelt werden sollen – auch im Familiensystem – und wie einer weiteren (malignen) Regression vorgebeugt werden kann. In jedem Fall ist die Rolle der therapeutischen Beziehung zu benennen.

Prognose

Hier fließen die Überlegungen zu den Behandlungsvoraussetzungen (▶ Kap. 5.3.7) und zu den Ressourcen (▶ Kap. 5.3.6) ein. Dem Gutachter sollte deutlich werden, was dafür spricht, dass die beantragte Psychotherapie bei diesem Patienten und seinen Bezugspersonen das Verfahren ist, welches am ehesten zu einem Behandlungserfolg (entsprechend der Ziele) führt. Eine ausreichend gute Prognose ist nicht zuletzt auch für die Erfüllung des Kriteriums der Wirtschaftlichkeit wichtig.

Das Verfassen einer Stellungnahme zum Antrag ist ein Vorgang, der beim Therapeuten einiges an Ängsten und ärgerlichen Affekten mit den entsprechenden Widerständen auf den Plan rufen kann. Zunächst darf man nicht unterschätzen, dass die Stellungnahme ein erhebliches Maß an Zeit und Mühe in Anspruch nimmt – Arbeitszeit und berufliche wissenschaftliche Kompetenz, die zwar gefordert wird, aber in absolut unzureichendem Maß honoriert wird. Der Aufwand unbezahlter beruflicher Tätigkeit für Patienten setzt an sich schon einen gesunden Unwillen frei; welche eigene Übertragungsreaktionen in die therapeutische Beziehung kommen, muss man sorgfältig beachten. Aber der Widerstand entzündet sich wohl auch an der Konstellation selbst, die der Therapeut je nach eigener Persönlichkeit verarbeitet. Manche mögen es als unangenehme Kontrolle empfinden, wenn ein Dritter – der die Patienten ja gar nicht kennt und nur mittelbar erlebt – über die eigene Einschätzung und therapeutische Arbeit (mit-)entscheidet. In das Beziehungsgeschehen zwischen Therapeut und Patienten schleicht sich gleichsam ein Dritter ein, der zumindest in den Phantasien des Therapeuten gegenwärtig ist. Es kommt eine Autorität ins Spiel, die über den Bericht urteilt und entscheidet, der die Rolle einer Über-Ich-Instanz zugewiesen werden kann, das aktiviert die Muster des Umgangs mit Autoritäten. Hopf (2002) hat darauf hingewiesen, dass der Vorgang auch einer Prüfungssituation ähnelt und entsprechende Reaktionen hervorrufen kann. Der Therapeut fühlt sich möglicherweise berechtigt, die Zumutung durch illegitime Manöver zu umgehen, oder er versucht, sich der Autorität zu unterwerfen, indem er sein theoretisches Wissen demonstriert. Auf jeden Fall sollte sich der Therapeut beim Verfassen des Berichts über seine eigenen Gegenübertragungsreaktionen, aber auch über seine Übertragung auf den Gutachter und die anonyme Instanz der Krankenkasse klarwerden. Meist haben spezifische Affekte und innere Einstellungen auch mit dem Fall selbst zu tun.

Die Empfehlung des Gutachters zur Genehmigung der Psychotherapie umfasst zeitlich in der Regel einen Zeitraum von zwölf Monaten. Das bedeutet bei einer einstündigen Frequenzwahl, dass das empfohlene Stundenkontingent u. U. unter den in den Psychotherapierichtlinien vorgesehenen (und meist auch beantragten) Kontingenten liegt. Das ist vor dem Hintergrund der Tatsache nachvollziehbar, dass das Gutachterverfahren der Qualitätssicherung der Psychotherapie dient. Möglicherweise wird die Enttäuschung, weniger Stunden genehmigt zu bekommen als beantragt, dadurch relativiert, wenn man sich vor Augen hält, dass eine gründliche Reflexion des therapeutischen Prozesses – ggf. unter Hinzuziehung eines Dritten – nach einem Jahr auch hilfreich sein kann.

Merke

- Die Formulierung des Berichts soll dem Gutachter nachvollziehbar machen, dass die geplante Therapie den Kriterien der Psychotherapierichtlinien entspricht.
- Der Bericht stellt Symptomatik, Anamnese, Psychischen Befund, Szene und Übertragungsgeschehen in einen Zusammenhang, so dass die Psychodynamik der Erkrankung deutlich wird.
- Familiensituation und die Perspektiven der Arbeit mit den Bezugspersonen werden reflektiert.
- Die Diagnose wird aus diesen Grundlagen mehrdimensional erstellt.
- Der Bericht begründet unter Berücksichtigung der Behandlungsvoraussetzungen die Wahl des Verfahrens, die Dauer und die Frequenz sowie die begleitende Psychotherapie der Bezugspersonen und formuliert eine Prognose.
- Der Therapeut sollte sich über seine innere Haltung zur Antragsstellung und zum Verfassen des Berichts Rechenschaft ablegen.

6 Der Anfang der Therapie: Grundlagen für die therapeutische Arbeit

Zweifellos entscheidet die Vorbereitung der Therapie bereits über die Art und Weise des Fortgangs. Deshalb gibt es gute Gründe, schon die Erstbegegnung, ja die Phänomene in deren Vorfeld, zur Therapie zu rechnen. Dies ist jedoch den Patienten zumeist nicht bewusst. Wenn wir in der TfP Wert legen auf eine therapeutische Arbeit, die auf bewusstseinsnahe konflikthafte Erlebens- und Verhaltensweisen fokussiert, dann müssen wir ernstnehmen, dass für die Patienten die Therapie dann beginnt, wenn die Entscheidung dafür gefallen, der Therapieauftrag implizit oder explizit erteilt ist und das Kind oder der Jugendliche bzw. die Eltern zu ihrer ersten Sitzung kommen. Wie die Anfangsphase gemeinsam mit dem Therapeuten gestaltet wird, legt die Grundlage für die Etablierung eines therapeutischen Beziehungsmilieus und damit für den Erfolg der Behandlung.

6.1 Der Rahmen

Jede Psychotherapie findet unter definierten Bedingungen statt. Dazu gehören Dauer und Häufigkeit der Sitzungen (Frequenz), deren zeitliche Festlegung, der Ort und die Räume, in denen die Therapie stattfindet, die Vereinbarungen über Urlaub oder andere Therapieunterbrechungen wie Krankheit, Schullandheimaufenthalte usw., die Regelungen über Honorar bzw. Ausfallhonorar und nicht zuletzt Vereinbarungen, die den Schutz der therapeutischen Beziehung betreffen, wie Schweigepflicht und die Regel, dass man sich im Therapieraum nicht absichtlich wehtut, nichts mutwillig zerstört und am Schluss der Stunde aufräumt. Das Gesamt dieser Bedingungen ist der Rahmen (Althoff 2016).

Der Rahmen ist Bestandteil der Therapie. Seine Stabilität entscheidet darüber, ob sich eine therapeutische Beziehung entfalten kann. Wenn die Therapie einer Fahrt durch unbekanntes Gewässer mit unbekannten Gefahren und in unbekannte Länder vergleichbar ist, dann ist das Schiff der Rahmen, der Sicherheit und Halt auch in ungestümen Winden und Wellen gibt.

So wichtig ein klar und transparent gesteckter Rahmen ist, so gewiss sind auch die Angriffe der Patienten auf denselben. Es liegt in der Natur der Neurose wie auch der strukturellen Störungen, ihre Inhalte und Ursprünge nicht immer und manchmal sogar überwiegend nicht in der symbolisierten Form von Phantasien, Bildern, Spielen oder als Erinnerungen in die Therapie zu bringen, sondern als Wiederholungen, als Handlungen und szenische Gestaltungen, mit anderen Worten, als Agieren (Freud 1914 g, Ferenczi & Rank 1924). In einer Psychotherapie ist die Möglichkeit zum Agieren per se eingeschränkt, denn sie bietet nur ein kleines Feld für Alltagshandeln oder für Alltagsbeziehungen im Hier und Jetzt. Die Haltung des Therapeuten entzieht sich der dem Patienten sonst vertrauten Art der Beziehung; auch das Spiel unserer kleinen Patienten ist kein Agieren, sondern der ihnen mögliche und zugängliche Ausdruck ihrer inneren Welten. Der nahezu einzige mögliche Ort des Agierens ist somit der Rahmen. Rahmenverletzungen sind also Bestandteil des unbewussten Handlungsdialogs (Klüwer 1983) zwischen Patient und Therapeut und müssen angesprochen, verstanden und bearbeitet werden, sonst droht eine Kette von Wiederholungen, die dafür sorgt, dass Wesentliches aus der Therapie herausgehalten und vermieden wird.

Ein feststehender und gleichbleibender Rahmen gibt dem therapeutischen Prozess Halt und Struktur. Er ist gewissermaßen die Referenz, mit deren Hilfe das unbewusste Material verstanden werden kann. Um beispielsweise ein Gebäude zu errichten oder ein Stück Land zu vermessen, müssen sich alle Beteiligten auf ein Längenmaß einigen, als Referenz für die räumliche Ausdehnung. Ein Meter etwa, der täglich in seinem Ausmaß schwankt, wäre völlig untauglich, das Bauvorhaben oder die Landvermessung müssten kläglich scheitern. Auch der Rahmen einer Psychotherapie braucht eine solche Konstanz. Er sollte nur dann verändert werden, wenn die Gründe dafür verstanden sind, und nicht einem unbewussten Agieren entspringen, auch müssen die Auswirkungen der Veränderung sorgfältig beobachtet werden. Da die TfP ein Verfahren ist, das die Beziehung zwischen Therapeut und Patient auf einer realitätsnahen Ebene hält und die Übertragung nicht zum Kern des therapeutischen Agens macht, lässt sich bei den initialen Rahmenvereinbarungen – z. B. zeitlichen Vereinbarungen, Urlaubsregelungen – realistischen Bedürfnissen der Patienten entgegenkommen, soweit dies in die Praxisorganisation des Therapeuten passt. Bei Jugendlichen kommt es häufig vor, dass der Rahmen im Verlauf einer Therapie zur Diskussion steht. Dahinter kann der Versuch einer Regulation von Angst um Autonomie oder von Nähe und Distanz stehen. Der Therapeut sollte eine gewisse Flexibilität in der Handhabung des Rahmens bei Jugendlichenpsychotherapien mitbringen, ohne jedoch auf eine verstehende Durchdringung des Geschehens zu verzichten.

Der Rahmen wird in Kindertherapien sowohl mit den Eltern als auch mit dem Kind vereinbart. Mit den Eltern empfiehlt sich eine schriftliche Vereinbarung in Form eines Therapievertrags. Darin wird die Schweigepflicht festgehalten, die Frequenz und die anvisierte Dauer der Therapie festgelegt, Absagen im Fall von Urlaub, schulischen Veranstaltungen (z. B. Klassenreisen) oder Krankheit geregelt, das Ausfallhonorar im Fall von verspätet abgesagten oder versäumten Stunden benannt etc. Damit ersparen sich beide Seiten zwar nicht die evtl. Rahmenverletzung, aber doch eine unerquickliche Auseinandersetzung über die Vereinbarung selbst. Sind die Bezugspersonen nicht die Eltern (z. B. bei Kindern, die in Jugendhilfeeinrichtungen untergebracht sind), muss geklärt werden, wer für die Einhaltung des Rahmens verantwortlich ist; dazu gehört auch die Regelung, wer ein evtl. anfallendes Ausfallhonorar bezahlt.

Mit dem Kind wird mündlich ebenfalls eine Rahmenvereinbarung getroffen. Je nach Alter enthält sie die Abmachung, dass das Kind zu seinen festgelegten Stunden pünktlich kommt, evtl. auch, wie es Wartezeiten überbrückt und wie es ggf. abgeholt wird. Zur Rahmenvereinbarung mit dem Kind gehören auch die o. g. Regelungen zum Schutz der therapeutischen Beziehung.

Auch bei Rahmenvereinbarungen mit Jugendlichen empfiehlt sich ein schriftlicher Therapievertrag. Dieser hat den Vorteil, dass die Eltern ihn zu Gesicht bekommen und unterschreiben, wenn der Jugendliche noch nicht volljährig ist. Wenn Elterngespräche notwendig scheinen, sollte der Therapievertrag auf jeden Fall gemeinsam mit dem Jugendlichen besprochen werden. Bei Jugendlichentherapien stimmen die Eltern immerhin einer Behandlung zu, in die sie keinen Einblick bekommen und für die sie gleichwohl Verantwortung übernehmen. Jugendlichenbehandlungen, die ohne Wissen der Eltern durchgeführt werden sollen oder bei denen die Eltern nicht zur Verfügung stehen, benötigen selbstverständlich Rahmenvereinbarungen, die auf diese Situation zugeschnitten sind.

Letzten Endes regelt die Rahmenvereinbarung Verantwortlichkeiten, sie knüpft also an den gesunden Ich-Anteilen der Patienten an. Man sollte es deshalb nicht zulassen, dass sie aufgeweicht wird. Dies betrifft besonders die immer wieder strittige Frage des Ausfallhonorars. Natürlich ist dies für Familien, v. a. solchen mit wenig Einkommen, schmerzlich; umso sorgfältiger müssen sie mit den Therapieterminen umgehen. Bei einem vorschnellen Entgegenkommen besteht die Gefahr, dass der Therapeut in eine Verwöhnhaltung verfällt, welche einerseits die progressiven Kräfte im Patienten weiter schwächt und andererseits die Therapie entwertet. Die Empfehlung S. Freuds, man sollte nicht »den uneigennützigen Menschenfreund … agieren« wollen, hat nichts an ihrer Gültigkeit eingebüßt (Freud 1913c, S. 465).

> **Merke**
>
> - Der Rahmen ist Teil des therapeutischen Geschehens.
> - Er ermöglicht die therapeutische Beziehung, das Auftauchen unbewussten Materials und dessen Bearbeitung.
> - Rahmenvereinbarungen werden sowohl mit dem Kind/Jugendlichen als auch mit den Bezugspersonen getroffen.
> - Sie enthalten Absprachen mindestens über Raum, Zeit, Frequenz und Dauer der Therapie, über die Schweigepflicht, über Regeln zum Schutz der Therapie sowie Vereinbarungen über ausfallende Stunden und Urlaubsregelungen.
> - An Rahmenverletzungen kristallisieren sich innere Konflikte. Sie sind i. d. R. Widerstandsphänomene und müssen konsequent aufgegriffen werden.

6.2 Das Arbeitsbündnis

Greenson (1973) sieht in der Beziehung zwischen Therapeut und Patienten drei Ebenen: die Realbeziehung, die Arbeitsbeziehung und die Übertragungsbeziehung. Bereits Sterba (1934) hatte darauf hingewiesen, dass es gesunde Ich-Anteile im Patienten geben muss, die sich mit dem Therapeuten verbünden, um die Übertragungsprozesse verstehen und analysieren zu können (die sog. »therapeutische Spaltung im Ich«). Es ist zwar unstrittig, dass auch in der Arbeitsbeziehung und der Realbeziehung Aspekte der Übertragung eine Rolle spielen, die realitätsnahe Wahrnehmung des Therapeuten und der äußeren therapeutischen Situation überwiegen jedoch in diesen Formen der Beziehungsgestaltung weitgehend.

Die Bedeutung des Arbeitsbündnisses oder der therapeutischen Allianz ist durch verschiedene Autoren hervorgehoben und präzisiert worden (Bordin 1979, Luborsky 1988). Nachweislich korreliert die Qualität des Arbeitsbündnisses mit dem Behandlungserfolg. Es gilt also – nicht nur zu Beginn der Therapie, sondern ebenso in ihrem Verlauf –, ein tragfähiges Arbeitsbündnis mit den Patienten herzustellen und immer wieder zu sichern.

Das Arbeitsbündnis beschreibt eine Beziehung, die von gegenseitigem Respekt und Vertrauen geprägt ist, in der also eine emotional positive Atmosphäre herrscht. S. Freud hatte eine anfängliche positive Übertragung seitens des Patienten als günstige Voraussetzung für eine Analyse beschrieben. Ein gutes Arbeitsbündnis zeichnet weiterhin eine weitgehende Übereinstimmung zwischen Patienten und Therapeut hinsichtlich der Ziele und der Aufgaben der Therapie aus; schließlich ist ein weiterer wesentlicher Faktor die Überzeugung der Patienten, es werde ihnen durch die Therapie und die Person des Therapeuten geholfen. Ein solches stabiles Arbeitsbündnis können Patienten umso besser eingehen, je eher sie auf gute Erfahrungen mit Objekten bzw. auf ein »Urvertrauen« zurückgreifen können (Sandler, Dare & Holder 1973), je sicherer die Bindungsrepräsentanz ist. Patienten mit frühen Störungen und entsprechenden Abwehren haben es in dieser Hinsicht schwerer (und »machen« es auch dem Therapeuten schwerer), u. U. muss dann zunächst und immer wieder an der Herstellung und Stabilisierung des Arbeitsbündnisses gearbeitet werden. Dies ist u. a. auch deshalb wichtig, damit eine »dritte Perspektive« bei konfrontierenden Deutungen oder bei der Bearbeitung von Widerständen entstehen kann.

In der Kinderpsychotherapie ist die Arbeit am Arbeitsbündnis sowohl mit den Eltern bzw. Bezugspersonen als auch mit dem Kind erforderlich; in der Jugendlichenpsychotherapie mit dem Jugendlichen und ggf. mit den Eltern, sofern diese mit einbezogen werden. Das Arbeitsbündnis ist also mehrschichtig und deshalb komplizierter als in der Arbeit mit erwachsenen Einzelpatienten.

> **Merke**
>
> - Im Arbeitsbündnis bilden gesunde Ich-Anteile des Patienten mit dem Therapeuten eine Allianz.

- Die Qualität des Arbeitsbündnisses korreliert mit dem Behandlungserfolg. Es ist gekennzeichnet durch
  - anfängliche positive Übertragung,
  - Übereinstimmung hinsichtlich der Ziele der Behandlung,
  - die Überzeugung, durch die Therapie Hilfe zu erfahren.
- Günstige Voraussetzungen sind stabile innere Objekte und eine sichere Bindung.
- Ungünstige Voraussetzungen sind frühe Störungen. In diesen Fällen ist die Sicherung des Arbeitsbündnisses eine wichtige Funktion in der Therapie.

6.2.1 Das Arbeitsbündnis mit dem Kind

Anna Freud war der Meinung, dass zunächst pädagogische Maßnahmen erforderlich seien, um ein Kind analysefähig zu machen (A. Freud 1927/1926). Auch Seiffge-Krenke (2007) spricht von einer pädagogischen Phase, in der Jugendliche an die spezifische Art und Weise eines therapeutischen Umgangs herangeführt werden müssten (S. 216).

Das Arbeitsbündnis in der Psychotherapie mit einem Kind steht unter der Voraussetzung, dass – wie bereits ausgeführt – ein Kind in der Regel nicht von sich aus in die Psychotherapie kommt. Gleichwohl wird eine therapeutische Arbeit nur erfolgreich sein können, wenn das Kind Vertrauen in die Person des Therapeuten und in die therapeutische Situation fassen kann, wenn es gerne in diese »besonderen Stunden« kommt.

Das Arbeitsbündnis ist im Kern eine trianguläre Beziehung: Zwei Menschen tun sich zusammen, um miteinander etwas Drittes anzuschauen, zu erkunden, zu verstehen. Das können die Phantasien sein, die sich in der Beziehung manifestieren, das kann das Beziehungsgeschehen zwischen dem Kind und seinen Bezugspersonen, seinen Freunden usw., besonders auch dasjenige zwischen dem Kind und dem Therapeut sein, das können Gefühle und Affekte sein, Ängste, Wünsche und Erwartungen. In diesem Zwischenraum spielt sich das ab, was therapeutisch wirksam ist – also die Auflösung entwicklungshemmender neurotischer Blockaden und Fixierungen. Wenn in einer Psychotherapie an triangulären Strukturen gearbeitet wird, so wird implizit immer auch am Arbeitsbündnis gearbeitet und umgekehrt. Trianguläre Strukturen sind jedoch nicht in jeder Entwicklungsphase gleich, deshalb wird auch das Arbeitsbündnis je nach Entwicklungsstand des Kindes anders aussehen. Einige durchgängige Themen, an denen sich die Qualität des Arbeitsbündnisses entscheidet, verdienen aber die besondere Beachtung des Therapeuten.

Die Therapiestunde als Trennungssituation

Für ein Kind ist das Überschreiten der Schwelle zum Therapieraum eine Trennungssituation. Es verlässt seinen gewohnten Alltag, muss sich von Vater oder

Mutter trennen oder sein Spiel mit Freunden verlassen und kommt zu einem zunächst noch fremden Menschen in eine fremdartige Situation. In jeweils spezifischer Weise erleben Kinder diese Trennungssituation als psychischen Stress und sie reagieren darauf je nach ihrem Bindungsstil, bis sich eine verlässliche Bindung zum Therapeuten aufgebaut hat. Aber auch dann noch kann der Trennungsvorgang immer wieder mit Angst, Protest, Resignation etc. einhergehen. Gewiss ist das Thema der Trennung und ihre Bearbeitung ein zentrales Anliegen jeder Psychotherapie, durchzieht es doch unser Leben von Anfang an wie ein roter Faden. Scheiternde Trennungsvorgänge innerer oder äußerer Art können mindestens als Begleiterscheinung, bei manchen neurotischen Erkrankungen als Zentrum der Störung angesehen werden. Gleichwohl geht es im Zusammenhang mit dem Arbeitsbündnis zunächst nicht primär um eine *Bearbeitung* der Trennung als vielmehr darum, eine Voraussetzung zu schaffen, dass diese Bearbeitung überhaupt möglich ist. In der Anfangsphase einer Therapie müssen deshalb die kindlichen Trennungsängste so weit beruhigt werden, dass es dem Kind möglich ist, zu dem Therapeuten eine positive Beziehung aufzubauen, in der es sich sicher und geborgen fühlen kann. Übertragungen, in denen das Kind den Therapeuten überwiegend als feindseligen Eindringling in das Beziehungsgeflecht der Familie oder in sein eigenes Inneres erlebt, sind für den Beginn einer TfP problematisch und sie sollten so aufgegriffen werden, dass das Kind den Therapeuten und seinen Raum als eine reale Person und eine reale Situation wahrnehmen kann. Diese Haltung zu Beginn einer Therapie widerspricht nicht der Notwendigkeit, im weiteren Verlauf im Rahmen dieser so entstandenen Vertrauensbeziehung auch negative Übertragungen zu bearbeiten. Wir sollten ernstnehmen, dass das Zögern eines Kindes, zu einem fremden Menschen ohne weiteres Vertrauen zu fassen, ein Stück Realangst repräsentiert und daher auch eine gesunde Reaktion ist.

Eine Angst lässt sich allerdings nicht beruhigen, indem man sie bagatellisiert oder verleugnet. Vielmehr ist geboten, sie aufzugreifen und zu benennen. Dazu ist eine Situation zu schaffen, in der sie zwar zugemutet, aber aushaltbar dosiert wird.

> *Rolf, ein vierjähriger Junge, kann sich nicht von seinem Vater lösen, der ihn in seine erste Stunde bringt.*
>
> *Th.: Schlägt vor, dass der Vater zunächst mit ins Therapiezimmer kommt. »Ich merke, du hast einfach noch ziemlich Angst, ohne den Papa zu mir zu kommen. Das ist in Ordnung, schließlich bin ich dir ja auch noch fremd.« In der Gegenwart des Vaters kann das Kind mit dem Therapeuten über ein Spiel zu dritt Kontakt aufnehmen. Eine erste – zunächst äußere und konkrete – triadische Situation entsteht. In den folgenden Stunden begrenzt der Vater nach Absprache seine Gegenwart auf eine begrenzte Zeit. Vater und Sohn entwickeln eine Art Ritual, nach dem sie sich in der Stunde verabschieden. Parallel dazu wird die Trennungssituation in den Elterngesprächen untersucht; dem Vater gelingt auf dieser Basis eine klare Haltung zur Trennung. Das Ritual verlegt sich allmählich auf den Flur vor meinem Zimmer und vor den Beginn der Stunde. Der Junge geht dazu über, aus dem Wartezimmer ein Bilderbuch mit in die Stunde zu bringen, das er zunächst mit mir anschauen möchte. Mit Hilfe dieses Übergangsobjekts gelingt es ihm, allein zu mir zu kommen.*

Ohne dass die Trennungsängste und ihre Manifestation in der Übertragung dem Kind gedeutet worden sind, gelang dem Jungen eine sehr kreative Lösung. Das Beispiel zeigt auch, wie sich zusammen mit dem Arbeitsbündnis (»ich komme allein zum Herrn B.«) trianguläre Strukturen entwickeln.

Ein anderes Beispiel zeigt eine konträre Verarbeitung der Trennungssituation:

Richard überspringt die Schwelle zum Raum des Therapeuten – wie schon in der Erstbegegnung – kontraphobisch. Er entfaltet ein Spielszenario, das zwar seine Größenphantasien zeigt, in das der Therapeut jedoch nicht mit einbezogen wird. Die Trennung von seiner Mutter führt ihn in eine einsame Welt, in der es keine anderen (ganzen) Objekte gibt bzw. deren Gegenwart verleugnet werden muss. Äußerlich scheinbar völlig unberührt von irgendwelchen Ängsten, steht der Sechsjährige aber unter einem enormen inneren Stress. Das zeigt sich gegen Ende der Stunde, wie auch in den darauffolgenden Stunden in der ersten Phase der Therapie, wenn er auf Geräusche außerhalb des Therapiezimmers lauscht und phantasiert, das könnte die Mutter sein; oder wenn er überlegt, was er von der Stunde der Mutter erzählen oder zeigen will. In diesen Phantasien tauchen seine Trennungsängste auf, sie fallen also nicht vollständig der Verleugnung anheim. Th.: »Du denkst jetzt an deine Mama, von der du dich vorher losreißen musstest. Ich kann mir vorstellen, dass dir das nicht ganz leicht gefallen ist.«

Auch in diesem Beispiel wird deutlich, dass zunächst auf eine Übertragungsdeutung verzichtet wird (etwa in dem Sinne, dass der Therapeut den inneren Ausschluss seiner Person in der Spielhandlung aufgreift). Vielmehr wird der Affekt des Jungen so aufgegriffen, wie es seinem Narzissmus erträglich ist, und miteinander angeschaut.

Akzeptanz

Für ein Kind ist es für sein Sichrheitsgefühl von zentraler Bedeutung, dass es sich akzeptiert fühlt. Diese Selbstverständlichkeit erscheint dann problematisch, wenn das Kind Äußerungen, Verhaltensweisen und Eigenarten an den Tag legt, die es keineswegs liebenswert erscheinen lassen. Der Ambivalenzkonflikt des Erwachsenen einem Kind gegenüber – Gefühle der Liebe, der Freude, der Idealisierung vs. Gefühle der Ablehnung, des Ärgers, der Entwertung – taucht nolens volens auch in der Therapie, beim Therapeuten auf. Das Kind als Person auch und gerade mit den »ungeliebten« Seiten zu akzeptieren, also nicht moralisierend anzunehmen, ist eine bleibende Herausforderung in der Therapie. Sie besteht darin, dass der Therapeut zum einen seine eigene Ambivalenz gut genug analysiert hat und anerkennen kann, ohne sie zu agieren. Zum anderen wird ein Teil der ambivalenten Gefühle der Gegenübertragung entstammen, also zugleich einen Zugang eröffnen zum Verstehen der Art und Weise, wie das Kind den Therapeuten und dieser sich selbst mit den Eltern identifiziert bzw. wie der Therapeut diese Identifizierung annimmt oder ihr ausweichen und entkommen will.

Eine Atmosphäre der Akzeptanz in der Therapie herzustellen und zu pflegen, kann also nicht darin bestehen, die »negativen« Seiten des Ambivalenzkonflikts zu verleugnen oder abzuspalten, vielmehr ist eine Haltung des wohlwollenden Interesses, der Neugier auf das, was es alles in der Welt der sich vertiefenden Beziehung zum Patienten zu entdecken gibt, anzustreben. Verwicklungen auf der Ebene der Gefühle und Affekte oder auf derjenigen der Objektbeziehungsphantasien sind nicht zu vermeiden, vielmehr sind sie Ausgangspunkt, um die Perspektive eines nachdenkenden »Dritten« (wieder) zu gewinnen und sich ihnen verstehend zu nähern (s. u.).

Akzeptanz ist eine aktive Haltung und viel mehr als ein Hinnehmen eines Kindes, sei es nun »gewollt« oder »nicht gewollt«. Ein Kind zu akzeptieren, bedeutet eine – zunächst elterliche – innere Verpflichtung, für dieses Kind Verantwortung zu übernehmen, seine elementaren Bedürfnisse zu befriedigen, seien sie körperlicher, seelischer oder geistiger Natur, und sich dauerhaft seiner Fürsorge anzunehmen. Ein Kind zu akzeptieren, heißt, sich selbst als Eltern zu akzeptieren. Dies gelingt Müttern – wenn es gut geht – offenbar selbstverständlicher, weil sie zum einen mit dem Kind durch Schwangerschaft und Geburt auf einer elementaren psychophysischen Ebene verbunden sind, zum anderen aber auch, weil die Mutterschaft nicht in Frage stehen kann. Für Väter ist die Haltung der Akzeptanz viel mehr ein psychischer und geistiger Akt und verbunden mit der Verpflichtung, ein Kind an die Werte einer geistigen Tradition heranzuführen und auf dem Weg in eine erweiterte, nicht-dyadische soziale Welt zu begleiten (Zoja 2000, Dammasch 2008).

Die Akzeptanz eines Kindes durch den Therapeuten trägt unweigerlich *auch* diese elterlichen Züge, ist aber auch etwas anderes. Auch der Therapeut muss das Kind aktiv akzeptieren, indem er einen Entschluss fasst, mit diesem Kind in eine therapeutische Beziehung zu treten. Auch diese Beziehung hat die Dimension einer fürsorglichen Verpflichtung. Gleichwohl ersetzt der Therapeut nicht die Akzeptanz durch die Eltern. Seine Akzeptanz – und damit seine Verantwortung – besteht darin, das zu erkennen und sich dessen anzunehmen, was sich in der Psyche des Kindes und im Beziehungsgeschehen der Familie niedergeschlagen hat von der Art und Weise, wie diese Eltern dieses Kind akzeptieren.

Auf der Basis dieser therapeutischen Haltung wird das Kind ermutigt, dem Therapeuten auch solche Regungen zuzumuten, die es vor seinen Beziehungspersonen ansonsten zu verbergen oder ihnen nur entstellt entgegenzubringen trachtet – die es also selbst nur schwer zu akzeptieren vermag. Indem der Therapeut solche Vorgänge aufnimmt und in Worte fasst, zeigt er, dass in dieser Beziehung das Unsägliche oder das Beängstigende, die Wut oder die Sehnsucht etc. einen Platz hat, ohne dass das Kind weggeschickt, bestraft oder beschämt wird oder das primäre Wohlwollen des Therapeuten verliert.

Konkret gefördert wird das Gefühl der Akzeptanz, wenn das Kind alles das in die Therapie einbringen kann, was ihm im Moment wichtig ist oder was ihm spontan einfällt (unter Beachtung des Rahmens). Gerade in der Eingangsphase ist es wichtig, dass nicht vorschnell gedeutet wird. Der Fokus sollte nicht als Prokrustesbett des Materials verstanden werden – mit anderen Worten, auch das anscheinend Nicht-Dazugehörige ist willkommen. Auch eine mild positive Gegenübertragung verschafft eine Atmosphäre der Sicherheit – etwa wenn Therapeut und Patient beide an einem Spiel spontan Gefallen finden und es sich ungehindert entfalten kann –, auch wenn es zunächst nicht »therapeutisch verstanden« wird. Überhaupt sollte der Therapeut darauf achten, dass er sich in der Therapie wohlfühlt, indem er selbst gut für sich sorgt – hinsichtlich der Gestaltung seiner Räume, der Auswahl des angebotenen Materials, seines Sitzplatzes, des zeitlichen Rhythmus der Stunden usw. –, nur so kann er auch vermitteln, dass man sich bei ihm wohlfühlen darf. Es kommt vor, dass ein Kind Spielsachen in die Stunde mitbringt, die dem Therapeut fremd sind oder gegen die er eine innere Kritik verspürt. Auch hier ist eine Haltung der Neugier hilfreich.

Ein Kind bringt ein Tamagotchi mit in die Stunde. Der Therapeut hat gegen derartiges elektronisches Spielzeug Vorbehalte, die er aber zunächst zurückstellt.
Th.: »Du hast etwas mitgebracht, was mir ziemlich fremd ist. Magst du mir zeigen, wie du damit spielst?«
Nachdem der Therapeut das Prinzip dieses kleinen elektronischen Wesens verstanden hat:
Th.: »Mir kommt es so vor, als wolltest du für etwas sorgen können. Und du zeigst mir, wie wichtig es überhaupt ist, von jemandem versorgt zu werden. Vielleicht ist das auch eine Frage von dir an mich: Ob ich hier gut für dich sorgen kann?«

An diesem Beispiel wird deutlich, wie eine Haltung der wohlwollenden Neugier den Raum eröffnet, aufgrund der Pflege des Arbeitsbündnisses auch die Dimension der Übertragungsbeziehung in den Blick zu nehmen.

Aber auch das Gegenteil – sich einem Spiel zu verweigern – kann Akzeptanz vermitteln und Sicherheit geben und damit das Arbeitsbündnis festigen.

Richard will mir einen Trick zeigen, wie er mich aufs Kreuz legen kann.
Th.: »Ich glaube nicht, dass ich das mit dir ausprobieren will. Ich würde mich selbstverständlich wehren, und ich fürchte, dabei würden wir uns wehtun. Du erinnerst dich sicher an unsere Abmachung, dass wir hier darauf achten wollen, dass sich niemand wehtut. Aber wir können uns ja einmal in der Phantasie vorstellen, du würdest mich aufs Kreuz legen. Was wolltest du mir damit zeigen?«

Hier geht es nicht um die Akzeptanz, eine Idee konkret zu verwirklichen – was vermutlich zu Beschämungen führen würde –, sondern um die Akzeptanz der Phantasie, die dahinter steckt. Im Ansprechen der Phantasie und des Wunsches wird ein symbolischer Raum eröffnet, zugleich signalisiert der Therapeut eine fürsorgliche Haltung.

Respekt

Zum Arbeitsbündnis gehört wechselseitiger Respekt. Mit dem Kind kommt eine Lebenswirklichkeit in die inneren und äußeren Räume des Therapeuten, die diesem in unterschiedlichem Ausmaße fremd ist. Jede Familie entwickelt eine bestimmte Kultur, in der die Beziehungen und das Zusammenleben vom Tagesablauf bis zur Art und Weise, Feste zu begehen oder Urlaub zu machen, geregelt werden. Entlang dieser Familienkultur wird zwischen Innen- und Außenbeziehungen vermittelt, werden Sichtweisen und Gewissheiten über die soziale und gegenständliche Welt sowie religiöse Einstellungen gepflegt und tradiert, werden auf je charakteristische Weise Ängste bewältigt usw. Die Familienkultur ist eingebettet in größere kulturelle Einheiten und Zusammenhänge; so ist es ein Unterschied, ob ein Kind in einer »Dorfkultur« aufwächst oder in einem urbanen Vorstadtmilieu, ob es einer orthodoxen muslimischen Familie mit türkischer Herkunft angehört oder einer mehr oder weniger agnostischen Familie, die von der ehemaligen DDR geprägt ist.

Fremdheit, gerade kulturelle Fremdheit, ist eine ödipale Herausforderung. Das ödipale Inzestverbot zwingt dazu, sich dem Anderen, Fremden zuzuwenden und die damit verbundenen Ängste zu ertragen. Gelingt dies, so entsteht daraus eine gesunde narzisstische Bereicherung und Erweiterung.

Die therapeutische Haltung des Respekts gründet also auf einer gelungenen Bearbeitung des eigenen ödipalen Konflikts. Indem sich der Therapeut um einen respektvollen Umgang mit dem Kind und seiner Familie bemüht, überprüft er eigene Projektionen, ist sich seines inneren Wertesystems bewusst, ohne es zum Maßstab für seine Patienten zu machen. Entwertungen des Anderen stehen einer respektvollen Haltung ebenso entgegen wie dessen Idealisierung. Selbst wenn einem Kind in einer Familie Unrecht geschieht, ist moralische Entrüstung oder Mitleid zwar verständlich, Verurteilungen und Bewertungen jedoch als therapeutische Haltung wenig hilfreich.

Die Abhängigkeit des Kindes vom psychosozialen Milieu der Familie und sein entwicklungsbedingter Egozentrismus lässt dieses dem Kind so selbstverständlich erscheinen, dass es lange Zeit, u. U. bis in die Latenz, davon ausgeht, dass es überall auf der Welt im Prinzip so zugeht wie in der Familie. Hilfreich für die Herstellung eines respektvollen Milieus in der Therapie ist die Anerkennung der Andersartigkeit beider Beteiligten. Es ist wichtig, das Kind zu ermutigen, aus seiner Familie zu erzählen, besonders wenn dem Therapeuten etwas fremd und unverständlich erscheint. Ebenso wichtig ist es, dem Kind deutlich zu machen, dass es dem Therapeuten fremd ist. Die Erfahrung, dass der Therapeut eben nicht zur – inneren – Familie gehört, dass er nicht mit dem Kopf des Kindes denken und mit seinem Herzen fühlen kann, sondern ein Anderer ist, trägt nicht allein zur Subjekt-Objekt-Differenzierung bei, sondern darin auch zur Stärkung der therapeutischen Allianz, die ja zwischen zwei Subjekten geschlossen wird.

Jasmin, ein zehnjähriges Mädchen aus einer gläubigen muslimischen Familie, setzt sich in der Therapie damit auseinander, ob sie wie die Mutter ein Kopftuch tragen will. Der Therapeut, ein Mann, aufgewachsen in der Zeit des emanzipatorischen Aufbruchs der 1960er und 1970er Jahre und der sog. sexuellen Revolution, geprägt von den Auseinandersetzungen um die Gleichberechtigung der Geschlechter in westlichen Gesellschaften, fühlt sich irritiert und herausgefordert. Er spürt Impulse in sich aufsteigen, dieses Mädchen vor einem patriarchalischen Unterdrückungssystem bewahren zu wollen. Es ist keine Gegenübertragung, eher eine eigene Übertragung bzw. Projektion des Therapeuten: Eigene, unter Kontrolle gehaltene männliche Do-

minanzwünsche werden an der fremdartigen Kultur festgemacht. Die Patientin droht mit ihrem Anliegen unter die Räder projektiver Ängste zu geraten, die vermutlich gar nicht die ihren sind.

Th.: »Du hast ja sicher schon bemerkt, dass ich kein Moslem bin und ganz anders aufgewachsen bin als deine Eltern und du. Deshalb ist es mir wichtig, dass du mir hilfst zu verstehen, welche Bedeutung das Kopftuch für dich hat. Dann können wir einen Weg miteinander suchen, der für dich der richtige ist.«

Respekt als Element des Arbeitsbündnisses ist keine einseitige Sache des Therapeuten. Auch das Kind hat die Aufgabe, einen respektvollen Umgang mit dem Therapeuten zu pflegen, sprich anzuerkennen, dass das Anders-Sein des Therapeuten wie überhaupt eines anderen Menschen kein Grund für Herabsetzungen sein darf. Natürlich ist es nicht allein der neurotischen Krankheit, sondern generell der kindlichen Unreife geschuldet, wenn ein Kind diese basalen Umgangsformen nicht beherrscht und seinen Impulsen freien Lauf lässt. Es ist auch nicht das seit jeher bekannte Klagen über die »verdorbene Jugend«, wenn man sich die Einschätzung zutraut, dass wechselseitige unflätige und erniedrigende Angriffe nicht nur unter Kindern in vermehrtem Ausmaß gang und gäbe sind. Solche »ungezogenen« Verhaltensweisen schleichen sich auch unter Erwachsenen ein und eben auch zwischen Kind und Erwachsenem (vgl. Hopf 2006). Es dient nicht dem Prinzip des Arbeitsbündnisses, dass beide eine gemeinsame Aufgabe zu bewältigen haben, wenn sich der Therapeut jede Respektlosigkeit gefallen lässt, auch wenn sie als affektiver Ausdruck der momentanen Übertragung verstanden werden muss. Die Aufrechterhaltung eines respektvollen, nicht-herabsetzenden Umgangs miteinander stärkt nicht nur das Arbeitsbündnis und reduziert Ängste und Schuldgefühle, sondern enthält auch eine pädagogische Dimension, sofern man Pädagogik als ein Beziehungsgeschehen begreift. Man kann es auch andersherum formulieren: Die Pädagogik ist Bestandteil der Psychotherapie bei Kindern auf der Ebene des Arbeitsbündnisses und des Rahmens.

Isolde, ein achtjähriges Mädchen, spielt mit Handpuppen. Der Therapeut kommentiert das Geschehen und stellt Vermutungen an, wie sich eine Figur fühlen könnte. Plötzlich fährt Isolde den Therapeuten an: »Ach, halt doch dein beschissenes Maul, immer musst du so bescheuert dazwischen labern.« Th.: »Du ärgerst dich – aber ich ärgere mich auch, nämlich darüber, wie du mit mir redest. So will ich nicht, dass wir miteinander umgehen.«

Natürlich kann es bei dieser Grenzziehung nicht stehenbleiben – der Therapeut wird das Ereignis noch einmal aufgreifen, wenn sich die affektiv aufgeladene Situation beruhigt hat.

Bedürfnisse ernstnehmen

Der realen Befriedigung von Bedürfnissen unserer Patienten innerhalb einer Übertragungsbeziehung müssen wir kritisch gegenüberstehen. Zum einen, weil sie allzu leicht als Ersatzbefriedigung die Durcharbeitung von Verzicht und die

Entwicklung von Eigeninitiative und -verantwortung blockiert, zum anderen, weil sie illusionäre Abhängigkeiten schafft und aufrechterhält, innerhalb derer Gefühle wie Neid, Groll, Ärger oder Wut vermieden statt bearbeitet werden. Gleichwohl gibt es Bedürfnisse, die nicht neurotischen Verzerrungen geschuldet sind, sondern im Rahmen einer realitätsnahen Beziehung mit selbstverständlichem Recht vom Kind an den Erwachsenen gerichtet werden. Für die Zeit der therapeutischen Sitzung übernimmt der Therapeut die Verantwortung dafür, dass solche Bedürfnisse angemessen berücksichtigt werden. Insofern ist er auch eine Realperson, die Fürsorge für das Kind übernimmt.

Psychische Bedürfnisse wie Akzeptanz und Respekt sind bereits benannt worden. Auch das Bedürfnis, dem Therapeuten willkommen zu sein, gehört dazu. Dem Kind sollte vermittelt werden, dass es in seiner Stunde willkommen ist, es stört die Arbeitsbeziehung, wenn der Therapeut noch mit etwas anderem beschäftigt ist. Der Raum sollte aufgeräumt und gelüftet, Störungen von außen weitgehend ausgeschlossen sein. Körperliche Bedürfnisse sollten ihren Platz haben: Ein Kind kommt an einem heißen Tag mit einem schweren Ranzen von der Hausaufgabenbetreuung direkt in die Stunde und möchte etwas trinken, oder es kommt aus einem Regenguss und ist ratlos, wie es seine Jacke trocken kriegt, es ist hingefallen und eine Schramme muss verarztet werden, es wurde im Bus geschubst und kommt in Tränen aufgelöst und muss beruhigt und getröstet werden etc. Gewiss hat manches davon auch eine szenische Bedeutung, aber zunächst einmal wäre es dem Kind zu Recht völlig unverständlich, verhielte sich der Therapeut nicht gemäß den Erwartungen, die es in solchen Situationen an jeden halbwegs vernünftigen Erwachsenen zu richten gewohnt ist. Die Bereitschaft, sich dem zu öffnen, was in der Stunde an »Anderem« und Bedeutendem geschieht, braucht diese Grundlage einer realen fürsorglichen Beziehung, wie sie ein Kind seinem Entwicklungsstand entsprechend benötigt.

Auch geistige Bedürfnisse sollten in einem gewissen Maß ernst genommen und aufgenommen werden. Im Rahmen einer Therapie ergeben sich manchmal Wissensfragen. Es ist selbstverständlich, dass ein Kind solche an einen Erwachsenen richtet, gerade dann, wenn es den Eindruck hat, sich hier solcher Fragen nicht schämen zu müssen oder gar bewertet oder beurteilt zu werden. Wie sollte ein Kind eine Beziehung als etwas Gutes und Verlässliches erleben, wenn der Erwachsene ihm ein Wissen vorenthält, das dieser doch hat! Der Therapeut sollte sich überlegen, ob er – etwa bei jüngeren Kindern – auf solche Fragen direkt eingeht, danach jedoch den Beziehungsaspekt der Frage anspricht.

> *Ein Kind spielt am Sandkasten und fragt, wieso man eigentlich mit nassem Sand viel besser formen kann als mit trockenem. Der Therapeut überlegt sich zusammen mit dem kleinen Patienten, dass da wohl das Wasser eine Rolle spielen müsste und es wohl in der Lage wäre, die winzig kleinen Sandkörner zusammenzuhalten. Dann: »Ich glaube, du möchtest auch herausfinden, ob in meinen Gedanken etwas ist, was für dich brauchbar und nützlich sein kann.«*

Bei älteren Kindern, besonders in der Latenz, könnte man umgekehrt vorgehen:

> *Ingo, zwölf Jahre alt, möchte wissen, wie ein Kompass funktioniert (er hatte in der Schule von den Himmelsrichtungen gehört). Th.: »Das ist eine Frage, die ich dir beantworten kann. Aber zuvor möchte ich gerne mit dir zusammen überlegen, was dir wichtig daran ist, dass ich sie dir beantworte.« Es stellt sich heraus, dass es in seiner sozialen Umgebung wenig Menschen gibt, die ihm solche Fragen beantworten können und er – aus Angst, beschämt zu werden – sich nicht traut, etwa seinen Lehrer zu fragen. Sein Problem ist also nicht allein seine unbefriedigte Wissbegier, sondern ebenso das Gefühl der Isolation und Scham und auch eine gewisse Ratlosigkeit, wie er sich selbst helfen könnte. Nachdem der Therapeut und er das herausgefunden haben, regt der Therapeut an, sich zusammen ein Kinderlexikon anzusehen, wo so etwas erklärt wird, und sie reden über die Funktion des Kompasses. Anhand der Frage entsteht also eine Art »Forscherteam«, eine trianguläre Situation.*

Persönliche Fragen

Hinter persönlichen Fragen steht oftmals nicht ein Bedürfnis, sondern ein mehr oder weniger intensiver versteckter illusionärer Wunsch. Auch wenn wir in der TfP davon ausgehen, dass eine realitätsnahe Beziehung zwischen Therapeut und Patient als Basis der gemeinsamen Arbeit dient, ist das Prinzip der Abstinenz keineswegs suspendiert. Die Übertragung (und Gegenübertragung) steht zwar nicht im Zentrum der therapeutischen Bearbeitung, ist aber zum Verständnis der psychodynamischen Prozesse unerlässlich. Allzu viel Wissen um die reale Person des Therapeuten *außerhalb des therapeutischen Settings* ist daher nicht förderlich, es verschließt den Raum für Beziehungsphantasien, minimiert trianguläre Vorgänge und setzt an ihre Stelle Elemente realer Befriedigung. Wie weit man also persönliche Fragen direkt beantwortet, muss sehr genau abgewogen werden. Gleichwohl haben solche Fragen natürlich eine Bedeutung im psychodynamischen Prozess der Therapie. Gerade zu Beginn einer Therapie ist es daher wichtig, sie aufzugreifen und mit dem Patienten zusammen auf ihren psychodynamischen Hintergrund zu untersuchen, aber auch die Grenze zu markieren, was man von sich preisgeben will und was nicht.

Beispiele:

> *Ein siebenjähriges Mädchen mit heftiger Geschwisterrivalität fragt: »Hast du auch Kinder?« Eine direkte Antwort könnte einer weiteren Exploration ihrer Phantasien im Wege stehen, u. U. dazu führen, dass ihre neidischen und rivalisierenden Affekte nicht weiter thematisiert und aus der Beziehung zum Therapeuten herausgehalten werden. Th.: »Diese Frage möchte ich dir nicht beantworten. Mich würde aber interessieren, warum dir die Frage wichtig ist und was du dazu denkst.« Pat.: »Ich glaube nicht, dass du welche hast.« Th.: »Wenn ich keine eigenen Kinder hätte, wärest du für mich vielleicht besonders wichtig?« Pause. Pat.: »Mein Bruder drängt sich überall vor. Immer ist er der Wichtigste.«*

> *Ein fünfjähriger Junge, nachdem er dieselbe Frage gestellt hat und der Therapeut ähnlich reagiert hat: »Könntest du nicht mein Vater sein?«*

Beide Beispiele zeigen, dass hinter der persönlichen Frage intensive (Übertragungs-)Wünsche stehen, die therapeutisch bearbeitet werden müssen. Die Zurückhaltung des Therapeuten in der direkten Beantwortung markiert zu Beginn der Therapie, wie hier über solche Wünsche nachgedacht und phantasiert werden kann – anders, als dies im Rahmen eines alltäglichen Umgangs möglich ist.

Andere persönliche Fragen – etwa nach der Befindlichkeit – entstehen in der therapeutischen Situation selbst.

> *Der Therapeut gähnt während eines Spiels, welches das Kind gewählt hat. Pat.: »Bist du müde?« Hier ist der Therapeut herausgefordert, eine ehrliche Antwort zu geben, denn es geht um die Klärung und Benennung von Affekten und ihrem Ausdruck. Sie könnte, je nach kritischer Selbstprüfung, lauten: Th.: »Ja, ich bin wirklich etwas müde, ich habe wenig geschlafen. Aber das hat nichts mit dir zu tun.« Oder:*
> *Th.: »Ich merke, dass du mir gar keine Chance lässt, in unser Spiel eine eigene Idee einzubringen, und das ermüdet mich wirklich. Du fürchtest vielleicht etwas Ähnliches: dass für dich nichts übrigbleibt, wenn du nicht alles in der Hand hast.«*

Die geschilderten Szenen berühren die Frage der Abstinenz:

Abstinenz

Die persönliche Zurückhaltung des Therapeuten sollte nicht verwechselt werden mit einer starren Weigerung, sich auf einen emotionalen Austausch einzulassen. Es kann nicht ausbleiben, dass der Therapeut in eine Szene verwickelt wird, in der wechselseitig unbewusste Wünsche, Ängste und Affekte zum Vorschein kommen. Abstinenz bedeutet nicht, sich das szenische Geschehen gewissermaßen vom Leib zu halten oder seinen affektiven Gehalt zu verleugnen und sich »unberührbar« zu machen. Vielmehr kommt es darauf an, aus der Szene wieder heraustreten zu können und einen reflektierenden Standpunkt, einen dritten Ort einzunehmen, von dem aus über das Geschehen nachgedacht werden kann. Abstinenz bedeutet, auf illusionäre Wunscherfüllungen zu verzichten – sowohl auf die des Patienten als auch auf die eigenen – und ihren Bedeutungsgehalt ins Bewusstsein zu bringen. Anderenfalls wird das therapeutische Arbeitsbündnis unterlaufen und man gerät in einen Strudel direkten Agierens. Dies zu vermeiden, entscheidet gerade zu Beginn einer Therapie über deren weiteren erfolgreichen Verlauf.

Die Sprache des Therapeuten

Es versteht sich von selbst, dass sich der Therapeut einer Ausdrucksweise bedient, die von dem Patienten – sei er Kind, Adoleszenter oder Erwachsener – verstanden wird. Gleichwohl steckt hinter diesem Anspruch eine hohe Anforderung.

Als akademisch ausgebildete Menschen sind es Therapeuten gewohnt, in Fachbegriffen zu denken. Die Begrifflichkeit der Wissenschaft ist mit ihren Inhalten eng verknüpft, wobei die Begriffe meist mehrere Bedeutungsdimensionen beinhalten. Man denke beispielsweise an den Begriff »Selbst« oder den Begriff des »Unbewussten«. Wissenschaftliche Erkenntnis, Wissen und Bedeutung sind verknüpft mit persönlichen Erfahrungen des Therapeuten und sie sind insofern nicht von seiner Persönlichkeit abstrahierbar, wiewohl sie einer Reflexion zugänglich sein müssen. Aber eben diese Reflexion ist wiederum der mentale Vorgang eines Subjekts. Wie wir interpersonale und intrapsychische Vorgänge einordnen und reflektieren, ist daher eine authentische Leistung eines Subjekts in einer bestimmten Situation. Wollten wir uns dieser fachlichen Leistung entledigen, um uns der Sprach- und Denkweise unserer Patienten anzupassen, ginge nicht allein die Authentizität des Therapeuten verloren, es ginge auch die Möglichkeit verloren, in der therapeutischen Situation etwas zu denken, was bisher nicht gedacht worden ist.

Hinzu kommt, dass Sprache nicht einfach aus verbalen Äußerungen besteht. Die »vorverbale« bzw. »nonverbale« Sprache – Gestik, Mimik, Klang, Körperausdruck – als grundlegender Interaktionsmodus ist in jeder interpersonalen Beziehung präsent und wirkt unmittelbar von Unbewusst zu Unbewusst (vgl. Buchholz 2011). Im Sprechen in der Therapie fließen unbewusste intersubjektive Vorgänge in einer spezifischen Beziehung in einer bestimmten Situation und die darin entstehenden bewussten Gedanken zusammen. Eine Sprechweise, die sich entweder aus vorgefertigten theoretischen Versatzstücken nährt oder aus – ebenso vorgefertigten – Idiomen der Sprechkultur der Patienten (etwa der »Jugendlichen-Sprache«), bleibt daher nicht allein kognitiv, sondern vor allem emotional unverstanden und im günstigsten Fall wirkungslos, im ungünstigen Fall wirkt sie destruktiv auf den therapeutischen Prozess. Der Therapeut muss also nicht eine Übersetzungsarbeit leisten von einer Fachsprache in eine alltagsnahe Sprache, vielmehr muss er ein Sprechen finden, das dem momentanen Erleben zweier (oder mehrerer) Subjekte in einer spezifischen Beziehungssituation entspringt: Kind bzw. Jugendlicher und Therapeut, Eltern und Therapeut.

Katie, deren Eltern Aggressionen als etwas Bedrohliches empfinden, kratzt sich blutig. Sie kommt mit einer Wunde im Gesicht in die Stunde. Darauf angesprochen, beginnt sie von ihren Erlebnissen auf dem Reiterhof zu plaudern. Der Therapeut fühlt sich zerrissen: Er sieht etwas von dem schmerzhaften und aggressiven Geschehen, wird aber davon weggelockt. Zugleich kommt aber der Konflikt in der Erzählung der Patientin zum Ausdruck: Sie beklagt sich darüber, dass ihre kleine Schwester immer mitdarf und als Erste das Pony in Anspruch nimmt. Der Therapeut findet zu folgender Formulierung: »Da hast du es wirklich schwer. Du bist zornig auf deine Schwester, aber du weißt eigentlich nicht so recht, wohin mit deiner Wut, denn du willst ja der Mutter keinen Ärger machen. Und auch vor mir willst du eigentlich etwas verbergen, was nicht zu verbergen ist: nämlich, dass deine Wut bei dir selbst landet.« Man hätte noch sagen können, dass das Kratzen auch eine Selbstbestrafung ist, die von Schuldgefühlen für die »böse Aggression« entlastet – aber das wäre in dem Moment wohl zu viel gewesen.

Das Beispiel zeigt, dass das Sprechen des Therapeuten auch in der richtigen »Dosis« erfolgen muss. Auch wenn wir tiefere Zusammenhänge erkennen, die wir plausibel finden, sollten sie dann angesprochen werden, wenn der Patient dafür emotional aufnahmebereit ist, d. h., wenn die Abwehr durch die vorangegangene Arbeit gelockert ist. In der Therapie kehren die zentralen Konfliktthemen wieder – insofern kommt uns der Wiederholungszwang zu Hilfe.

Den therapeutischen Raum sichern

Es kommt nicht selten vor, dass Eltern mit in den Therapieraum drängen, etwa um noch schnell einen Termin zu vereinbaren oder eine Mitteilung zu machen. Oder sie klingeln, noch bevor die Stunde zu Ende ist, um das Kind abzuholen. Bisweilen möchten Kinder auch ihre Geschwister oder Freunde mit in die Therapie bringen. Zu Beginn einer Therapie ist es von großer Wichtigkeit, dies freundlich, aber bestimmt zurückzuweisen. Der Schutz des therapeutischen Raumes, auch des konkreten physikalischen Raumes, ist elementar für die Entstehung eines Sicherheitsgefühls, ohne das die Ambiguitäten und Verunsicherungen einer Therapie nicht ertragen werden können. Der Therapeut macht damit deutlich, dass es möglich ist, sich abzugrenzen, Nein zu sagen und die damit verbundenen Ängste zu bearbeiten (für den Fall ausufernder Trennungsängste zu Beginn der Therapie ▶ Kap. 6.2.1 »Die Therapiestunde als Trennungssituation«.).

> **Merke**
>
> Das Arbeitsbündnis mit dem Kind wird gefördert,
>
> - wenn initiale Trennungsängste auch als Realängste anerkannt und so weit gemildert werden, dass das Kind eine positive Beziehung zum Therapeuten aufbauen kann,
> - wenn der Therapeut eine Realbeziehung zum Kind aufnimmt, die dessen Alltagserfahrungen mit Erwachsenen berücksichtigt,
> - durch eine Haltung der Akzeptanz, der Verantwortung, der Fürsorge und der wohlwollenden Neugier,
> - durch eine Haltung des Respekts vor der Persönlichkeit und Andersartigkeit des Kindes, durch die Ermutigung an das Kind, von sich zu erzählen, und durch die Erwartung des Respekts durch das Kind,
> - indem der Therapeut elementare Bedürfnisse des Kindes ernst nimmt und sie befriedigt, soweit dies altersangemessen und notwendig ist,
> - indem der Therapeut persönliche Fragen ernst nimmt, aber im therapeutischen Kontext versteht und transparent macht, was er direkt beantworten möchte und was nicht,
> - durch die Haltung der Abstinenz,
> - durch eine verständliche, altersangemessene und authentische Sprechweise,
> - indem der Therapeut den Rahmen sichert und damit Vertrauen fördert.

6.2.2 Das Arbeitsbündnis mit den Eltern

Die Situation der Eltern

WoranEltern und Therapeut miteinander arbeiten, scheint zunächst klar und unstrittig: Die Eltern möchten, dass eine problematische psychische oder soziale Situation, ein Symptom oder ein ganzer Komplex von Problemen des Kindes mit Hilfe der Therapie gelöst, behoben und geheilt werden. Sie kommen zunächst nicht um ihrer selbst willen in die Therapie. Gleichwohl ist die konstruktive Mitarbeit der Eltern unabdingbar für den Erfolg einer Kindertherapie. Eltern konsultieren einen Kindertherapeuten mit »gemischten Gefühlen« und unterschiedlichen, teils widersprüchlichen Haltungen. Auch für sie ist die therapeutische Situation eine Trennungsaufgabe: Sie verzichten in einem gewissen zeitlichen und inhaltlichen Umfang auf ihren Einfluss auf und damit die Kontrolle über das Kind, sind in dieser Zeit auf ihre Phantasien angewiesen und vielleicht ängstlich, wie denn ihr Kind aus der Therapie wieder herauskommt oder welche Einblicke in die inneren Vorgänge der Familie der Therapeut mit seinem schwer einschätzbaren Spezialwissen gewinnen könnte. Schuldgefühle spielen eine große Rolle, etwas falsch gemacht oder als Mutter oder Vater versagt zu haben. Es ist immer ein Angriff auf das elterliche Selbst, wenn ein Kind nicht so ist, wie es dem eigenen Bild entspricht. Wenn dies nun auch symptomatisch deutlich wird oder das Kind gar in Kindergarten, Schule oder im sozialen Umfeld negativ auffällt, gesellen sich zur Schuld erhebliche Schamgefühle (vgl. Ahlheim 2007). Unbewusste Wünsche, mitunter auch bewusste Aufforderungen richten sich an den Therapeuten, er möge von diesen quälenden Gefühlen möglichst rasch entlasten und alles wieder »in Ordnung« bringen. Zugleich aber entstehen Rivalitätsgefühle oder Neid. Dass dem Therapeuten in der Beziehung zum Kind etwas gelingen könnte, woran man selbst versagt zu haben meint, ist genauso unerträglich wie die Phantasie, es könnte alles vergeblich sein. Die Einstellung der Eltern zur Therapie und zum Therapeuten ist also immer ambivalent.

Grundlagen und Ziele des Arbeitsbündnisses mit den Eltern

Das Arbeitsbündnis mit den Eltern richtet sich auf zwei Ziele:
Erstens muss eine Übereinkunft erzielt werden, wie und woran mit dem Kind gearbeitet wird. Die Eltern vertrauen ihr Kind dem Therapeuten an unter der ungewöhnlichen Prämisse, dass sie in den unmittelbaren Therapieprozess selbst keinen Einblick haben können, denn auch für das Kind gilt der gesicherte Rahmen der Schweigepflicht. Darüber muss eine Übereinstimmung hergestellt werden, die umso besser gelingt, je transparenter den Eltern die Arbeitsweise des Therapeuten erscheint. Allgemeine Informationen über den Therapieansatz selbst, über die Wirkung und den Sinn therapeutischer Möglichkeiten und Interventionen wie Spiel, Erzählung und kreativer Gestaltung sind hier sinnvoll. Aber auch aus den ersten Begegnungen mit dem Therapeuten erschließt sich den Eltern die Haltung des Therapeuten und die Art und Weise, wie in der Therapie über Pro-

bleme nachgedacht wird. Dies lässt sich auch ansprechen. Fragen dazu sollten offen beantwortet werden. Oft fragen Eltern auch nach der Diagnose, oder sie bringen bereits eine solche mit, sofern sie in Untersuchungen bei Ärzten gestellt worden ist, oder sie haben Verdachtsdiagnosen von Erziehern oder Lehrern im Gepäck. Es ist hilfreich, sich mit solchen Voreinstellungen ausführlich zu beschäftigen, indem etwa der Stellenwert, den eine solche Diagnose für den Therapeuten hat, deutlich gemacht wird. Der Therapeut sollte die Schwierigkeiten, die er sieht, möglichst anschaulich und verständlich beschreiben, auf die Individualität des Kindes und seiner Eltern hinweisen, Fachbegriffe dabei meiden und die Möglichkeiten der Therapie realistisch darstellen. Der Therapeut stellt die Symptomatik des Kindes in einen größeren Zusammenhang, etwa indem er darauf hinweist, dass sie eine Art von Sprache darstellt, die etwas ausdrücken möchte, was sonst nicht gesagt oder gedacht werden kann, und die zusammen mit den Eltern verstanden werden muss. Damit unterstreicht er die Notwendigkeit der Zusammenarbeit.

Zweitens bezieht sich das Arbeitsbündnis mit den Eltern auf die Umstellung ihrer eigenen elterlichen Haltung (Althoff 2017). Eine einsichtsfördernde begleitende Psychotherapie zielt auf die Reflexion des inneren Bildes vom Kind, der Delegationen an das Kind sowie auf die Bearbeitung der eigenen Erfahrungen mit den Eltern bzw. anderen Menschen in Kindheit und Jugend und deren unbewussten Niederschlägen, nicht zuletzt auch der Paar- und Familiendynamik. Es muss also ein Arbeitsbündnis geschlossen werden, diejenigen elterlichen Persönlichkeitsanteile zum Gegenstand der begleitenden Psychotherapie zu machen, welche zentral wirksam sind in der Beziehung zum Kind.

Das Arbeitsbündnis mit den Eltern enthält also eine zweifache trianguläre Struktur: Der Therapeut und die Therapie kommen als Drittes in die Kind-Eltern-Beziehung und das Ich der Eltern und der Therapeut nehmen sich ein gemeinsames Verstehen des meist unbewussten und unerkannten Dritten, der »ghosts in the nursery« (Fraiberg 1980), das in der Beziehung zum Kind wirkt, vor.

Was in den vorangegangenen Kapiteln über Akzeptanz und Respekt, persönliche Fragen und Abstinenz gesagt wurde, lässt sich mutatis mutandis auch auf das Arbeitsbündnis mit den Eltern übertragen. Eine spezifische Frage des Arbeitsbündnisses mit den Eltern ist deren Wunsch, konkrete Hilfe in Form von Ratschlägen für die Erziehung allgemein oder bestimmte »brenzlige« Situationen zu erhalten.

Umgang mit dem Wunsch nach Ratschlägen

Meist entspringt der elterliche Wunsch nach Erziehungs-Tipps zunächst einer real erlebten Hilflosigkeit. Einen tobenden und schreienden Zehnjährigen abends rechtzeitig ins Bett zu bringen oder einen lernunwilligen Vorpubertären zu der Erledigung seiner schulischen Verpflichtungen anzuhalten, insbesondere dann, wenn der Druck seitens der Schule steigt, bringt Eltern in die Situation hilfloser Verzweiflung. Es ist verständlich, dass sie davon entlastet werden wollen, und es ist selbstverständlich, dass der Therapeut diese Verzweiflung aufnimmt und annimmt. Die Aufgabe der Therapie besteht nun aber nicht darin, diese Gefühle rasch zu beruhigen, auch wenn in den Schilderungen der Eltern manches durchschimmert, was tatsächlich pädagogisch veränderbar erscheint. Zunächst gilt es, die emotionale Situation selbst zum Gegenstand des Nachdenkens zu machen – also an der Dynamik der Beziehungen zu arbeiten. Sonst passiert es unweigerlich, dass der Übertragungsaspekt in der therapeutischen Situation unerkannt bleibt und agiert wird: Der Therapeut gibt einige Ratschläge, die dann wahrscheinlich nicht »funktionieren«, und er wird selbst zu einem hilflosen Helfer. Das entlastet zwar die hilflosen Eltern (»der Fachmann weiß es ja auch nicht besser«), es wird dann aber immer schwerer, die psychische Funktion dieses Vorgangs verstehend zu bearbeiten.

In der realitätsnahen Konfliktbearbeitung einer TfP, in der es auch auf lösungsorientiertes Vorgehen ankommt, ist es andererseits aber auch nicht angezeigt, sich dem Wunsch nach konkreter Hilfestellung völlig zu verweigern. Auch eine solche Weigerung kann Ausdruck eines unbewussten Agierens einer Gegenübertragung sein, etwa wenn der Therapeut sehr mit dem Kind identifiziert ist und gegen dessen »unmögliche« Eltern unerkannte Ablehnungsgefühle hegt; es entsteht dann die Situation, dass er die Eltern mit ihrer Ratlosigkeit im Regen stehen lässt.

Hinzu kommt eine Beobachtung, die sich in einer kindertherapeutischen Praxis wiederholt machen lässt: Viele Eltern haben tatsächlich kaum eine Vorstellung von den Entwicklungsbedürfnissen eines Kindes und von der Gestaltung eines förderlichen Familienalltags. Hintergrund sind meist Einschränkungen im psychischen Funktionsniveau, wie etwa mangelnde Fähigkeit zur Empathie oder zum Containing, die ihrerseits in biografischen Erfahrungen oder in traumatischen Erlebnissen wurzeln. Eine behutsame gemeinsam erarbeitete Einübung in alternatives pädagogisches Verhalten kann solche elterlichen Funktionen nachreifen lassen und wesentlich zur Ich-Stärkung beitragen.

Es empfiehlt sich daher ein doppeltes Vorgehen, das beide Aspekte im Auge behält: Das Bearbeiten der Dynamik der verfahrenen Situation und die Hilfestellung, alternative pädagogische Handlungsweisen zu entwerfen und einzuüben.

> *Th.: »Sie schildern mir eine Situation, in der Sie sich ziemlich hilflos vorkommen, und fragen mich um Rat. Ich werde mich mit Ihnen zusammen der Frage widmen, was konkret helfen könnte. Aber zuvor möchte ich verstehen, was Sie in diese Situation gebracht hat. Es könnte ja sein, dass Ihr Kind Ihnen damit Gefühle zumutet, die es auch selbst spürt. Dann wäre das eine Mitteilung, die es wert ist, gehört und verstanden zu werden. Ein schneller Rat würde uns um diese Chance bringen – zumal es mir darauf ankommt, dass Sie Ihre eigene Art finden, wie Sie damit umgehen können. Meine würde Ihnen vielleicht gar nicht helfen und nur wieder in die Situation der Hilflosigkeit führen.«*

Mit einer solchen Intervention wird das Arbeitsbündnis gefestigt, denn den Eltern wird transparent, wie der Therapeut arbeitet, und sie werden zur Mitarbeit ermutigt.

> **Merke**
>
> Das Arbeitsbündnis mit den Eltern umfasst zwei Dimensionen:
>
> - die Arbeit an der Beziehung zum Kind,
> - die Arbeit an der Elternpersönlichkeit und der Umstellung der Familiendynamik.
>
> Das Arbeitsbündnis mit den Eltern wird gefördert
>
> - durch die Haltung der Akzeptanz, des Respekts, der Abstinenz, einer angemessenen Sprechweise und durch eine transparente, aber feste Rahmensicherung (wie beim Kind),
> - durch einen doppelten Ansatz beim Umgang mit Wünschen nach Hilfestellung in Erziehungsfragen:
>   - Aufgreifen der Psychodynamik des Wunsches und seiner Übertragungs- bzw. Widerstandsfunktion,
>   - gemeinsames Erarbeiten alternativer Erziehungshaltungen und -handlungen.

6.2.3 Das Arbeitsbündnis mit Jugendlichen

Probleme des Arbeitsbündnisses

Um dem Sog regressiver Wünsche durch einen Rückgriff auf präödipale Abhängigkeiten und Passivität zu entgehen, betonen Jugendliche ihre Unabhängigkeit und Selbstbestimmung. Sich auf eine enge emotionale Bindung einzulassen und dabei womöglich wenig selbst bestimmen zu können, erscheint bedrohlich und stellt die alterstypische defensive Abwehr auf eine harte Probe. Diese Haltung ist jedoch nicht allein einem Widerstand geschuldet, sie ist vielmehr Ausdruck einer entwicklungsnotwendigen Absicherung des brüchigen Narzissmus und einer noch fragilen Autonomie. Die erhöhte narzisstische Vulnerabilität des Adoleszenten lässt eine Krankheitseinsicht und eine Behandlungsmotivation nur eingeschränkt zu (▶ Kap. 5.2.3). Auch eine positive Übertragung stellt sich nicht immer spontan ein, zumal dann, wenn sich Jugendliche »hergeschickt« fühlen. Mit dem durch die adoleszente Umgestaltung der Identität geschwächten Ich leidet auch die Selbstreflexions- und Kooperationsfähigkeit. Es ist daher einleuchtend, dass es meist einer längeren ersten Therapiephase bedarf, bis sich ein stabiles Arbeitsbündnis überhaupt etablieren lässt. Entscheidend für dieses ist die Stabilisierung der gesunden Ich-Anteile, um psychische Spannungen und Konflikte wahrnehmen zu können und auszuhalten (vgl. hierzu Salge 2013, insbesondere S. 113f.).

Charakteristisch für Jugendlichenpsychotherapien ist die Neigung der Patienten, Misstrauen, Konflikte und Widerstände am Rahmen abzuhandeln. Darin zeigen sich auch Schwierigkeiten, das Arbeitsbündnis aufrechtzuerhalten. Zuspät-Kommen, Ausfallenlassen von Therapiestunden, Verlegungen usw., selbst Unterbrechungen der Therapie sind nicht allein (wichtige und notwendige!) Gelegenheiten der Widerstandsbearbeitung, sie testen auch die Stabilität und Verlässlichkeit des Therapeuten. Ein wesentlicher Teil der therapeutischen Arbeit besteht eben darin, die Beziehung immer wieder zu stabilisieren bzw. wiederherzustellen. Ist das Arbeitsbündnis sicher etabliert, ist schon ein wesentlicher Schritt in Richtung Beziehungsfähigkeit, Reziprozität, Ich-Stabilität und Modulation des Narzissmus getan. Das erfordert eine sichere Gegenübertragungsanalyse beim Therapeuten, aber auch eine aktive Bemühung um die Aufrechterhaltung positiver Übertragungselemente.

Da in einer TfP die Bearbeitung der Außenbeziehungen und der realitätsnahen Konflikte im Vordergrund stehen, wird dem Therapeuten eine flexible Haltung den genannten Phänomenen gegenüber abverlangt. Das konflikthafte Ringen des Jugendlichen um verlässliche Beziehungen, die sein Autonomiestreben und das beständige Schwanken zwischen regressiven Sehnsüchten und progressiver Selbstbehauptung aushalten, ist auch Zeichen gesunder Entwicklungsbedürfnisse. Der Therapeut wird zwar die Aspekte des Widerstandes aufnehmen und deuten, aber er wird auch der inneren und äußeren Realität des Adoleszenten verständnisvoll entgegenkommen.

Dorothee, eine 16- jährige anorektische Jugendliche, die nach einem Klinikaufenthalt in die Therapie kam, hat ihre Therapiestunde an einem Vormittag, sie hat sich für diese Zeit vom Unterricht befreien lassen (der Therapeut hat ihr dafür ein Attest ausgestellt). In einer Therapiestunde bittet sie um eine Verlegung der kommenden Stunde, da sie in dieser Zeit eine wichtige Klausur schreibt. Der Therapeut bemüht sich um eine alternative Stunde, die auch gefunden werden kann, und verzichtet vorerst darauf, Überlegungen dazu zu verbalisieren, was diese Bitte mit dem momentanen Thema im therapeutischen Prozess zu tun haben könnte. In der verlegten Stunde taucht es dann auf: Die Patientin beschäftigt sich damit, ob sie überhaupt den als fremd empfundenen schulischen Karrieredruck ertragen wolle und nicht lieber die Schule abbrechen soll – nähert sich aber auch ihrem Ehrgeiz und ihrem Wunsch, eine für sie angemessene gesellschaftliche Stellung zu finden. Durch die deutende Arbeit des Therapeuten findet sie Zugang dazu, wie ihr Konflikt in der Therapie selbst aufscheint: ob sie diese nicht mitunter wie die »Einweisung« in die Klinik erlebt und dem Therapeuten ihre eigenen – autonomen – Wünsche entgegenstellt.

Akzeptanz und Respekt als zentrale Aufgaben

Die Prinzipien der Akzeptanz und des Respekts haben bei Jugendlichentherapien eine besondere Färbung. Die Umwälzungen der Sexualität und die tiefgreifende narzisstische Irritation, die mit den Umgestaltungen der Adoleszenz einhergehen und die sich sowohl auf den Körper, dessen psychische Repräsentanz als auch auf die Objektrepräsentanzen, die Identifikationen und die Identität beziehen, nicht zuletzt die soziale Neuorientierung mit Hilfe der Peergroup und ihren Rivalitäten und Freundschaften rufen unweigerlich die zentrale Frage auf den Plan, wie man sich selbst akzeptieren kann und ob man von anderen akzeptiert wird. Der große Wunsch, in allen Ambivalenzen und Schwankungen des emotionalen Erlebens so angenommen zu werden, wie man eben gerade ist, begleitet die Adoleszenz über weite Strecken. Ebenso aber auch der Selbsthass und das Misstrauen, ob andere Menschen einem nicht etwas vorspielen, was diese gar nicht »echt« empfinden. Diese Wünsche und emotionalen Befindlichkeiten werden oft mit großer Wucht auf den Therapeuten übertragen. Dessen Haltung der Akzeptanz wird jedoch einer strengen Überprüfung unterzogen. Es ist, wie wenn der Jugendliche an dieser Haltung auch selbst einen Weg finden möchte, sich zu akzeptieren.

Beispiele:

> *Eine Jugendliche: »Ich glaube, mich kann man gar nicht mögen, ich bin so scheiße zu anderen.«*

> *Der Therapeut hat einige anerkennende Worte gefunden für Lucie, eine adoleszente Patientin, die es geschafft hatte, ihren Essattacken standzuhalten. Pat.: »Ich kann Komplimente nicht hören. Ich glaube nicht daran, dass sie echt sind. Wie kann denn jemand etwas Gutes an mir finden, wenn ich es selbst nicht finde?« Th.: »Es kommt Ihnen so vor, als würde ich etwas Nettes sagen, dabei aber etwas ganz anderes denken.« Pat.: »Sie müssen mich ja akzeptieren, das ist Ihr Beruf, dafür werden Sie bezahlt.« Th.: »Dann wären ja meine Worte gar nicht echt, sondern meiner Profession geschuldet.« Pat.: »Es ist mir ganz recht, wenn Sie dafür bezahlt werden. Dann verpflichtet es mich wenigstens zu nichts, wenn Sie mir ein Kompliment machen.«*

Auch die Haltung des Respekts steht in Jugendlichentherapien vor besonderen Herausforderungen. Hat der Respekt etwas mit dem Anders-Sein des Anderen zu tun, mit der Toleranz von Fremdheitserfahrungen, so sind damit zentrale Themen der adoleszenten Entwicklung angesprochen. Ein Anders-Werden, ohne noch genau zu spüren, wohin die Reise geht, sich im eigenen Körper, in der Familie und in den bisherigen sozialen Bezügen fremd zu fühlen, aber sich auch fasziniert dem zuzuwenden, was bisher als fremd und andersartig galt und vielleicht gar gemieden wurde, sind durchgängige Erfahrungen von Jugendlichen. Der Respekt des Therapeuten gilt nicht so sehr dem »Anders-Sein« des Jugendlichen als vielmehr dem schwierigen und widersprüchlichen Prozess des »Anders-Werdens«.

Jugendliche pflegen diesen sensiblen Prozess mit defensiven Abwehrformationen zu schützen. Sie möchten nicht »in sich hineinschauen« lassen, insbesondere nicht von Eltern, und auch nicht von Erwachsenen, die elterliche Übertragungen auf sich ziehen. Je nach dem momentanen Zustand der Übertragungsbeziehung wird sich daher der Therapeut temporär ausgeschlossen fühlen; oder es entsteht bei ihm der Eindruck, einer fremden Welt gegenüberzustehen etc.

Zu den manifesten kollektiven Defensiv-Manövern lassen sich die Jugend-Sprache, bestimmte Rituale in den Peergroups, spezifische Interessen, verbunden mit speziellen Fähigkeiten und Kenntnissen (Sportarten wie Skaten oder Computerspiele, die eigene Welten kreieren etc.), abgegrenzte soziale Räume, zu denen auch Internet-Foren oder Chatrooms gehören, zählen. Allen diesen Phänomenen gemeinsam ist, dass Erwachsene ausgeschlossen sind, keinen Zugang dazu haben und auch nicht haben sollen. Dieses Bedürfnis nach Abgrenzung als Therapeut zu respektieren, sich aber zugleich um ein Verstehen zu bemühen, welche Bedeutung einzelne Elemente aus der »Jugendlichen-Welt« für den Patienten haben, ist spezifisch für die Stabilisierung des Arbeitsbündnisses mit Jugendlichen. Es ist dabei nicht erforderlich, sich selbst in diesen Welten bewegen zu können – das würde wahrscheinlich von unseren adoleszenten Patienten als ein Eindringen empfunden, ein neugieriges Verstehen-Wollen hingegen führt oftmals zu tieferen Einsichten.

> *Ronny, ein 15-jähriger Jugendlicher, der große Lernprobleme hat, spielt mit Vorliebe ein interaktives Computerspiel, das ihn oft stunden – und tagelang beschäftigt. Der defensive Charakter dieses manischen Spielens ist dem Therapeuten nachvollziehbar, aber dem Patienten nicht zugänglich. Eines Tages bringt der Patient ein Upgrade mit, das er vor der Stunde für das Spiel erworben hat – außerdem die erneuerte Lizenz. Der Therapeut fragt nach und lässt sich genau schildern, wie das Spiel funktioniert, welche Anforderungen es stellt und was es dem Jugendlichen bedeutet. Pat.: »Ich will halt nicht herumlaufen als einer, der es nur bis zum 59. Level geschafft hat.« Th.: »Du willst auf etwas stolz sein können.« Pat.: »Genau.« Th.: »Und in der Schule ...« Pat.: »... kann ich auf nichts stolz sein.«*

Unvermeidlich trifft den Therapeuten in der Übertragung auch die phasentypische Entwertung des Objekts. Wie bereits erwähnt, muss sich der Jugendliche gegen den regressiven Sog präödipaler Wünsche absichern. Eine Abwehrform ist die Kehrseite der Idealisierung der frühen Eltern – nämlich nun deren Entwertung. In der Entwertung lässt sich auch unschwer die Enttäuschung angesichts der Erkenntnis erblicken, dass die Eltern eben doch nur normale Menschen mit ihren eigenen Schwächen und Unzulänglichkeiten sind, also weder alle Wünsche erfüllen, noch vor allem Übel bewahren können. Der Therapeut wird in der Übertragung zu dem Objekt, an dem die Trauer über die verlorenen idealen Eltern abgearbeitet wird. Zielgerichtet finden Jugendliche den schwachen Punkt ihres Gegenübers und decken ihn u. U. schonungslos auf. Das Arbeitsbündnis aufrechtzuerhalten, erfordert dann vom Therapeuten ein hohes Maß an Reflexionsfähigkeit, eine sorgfältige Analyse der Gegenübertragung und die Fähigkeit, den Angriff des jungen Menschen auf die Beziehung zu deuten, ohne selbst wiederum in Beschämungen und Entwertungen zu verfallen.

> **Merke**
>
> Das Arbeitsbündnis mit Jugendlichen steht vor besonderen Herausforderungen:

- die Abwehr präödipaler Abhängigkeitswünsche,
- die erhöhte narzisstische Vulnerabilität,
- die Entwicklungsaufgabe der Ablösung,
- das Bedürfnis nach Kontrolle und
- die Schwierigkeit, eine positive Übertragung auf einen erwachsenen Therapeuten zu entwickeln, machen es Jugendlichen schwer, sich auf eine Therapie einzulassen.

Das Arbeitsbündnis wird gefördert:

- durch die beim Arbeitsbündnis mit dem Kind beschriebene Haltung, wobei hier der Akzeptanz und dem Respekt (vor dem »Anders-Werden«) besondere Bedeutung zukommen,
- durch Authentizität des Therapeuten, auch in seiner Sprache,
- durch wohlwollende Neugier gegenüber der Lebenswelt des Jugendlichen,
- durch flexibel handhabbare Vereinbarungen, ohne jedoch den Rahmen aufzuweichen,
- indem Entwertungen aufgegriffen und gedeutet, nicht jedoch zurückgegeben werden.

6.3 Die Bedeutung der begrenzten Zeit

»Die Vorgänge des Systems *Ubw* sind zeitlos« (S. Freud 1915e, S. 286, Hervorhebungen S. Freud). Kindertherapeuten ist diese Beobachtung völlig evident, wenn sie sich an manche Stunde erinnern, in der ein Kind in ein Spiel oder eine kreative Tätigkeit versunken ist, tief eingetaucht in das Material, das aus dem Unbewussten an der bewussten Kontrolle vorbei aufgestiegen ist. Wir können uns die Welt ohne die Zeitdimension zwar nicht vorstellen, worauf Schopenhauer im Anschluss an Kant hingewiesen hat, die ablaufende Zeit in Stunden und Minuten jedoch ist eine bewusstseinsnahe Konstruktion des Menschen (die *physikalische* Zeit entzieht sich weitgehend unserer Anschauung.)

Was S. Freud mit dem »zeitlosen Unbewussten« anspricht, ist m. E. die lineare Zeit. Sie ist immer begrenzt. Lineare Zeit ist in unserem bewussten Zeitempfinden definiert durch Anfang und Ende. Ohne diese beiden Eckpunkte wäre der Begriff der Zeit sinnlos. Unbegrenzte Zeit ist nicht Zeit im linearen Sinn, sie ist Nicht-Zeit. Insofern das Unbewusste die bewusst konstruierten Begrenzungen nicht kennt, ist es zeitlos.

Anders steht es m. E. mit der *zyklischen* Zeit: Sie entspricht einem vorbewussten Zeitempfinden und ist wesentlich für den Aufbau psychischer Strukturen. Umgekehrt ist das Zeitempfinden gestört, wenn sich basale Strukturen im Rahmen rhythmischer Beziehungserfahrungen nicht ausbilden konnten. (vgl. zum Folgenden auch: Burchartz 2014)

Der wiederkehrende Ablauf von Hunger und Sättigung, Wachen und Schlafen, Gegenwart des Objekts und Nicht-Gegenwart, also wiederkehrende Beziehungserfahrungen, der Tagesablauf mit seinem Rhythmus von Tag und Nacht (der vermutlich bereits vorgeburtlich erlebt wird), die Jahreszeiten mit ihren Naturphänomenen, die Mondphasen, Ebbe und Flut, auch Geburt und Tod werden als Kreislauf erlebt und beschrieben. Junge Kinder teilen sich das zyklische Zeiterleben mit Naturvölkern, die das »Messen« der Zeit nicht kennen, die auch die Jahre nicht zählen etc.

> *Der fünfjährige Christian lebt in einer Pflegefamilie, er wurde mit allen Anzeichen schwerer Deprivation aus seiner Herkunftsfamilie herausgenommen. Er kommt zweimal pro Woche in die Therapie. Er kennt den Ablauf der Wochentage nicht und kann auch ihre Reihenfolge nicht behalten. Dem Therapeuten wird dies bewusst, als Christian sich verabschiedet: »Also dann bis Montag.« Aber am Montag hat Christian gar keine Stunde. Er nennt auch jedes Mal willkürlich einen anderen Tag. Dass etwas regelmäßig wiederkehrt, scheint psychisch nicht verankert. Mit Hilfe der Therapiestunden und den stetigen und geduldigen Hinweisen des Therapeuten (»wenn du das nächste Mal kommst, ist es Donnerstag«) gelingt es dem kleinen Patienten allmählich, eine Vorstellung von zyklischen Zeitstrukturen zu entwickeln.*

Eine dritte Art des Zeiterlebens ist der Kairos, ein Begriff aus der griechischen Mythologie. So wird im Gegensatz zum *Chronos*, der linearen Zeit, ein Zeitpunkt bezeichnet, in dem alle günstigen Fäden für ein Vorhaben, für eine Erkenntnis oder eine Entscheidung zusammenlaufen. Alltagssprachlich kennen wir dafür die Redewendungen »Jetzt ist die Zeit gekommen« oder: »Jetzt ist die Zeit reif«. Der Kairos ereignet sich, man kann ihn nicht herbeizwingen oder »machen«. In Therapien taucht er auf als eine sich einstellende Einsicht, als ein emotionales Gewahrwerden in der Übertragung, ein Akt des Erkennens und Erkannt-Werdens. Im Zusammenhang mit der Fokusfindung verwenden Balint et al. für dieses Phänomen den Begriff »flash« (Balint, Ornstein & Balint 1972, S. 197f.).

Die Voraussetzung begrenzter Zeit entspricht dem linearen, »bewussten« Zeitempfinden. Das heißt aber nicht, dass nicht innerhalb dieser Zeit zyklische Zeiterfahrung und Kairos-Zeiterfahrung möglich sind!

Alle Psychotherapien, auch Langzeittherapien, sind selbstverständlich linearzeitlich begrenzt; es stellt sich oft als großes Problem bei der Beendigung solcher Therapien dar, wenn man diese Dimension gleichsam kollusiv verleugnet. Gleichwohl rückt das Bewusstsein der Zeit-Begrenztheit in Langzeittherapien insbesondere dann in den Hintergrund, wenn unbewusstes Material auftaucht und zur Bearbeitung drängt – etwa in Träumen oder im Spiel und kreativen Gestaltungen. Die TfP arbeitet an bewusstseinsnahen Aktualkonflikten und/oder an der Entwicklung und Stabilisierung struktureller Funktionen. Ein Bewusstsein für die lineare Zeit und deren Begrenztheit ist also in der Therapie entweder präsent, oder es muss als realitätsbezogene Orientierungsleistung des Ich entwickelt werden. Das bedeutet, dass mit dem Auftauchen von Themen der Begrenztheit in Tiefenpsychologisch fundierten Psychotherapien eher zu rechnen ist als in regressionsfördernden Therapien.

Eine besondere Rolle spielt die Begrenzung der Zeit in Kurzzeitpsychotherapien. Sie ist von vornherein Thema und begleitet die Therapie gleichsam als zweiter Fokus. Begrenzte Zeit ist naturgemäß assoziiert mit begrenzten Möglichkeiten, mit der Notwendigkeit, sich auf begrenzte Ziele zu einigen. Letzten Endes werden Themen wie Verlust und Abschied, persönliche Grenzen, Endlichkeit und u. U. auch Sterben und Tod aktiviert; aber auch Entscheidung, Neuanfang, Einsicht in die Begrenztheit des Selbst und der Objekte, Dankbarkeit und Wiedergutmachung, also Themen, die in der »depressiven Position« (Melanie Klein) eine Rolle spielen.

Die Begrenzungen der Kurzzeitpsychotherapie (▶ Kap. 5.5 »Indikation«) eröffnen spezifische therapeutische Möglichkeiten. Kurzzeittherapie ist eine Therapieform sui generis, sie sollte nicht aufgefasst und angegangen werden als eine reduzierte oder »kastrierte« Langzeittherapie. Unabdingbar ist die sorgfältige Erarbeitung eines Fokus. Die Konzentration auf einen fokalen Konflikt löst bei Patienten in der Regel auch eine Konzentration auf wesentliche Themen aus; im Bewusstsein der begrenzten Zeit kommen sie rasch »auf den Punkt«. Die Arbeit an Trennungsthemen betrifft auch die Übertragung: Der Therapeut erscheint viel mehr als getrenntes Objekt, Differenzierungsvorgänge zwischen Ich und Du stehen im Vordergrund und relativieren Phantasien grandioser Verschmelzung.

Besonders in Kurzpsychotherapien, aber auch in tiefenpsychologisch fundierten Langzeittherapien empfiehlt es sich, die Zeitbegrenzung nicht allein in der Therapievereinbarung, sondern auch während der Therapie aktiv anzusprechen, wenn das Thema vom Patienten vermieden wird. Ein solches Vorgehen stellt einen Realitätsbezug her und eröffnet die Möglichkeit, Trennungs- und Differenzierungsvorgänge in der Therapie zu bearbeiten. Deshalb sollte auch die zeitliche Vereinbarung nicht aufgeweicht werden.

> **Merke**
>
> In der TfP ist die Zeitbegrenzung als Realität bewusstseinsnah gegenwärtig
>
> - durch die regressionsbegrenzende Arbeit an Aktualkonflikten,
> - durch die von vornherein angesprochene zeitliche Begrenzung, insbesondere bei Kurztherapien.
>
> Zeitbegrenzung aktualisiert Themen wie
>
> - Trennung und Abschied,
> - Endlichkeit,
> - Begrenztheit des Selbst und der Objekte,
> - Subjekt-Objekt-Differenzierungen,
> - Verlustängste, Schuld und Besorgnis,
> - Entscheidungssituationen.

6.4 Das Problem in die Therapie bringen

Die psychoanalytische Grundregel, alle Einfälle aufrichtig mitzuteilen, ohne die anscheinend unwichtigen, unsinnigen, unangenehmen oder peinlichen davon auszulassen (Freud 1913c, S. 468f.), erfährt in der Arbeit mit Kindern eine Erweiterung: Das Kind wird aufgefordert, auch alle spontanen Spielhandlungen zuzulassen und von seinen Träumen zu erzählen. In der TfP wird die Grundregel modifiziert: Der Therapeut teilt mit, dass er aus allem, was sich aus Erzählungen und Spiel ergibt, das Wichtige herausgreift, das für die Therapie hilfreich ist. In ähnlicher Weise wird die modifizierte Grundregel in die Arbeit mit den Eltern eingeführt. Die Grundregel wird zu Beginn der Therapie mitgeteilt, allerdings wird der Therapeut immer wieder an sie erinnern müssen, insbesondere wenn sich Widerstände dagegen einstellen.

Patienten bringen nicht ohne weiteres die Problematik in die Therapie, die der Therapeut als zentral erkannt hat. Das gilt insbesondere für Kinder. Zwar lässt sich der zentrale Konflikt oder die strukturelle Beeinträchtigung meist in dem Material des Patienten wiederfinden; gleichwohl aber nicht therapeutisch relevant aufgreifen und bearbeiten. Veränderung wird nicht erreicht durch rein kognitives Begreifen und Benennen; ohne eine emotionale Tiefe, ohne ein lebendiges Erleben problematischer Verhaltensweisen mit den dazugehörenden Ängsten, ohne eine innere Dringlichkeit wird die therapeutische Arbeit wirkungslos bleiben. Das Problem muss dem Patienten aktuell gegenwärtig, es muss *aktiviert* sein.

Anders als in der Analytischen Psychotherapie, in der die Problemaktivierung durch die Regression auf die Fixationspunkte des Konflikts erreicht wird, arbeitet die TfP im Wesentlichen mit Techniken, welche die aktuell emotional bedeutsamen Themen des Patienten aufgreifen und auf den Fokus beziehen. Emotional bedeutsam können Konflikte in den Beziehungen des Patienten sein, aber auch Wünsche und Ängste, Phantasien und Träume, ebenso Ereignisse in der Interaktion der therapeutischen Beziehung selbst. Gerade Letztere sind im unmittelbaren Erleben gegenwärtig. Das Aufgreifen und die Klärung der momentanen Übertragung, ihre Deutung oder ggf. die Konfrontation mit problematischen Verhaltensmustern können für den Patienten eine erhebliche Evidenz gewinnen und zur Problemaktivierung Entscheidendes beitragen.

Oft ist in Kindertherapien die Grenze zwischen dem regressiven Rückgriff auf früheres Konflikterleben und dessen Verarbeitung und aktuellem Konfliktgeschehen nicht scharf zu ziehen. Abwehrmechanismen sind in der Entstehung begriffen und haben sich noch nicht verfestigt. In vielen Fällen bringen Kinder, aber auch Jugendliche, den zentralen Konflikt spontan, lebendig und erlebnisnah in die Therapie, das Problem ist ohne Zutun des Therapeuten aktiviert. Nun geht es darum, entlang des Fokus das Thema aufzugreifen und es durch klarifizierende und deutende Arbeit zu vertiefen.

> *Rolf, ein fünfjähriger Junge mit Enuresis nocturna, baut im Sandkasten mit Bauklötzen ein Feuerwehrhaus auf, der Therapeut wird sehr beschäftigt, ihm mit Lastwagen Rohmaterial zu liefern. R. bestückt das Feuerwehrhaus mit mehreren Feuer-*

6.4 Das Problem in die Therapie bringen

wehrautos, eines davon bekommt der Therapeut zugewiesen: »Du bekommst das, weil meines hat die größere Leiter.« Rechts im Sandkasten wird ein Haus hingestellt, dort brennt es. Die Feuerwehren rasen mit Tatütata hin, der Patient ist der Feuerwehrhauptmann, der die Löscharbeiten dirigiert und die größte Spritze hat. Mit sichtlicher Lust und Eifer ist der Patient dabei, immer neue Feuernester mit Wasser zu überschütten.

Die Problematik ist in diesem Fall erfrischend deutlich und symbolisch wie emotional präsent. R. entwickelt einen ausgeprägten phallischen Narzissmus, der ihm aber gefährlich vorkommt: Er könnte mit seiner phallischen Lust etwas in Brand setzen und zerstören. Im Haus sind zumindest zwei Motive verdichtet: Zum einen steht es für die Sicherheit gebende familiäre Geborgenheit, zum anderen für das Innere der Mutter, in die der Patient zerstörerisch eindringt.

Der Vater des Jungen ist ein ruhiger und weicher Mann, der seinem Sohn wenig entgegensetzt und weder dessen Angst beruhigt, noch seine Aggressionen aufnimmt und moduliert. R. ist also in der Regulierung seiner Konflikte mit der Mutter – Wünsche nach libidinöser Eroberung und Besetzung vs. Angst vor der zerstörerischen Macht seiner Omnipotenz – weitgehend auf sich selbst gestellt. Sein Problem erfährt dadurch eine besondere Brisanz, dass die Mutter eine ängstliche und unsichere Frau ist und immer wieder in depressive Phasen abgleitet. Im Symptom erscheint das Konfliktmaterial ähnlich wie in der Spielszene als Kompromiss zwischen phallisch-aggressiver Lust und Angstberuhigung, schließlich muss der Patient dann selbst dafür sorgen, dass Sicherheit und Geborgenheit wieder hergestellt wird (das nächtliche warm-nasse Bett hat auch den Charakter einer uteralen Höhle).

Der Fokus lässt sich so formulieren: »Ich kann die Lust und den Stolz an meinen phallischen Fähigkeiten nicht genießen, weil ich Angst habe, damit Mutter und Vater zu zerstören und so alle Geborgenheit zu verlieren.«

Der Therapeut kann das aufgreifen, indem er im Spiel selbst kommentiert: »Ich sehe, wie wichtig es dir ist, dass du die größere Leiter und die tollere Spritze hast als ich. Das macht dich stolz. Aber ich merke auch, wie du damit die Angst vor einer große Gefahr eindämmen musst: Dass nämlich alles verbrennt und verloren geht, wo man zu Hause sein kann. Und dabei soll ich dir helfen.«

Kommt das zentrale Problem nicht in die Therapie, wird es nur verhalten angedeutet oder ohne innere Beteiligung vorgetragen, sollte der Therapeut in geeigneter Form auf diesen Umstand hinweisen und dazu einladen, die Bedeutung dieser Zurückhaltung zu verstehen. Es kann sich um ein Widerstandsphänomen handeln, im Anfangsstadium der Therapie kann es auch sein, dass der Patient die Grundregel schwer adaptieren kann, ihm die Arbeitsweise des Therapeuten noch fremd ist und er erwartet, dass der Therapeut die Themen vorgibt. Eine Möglichkeit, das zentrale Problem zu aktivieren, ist in folgender Fallvignette enthalten, die an anderer Stelle bereits veröffentlicht ist (Burchartz 2004, S. 514f.). Es handelt sich um einen 13-jährigen Jungen mit Lernstörungen, Verhaltensproblemen (aggressiven Durchbrüchen) und einer ausgeprägten narzisstischen Problematik.

> *»In der ersten Phase der Behandlung erlebe ich Kai als einen bemühten Patienten, der weiterhin nett und kooperativ erscheint, seine anfängliche Lebendigkeit jedoch ist verflacht. In meiner Wahrnehmung bleiben die Erzählungen eigentümlich leer und oberflächlich, der affektive Gehalt diffus, ebenso die unbewußte Textur wie hinter einem Nebel kaum greifbar. Müde quäle ich mich durch manche Stunde, in der er vernünftig von seinen schlechten Schulleistungen und den unmöglichen Lehrern erzählt – als seien wir zwei Experten, die sich über einen abwesenden Dritten unterhielten. Immer wieder meint er: Da kann man halt nichts machen. In der 8. Stunde spreche ich das an: Wir reden hier ganz vernünftig über deine Schulprobleme, über die Auseinandersetzungen mit deinem kleinen Bruder – aber ich habe den Eindruck, daß da etwas fehlt. Du hast mir ja auch davon berichtet, wie du manchmal ausrastest. Aber davon ist hier gar nichts zu spüren. Es kommt mir vor, als würdest du deine Wut und wie ohnmächtig man sich gegen die mächtigeren Lehrer fühlen kann, vor der Tür meiner Praxis abstellen – nur damit ich sie nicht sehen soll. Und wenn du von hier weggehst, nimmst du sie wieder mit.*
>
> *Ich hätte noch hinzufügen können: Und es soll auch draußen bleiben, daß du vielleicht auch auf mich eine Wut hast – wenn wieder ein Nachmittag versaut ist. Damit wären wir bei einer weiteren Übertragungsdeutung gewesen – die vielleicht weiter geführt hätte zu der Erkenntnis, daß er mich vor seinen Aggressionen schützen muß, von mir vielleicht auch das Bild eines »schönen Tieres« erhalten muß usw. Aber die damit einhergehende Entbindung der Angst hätte wohl – so meine neuerliche Befürchtung – erst recht zu einem Rückzug geführt.*
>
> *So führt meine Intervention zu Kais Bemerkung: Ja, ich will halt nicht, daß jemand in mich reinsieht. Ich: Da könnte ich Dinge sehen, die dir selbst unangenehm sind. Dazu fällt Kai ein: Ich hab schon wieder eine 6 im Diktat. Ich muß ja in der Hauptschule bleiben, wenn es so weitergeht – obwohl ich eigentlich mal auf die Realschule wollte. Ich: Die 6 im Diktat ist schlimm für dich. Und es macht auch schlimme Gefühle, wenn du mir das erzählst. Er fährt dann fort, daß er einmal im Diktat 40 Fehler hatte. Da habe er sich gesagt, das passiere ihm nicht noch einmal. Und er habe echt geübt. Im nächsten Diktat habe er nur 20 Fehler gehabt. Aber es war wieder eine 6. Kai: Ich war total wütend. Th: Da verstehe ich, daß du eine Wut kriegst: Du strengst dich an und verbesserst dich sogar um 100 %. Aber der Erfolg für deine Mühe bleibt aus. Die Noten in der Schule können ja auch wirklich sehr ungerecht sein.*
>
> *Meine Deutung, die sich zunächst auf die Übertragung richtete (»Du läßt etwas draußen, was ich nicht sehen soll«), eröffnet Kai die Möglichkeit, etwas über seine Gefühle mitzuteilen: Seine Kränkung, auf der Hauptschule bleiben zu müssen, und seine Wut. Meine Bemerkung signalisiert ihm, daß wir uns einig sind über eine Unzulänglichkeit im Außen – ich werde an dieser Stelle zu einem spiegelnden Objekt, das ihn in seinem Selbsterleben bestätigt: Es gibt in der Schule reale Ungerechtigkeiten, seine Wut darüber ist berechtigt und darf ihren Platz hier haben. Diese Intervention führt zu der narzißtischen Stabilisierung, die Voraussetzung ist, daß hier überhaupt über Wut, Verzweiflung etc. nachgedacht werden kann.«*

6.4 Das Problem in die Therapie bringen

Insbesondere bei Patienten mit hoher narzisstischer Empfindlichkeit oder traumatischem Erleben kann es vorkommen, dass die relevante Problematik ständig in einem Ausmaß emotional präsent ist, welches eine Überflutung mit Affekten von Kränkung, Scham oder Wut nach sich zieht. Eine Arbeit am zugrunde liegenden Konflikt verstärkt eher die Gefühle von Hilflosigkeit und Ausgeliefert-Sein und zieht weitere Abwehrmechanismen wie Spaltung und Projektion nach sich. Hier besteht die therapeutische Aufgabe zunächst darin, das Ich so weit zu stabilisieren, dass der Patient Möglichkeiten zur Affektsteuerung entwickeln und sich dosiert mit Aspekten des zentralen Konflikts beschäftigen kann. Das Problem muss also zunächst in gewissem Ausmaß *deaktiviert* werden, bevor Affekte und die dazugehörigen inneren Konflikte differenziert, benannt und bearbeitet werden können. Stabilisierende und stützende Techniken sind z. B.:

- Beruhigung aktuell aufgewühlter affektiver Situationen (nicht zu verwechseln mit Bagatellisierung!), indem man die Heftigkeit der Affekte anspricht und relativiert,

   Th.: Ich kann verstehen, dass du wütend bist. Das würde anderen auch so gehen. Allerdings kommt es mir so vor, als sei deine Wut viel größer, als es dem Anlass entspricht …

- die gemeinsame Erarbeitung von alltagspraktischen Möglichkeiten, unangenehme Gefühle auszuhalten,

   Th.: Was könntest du tun, wenn du merkst, dass du wieder kurz vorm Ausrasten bist?

- die Anerkennung und Stärkung reifer Abwehrmechanismen (z. B. Reaktionsbildungen, Rationalisierung), soweit sie dem Ich nicht in ausreichendem Maß zur Verfügung stehen,

   Th.: Wie könnten Sie sich ihre übermäßige Enttäuschung erklären?

- Hilflosigkeit relativieren, lösungsorientiert arbeiten, auf das Gelingende fokussieren, die therapeutische Mitarbeit einfordern,

   Th.: Sie erwarten mit Recht Hilfe von mir. Ich habe aber den Eindruck, dass es Ihnen manchmal entgleitet, dass Sie ja auch selbst an einer Veränderung arbeiten müssen.

- Realitätsbezug herstellen, Eigenverantwortung betonen.

Otto klagt Stunde um Stunde über die Ungerechtigkeit seiner Lehrerin, wie unmöglich und schlecht die Schule ist, die er besucht, dass man ihm dort nichts beibringen kann usw. Vor allem demonstriert der Patient, wie völlig ausgeliefert und hilflos er der Situation gegenüber ist; Hinweise des Therapeuten, er könne doch – wenn er sich ungerecht behandelt fühlt – ein Gespräch mit dem Vertrauenslehrer führen, schiebt er teils entrüstet, teils spöttisch beiseite: Dann gehe es ihm ja noch schlechter, dann wären die Lehrer doch erst recht schlecht auf ihn zu sprechen, und seine Lehrerin würde sich bestimmt an ihm rächen. Es ist, als finde der Patient überhaupt nicht aus seinen Affekten der Kränkung und der hilflosen Wut heraus, die er auch projektiv im Therapeuten unterbringt, der ja nun offensichtlich auch keinen rechten Rat weiß. Dabei ist die Not des Jungen zu spüren.

Th.: »Immer wieder zeigst du mir, wie ungerecht du dich behandelt fühlst und wie sehr dich das kränkt. Am Ende bleibt dann nur ein Gefühl von Hilflosigkeit. Ich sehe natürlich auch, dass Lehrerinnen wie auch die Schule insgesamt unvollkommen sind und Ungerechtigkeiten hervorbringen, die wirklich kränkend sein können. Aber ich habe auch das Gefühl, dass es uns hier nicht weiterführt, wenn wir bei der Klage darüber stehenbleiben, wir können hier ja nicht deine Lehrerin ändern. Was könntest du denn selbst dazu beitragen, dass es dir in der Schule besser geht?« Pat.: »Eigentlich will ich ja die Werkrealschule machen.« Th.: »Eigentlich? Das hört sich an, als fürchtest du, du könntest es nicht schaffen.« Pat.: »Ich könnte schon. Ich muss halt in Englisch von meinem Vierer herunterkommen.« Th.: »Außer in Englisch hast du wohl ganz ordentliche Noten.« Pat.: »Ja. Aber die Lehrerin …« Th.: »Eben warst du bei dem Gedanken, du könntest selbst dafür sorgen, dass es in Englisch besser wird.« Pat.: »Ich müsste halt die Vokabeln lernen.« Th.: »Ich glaube, du hast da eine doppelte Aufgabe zu bewältigen. Zum einen müsstest du deinen Ärger über die Lehrerin einmal beiseite stellen können. Man muss ihn ja nicht immer wie einen ungebetenen Gast bei sich dulden. Zum Anderen die Vokabeln. Die kosten Mühe.« Pat., mit verschmitztem Lächeln: »Na, so schlimm ist das auch wieder nicht.« Th.: »Nee, vor allem wenn du merkst, irgendwann kannst du sie.«

Eine entscheidende Rolle bei der Aktivierung des zentralen Problems spielen die Affekte. Sie sind durch die Abwehr teils verdrängt, teils verschoben, teils projektiv verarbeitet oder abgespalten und treten als isolierte, »namenlose« Angst oder als eruptive Wut oder generalisierte Hilflosigkeit zutage. Therapeutisch günstig und wirksam sind deshalb Interventionen, welche die Affekte aufgreifen, benennen und in den Kontext der Objektbeziehungen bringen, auch in denjenigen der Selbst- und Objektrepräsentanzen. Sie stehen im Zusammenhang mit Wünschen, Befürchtungen und inneren Konflikten. Für die Arbeit an den Affekten stehen viele therapeutische Möglichkeiten zur Verfügung:

Ein Affekt zeigt sich in den Narrativen des Patienten. Der Therapeut greift das auf.

Beispiele:

Th.: Es muss für dich sehr enttäuschend gewesen sein, dass du nicht mit ins Schullandheim durftest.

Fallbeispiel Elisabeth: Th.: »Welches Gefühl stand denn im Vordergrund, als Sie sich wieder ritzen mussten?« Pat.: »Keine Ahnung.« Th.: »Kann es sein, dass die Krän-

kung durch die Mitschülerin so schlimm war, dass Sie nicht anders damit fertig werden konnten?« Pat.: »Kann sein. Es ist irgendwie bescheuert, wenn man immer fertiggemacht wird.« Th.: »Das tut weh.« Pat. »Ich bin es nicht anders gewohnt.« Th.: »So sehr, dass Sie es erst gar nicht wahrnehmen wollen. Aber dann kommt es doch und Sie fügen sich selbst Schmerz zu. Dann haben Sie es wenigstens selbst in der Hand.«

Ein Affekt zeigt sich im Spiel des Patienten, das dieser für sich spielt. Der Therapeut stellt Vermutungen darüber an, wie sich Spielfiguren fühlen könnten.

Beispiele:

Th.: »Die Prinzessin muss sich ziemlich wertlos fühlen, wenn der König nicht unternimmt, sie aus den Klauen des Drachen zu befreien.«

Th.: »Der starke Ritter macht alle Feinde nieder, es darf keiner überleben. Vielleicht hätte er sonst Angst, dass sich einer rächt.«

Th.: »Auf deinem Bild gehen das Mädchen und der Junge Hand in Hand. Das fühlt sich warm und sicher an, wenn man einen Freund hat.«

Oder der Therapeut beteiligt sich am Spiel mit einer Spielfigur, die er selbst wählt. Dazu gehört die Frage an den Patienten, ob er einverstanden ist, dass der Therapeut mitspielt, sonst besteht die Gefahr, dass sich der Patient in der Entfaltung seiner Phantasie durch eine Über-Ich-Instanz korrigiert oder eingeschränkt fühlt, als »dürfe« er nicht so spielen. Es geht bei einer solchen Intervention darum, sorgfältig abzuwägen, inwieweit durch das Spiel ein *innerer* Konflikt dargestellt wird, also wie die Spielfiguren innere Objekte oder Instanzen oder Affektregungen darstellen.

Th.: »Ich will mal versuchen, wie es wäre, wenn bei deinem Spiel noch ein Vater dabei wäre. Kannst du damit einverstanden sein?«
 Die Patientin signalisiert Einverständnis.
 Th.: »Hier kommt nun der Vater dazu. ›Hör mal, Mutter, warum soll denn unsere Tochter nicht mal mit Freundinnen ausgehen dürfen, bloß weil sie noch nicht alle Hausaufgaben gemacht hat?‹«
 Pat., als Mutter: »Wenn sie schlecht in der Schule ist, wird nie was aus ihr werden.«
 Pat., als Tochter, nölig: »Aber ich bin doch gar nicht schlecht ...«
 Pat., als Mutter, streng: »Doch, du bist schlecht. In Mathe hast du eine 3–4. Da musst du jetzt üben, und das machen wir jetzt.«
 Th., als Vater zur Tochter: »Ich glaube, dass du auch Lust hat, einmal ohne unsere Aufsicht mit anderen zu spielen. Und ich merke, wie du dich wütend verweigerst, wenn du das nicht darfst. Andererseits sehe ich auch, dass du der Mama keine Angst machen willst, vielleicht auch selbst Ehrgeiz hast. Aber ich glaube, dass die Mama ihre Angst schon aushalten kann.«

Ein Affekt zeigt sich offensichtlich in der Beziehung zum Therapeuten. Der Therapeut ist dann selbst Betroffener und wird es mit einem entsprechenden Affekt zu tun bekommen, sei es in komplementärer oder kongruenter Weise. Zunächst greift der Therapeut den Affekt des Patienten auf. Wenn der Patient ausreichend stabil ist, lässt sich danach das affektive Geschehen zwischen Patient und Therapeut untersuchen.

> *Beim Mensch-ärgere-dich-nicht-Spiel wirft Katie die Figur des Therapeuten raus, lacht hämisch und macht spöttische und entwertende Kommentare.*
> *Th.: »Das ist eine Freude, wenn man den anderen rausschmeißen kann. Aber es kommt mir vor, dass du noch etwas anderes empfindest. Du bist ja richtig hämisch mit mir, das Rausschmeißen ist für dich wohl ein großer Triumph, den du mich spüren lässt.« Pat.: »Die L. (jüngere Schwester) macht das auch immer so.« Th.: »Und das schmerzt.« Pat.: »Ja, sie ist einfach gemein.« Th.: »Vielleicht fürchtest du, dass ich es mit dir auch so mache, und da drehst du vorsichtshalber den Spieß um.« Die Patientin grinst, als fühle sie sich ertappt.*
> *(Der Therapeut geht noch einen Schritt weiter.)*
> *Th.: »Ich habe mich auch ziemlich mies gefühlt. Nicht allein, dass du mich vor dem Haus rausgeschmissen hast. Das gehört zum Spiel, und dass ich mich darüber ärgere, gehört auch zum Spiel. Es ist ja gut, dass es Spiele gibt, wo man sich gegenseitig ärgern darf. Aber dann noch einen hämischen Kommentar obendrauf zu kriegen, da fühlt man sich kleingemacht. Ich glaube, du wolltest einfach, dass ich das auch mal erlebe, wie sich das anfühlt.«*

Ein zu erwartender Affekt bleibt beim Patienten aus. Solche Affekte sind meist in einer heftigen Abwehr verdrängt, neutralisiert, ins Gegenteil verkehrt oder abgespalten. Der Therapeut muss sich vergegenwärtigen, dass die Entbindung solcher Affekte das Ich des Patienten destabilisiert, dessen Abwehr unterläuft und u. U. mit einer Verstärkung der Symptomatik einhergeht. Gleichwohl kann, je nach Einschätzung des momentanen Zustandes des Ich, der Therapeut die zu erwartende Affektlage aufgreifen und ansprechen, idealerweise anhand des Materials, das sich in der spielerischen Gestaltung bzw. in den Narrativen des Patienten zeigt. Der Patient kann darauf reagieren, indem er den Affekt weiterhin verleugnet, oder indem er einfach auf einer kognitiven Ebene zustimmt, aber weiter nicht emotional berührt ist. In diesem Fall wird der Therapeut die offensichtlich noch notwendig aufrechterhaltene Abwehr registrieren und respektieren und darauf vertrauen, dass sie sich bei weiteren Gelegenheiten allmählich lockert. Man sollte nicht unterschätzen, dass auch eine kognitive Einsicht zumindest den Gedanken zulässt, hier könnte es um ein bislang unzugängliches affektives Geschehen gehen. Es kann aber auch gelingen, dass über eine Analyse der Abwehr sich der Patient erlebnisnah den vom Ich ferngehaltenen Affekten nähert.

Beispiele:

> *Nach einer Ferienunterbrechung inszeniert Reimund ein Ritterspiel, bei dem Ritterfiguren kalt und ohne jede emotionale Regung niedergemetzelt werden.*

Th.: »Irgendetwas bringt diesen Ritter so in Wut, dass er einfach alle kaltmacht.« Pat.: »Nee, der verteidigt sich nur.« Th.: »Es scheint, er fühlt sich bedroht.« Pat.: »Nee, der hat keine Angst.« Th.: »Vielleicht will er sich mit seinen Gefühlen gar nicht beschäftigen. Sonst könnte er nicht mehr so stark sein.« Pat.: »Ja, das ist bei Rittern so.« Th.: »Kann es sein, dass du da auch etwas von dir zeigst? Dass du dich manchmal mit deinen Gefühlen nicht beschäftigen willst, weil du fürchtest, ich könnte das als Schwäche verstehen?« Pat.: »Ich zeige meine Gefühle nicht gern.« Th.: »Zum Beispiel die Gefühle, mit denen du es zu tun bekommst, wenn ich zwei Wochen einfach nicht für dich da bin …«

Elisabeth hat ihr Pferd verloren, weil es eingeschläfert werden musste. In der Stunde darauf erzählt sie von der Schule, dabei wirkt sie versteinert.
Th.: »Ich frage mich, wie es dir wohl geht nach dem Tod deines Pferdes.« Pat: »Ach, nicht besonders. Irgendwie leer.« Th.: »Es ist ja eigentlich sehr traurig, dass dein Pferd nicht mehr lebt.« Pat.: »Schon, aber ich will nicht traurig sein. Es ging halt nicht anders.« Th.: »Ich kann verstehen, dass du dir solche Gefühle vom Leib hältst. Sie sind vielleicht auch noch gar nicht aushaltbar. Oder nur in kleinen Portionen.«

Die Exploration des affektiven Geschehens zwischen Patient und Therapeut setzt ein vertrauensvolles Arbeitsbündnis sowie eine gewisse Affekttoleranz des Patienten voraus; es trägt unter diesen Umständen erheblich zur Reifung der Mentalisierungsfähigkeit bei.

Merke

- Das Problem des Patienten muss zu seiner Bearbeitung in der Therapie affektiv aktiviert sein.
- Wird insbesondere bei strukturschwachen und/oder traumatisierten Patienten das Ich ständig von unkontrollierten und wenig repräsentierten Affekten überflutet, muss das Problem zunächst in einem gewissen Maß deaktiviert werden. In diesem Fall sind stabilisierende und stützende Techniken angebracht.
- Aktivierung und Deaktivierung erfolgen durch eine Arbeit an den Affekten:
  - Aufgreifen der Affekte,
  - mögliche Gefühle von Spielfiguren, gemalten Figuren etc. benennen,
  - Rollenübernahme in einem Spiel, Einführen neuer komplementärer oder kongruenter Spielfiguren,
  - Aufgreifen und Untersuchen von Affekten in der Beziehung zum Therapeuten,
  - Ansprechen von zu erwartenden, aber ausbleibenden Affekten, Abwehranalyse,
  - überflutende Affekte: Heftigkeit ansprechen und relativieren, in den Kontext von Objektbeziehungen und Repräsentanzen bringen.

6.5 Das Spiel als therapeutisches Medium

In den Anfängen der Kinderanalyse beschäftigten sich mit der Behandlung von Kindern Psychoanalytiker, die auch Erwachsene behandelten. Schon bald stießen sie auf die Frage, welchen Zugang sie zum Unbewussten des Kindes finden könnten. Eine Behandlung durch ein psychoanalytisches Gespräch durch freies Assoziieren analog zur Psychoanalyse Erwachsener stellte sich als wirkungslos heraus (Ferenczi 1913). Es galt also, eine kindgemäße Kommunikation zu entwickeln, in der sich Unbewusstes manifestiert und einer deutenden Arbeit zugänglich wird.

Als erste Kinderanalytikerin gilt heute Hermine Hug-Hellmuth. Sie erkannte im Spiel der Kinder ein Äquivalent zu Träumen und setzte es konsequent in der Therapie ein, als Feld, auf dem sich die psychischen Konflikte, Symptome und Charaktermerkmale des Kindes zeigen und bearbeiten lassen (Hug-Hellmuth 1920).

Eine ausgearbeitete Theorie und Technik der Kinderanalyse legten mit unterschiedlichen und kontroversen Ansätzen Anna Freud und Melanie Klein vor. Anna Freud ging in ihren Vorträgen vor der Wiener Psychoanalytischen Vereinigung 1926–1927, heute zusammengefasst in der Schrift »Einführung in die Technik der Kinderanalyse« (A. Freud 1966), davon aus, dass man das Kind zuerst pädagogisch an die Analyse heranführen muss. Diese »Dressur zur Analyse« (ebd., S. 12) sollte dazu führen, dass sich der Analytiker an die Stelle des Ich-Ideals des Kindes setzt und absolute erzieherische Autorität gewinnt. Sie erkannte, dass das Kind nur sehr eingeschränkt zur freien Assoziation fähig ist und führte, anknüpfend an Hug-Hellmuth und Melanie Klein, das Spiel als therapeutisches Agens in die Kinderanalyse ein. Ihre kindlichen Patienten wurden angeleitet zu spielen, zu malen, zu agieren, wobei der Therapeut dieses Agieren des Kindes stetig verbalisierte und v. a. ich-psychologisch deutete. Damit war – unter Berücksichtigung des Entwicklungsstandes des Kindes – eine wesentliche Veränderung in der Technik der Psychoanalyse vollzogen. Allerdings vertrat A. Freud in ihren frühen Schriften die Meinung, dass sich eine Übertragungsneurose in der Kinderanalyse nicht entwickeln und diese daher auch nicht gedeutet werden könne.

Konträr dazu war Melanie Klein der Ansicht, dass Kinder von Anfang an eine Übertragung auf den Analytiker entwickeln. Die Übertragung bzw. Übertragungsneurose bestand für sie im Wesentlichen aus projektiven und introjektiven Prozessen, in denen Teilaspekte der Objektbeziehung enthalten sind. Die Aktivität unbewusster Phantasien als Korrelate zu Triebregungen manifestiert sich nach Klein im Spiel: »Das Kind drückte von Anfang an seine Fantasien und Ängste hauptsächlich im Spiel aus, während ich beständig deutete, mit dem Erfolg, dass neues Material im Spiele auftauchte« (Klein 1955a, S. 153). »Das Kind bringt durch das Spiel Phantasien, Wünsche, Erlebnisse in symbolischer Weise zur Darstellung« (Klein 1926/1979, S. 22).

Klein entwickelte deshalb eine »psychoanalytische Spieltechnik«. Sie stellte jedem Kind einfache Spielsachen zur Verfügung (»einfach, klein und nicht mechanisch«, Klein 1962, S. 156). Zusammen mit den eigenen (mitgebrachten) Spielsachen kamen diese in eine Schachtel – so hatte jedes Kind seinen eigenen kleinen intimen Raum für die Dinge, an denen sich unbewusste Vorgänge und ihre Bedeutung entfalteten. Nach Klein ist das Spiel des Kindes als volles Korrelat zu den Träumen aufzufassen, weshalb auch das Spiel und das Spielzeug mehrschichtig und vieldeutig ist und nur im Zusammenhang mit der Übertragung verstanden werden kann. Diese Auffassungen implizieren eine völlig andere Technik als die von Anna Freud vertretene. Die Deutung der Affekte, v. a. der Aggressionen, Ängste und Schuldgefühle, und der unbewussten Phantasien sind zentral für die analytische Arbeit. Konsequenterweise verzichtete Klein auf alle pädagogischen Einflussnahmen, um den Fluss der Übertragung nicht zu stören.

Neben vielen originellen Beiträgen zur Kinderanalyse erfand Donald W. Winnicott das sog. »Schnörkelspiel«, bei dem Kind und Analytiker abwechselnd – zunächst abstrakte – Schnörkel malen, ausmalen und weitermalen, deren Bedeutung dann in der jeweiligen analytischen Situation ausgeleuchtet wird. Dieses Spiel kann als ein Korrelat zur freien Assoziation verstanden werden. Ausführlich beschäftigte sich Winnicott mit der Theorie des Spiels. Im Rahmen seiner Theorie und Beschreibung von Übergangsphänomenen begriff er das Spiel als ein Ereignis in einem intermediären oder potentiellen Raum. »Es (das Spielen, d. Verf.) ereignet sich nicht im Innern ...; jedoch auch nicht außen ...« (Winnicott 1974b, S. 52). Die Fähigkeit zum Spielen ist für Winnicott Voraussetzung der Therapie: »Psychotherapie geschieht dort, wo zwei Bereiche des Spielens sich überschneiden: der des Patienten und der des Therapeuten. Psychotherapie hat mit zwei Menschen zu tun, die miteinander spielen« (ebd., S. 49). Er geht davon aus, dass Spielen eine universale schöpferische Erfahrung des Menschen ist, »eine Grundform von Leben« (ebd., S. 62). Fehlt die Fähigkeit zum Spielen beim Patienten, muss die Therapie darauf gerichtet sein, zunächst diese Fähigkeit herzustellen – sonst seien Deutungen auch nutzlos und im schlimmsten Fall schädlich, weil sie lediglich Anpassungen zur Folge hätten. Das Spielen in der Therapie *muss spontan sein, nicht angepasst oder gefügig,* wenn die Psychotherapie gelingen soll (Hervorhebung Winnicott)« (ebd., S. 63).

Spielen ist eng mit dem Zustand der Objektbeziehungen verbunden. Winnicott skizziert eine Entwicklung des Spielens vom Zustand der Verschmelzung mit dem Objekt über das Spielen mit magischer Kontrolle und Omnipotenz in einem intermediären »Spielplatz« zwischen Mutter und Kind, weiter über das Alleinsein in Gegenwart eines anderen und schließlich zum gemeinsamen Spiel, in dem die Ideen beider Beteiligter ihren Platz haben, bis hin zum kulturellen Erleben. Im Spiel wirken Subjektives, Traumnahes und Objektives, Realitätsnahes zusammen.[5]

Winnicott hält Spielen an sich bereits für etwas Therapeutisches. Eine ähnliche Sichtweise finden wir bei Hans Zulliger (1952). Er versteht das Spiel als die Sprache des Kindes, allerdings nicht in dem Sinne der »Erwachsenen-Sprache«, da auch das Sprechen des Kindes mehr symbolischen als begrifflichen Charakter

---

5 An dieser Stelle überschneidet sich die Spieltheorie von Winnicott mit derjenigen von J. Piaget (vgl. Piaget 1975).

hat. Sprechen und Spielen sind somit äquivalente Ausdrucksweisen auf einer Entwicklungsstufe, die dem magischen Denken verhaftet ist. Der Therapeut muss sich in dieses Spielen einfühlen und affektiv mit dem Spiel mitgehen. Bereits im Spielen und Mitspielen wird dem Kind eine Deutung gegeben durch die Art und Weise der Reaktion des Therapeuten, noch bevor er eine solche in Worte gefasst hätte. Das Kind ist in der Lage, eine solche implizite Deutung aufzunehmen und zu verarbeiten. Gedeutet wird somit nicht das Spiel selbst, vielmehr werden im Spiel auf der magischen Ebene Deutungen entwickelt. Der Therapeut macht sich das zunutze, etwa indem er in die Rolle von Spielfiguren schlüpft und als diese spricht und mitspielt (▶ Kap. 6.3). Er vermeidet so auch Intellektualisierungen, die nur Widerstand wecken. Entscheidend ist nicht eine spezifische Spieltechnik, vielmehr ein flexibler Umgang mit Deutungen.

Gestützt wird diese Sichtweise durch die Spieltheorie J. Piagets. Für Piaget liegt dem Symbolspiel eine assimilatorische Aktivität zugrunde, die sich die Akkomodation (also die Anpassung an die realen Eigenschaften der Objekte bzw. der dinglichen und sozialen Verhältnisse) erspart. Es entspringt einer »schöpferische(n) Phantasie, die assimilatorische Aktivität im Zustand der Spontaneität ist« (Piaget 1975, S. 363). Dabei wird ein Schema (kognitiver, motorischer oder emotionaler Art) aus seinem Kontext gelöst und spielerisch weitergeführt, schließlich wird an dieses ein Objekt assimiliert, das eigentlich nicht zu diesem Schema passt. In diesem Vorgang ruft das neue Objekt das innere Bild des ursprünglichen Objekts wach. Ein Symbol entsteht somit aus zwei Elementen: einem inneren Bild, das einem Schema entspringt, und einem assimilierten Objekt. »Im Symbolspiel ... wird ein Objekt an ein vorher bestehendes Schema assimiliert, ohne dass seine objektiven Eigenheiten beachtet würden. Die Nachahmung (durch das Schema, d. Verf.) kommt nun als ›bezeichnende‹ Geste hinzu, um das vorher bestehende Schema und die nicht vorhandenen Objekte ... wachzurufen. Kurz, im Symbolspiel bezieht sich die Nachahmung nicht auf ein vorhandenes Objekt, sondern auf ein nicht vorhandenes Objekt, das wachgerufen werden soll« (a.a.O. S. 138) Damit werden aber neue assimilatorische Schemata geschaffen, mit anderen Worten, das Kind unterwirft sich die Welt und gestaltet sie nach eigenen Vorstellungen. Diese sorgfältig aus Beobachtungen gewonnene Beschreibung des kindlichen Spiels lässt sich aus psychodynamischer Perspektive gut auf die zugrunde liegenden unbewussten Vorgänge beziehen: Indem das Kind sich die Welt assimilatorisch aneignet, arbeitet es seine Wünsche, Bedürfnisse, Ängste und Konflikte durch. Das Verdienst von Piaget ist es, darauf hingewiesen zu haben, dass das Spielen des Kindes nicht allein defensiven Charakter hat (wie es manche psychoanalytische Spieltheorien nahelegen), sondern vor allem eine aktive Aneignung der Welt und deren kreative Umgestaltung darstellt. Das Spiel des Kindes ist immer auch auf eine Veränderung der Realität gerichtet und enthält damit, um mit Zulliger zu sprechen, selbst eine heilende Kraft. Damit bestätigt sich Winnicotts Gedanke, dass die Therapie eines Kindes, das nicht spielen kann, weil seine symbolischen Funktionen unterentwickelt sind, zunächst darin bestehen muss, seine Fähigkeit zu spielen zu erwecken.

In der TfP mit Kindern, teils auch noch mit Jugendlichen, ist das Spiel ein zentraler Parameter der Kommunikation (nach innen und nach außen) in der

Behandlung. Gleichwohl wäre es ein Missverständnis, allein im Spiel und im Spielen die therapeutische Wirkung verankern zu wollen. Zum einen weil das Sprechen (ich rede hier vom Sprechen als einem kommunikativen Vorgang, der neben anderen Vorgängen steht, die auch eine Art von »Sprache« sind) als differenzierende und damit auch trennende Kommunikation unverzichtbar ist. Anderenfalls bliebe die Interaktion insbesondere bei Kindern auf den magischen Modus des Spielens beschränkt und die Unterscheidung zwischen Subjekt und Objekt, zwischen innen und außen, zwischen Phantasie und Realität würde vermieden – und damit blieben wesentliche Entwicklungsschritte unerledigt. Das ist besonders wichtig etwa bei mutistischen Kindern, aber auch bei Kindern, die an strukturellen Beeinträchtigungen leiden.

Zum anderen sind Spielen, Sprechen, Mimik, Gestik, Körperausdruck etc. im therapeutischen Rahmen vor allem Modi der Beziehungsgestaltung, und auf der Beziehung und der sich in ihr wiederholend darstellenden Innenwelt des Kindes oder des Jugendlichen beruht die therapeutische Arbeit und Wirksamkeit. Beziehung ereignet sich zwar auch im Spielen, geht aber nicht in ihr auf. So wie sich im Spielen von Anfang an, von der erotischen Beschäftigung mit dem eigenen Körper und dem der Mutter, Muster von Beziehung konstellieren, so bringen diese Muster wiederum bestimmte Symbole und Spielhandlungen hervor. Darüber hinaus hängt das Spielen stark vom Stand der Entwicklung ab, insbesondere hinsichtlich der Symbolfunktion und -verwendung.

Die Wahl eines Spiels, die Art und Weise, zu spielen und den Therapeuten mit einzubeziehen (oder auszuschließen), zeigt uns also nicht allein etwas über die Beziehungsgestaltung des Kindes/des Jugendlichen, sondern ebenso die Art der Konflikte und ihrer Verarbeitung, den strukturellen Zustand und den Entwicklungsstand des Kindes an. Nicht zuletzt lässt das Spielen Einschätzungen über den Stand der Therapie zu.

In der TfP soll das Kind zum Spielen angeregt und eingeladen werden. Spontanes Spielen – oder eben auch Nicht-Spielen – ist ebenso wie das Sprechen Ausdruck des momentanen psychischen Zustandes des Patienten. Angelehnt an die Grundregel der freien Assoziation gilt deshalb die Grundregel des freien und spontanen Spielens. Voraussetzung dazu ist ein Angebot an Spiel- und Gestaltungsmöglichkeiten, aus dem das Kind oder der Jugendliche frei wählen kann. Der Gestaltung und Ausstattung des Therapieraumes kommt daher eine hohe Bedeutung zu. Dabei ist eine anregungsarme Kargheit ebenso zu vermeiden wie eine verwöhnende Überflutung mit Material. Es sollten Möglichkeiten für kreative Gestaltungen vorhanden sein: Malsachen, Knete oder Ton, Bauklötze usw. Zum Symbolspiel und Rollenspiel eignen sich Handpuppen, eine Puppe und einige Kuscheltiere, der Sceno-Kasten, kleine Figuren oder Spielsachen wie Häuser, Bäume, Tiere, Autos usw. Auch ein kleines Puppenhaus, eine Ritterburg o. Ä. und Materialien für einen Kaufladen können vorhanden sein. Sehr bewährt hat sich das Sandspiel (Kalff 1966), das auch von Jugendlichen genutzt wird, allerdings sollte sich der Therapeut damit gründlich beschäftigt haben, nach Möglichkeit in einer eigenen Fortbildung. Eine begrenzte Auswahl an Regelspielen gehört dazu in einer Mischung aus Kooperations- und Konkurrenzspielen. Meines Erachtens sind auch Konstruktions- und Zusammensetzspiele sinnvoll (z. B. eine zusammensetzbare Kugelbahn o. Ä.), insbesondere bei Latenzkindern eröffnen sie einen guten Einblick in deren Bereitschaft und Fähigkeit, gemeinsam mit einem Objekt (dem Therapeuten) ein Werk entstehen zu lassen, und in die Art und Weise der Objektverwendung. Eine gute Möglichkeit zum Erleben des Aggressionspotentials, aber auch der Rivalität, ist z. B. eine Armbrust mit Gummipfeilen und einer Zielscheibe.

Nicht alle Materialien sollten offen dargeboten werden, wenn ein Teil in einem Schrank untergebracht ist, gibt es für unsere Patienten etwas zum aktiven Erforschen und Entdecken. Alles sollte jedoch einen festen Platz haben. Das gilt übrigens auch für den Platz des Therapeuten!

Die Auswahl sollte so getroffen werden, dass anhand des Spielens die Beziehung erlebt, erkundet und gedeutet werden kann. Nicht zuletzt dürfen auch der persönliche Geschmack des Therapeuten und seine Freude am Spielen eine Rolle spielen.

Von unseren Patienten mitgebrachte Spielsachen werden für jeden getrennt in einer persönlichen Schachtel untergebracht, die für andere unzugänglich aufbewahrt wird. Dort können auch die Produkte aufbewahrt werden, die in der Therapie entstanden sind. Sie gehören zur Therapie und zu der Funktion des Therapeuten, das in der Therapie Entstandene aufzunehmen und zu bewahren. Erst bei Beendigung der Therapie nimmt der Patient das mit sich nach Hause, was ihm wichtig ist (▶ Kap. 8 »Die Beendigung der Therapie«).

Im Spiel des Kindes verdichten sich – ähnlich wie beim Traum – mehrere Bedeutungsebenen. Es kommt die Konfliktsituation des Kindes zum Ausdruck: als Aktualkonflikt, als Entwicklungskonflikt und als innerer Konflikt. Entwicklungsbedingt sind die Übergänge zwischen innerem Konfliktgeschehen und äußeren Konflikten noch unscharf und fließend. Eine weitere Ebene ist die Übertragungsbeziehung zum Therapeuten. Sie ist im Spielen mit dem Therapeuten direkt erlebbar, aber auch aus symbolischen Spielgestaltungen erschließbar. Beim Symbolspiel, bei kreativen Gestaltungen und beim Rollenspiel ist deshalb stets darauf zu achten, an welcher Stelle und als was der Therapeut darin vorkommt. Eine dritte Ebene ist das Wie des psychischen Funktionierens, also der Stand der strukturellen Entwicklung. Schließlich stellen sich auch Wünsche und Lösungsphantasien dar.

Es gehört zum Wesen der TfP, dass der Therapeut diejenige Ebene aufgreift, die momentan am ehesten geeignet ist, entlang des Fokus den Aktualkonflikt zu bearbeiten bzw. strukturellen Rückständen zur Reifung zu verhelfen. Es gilt, die Ich-stärkende Funktion des Spielens, seine inhärente Potenz, Realität zu bewältigen, zu stärken und weiterzuentwickeln. Sofern das Spielen in regressive Zustände führt, aus denen das Kind selbst nicht wieder herausfindet, spricht der Therapeut dies behutsam an und versucht, mit dem Patienten gemeinsam zu verstehen, wie es dazu kommt und wie das Kind einen adäquaten Realitätsbezug herstellen kann – er wird also an den Bewältigungsmöglichkeiten anknüpfen und weniger den Zustand selbst zum Gegenstand der Exploration machen.

Isolde, acht Jahre alt, ein adipöses Mädchen, das aktuell unter dem Verlust des Vaters durch die Trennung der Eltern leidet und zu grandioser oraler Ansprüchlichkeit neigt, stellt wiederholt folgende Szene her: Sie legt sich in eine Ecke auf eine Decke und stillt eine Babypuppe mit der Flasche, dann füttert sie einen Hund, dann nuckelt sie selbst an der Flasche, um sie herum breitet sich ein Durcheinander aus Kuscheltieren, Kissen, Knete und anderen Dingen aus, sie stößt jammernde Laute aus. Th.: »Du fühlst dich jetzt selbst wie das Baby, das du gefüttert hast – und möchtest so gerne, dass jemand dich ebenso umsorgt.« Die Patientin wendet sich wortlos ab. Th.: »Es ist schwer zu ertragen, wenn du das Gefühl hast, es ist niemand da, der für dich sorgt.« Die Patientin richtet sich auf und sagt: »Die Mama kauft mir einfach keinen Hund. Beim Papa hatten wir einen.« Th.: »Du möchtest, dass alles ist wie früher, als du noch klein warst und alle noch beieinander waren.« Pat., traurig: »Ja, aber das geht nicht. Die Mama will es nicht.« Th.: »Ja, das ist sehr traurig für dich. Und du kannst es nicht ändern. Da möchtest du lieber wieder so klein sein wie das Baby. Und doch kannst du nicht dorthin zurück.« Die Patientin nimmt Knete und formt einen immer größer werdenden Klumpen. Th.: »Das ist dein Wunsch: Dass alle so fest miteinander verbunden bleiben. Aber jetzt musst du damit zurechtkommen, dass die Eltern anders entschieden haben. Das macht dich traurig, aber wohl auch wütend.« Pat., mit trotzigem Unterton: »Im Tierheim kann man auch mit einem Hund spielen.« Th.: »Eine gute Idee. So kannst du selbst für einen Ersatz sorgen.«

An dieser Stelle könnte der Therapeut die Äußerung etwa so aufgreifen: »In einem Tierheim sind Hunde, um die sich sonst keiner kümmert.« Damit wäre die Hilflosigkeit des Kindes, ungestillten Wünschen und Bedürfnissen ausgesetzt zu sein, zum Thema gemacht. Ein weiterer Schritt wäre die Übertragungsdeutung, dass sich die Patientin auch durch den Therapeuten unversorgt fühlt, da dieser ihre Wünsche nicht erfüllt (etwa über das Ende der Stunde hinaus zur Verfügung zu stehen, wie das öfter agiert wird). Das aber wäre eine Einladung, auf der regressiven Ebene zu verweilen, was im Rahmen einer analytischen Therapie angezeigt ist. In einer TfP wird die progressive Tendenz aufgegriffen: Die Patientin kommt auf die Idee, sie könne selbst etwas finden, was zu einer Versöhnung mit dem Verlust beiträgt.

Weitere Beispiele für tiefenpsychologisch fundierte Interventionen im Spiel des Patienten finden sich in Kapitel 6.4 »Das Problem in die Therapie bringen« und in Kapitel 7.4 »Deutungstechniken«.

Merke

- Spielen ist der Modus des Kindes zur Bewältigung innerer (psychischer) und äußerer (sozialer, dinglicher) Welterfahrung.
- In der Kinderpsychotherapie ist das Spielen zentrales Medium. Träume, Spielen, kreatives Gestalten und Phantasieren können als äquivalent betrachtet werden.
- Spielen hat einen kommunikativen Charakter innerhalb der Beziehung.
- Spielen erschafft einen »Übergangsraum« zwischen innen und außen.
- Im Spiel verdichten sich mehrere Bedeutungsebenen:

- die momentane motivationale, emotionale und affektive innere Situation des Kindes,
- Objektbeziehungsphantasien,
- Übertragungsaspekte,
- die strukturelle Disposition.
• Es gilt die »Grundregel« des freien Spielens (äquivalent zur »freien Assoziation«).
• Fehlt die Fähigkeit zu spielen, so muss sie in der Therapie entwickelt werden.
• In der Psychotherapie kommt zum Spielen die Bedeutungsgebung durch das Sprechen hinzu. Damit wird die Symbolisierungsfähigkeit gefördert.
• Die Ich-stärkende Funktion des Spielens wird gestützt und gefördert.
• Progressive Elemente werden entlang des Fokus aufgegriffen und spielerisch ausgestaltet.
• Die Ausstattung des Therapieraums sollte sorgfältig gestaltet werden.

6.6 Der Konflikt in der spielerischen und szenischen Gestaltung

In der Therapie von Kindern, auch noch von Jugendlichen, kommen die Konflikte unserer Patienten im Spiel, in kreativen Gestaltungen und im szenischen Geschehen zum Ausdruck, die sprachliche Darstellung des Konfliktgeschehens tritt demgegenüber meist in den Hintergrund. Dabei ist es sinnvoll, verschiedene Konfliktebenen zu unterscheiden: den aktuellen Konflikt, den verinnerlichten (neurotischen) Konflikt und Entwicklungskonflikte. Diese Unterscheidung verhilft zu einer Einordnung, wiewohl sich besonders im Kindesalter die verschiedenen Ebenen überlagern und nicht scharf zu trennen sind: Ein phasentypischer Entwicklungskonflikt kann sich, wenn er nicht ausbalanciert werden kann, zu einem dauerhaften und vorherrschenden inneren Konflikt verfestigen, im Aktualkonflikt kann ein Entwicklungskonflikt zum Ausdruck kommen – oder ein bereits fixierter innerer Konflikt, aber auch eine momentan konflikthafte familiäre Situation. Häufig lassen sich neurotische Konfliktlösungsmodelle in ihrer Entstehung beobachten (Fallbeispiel Ralf, ▶ Kap. 5.3.4).

Konflikte und die dazugehörenden Affekte, Wünsche und inneren Objekte sollten aufgegriffen und als solche benannt werden. Der Therapeut muss sich möglichst genau in die konflikthafte Situation einfühlen und die subjektive Sicht- und Erlebensweise des Patienten erfassen und die Bedeutung, die er selbst diesem Erleben gibt, nachvollziehen. Es ist nicht hilfreich, von vornherein die Hypothesen, die der Therapeut bildet, dem Erleben des Patienten aufzudrängen. Stattdessen ist eine klarifizierende, empathische *Exploration* des Konfliktgeschehens angebracht. Eine solche Vorgehensweise stärkt die Wahrnehmungsfähigkeit des Ich für innere Prozesse und bestätigt oder fördert Gefühle des Selbstwertes und der Selbstwirksamkeit – also progressive Entwicklungen. Zudem unterstreicht es die Differenzierung zwischen Subjekt und Objekt: Der Therapeut signalisiert damit, dass er durchaus nicht alles »wortlos versteht« – eine Erwartung, die Kinder und Jugendliche häufig dem Therapeuten entgegenbringen, insbesondere Patienten mit Separationsproblemen. Aber auch der Therapeut steht in Versuchung, zu schnell anzunehmen, er habe schon alles verstanden, wenn er es in seine Hypothesenbildung einbauen kann. Es empfiehlt sich, vor »dummen Fragen« nicht zurückzuschrecken.

Irina, eine 16-jährige Jugendliche:
Th.: »Du hast gestern lange Zeit mit deiner kleinen Nichte gelernt – obwohl du noch ein Referat vorbereiten musstest. Warum eigentlich?« Pat.: »Meine Mutter erwartet das von mir. Und ich halte es nicht aus, wenn sie dann wieder weint.« Th.: »Soviel ich weiß, ist deine Schwester arbeitslos. Warum kümmert sie sich nicht darum?« Pat.: »Das kann sie nicht. Das hat sie noch nie gemacht.« Th.: »Mir scheint, es gebe da ein ungeschriebenes Gesetz: Dass man von deiner Schwester nichts erwarten darf. Wie kommt das eigentlich?«

Ronny, ein 15-jähriger Jugendlicher, der dazu neigt, exzessives Computerspielen defensiv einzusetzen, beschreibt, wie es ihm im Schulunterricht geht. Er strenge sich wirklich an, könne sich aber höchstens ein paar Minuten für den Stoff interessieren, danach schalte er einfach ab. Beim genauen Erkunden dieses Phänomens offenbart er dem Therapeuten unter großer Scham, dass er die Grundrechenarten verwechselt, aber das dürfe keinesfalls irgendjemand merken. Th.: »Da wirken wohl zwei Wünsche in dir: Einerseits möchtest du ja deine Schule irgendwie erfolgreich bewältigen. Andererseits aber hast du große Angst davor, beschämt zu werden, wenn man entdeckt, was du alles noch nicht kannst. Aber Nicht – Wissen gehört ja eigentlich zum Lernen dazu. Und das alles bringst du nicht unter einen Hut.« Pat.: »Also einfach abschalten.«

Es empfiehlt sich, die Vermutungen des Therapeuten in eine Frage zu kleiden. Das eröffnet dem Patienten die Möglichkeit, selbst zu explorieren und vermittelt das Gefühl, dass er selbst die Deutungshoheit behält. Dies kommt auch dem Bedürfnis entgegen, in einem gewissen Maße die Kontrolle zu behalten.

Rolf, ein 5-jähriger Junge mit Enuresis nocturna und heftiger Eifersucht auf seine kleine Schwester, spielt im Sandkasten. Er baut ein Feuerwehrhaus für mehrere Feuerwehrautos auf, der Therapeut bekommt die Rolle, dafür mit einem Laster den Beton zu liefern. Ein Haus brennt, die Feuerwehr kommt mit mächtigen Spritzen. Wir sprechen darüber, was die Feuerwehrmänner alles können, dass der Feuerwehrhauptmann bestimmt, wann es »Wasser marsch« heißt, usw. Th.: »Du möchtest gerne ein solcher Feuerwehrhauptmann sein, der das Wasser spritzen lässt. Dann kannst du zeigen, was du alles kannst, und alle bewundern dich. Könnte es sein, dass das auch sonst dein Wunsch ist? Dass Mama und Papa dich mehr bewundern als deine Schwester?« Pat.: »Ja, die A. kann das nämlich nicht.« Th.: »Du hast ja eigentlich auch selbst so eine kleine Spritze, mit der du es in hohem Bogen spritzen lassen kannst. Und die A. hat so eine nicht.« Pat., grinst verstehend: »Nee, hat sie nicht. Und sie pinkelt ja auch noch in die Windel.« Th.: »Kann es sein, dass du manchmal fürchtest, dass die Eltern dich dann erst recht nicht mögen, wenn du zeigst, wie stolz du bist?« Pat.: »Am liebsten pinkele ich im Garten. Aber da wird die Mama böse.«

Auch an diesem Beispiel lässt sich die tiefenpsychologische Arbeitsweise gut nachvollziehen. Natürlich taucht das Problem, das der kleine Patient mit dem phallischen Narzissmus samt Kastrationsängsten hat, auch in der Übertragung auf. Hier wird jedoch auf die familiären Außenbeziehungen fokussiert. Im weiteren Verlauf ergibt sich der Bezug auf das Symptom fast von selbst.

Deutlich wird an diesem Beispiel auch, wie ein phasentypischer Entwicklungskonflikt mit einer aktuellen familiären Konfliktkonstellation zusammenkommt. Im Hintergrund steht ein tieferliegender Konflikt der Mutter, die mit einer Angstsymptomatik zu kämpfen hat und insbesondere männliche Dominanz fürchtet. Elterliche ungelöste Konflikte sind eng mit dem Konfliktgeschehen des Patienten verwoben.

Die Konfliktlösungen, die unsere Patienten bisher gefunden haben, äußern sich meist in Symptombildungen und/oder problematischen sozialen Verhaltensweisen, wobei ihnen dies nicht bewusst ist. Ein entscheidender Schritt zu einer »gekonnteren« Konfliktlösung ist deshalb die Verknüpfung der Konflikte mit dem symptomatischen Geschehen. Es trägt allerdings nicht zur Entwicklung von Konflikttoleranz und Konfliktbearbeitung bei, wenn man dem Patienten seine bisher scheiternden Lösungen vorhält. Die Verstärkung der Abwehr und der Schuld- und Schamgefühle können die Folge sein. Besser ist es, die bisherigen Lösungen als einen Versuch, etwas Unerträgliches erträglich zu machen, positiv zu würdigen – ein Versuch, der nun allerdings an seine Grenzen kommt. Damit lädt man den Patienten ein, selbst an besseren Alternativen zu arbeiten.

Lukas, ein 13-jähriger Jugendlicher mit mangelnder Impulskontrolle, gerät immer wieder in heftige Auseinandersetzungen mit seinen Eltern, Lehrern und anderen Erwachsenen. Er bedient sich dabei ausgesprochen beleidigender Herabsetzungen, die dazu führen, dass er permanent von der Gefahr des Ausschlusses bedroht ist: Schulverweis, Überlegungen der Eltern, ihn in ein Internat zu schicken, usw. Ihm selbst ist die Brisanz seines destruktiven Agierens nicht bewusst, ein Kreislauf aus paranoiden Gefühlen und realen Strafaktionen hat sich etabliert. In der Therapie erforscht der Therapeut zusammen mit dem Patienten einen typischen Konfliktverlauf. Dabei stellt sich heraus, dass der Patient, wenn er das Gefühl hat, die Auseinandersetzungen eskalieren und er hat sich nicht mehr im Griff, wegläuft: Er verlässt den Unterricht, schwänzt die Schule, läuft von zu Hause weg und ist stundenlang nicht auffindbar. Er gehe dann in den Wald, um eine Zigarette zu rauchen und sich abzuregen. Auch die Therapie steht unter diesem Vorzeichen: Der Patient bringt immer wieder seine Unsicherheit zum Ausdruck, ob er die Therapie fortsetzen will.

6.6 Der Konflikt in der spielerischen und szenischen Gestaltung

Th.: »Ich vermute, dass du eigentlich die Eltern vor deiner Wut schützen willst, indem du wegläufst.« Pat.: »Ich kann dann einfach nicht mehr ertragen, wie mich die Mama ständig mit ihrer Kontrolle verfolgt. Nicht mal in meinem Zimmer hab ich Ruhe. Hallo, ich bin 14, und sie platzt einfach rein und muss mitten in der Nacht putzen. Da flipp ich aus. Und wenn ich sie dann anschreie, wird alles nur schlimmer. Sie hat ja auch ständig Sorgen wegen des Kleinen. Ich will ja nicht schuld sein, dass es ihr wieder schlecht geht. Da geh ich lieber.« Th.: »Du willst ein gutes Verhältnis zu den Eltern haben und sie nicht zu sehr belasten, aber du willst dich auch abgrenzen und vieles selbst bestimmen. Und das geht offensichtlich schwer zusammen. Du versuchst, so gut du kannst, es ihnen recht zu machen. Aber irgendwann geht es nicht mehr – und dann platzt es aus dir heraus.« Pat.: »Eigentlich hasse ich diese Streitereien.« Th.: »Du hast ja eine Lösung gefunden: Du verlässt dann einfach das Schlachtfeld. Nur dass diese Lösung jetzt wiederum Probleme nach sich zieht.« Pat.: »Meine Mutter ist schon mal stundenlang mit dem Auto herumgefahren, um mich zu suchen. Da war sie tagelang sauer.« Th.: »Eigentlich provozierst du ja, dass man dich wegschickt. Das wäre eine ähnliche Lösung – nur dass sie dann von den anderen ausginge.«

Entwicklungskonflikte lassen sich als phasenspezifische Aufgaben auffassen, die ein Individuum um der psychischen und sozialen Integration willen lösen muss (Erikson 1966, Havighurst 1948). Sie sind häufig bewusstseinsnah und deshalb ein guter Anknüpfungspunkt, um ein Nachdenken über inneres Konfliktgeschehen in Gang zu bringen.

Isolde, ein 8-jähriges Mädchen, beschäftigt sich mit einem Konstruktionsspiel. Th.: »Ich sehe, wie gut du das hinkriegst. Das gehört ja auch dazu, wenn man allmählich größer wird und immer mehr weiß und kann. Nur ab und zu kommst du nicht weiter – und dann würdest du mich gern um Hilfe bitten. Das fällt dir schwer. Kann es sein, dass manchmal die Angst dabei ist, sich ganz unfähig und beschämt zu fühlen, wenn dir etwas nicht gelingt?«

Manche Patienten können Konflikte als solche nicht wahrnehmen, auch das soziale Geschehen verstehen sie nicht als ein konflikthaftes. Ein solches Verständnis setzt voraus, dass zwei oder mehr Intentionen, die gegeneinanderstehen, als gleich möglich anerkannt werden. Vielmehr überwiegen dann paranoide Verarbeitungsmuster, Spaltungen und Idealisierungen. Bei diesen Patienten ergibt sich die Pathologie im Wesentlichen aus strukturellen Funktionsmängeln. Bevor in der Therapie an Konflikten gearbeitet werden kann, muss also ein ausreichendes Sicherheitsgefühl erreicht sein, die »holding function« der Therapie steht dann zunächst im Vordergrund.

Reimund, 8 Jahre alt, spielt mit dem Therapeuten Kicker, verbissen und heftig kurbelnd. Er verliert einmal, zweimal. Er knallt den Ball ins Spielfeld, so dass er abprallt und quer durchs Zimmer schießt, stößt mit dem Fuß gegen den Tisch. Die Worte des Therapeuten, mit denen dieser versucht, den Gefühlszustand, in dem sich beide befinden, verstehend aufzunehmen, prallen an ihm ab. Er wirft sich in die

> *Kuschelecke, hält sich die Ohren zu und schnauzt den Therapeuten an: Halt's Maul. Dann verkriecht er sich in die hinterste Ecke einer Nische, in der der Staubsauger steht, und kauert sich mit zwischen den Knien vergrabenem Gesicht hin.*

Es ist deutlich, dass der Patient in seiner narzisstischen Vulnerabilität nicht in der Lage ist, das konflikthafte Geschehen – weder als äußeres noch als inneres – zu erfassen; auch die Worte des Therapeuten scheinen mehr Gefühle des intrusiven Verfolgt-Werdens hervorzurufen. Die Symbolisierungsfähigkeit ist zu schwach ausgeprägt, um von einer dritten Position aus über das Erlebte nachzudenken. Streng genommen ist die Inszenierung des Patienten für ihn auch kein Spiel, das sich in einem Als-ob-Modus bewegen könnte, sondern ein konkretistischer Kampf, in dem es offensichtlich auch um schieres psychisches Überleben oder Vernichtet-Werden geht. In einer solchen Situation muss zunächst der verzweifelte innere Zustand miteinander ausgehalten werden, bis sich der Patient aus seinem schützenden Rückzug wieder hervorwagen kann. Die wiederholte Erfahrung, dass sich das Objekt – der Therapeut – nicht zerstören lässt und es freundlich-zugewandt bleibt, ohne zu viel wissen zu wollen, kann zur Stabilisierung der fragilen Selbststruktur beitragen. In diesem Fall fing der Therapeut nach einer Weile des Schweigens an, seine eigenen widersprüchlichen Gefühle in einer Art Selbstgespräch zu äußern – welchem der Patient aufmerksam zuhörte, obwohl er nach außen weiterhin unbeteiligt tat.

Konflikte tauchen in der Therapie immer in der Übertragung auf – ob sie sich in ihrer Darstellung nun symbolischer, spielerischer oder szenischer Mittel bedienen. Der Therapeut muss sich entscheiden, ob er das Übertragungsgeschehen explizit aufgreift und deutet oder es bei der Bearbeitung des Materials implizit zur Hilfe nimmt. Soweit die Beziehung zum Therapeuten selbst in den Vordergrund tritt und damit die Grundlage der Therapie berührt, ist eine Bearbeitung der Übertragung das Mittel der Wahl.

> *Tamara, ein adipöses Mädchen, 9 Jahre alt, mit einem großen Hunger nach libidinöser Zuwendung, ist angewiesen darauf, dass die Mutter sie zur Therapie bringt. Diese versäumt den Termin immer wieder; Tamara selbst ist dann nicht in der Lage, die Mutter daran zu erinnern, zumal sie selbst Probleme mit der Strukturierung des Alltags hat. Nach einem versäumten Termin malt sie ein Bild: Ein Mädchen und ein – größerer – Junge, die zwischen zwei Blumen Hand in Hand dastehen. Darüber schreibt sie sorgfältig: »Die wahre Liebe.« Th.: »Dein Bild zeigt mir etwas von deinem Wunsch, wie gerne du zu mir kommen und hier eine liebevolle Beziehung erfahren möchtest – und wie ratlos du bist, wie das zu bewerkstelligen ist, wenn sich niemand darum kümmert. Vielleicht fragst du dich auch, warum ich nicht mehr dafür tun kann?«*

Konflikte, die sich bewusstseinsnah im unmittelbaren Verhalten des Patienten ausdrücken, können durch Konfrontation benannt werden. Mit der Konfrontation macht man einen Patienten auf einen Konflikt aufmerksam, der diesem eigentlich zumindest vorbewusst ist, in dem er sich aber nicht anders verhält, weil er etwas Peinliches verbergen will oder etwas Unangenehmes befürchtet. Konfrontationen müssen deshalb eingebettet sein in eine Atmosphäre, die negative Emotionen zulässt, ohne dass der Patient von ihnen überschwemmt wird.

Rosi, 11 Jahre alt, unterbricht den Therapeuten wiederholt und lässt ihn nicht zu Wort kommen. Th.: »Mir fällt auf, dass du mich heute gar nichts sagen lässt – und ich frage mich natürlich, warum das so ist.« Pat.: »Oh, ist mir gar nicht aufgefallen.« Th.: »Das habe ich gemerkt. Deshalb spreche ich es an. Kann es sein, dass du fürchtest, ich könnte etwas Unangenehmes sagen?«

Irina, 16 Jahre alt, spricht immer wieder in den letzten Minuten der Stunde noch ein dramatisches Thema an. Th.: »Ein wichtiges Thema, mit dem wir uns hier beschäftigen sollten. Nur haben wir dafür jetzt nur noch ein paar Minuten Zeit – eigentlich zu wenig. Das passiert immer wieder: dass Wichtiges erst ganz zum Schluss der Stunde zur Sprache kommt.« Pat.: »Hm, ja, eigentlich schade.« Th.: »Vielleicht vermeidest du damit auch, dass das Schmerzliche dieses Themas zu sehr spürbar wird?«

In dem Verhalten der Patienten steckt der Versuch, Kränkungen zu vermeiden, die durch ein Aufdecken der Konflikte gefürchtet werden. So wichtig und therapeutisch fruchtbar Konfrontationen sind – denn sie berühren Verarbeitungsmuster, die dem Patienten zum Problem geworden sind –, so müssen sie doch die in ihnen enthaltene Kränkung auf ein ertragbares Maß begrenzen. Ein guter Zustand des Arbeitsbündnisses mit spürbarer Akzeptanz und Wohlwollen und eine taktvolle Formulierung ist daher Voraussetzung, damit eine Konfrontation nicht als Vorwurf oder entwertende Kritik verstanden wird. Es ist auch möglich, dass der Therapeut die mögliche Kränkung anspricht.

Otto, 12 Jahre alt, klagt unausgesetzt über das ungerechte und gemeine Verhalten seiner Lehrer, seiner Eltern. Th.: »Ich würde dir gerne eine Frage stellen, aber ich fürchte, dass du sie als Kränkung auffassen könntest. Aber ich will dich damit nicht kränken, sondern versuchen, die Dinge von einer anderen Seite anzusehen.« Der Patient blickt fragend. Th.: »Du erzählst mir von dem böswilligen Verhalten anderer. Natürlich weiß ich, dass es besonders in der Schule, auch in der Familie, zu Ungerechtigkeiten kommt. Aber könnte es nicht sein, dass du auch eine eigene Verantwortung hast für all die Schwierigkeiten, die du mir schilderst?«

Merke

- Konflikte lassen sich unterscheiden in Aktualkonflikte, verinnerlichte Konflikt und Entwicklungskonflikte.
- Sie kommen zum Ausdruck in symbolischen Gestaltungen, im Spiel, in der Szene und im Übertragungsgeschehen.
- Konflikte müssen in der Therapie aufgegriffen und als solche benannt werden, ebenso die dazugehörenden Affekte und Objektrepräsentanzen.

- Hilfreich dazu sind *Klarifizierungen* mit einer möglichst genauen Exploration des Konfliktgeschehens sowie *Konfrontationen* in abgewogener Dosierung.

6.7 Die Eltern im Kind – das Kind in den Eltern

Die kindliche Entwicklung verläuft von Anfang an in einer Linie in Richtung zunehmender realer und innerer Unabhängigkeit von den primären Bezugspersonen. Das bedeutet aber auch: Je jünger ein Kind ist, desto abhängiger ist es sowohl in allen Realitäten des Daseins als auch in seiner psychischen Ausformung. Der prägende Einfluss von kindlichen Beziehungserfahrungen auf das psychische Leben des Menschen ist unstritten. Das Unbewusste der Eltern, ihre Wünsche und Ängste, ihr Charakter, ihre bevorzugte Art der Konfliktbewältigung, ihre Beziehungsmuster, ihr Umgang mit Affekten und Emotionen, die Ausbildung ihrer psychischen Funktionen – all das wirkt unmittelbar auf das Kind, das sich mit diesen Gegebenheiten auseinandersetzen muss. Das heißt nun nicht, dass sich das psychische Leben der Eltern spiegelbildlich im Kind abbildet. Aber aus der Art und Weise, wie das Kind seine Erfahrungen mit seinen Eltern verarbeitet, wie es unbewusst auf das Unbewusste der Eltern reagiert und diese wiederum auf das Kind, entwickeln sich Regelkreise wechselseitiger affektiver, emotionaler Regulation, die sich wiederum als Objektrepräsentanzen in der Psyche des Kindes niederschlagen. Die Objektrepräsentanzen oder inneren Objekte organisieren die Wahrnehmung der Welt und bilden mit zunehmender Komplexität der psychischen Organisation Verarbeitungsmuster von Erfahrungen. Von den ersten sensomotorischen Schemata bis zum begrifflichen Denken, vom frühesten Affektaustausch über projektive/introjektive Vorgänge bis zur realistischen Wahrnehmung des Objekts und reifen Gestaltung sozialer Verhältnisse, überall spielen die Eltern bzw. primären Bezugspersonen eine entscheidende Rolle – je jünger das Kind, umso unmittelbarer. Die Eltern kommen im Kind vor als verinnerlichte Repräsentanzen jener Erfahrungen, die sich aus den Zutaten Realerfahrung, unbewusster Phantasie und Anpassungs- und Bewältigungsvorgängen mischen.

Es versteht sich von selbst, dass elterliche Neurosen, unbewältigte traumatische Erfahrungen, leidvolle Beziehungen zu den eigenen Eltern und deren Niederschlag im Unbewussten der Eltern die Anpassungsleistung des Kindes besonders herausfordern. Dies kann in jeder Phase der Entwicklung zum Problem werden. Nicht selten misslingt diese Bewältigung und es kommt in der Folge zur Neurosenbildung beim Kind. Für jede Kindertherapie, auch bei manchen Jugendlichentherapien, ist deshalb die Arbeit mit den Eltern von entscheidender Wichtigkeit. Ihre Bereitschaft, sich auf eine psychodynamische, konfliktaufdeckende und verstehende Arbeit einzulassen, ist ein wesentlicher Indikator für das Gelingen einer Kindertherapie (Althoff 2017).

Aber nicht nur die Eltern kommen in dem Kind vor, auch das Kind kommt in den Eltern in je spezifischer Weise vor. Schon vor der Zeugung, spätestens mit dem Beginn der Schwangerschaft verknüpfen Mutter und Vater unbewusste und bewusste Wünsche, Erwartungen und Befürchtungen mit dem heranwachsenden Fötus. Ihr Kind ist zunächst ein imaginäres Kind, das innere Bild von dem Kind, das sie erwarten. Das imaginäre Kind enthält wesentliche Anteile der eigenen Kindheit der Eltern, wie überhaupt die Erwartung eines Kindes infantile Erinnerungsspuren wieder aufleben lässt. »Der erwachsene Wunsch, ein Kind zu haben, die gemeinsamen Phantasien dazu, Schwangerschaft und Geburt eines Kindes aktivieren diese früh angelegten Selbstaspekte« (Ahlheim 2007, S. 254). Das imaginäre Kind mit dem realen Kind, das schließlich »zur Welt kommt«, in Verbindung zu bringen und damit die radikale Umwälzung im Paarerleben, die u. U. so ganz anders verläuft, als man sich das gewünscht und gedacht hat, zu meistern, ist nach Schwangerschaft und Geburt die nächste große Herausforderung für die Eltern. Die Phantasien der Eltern über das Kind sind neben den Bewältigungsleistungen des Kindes die andere treibende Kraft zur Entwicklung der o. g. Regelkreise und deshalb prinzipiell entwicklungsfördernd. Wechselseitige Idealisierungen nicht neurotischer Art, aber auch Sorge und Realangst sind ein wichtiger Schutzraum für die Entwicklung sowohl des elterlichen als auch des kindlichen Selbst. Erst in der Adoleszenz lösen sie sich in einem für alle drei schmerzvollen Prozess auf und weichen – wenn es gut geht – einer Akzeptanz der realistischen Objektwahrnehmung: Die Eltern anerkennen, dass sich das Kind anders entwickeln muss, als es ihren Wünschen entspricht, und können ihre Angst ertragen und dieser Entwicklung ein ausreichendes Vertrauen entgegenbringen, der Adoleszente anerkennt, dass die mächtigen und schützenden Eltern der Kindheit ganz normale Menschen mit ihren Schwächen und Unzulänglichkeiten sind, die keineswegs alle Wünsche erfüllen und vor allem Unbill bewahren können.

Gestört wird dieser Prozess, wenn Eltern rigide Projektionen auf das Kind richten, die sich aus eigenen unverarbeiteten Kindheitserfahrungen ergeben, oder wenn das Kind deren empfundenen narzisstischen Mängel kompensieren und für eigenes erlittenes Leid entschädigen soll. Es entsteht eine pathogene Familiendynamik, in der jeder den anderen unbewusst in einer bestimmten Rolle festlegen muss (vgl. Richter 1963, 1970, Lutz 2009). Vom Kind wird unbewusst die Heilung der eigenen Not erwartet. Das überstrapaziert zumeist das kindliche Anpassungsvermögen, bestimmte Selbstanteile bleiben unterentwickelt, eigene Wünsche und Triebregungen werden verdrängt, es kommt zu narzisstischen Einbußen und neurotischen Bewältigungsformen. Häufig entstehen solche neurotischen Verwicklungen in den Entwicklungsphasen, in denen Mutter oder Vater selbst belastende Erfahrungen machen mussten. Es empfiehlt sich daher, die Eltern explizit danach zu fragen, was sie in ihrer Kindheit erlebt haben, als sie ungefähr so alt waren wie der Patient jetzt.

Sowohl von den Eltern als auch vom Kind aus richten sich unbewusst Objektphantasien und Erwartungen an den Therapeuten, die ihm ebenfalls eine

Rolle in dem Familiendrama zuweisen. Von Beginn an muss der Therapeut durch sorgfältige Analyse der Szene und seiner Gegenübertragung erkennen, in welche Position der Familiendynamik er manövriert wird (Diez Grieser 1996, Windaus 1999). Dies aber ist auch ein wichtiges Erkenntnismittel!

Die begleitende Psychotherapie mit den Eltern ist fokussiert auf die Beziehung zum Kind. Es gilt, unbewusste ProjektionenundDelegationen an das Kind aufzudecken, ihre Funktion für das psychische Leben der Eltern zu verstehen und alternative Lösungen mit den Eltern zu erarbeiten. Es geht um die Wiedergewinnung der Elternfunktion (Ahlheim & Müller-Brühn 1992, Novick & Novick 2009). Eine grundlegende Bearbeitung der elterlichen Neurose ist weder Auftrag der begleitenden Psychotherapie noch entspricht sie deren Umfang. Allenfalls kann in ihrem Rahmen eine eigene Psychotherapie empfohlen und zu ihr motiviert werden.

Frau A., die Mutter von Lukas (▶ Kap. 6.6) ist in einer Familie aufgewachsen, bei der die Eltern eine Gaststätte betrieben hatten. Alles hatte sich ihrem Erleben nach dem Betrieb unterzuordnen, eine Privatsphäre gab es nicht, selbst ihre Hausaufgaben hatte sie im Wirtshaus machen müssen. Den Mangel an elterlicher – insbesondere väterlicher – Zuwendung kompensierte sie, indem sie ein braves, früh selbständiges, unauffälliges und angepasstes Mädchen wurde. Eigene Wünsche, aggressive, rivalisierende und aufbegehrende Regungen erlebte sie als schuldhaft; unter dem Anpassungsdruck eines frühen rigiden Über-Ich entwickelte sie ein perfektionistisches Ideal. In Beziehungen ist sie überwiegend ängstlich, trennungsempfindlich und kontrollierend.

Der Vater von Lukas ist ein zupackender Mann, der allerdings wenig Zugang zu seiner Emotionalität zu haben scheint. Er hat sich aus bescheidenen Verhältnissen hochgearbeitet und betreibt einen angesehenen Handwerksbetrieb. Fleiß, Einsatzbereitschaft und ein gesunder Realitätssinn zeichnen ihn aus; den Ängsten seiner Frau gegenüber wirkt er jedoch hilflos. Die Familie lebt – es mutet wie eine Wiederholung an – in Verhältnissen, in denen der Betrieb eine große Rolle spielt.

Lukas ist nach einer Tochter der erste Sohn – in der Herkunftskultur von Frau A. Grund für besonderen Stolz. Auf ihn nun richtete sich das Bestreben der Mutter, die Mängel des eigenen Selbsterlebens auszugleichen, indem er nun auch der ganze Stolz seiner Mutter werden sollte – ein kleiner Ritter seiner Dame, der sie für die entgangene Liebe ihres Vaters entschädigt. Das ging so lange gut, bis ein drittes Kind, ein Junge, auf die Welt kam, als Lukas 5 Jahre alt war. Es stellten sich heftige Rivalitätsgefühle bei Lukas ein, ein aggressives Aufbegehren. Plötzlich repräsentierte Lukas nicht mehr das Ideal der Mutter, sondern das Gegenteil: ihre abgewehrten, verpönten aggressiven Anteile. Lukas wurde vom idealisierten ödipalen Objekt der Mutter zum Sündenbock, welcher der Familie Schande machte, in dem sich alles Negative vereinte und dies dort bekämpft wurde, was aber auch die alten Schuldängste wieder aufrührte. Der kleine Bruder hingegen geriet in die Rolle, die Lukas zuvor innehatte. Die ängstliche Kontrolle der Mutter gegenüber Lukas galt eigentlich nicht ihm, sondern dem, was die Mutter projektiv in ihm untergebracht hatte: die Aggression und die damit verbundene gefürchtete Schuld. In dem Maße, wie der Sündenbock bekämpft wurde, wurde er auch zur Schuldentlastung gebraucht. Diese Zerrissenheit in der Beziehung dürfte maßgeblich für die Entwicklung der Symptomatik von Lukas gewesen sein.

Als Lukas 9 Jahre alt war, starb der jüngere Bruder im Alter von 3½ Jahren an einer plötzlichen, unerkannten Krankheit. Die Katastrophe führte dazu, dass die ganze Familie von Schuldgefühlen überflutet wurde: die Mutter, Lukas selbst, aber auch der Vater und die Schwester. Der tote Bruder wurde zu einer Ikone, einem perfekten und makellosen Kind, dem gegenüber sich Lukas nur noch schlecht und schuldig fühlen konnte. Bald wurde die Mutter wieder schwanger und ein knappes Jahr nach der Tragödie kam wieder ein Junge zur Welt, ein Kind, das nun an die Stelle des verlorenen Ideals treten musste. Lukas' Rivalitäts- und Schuldkonflikt wurde erneut aktiviert. Inzwischen waren die Ängste der Mutter ins kaum mehr Erträgliche gewachsen. Sie überwachte nicht allein jede Regung des Neugeborenen, sondern kontrollierte auch ihre beiden älteren Kinder auf Schritt und Tritt. Das Unfassbare, Unheimliche, Unberechenbare wurde zum Angstobjekt: Frau A. fürchtete Strahlungen, unsichtbare Ströme und magische Einflüsse, die mit entsprechenden esoterischen Mitteln gebannt werden mussten: Sie holte Spezialisten ins Haus, das für viel Geld umgebaut wurde, bestellte einen schamanischen Heiler, der auch Lukas begutachtete und diagnostizierte. Die verzweifelten Versuche von Lukas, der sich allmählich der altersentsprechenden Aufgabe der Ablösung stellen musste, sich aus der Umklammerung der Mutter zu befreien, ließen ihn nur immer tiefer in die Schuld- und Strafproblematik des Sündenbocks rutschen. Dem Therapeuten drängte sich der Eindruck auf, dass Lukas sein aggressives Aufbegehren so inszenierte, dass er bestraft werden musste, weil durch die Strafe wenigstens eine gewisse Schuldentlastung möglich war. Als das vierte Kind so alt war, wie der Bruder, als er starb, nämlich 3½ Jahre, wuchsen die Ängste der Mutter ins Unermessliche. Ihre Kontrolle geriet für Lukas zur regelrechten Verfolgung. Die Situation eskalierte so, dass nun eine Therapie unausweichlich wurde.

Das Fallbeispiel verdeutlicht, wie sich eine ungelöste Konfliktdynamik verbunden mit einem traumatischen Ereignis pathogen auswirkt. Krank ist eigentlich nicht nur Lukas, sondern das ganze Familiensystem. Als Lukas mit 13 Jahren in die Therapie kam, war er, auch bedingt durch die Neurose, noch nicht so unabhängig, dass eine Arbeit ohne die Eltern am Ablösungsprozess möglich schien, zumal die Aufrechterhaltung der Familiendynamik die Aufrechterhaltung der neurotischen Verarbeitung bedingte.

Die Elternarbeit richtete sich auf drei Ziele: Zum einen musste der Zusammenhang der Ängste und Schuldgefühle der Mutter mit den Symptomen des Patienten verstanden, die Schuldprojektion abgemildert werden. Zum anderen musste die Mutter dafür gewonnen werden, ihre Verletzungen und den traumatischen Verlust des Kindes in einer eigenen Psychotherapie zu bearbeiten. Schließlich galt es, die Rolle des Vaters in der Familie zu überdenken. Die Neigung des Vaters, den Ängsten seiner Frau nachzugeben und ihr Agieren mitzuspielen, musste Thema werden; die väterliche Präsenz für Lukas, ein festes, aber von Zugewandtheit getragenes Begrenzen der Destruktivität von Lukas, eine verlässliche Beziehung, die Lukas' Trennungsimpulse förderte und seine Schuldgefühle moderierte, musste entwickelt und gestärkt werden.

Der Therapeut muss in einem solchen Fall freundlich, aber konsequent, allen Versuchen, ihn zu Tipps oder Handlungsanweisungen zu verführen, widerstehen. Er geriete damit in die Rolle eines schuldhaften Versagers – das würde die Eltern zwar kurzfristig von ihren Schuldgefühlen entlasten, aber therapeutisch unwirksam sein. Stattdessen ist seine Aufgabe, die Konfliktthemen taktvoll und beharrlich anzusprechen. Auch hier gilt, dass die bisherigen Lösungsversuche der Eltern gewürdigt werden und ein Raum eröffnet wird, in dem Alternativen phantasiert werden können.

Beispiel für eine Intervention:

> *Th., nachdem die Mutter einiges aus ihrer Kindheit erzählt hat:* »*Ich verstehe jetzt besser, wie es Ihnen gehen mag. Sie wollen nicht, dass Ihre Kinder so aufwachsen, wie Sie das erlebt haben: dass sich die Eltern viel zu wenig um sie kümmern. Nun aber hat sich dieser eigentlich positive Wunsch mit einer großen Angst gemischt, die durch den Tod von M. aufgerührt wurde. So entstand eine Kontrolle, gegen die Lukas beständig aufbegehrt, mit Mitteln, die sehr kränkend für Sie sind. Vielleicht gibt es ja andere Möglichkeiten, mit Ihrer Angst umzugehen ...*«

In den Phantasien des Jugendlichen kommen die Eltern in diesem Fall zunächst als verfolgende Objekte vor. Auch er erliegt einer Schuldprojektion: Seine unbewussten Schuldgefühle, angereichert durch den kindlichen Egozentrismus, er könnte mit seinen aggressiven und rivalisierenden Wünschen eine Mitschuld am Tod des Bruders tragen, bringt er projektiv in den Eltern unter, die ihm nun in seiner unbewussten Phantasie rächend und verfolgend gegenübertreten. Im Sinne einer Verschiebung wird dieser projektive Kreislauf nun beständig mit Lehrern ausgetragen. Sein Hang, durch Dreistigkeiten und Unverschämtheiten eine Bestrafung zu erzwingen, scheint im Dienste der Schuldgefühlsentlastung zu stehen. Tieferliegend aber schleppt der Patient eine schmerzliche Kränkung mit sich, die sein Selbstwertgefühl nachhaltig erschüttert hat: Ein narzisstisch hoch besetztes und idealisiertes Kind wurde plötzlich vom Thron gestoßen, eine Erfahrung, die er mitsamt aller Enttäuschungswut wenig psychisch integrieren konnte. Seine narzisstische Fragilität und Verwundbarkeit führt zu Spaltungen und Projektionen als frühe Abwehrformen und zu der Neigung, diese Kränkung in den sozialen Beziehungen zu reinszenieren. Indem er weggeschickt und ausgeschlossen wird, oder indem er – um dem zuvorzukommen – wegläuft, lässt sich die wiederholte Neuauflage des so erlebten Verlustes der mütterlichen Liebe, das Herausfallen aus der idealen Verschmelzung erkennen.

So erscheinen die elterlichen Objekte nicht allein als verfolgend, sondern auch als Objekte der Sehnsucht nach einer grandiosen Idealisierung, in der Trennendes und Unterschiedenes keinen Platz hat und die Realität unterschiedlicher Haltungen, Gefühle, Motive etc. verleugnet wird. Nicht allein die Mutter, auch L. ist beherrscht von Trennungsängsten, gegen deren Sog er mit heftigen Entwertungen der Objekte ankämpft.

In einer TfP werden diese widersprüchlichen Elternimagines aufgegriffen und benannt. Sie tauchen mit Sicherheit in der Übertragung auf, lassen sich aber auch in dem finden, was der Patient anspricht.

Th.: »Du hast mir eben erzählt, wie sehr du dich auf deine Mutter verlässt, dass sie die Konflikte mit dem Lehrer regelt und ihn besänftigt, damit du noch eine Chance bekommst. Da scheinst du die Mutter sehr zu brauchen, so sehr, dass du ohne sie anscheinend nichts ausrichten kannst. Andererseits aber kommt es zu heftigen Beschimpfungen, wenn sie wieder einmal in dein Zimmer hereinplatzt. Das hört sich widersprüchlich an.« Pat.: »Mal ist sie eine ganz tolle Mutter, dann wieder verhält sie sich total beschissen.« Th.: »Dazwischen gibt es nichts?« Pat: »Sie ist halt keine normale Mutter, so wie andere Mütter.« Th.: »Kann es sein, dass du sie auch nicht als ›normale Mutter‹ sehen willst? Kommt sie dir vielleicht deshalb entweder so toll oder so unerträglich vor, weil du dich im Grunde sehr abhängig von ihr fühlst?«

In der Therapie mit Lukas stand im Vordergrund, die Abwehr durch Spaltung und Projektion anzusprechen und zu verstehen. Die realitätsfernen Verzerrungen der Elternimagines in einerseits allmächtige, wunscherfüllende und in andererseits verfolgende Instanzen mussten aufgelöst werden. Dazu waren die Bearbeitung der eigenen Schuldgefühle mit Rücknahme der Projektionen notwendig sowie die Stärkung eines realistischen Selbstgefühls hinsichtlich Eigenverantwortung und Selbstwirksamkeit. Ziel war, dass der Jugendliche die Eltern so hinnehmen kann, wie sie nun einmal sind, ohne sie so verändern zu wollen, wie es seinen unbewussten Wünschen und Entlastungsmanövern entspricht, sowie Möglichkeiten zu finden, sich angemessen abzugrenzen und eigene Ziele und Identitätskonzepte zu verfolgen. Ein schmerzvoller Prozess, der mit Trauer und depressiven Gefühlen einhergeht und den der Therapeut dadurch begleitet, indem er beharrlich und wohldosiert die Realität vertritt, ohne die »holding function« zu vernachlässigen.

Im Unterschied zu einer Analyse, in der zunächst abgewartet wird, bis sich eine Übertragungsneurose entwickelt, um die dann auftauchenden Phantasien in der Übertragung zu bearbeiten, greift der Therapeut gezielt die zentralen, im Fokus stehenden Themen auf, die sich aus dem Material des Patienten anbieten. Dabei wird an den Beziehungen des Patienten zu Eltern, Lehrern, aber auch zu Gleichaltrigen etc., und an den sie begleitenden Beziehungsphantasien und -mustern gearbeitet.

> **Merke**
>
> - Ein entscheidender Parameter in der Behandlung von Kindern, teils auch Jugendlichen, ist die äußere und innere Abhängigkeit von den primären Bezugspersonen.
> - Der Einbezug der Eltern ist bei Kindern unabdingbar, bei Jugendlichen muss nach dem Grad der Abhängigkeit und der neurotischen Familiendynamik entschieden werden.

- Die Eltern kommen im Kind als Repräsentanzen früher Beziehungserfahrungen und ihrer Verarbeitung vor.
- Das Kind kommt in den Eltern als »imaginäres Kind« entlang ihren Beziehungswünschen, Ängsten und narzisstischen Bedürfnissen vor.
- Beide inneren Bilder können neurotisch verzerrt sein. Es droht dann eine pathogene Familiendynamik mit unflexiblen Rollenzuschreibungen.
- In der TfP arbeiten wir an den inneren Repräsentanzen mit den begleitenden Affekten, scheiternden Beziehungsmustern und der Aufdeckung der Familiendynamik. Die Eltern sollten in die Lage versetzt werden, ihrem Kind liebevoll und frei von eigenen neurotischen Verzerrungen zur Verfügung zu stehen und die Aggression, die das Zumuten unlustvoller Realitätserfahrungen mit sich bringt, zu ertragen. Das Kind sollte in die Lage versetzt werden, von der elterlichen Fürsorge Gebrauch zu machen, sie je nach Entwicklungsstand als Menschen mit eigenen Bedürfnissen und Begrenzungen anzuerkennen und das phasentypische Maß an Eigenverantwortung zu entwickeln.

6.8 Paarkonflikte und kindliche Neurose

Im vorangegangenen Kapitel war von der Entwicklung elterlicher Repräsentanzen und innerer Objekte die Rede. Dabei wurde noch wenig differenziert zwischen mütterlichen und väterlichen Repräsentanzen und der Repräsentanz der Eltern als Paar. Dabei sind die Einflüsse von Mutter und Vater und ihrer Paarbeziehung bzw. dem Fehlen einer Paarbildung auf die psychosexuelle Entwicklung des Kindes von immenser Bedeutung.

Kam bei Freud der Vater noch als eine Autorität vor, welche den kindlichen Anspruch auf die Mutter begrenzte, eine trennende Funktion ausübte, durch die Kastrationsdrohung die Lösung des ödipalen Konflikts bewirkte, das Gesetz, die Moral und kulturelle Werte vertrat und vermittelte, so setzte nach ihm in der psychoanalytischen Theoriebildung eine Hinwendung zur frühen Mutter-Kind-Dyade ein. In der Fallgeschichte des »Kleinen Hans« (Freud 1909b) brachte der Vater den Jungen in die Sprechstunde zu S. Freud und führte mit ihm die psychoanalytischen Gespräche – heute ein eher ungewöhnlicher Vorgang. Frühe Formen des Affektaustausches und projektiver Prozesse zwischen Mutter und Kind rückten in den Mittelpunkt des Interesses, es schien, als habe der Vater mit der Herausbildung der kindlichen Psyche nur marginal etwas zu tun; allenfalls wurde er reduziert auf eine Imago im Inneren der Mutter oder als äußerer Versorger. Bei M. Klein kommt er vor als Penis in der Mutter, als realer Vater ist von ihm wenig die Rede, auch bei A. Freud und D.W. Winnicott z. B. findet sein strukturbildender realer Einfluss kaum Beachtung (Dammasch 2008,

Burchartz 2008). Es ist, als habe der fehlende Vater, die »Vaterlose Gesellschaft« (Mitscherlich 1963) und das »Verschwinden der Väter« (Zoja 2000) auch die Psychoanalyse erfasst. Erst seit der letzten Dekade des letzten Jahrhunderts zieht der Vater wieder mehr Aufmerksamkeit auf sich (Scholich 1997, Dammasch & Metzger 2006, Dammasch et al. 2009, Diamond 2010, Schon 2010, Quindeau & Dammasch 2014, Burchartz & Kunze 2014, Burchartz 2018). Seine Bedeutung als triangulierender Dritter wurde vermehrt untersucht und seine reale Anwesenheit als eine Bedingung für die Entwicklung einer soliden Beziehungskompetenz beim Kind unterstrichen (Dammasch et al. 2008, Garstick 2019). Die Fähigkeit der Eltern, sich und ihr Kind bereits pränatal als eine Triade zu begreifen (»triadische Kompetenz«, v. Klitzing 2005, S. 117, vgl. v. Klitzing & Stadelmann 2011), also das innere Bild, das sich Eltern von einem Zusammenleben machen, in der eine Dreiheit möglich ist, ohne dass einer ausgeschlossen wird, übt einen wesentlichen Einfluss auf die Entwicklung des Kindes aus. Solche Kinder haben es leichter, sich auf beide Eltern gleichermaßen zu beziehen und eine innere Vorstellung von einem Elternpaar zu entwickeln (Scholich 1997, Dammasch 2008).

Aus heutiger Sicht haben beide Eltern auf die Entwicklung des Kindes einen zwar unterschiedlichen und für beide Geschlechter verschiedenen, aber gleich bedeutsamen Einfluss. Die biologische Tatsache, dass beide Geschlechter im Leib einer Frau heranwachsen, von ihr geboren werden und in ihrer frühen Versorgung von ihr abhängig sind, bedeutet für Mädchen und Jungen ganz Verschiedenes. Während das Mädchen in der Mutter das eigene Geschlecht erkennt und sich deshalb lange Zeit mit ihr identifizieren kann, besteht für den Jungen viel früher die Notwendigkeit, sich um einer männlichen Identitätsentwicklung willen von ihr zu lösen. Der männliche Konflikt zwischen libidinöser sowie ödipaler Verbindung zur Mutter und Abwendung von ihr drängt sich in das psychische Erleben. Hier ist der Vater, mit dem sich der Junge männlich identifizieren kann, der die Trennungsvorgänge liebevoll unterstützt, ohne die Mutter zu entwerten, unverzichtbar.

Aber auch für das Mädchen ist der Vater unverzichtbar. Sein ödipaler Blick, sein liebevolles, nicht-inzestuöses Begehren des Mädchens fördert den weiblichen Narzissmus und damit eine stabile Selbstrepräsentanz. Für beide Geschlechter trägt der Vater damit auch Entscheidendes bei zu einem gesund ausbalancierten Körperselbstbild, dessen Fehlen sich in der weiteren Entwicklung häufig zu narzisstischen Störungen verdichtet.

Mit dem Konzept der Triangulierung gewinnt nun auch das Elternpaar an Bedeutung. Die Qualität der elterlichen Beziehung, die Phantasien der Eltern übereinander und die Dynamik des interpsychischen Austausches in ihren Auswirkungen auf das Kind hat bereits Richter (1963) erkannt und eindrucksvoll dargestellt.

Die Integration konkurrierender weiblicher und männlicher Identifikationen ist für beide Geschlechter in je unterschiedlicher Weise ein konfliktreicher Prozess, der dadurch zu einer reifen Identität führt, dass ein Mensch seine Eltern als Paar erleben und phantasieren kann, das liebevoll aufeinander bezogen ist. Anderenfalls droht die Gefahr, dass sich im Inneren des Kindes Repräsentanzen zweier konkurrierender und einander ausschließender Dyaden mit ihren je eigenen, unintegrierten Beziehungsphantasien bilden und verfestigen.

Wenn alles gut geht, kann das Kind die Eltern als Paar phantasieren, auch wenn ein Elternteil oder beide nicht anwesend sind. Es ist nicht allein die Anwesenheit eines Elternteils, das über die Abwesenheit des anderen hinwegtröstet. Vielmehr ist im real gegenwärtigen Elternteil immer auch der Partner als libidinös besetztes inneres Objekt gegenwärtig. In dem, was die Mutter sagt, wie sie sich verhält, schwingen immer auch die Worte des Vaters und seine Haltung mit und umgekehrt. Das »innere Elternpaar« fördert die Symbolbildung und Trennungstoleranz sowie die Fähigkeit, triadische Beziehungsphantasien zu entwickeln.

In einer anderen Richtung wirkt das Elternpaar aber auch ausschließend und begrenzend: Es gibt Bereiche des Paares, die dem Kind nicht direkt zugänglich sind, z. B. der Bereich der Sexualität. Der Ausschluss begrenzt grandiose Verschmelzungsphantasien, ödipale Ansprüche und den Wunsch, ein Elternteil exklusiv für sich zu besitzen. Der Verzicht gibt Raum zur Phantasiebildung, die letztlich die Grundlage der Spielfähigkeit und später der Lern- und Arbeitsfähigkeit liefert.

Störungen in der Paarbeziehung, Trennungs- und Scheidungskonflikte können sich als pathogener Faktor auf die Entwicklung des Kindes auswirken. Das bedeutet nicht automatisch, dass eine verunglückte Elternbeziehung eine psychische Erkrankung beim Kind nach sich zieht. Ob das Kind, das unweigerlich in die unbewussten oder bewussten elterlichen Verwerfungen hineinverwickelt wird, diesen entkommen, ihnen standhalten oder eigene Lösungen entwickeln kann, hängt von vielen Faktoren ab. Allerdings stehen der klinischen Erfahrung des Autors nach bei der Mehrzahl der Kinder und Jugendlichen, die in der Praxis vorgestellt werden, ungelöste Paarkonflikte der Eltern, Trennungs- und Scheidungserfahrungen und das Leben bei alleinerziehenden Elternteilen oder in Patchwork-Familien im Hintergrund.

Ein guter Ansatz, die Dynamik eines Paares zu verstehen, ist das Kollusionsmodell nach Willi (1975). Willi beschreibt, wie die unbewussten Beziehungsansprüche beider bereits bei der Partnerwahl eine Rolle spielen und in der Geschichte des Paares zu jeweils mehr oder weniger fest definierten Positionen werden, in denen sich die Partner wechselseitig zu fixieren trachten. Es ergibt sich so eine »Kollusion«, ein Zusammenspiel, in dem einer dem anderen das zu sein hat, was dieser zur Balance seines psychischen Gleichgewichts unbewusst braucht. Die Kollusion kann eine geglückte wechselseitige komplementäre Ergänzung sein bzw. ein kongruentes Zusammenspiel, solange die Rollen[6] flexibel bleiben und changieren können. Zum Problem wird die Kollusion, wenn sich die Partner ausschließlich auf ihre Rollen zurückziehen oder sich gegenseitig darin festhalten und abweichende Tendenzen sanktioniert werden.

---

6 »Rolle« wird hier nicht im soziologischen Sinne verstanden, sondern als ein inneres Verhaltensmuster.

6.8 Paarkonflikte und kindliche Neurose

Frau G., die Mutter von Ulrike, hat als Kind vor allem darunter gelitten, als eigenständige Person mit eigenen Wünschen nicht wahrgenommen worden zu sein. Sie war als Zwilling geboren worden, sie und ihre Schwester seien stets nur als Einheit gesehen worden, selbst zum Geburtstag hätten sie nur ein Geschenk bekommen. Ihr Vater sei Alkoholiker gewesen, ihre Mutter sei sehr von ihren Sorgen absorbiert gewesen, sie habe ständig unter dem Eindruck gestanden, sich die Liebe der Mutter verdienen zu müssen; sie habe das durch Bravsein und Leistungen versucht, aber oft eine furchtbare Wut empfunden. Für diese aggressiven Impulse, aber auch für ihre Wünsche nach Selbstbehauptung fühlt sich Frau G. sehr schuldig. Neben der narzisstischen Problematik, es eigentlich nicht wert zu sein, geliebt zu werden, entwickelte sie Verlustängste, die es ihr erschweren, Trennungssituationen zu ertragen.

Herr G. ist als mittleres Geschwister auf einem landwirtschaftlichen Hof aufgewachsen. Nach dem Tod des Vaters habe er den »Laden zusammengehalten«, mit viel Arbeit und Fleiß, ohne sich je Freizeit oder ein Vergnügen zu gönnen. Die Geschwister wollten nichts vom Hof wissen. Er habe versucht, sich durch unermüdliche Leistung die Anerkennung und Liebe der Mutter zu sichern, aber sein Fleiß sei nie belohnt worden. Seine Mutter sei verbittert und hart und zeige ihre Gefühle nicht.

Beide Partner bringen aus ihrer Geschichte ein ähnliches Problem mit: Sie sind in ihrem Selbstwert angegriffen und sehr auf die Anerkennung durch andere Menschen angewiesen, die sie sich verdienen zu müssen meinen. Ihre Wünsche an den Partner nach narzisstischer Aufwertung und Kompensation der erlittenen Kränkung scheinen kongruent, die Liebe des anderen soll die eigene Wunde heilen, mehr noch, der andere möge der Teil sein, der zum eigenen Wertgefühl fehlt.

Wir haben es mit einer narzisstischen Partnerwahl zu tun, wie sie Freud beschrieben hat: »Was den dem Ich zum Ideal fehlenden Vorzug besitzt, wird geliebt. Dieser Fall der Aushilfe hat eine besondere Bedeutung für den Neurotiker, der durch seine übermäßigen Objektbesetzungen im Ich verarmt und außerstande ist, sein Ichideal zu erfüllen. Er sucht dann von seiner Libidoverschwendung an die Objekte den Rückweg zum Narzissmus, indem er sich ein Sexualideal nach dem narzisstischen Typus wählt, welches die von ihm nicht zu erreichenden Vorzüge besitzt. Dies ist die Heilung durch Liebe ...« (Freud 1914c, S. 168f.).

Die unbewusste Phantasie von Frau G. hatte so ausgesehen: Dieser Mann ist anders als mein Alkoholiker-Vater: tüchtig, zupackend, leistungsfähig. Sein bewundernder Blick auf mich verspricht die lange ersehnte Anerkennung; er ist überhaupt ein Mann, mit dem frau sich sehen lassen kann, einer, der mein beschädigtes Selbst aufwertet.

Die unbewusste Phantasie von Herrn G. hatte so ausgesehen: Diese hübsche, attraktive Frau lässt sich durch mein Werben gewinnen. Anders als bei meiner Mutter, bei der ich mich vergeblich angestrengt habe, eine liebevolle Regung hervorzulocken. Alle werden über meine Eroberung staunen, wenn ich mich mit ihr zeige.

Nun wird aber die narzisstische Kollusion, die zunächst eine Lösung der eigenen Problematik versprochen hatte, selbst zum Problem. Herr G. macht sich selbständig und stürzt sich, ermuntert durch seine Frau, in Arbeit, wie er das gewohnt ist, um der wachsenden Familie ein gutes Einkommen zu sichern. Was Frau G. zunächst wie eine Erlösung von ihren Ängsten, Schuldgefühlen und Selbstzweifeln vorkam, offenbart nun seine Schattenseite: Herr G. steht seiner Familie kaum zur Verfügung, wieder schleicht sich das Gefühl der Zurücksetzung ein. Ihre Wut über die mangelnde Beachtung ruft wiederum Schuldgefühle hervor. Herr G. andererseits erlebt seine Frau in ihrem Bemühen, alles perfekt zu machen, als unlebendig und starr. Er empfindet es als Scheitern, dass er in seiner ängstlichen und gehemmten Frau keine stolzen und begeisterten Blicke erwecken kann. Was einem zum eigenen Ideal fehlt, bleibt nach und nach auch diesmal aus.

Nun kippt die narzisstische Idealisierung um in Wut, besser gesagt, in einen still gehegten Groll, der sich periodisch in heftigen Vorwürfen der Frau gegen den Mann Luft macht. »Als Vater hatte ich einen Alkoholsüchtigen, als Mann habe ich jetzt einen Arbeitssüchtigen.« Der Mann verharrt auf der Position des ungeliebten Arbeitstiers und entzieht sich so den Angriffen der Frau, entzieht ihr so aber in versteckt aggressiver Weise auch die Zuwendung. Stattdessen bietet er sich an als Projektionsfläche ihrer Schuldgefühle, welche die Frau in ihm unterbringt und sich damit entlastet. Nun ist er schuld an ihrem Unglück. Er wiederum bringt in ihr seine Versagensangst und Selbstzweifel unter – nun ist sie es ja, die in seinen Augen gehemmt und unfähig zu einer liebevollen Beziehung ist. Beide übernehmen unbewusst einen negativen Selbstaspekt des Anderen. Dass diese Zuschreibung möglich ist, erklärt sich daraus, dass beide aufgrund ihrer Geschichte dafür empfänglich sind. Man richtet sich lieber im bekannten Elend ein, als sich auf unbekanntes Terrain vorzuwagen.

Diese Paardynamik ist nun die Bühne, auf der das Stück der Kinder spielt, das zweite, eine Tochter (Ulrike, knapp acht Jahre alt) zwischen zwei Söhnen, wird zur Therapie vorgestellt. Sie hat oft Bauchweh und will nicht in die Schule gehen, ist verträumt, oft abwesend, bekommt keine Ordnung in ihre Sachen, kann nicht lernen, vergisst vieles und braucht beständig die Hilfe der Mutter, die sich auch sehr für sie anstrengt. Die Mutter empfindet das als Verweigerung des Kindes: wieder jemand, der ihre Anstrengungen nicht anerkennt. Schon seit Ulrike zwei Jahre alt ist, verhält sie ihren Stuhl. Trennungssituationen fallen ihr sehr schwer, sie hat auch keine Freundinnen, in der Klasse ist sie Außenseiterin. Überhaupt, so die Mutter, sei sie sehr ängstlich. Weinend sagt die Mutter: »Da ist sie wie ich.« Die Mutter fühlt sich schuldig, dass sie ihrer Tochter wohl keine gute Mutter sei, obwohl sie es doch aufgrund ihrer Ausbildung zur Erzieherin besser können müsse. Der Vater bemüht sich sehr um seine Tochter – so hat er ihr z. B. in geduldiger Arbeit nach Feierabend bis tief in die Nacht ein Puppenhaus gebaut – und ist tief erschüttert, dass sie ihm nicht mehr Dankbarkeit entgegenbringt. Zugleich aber fühlt auch er sich schuldig, dass er für sie im Alltag nicht mehr da sein kann.

Das Kind übernimmt in mehrfacher Weise eine regulierende Funktion in der verunglückten Paardynamik der Eltern. Zum einen repräsentiert sie für beide eine versagende mütterliche Instanz – oder anders ausgedrückt, sie übernimmt die Projektion beider Eltern, welche die mangelnde narzisstische Gratifikation durch die Mutter in dem Kind wieder erleben. Für beide soll nun das Mädchen einen narzisstischen Mangel ausgleichen. Damit verschafft sie beiden die Entlastung von dem Bestreben, den Ausgleich für die erlittene Versagung im Partner zu suchen – ein Versuch, der *das Paar in Ausweglosigkeit geführt hatte. Indem das Kind nun – von diesen Erwartungen naturgemäß überfordert – v. a. in den Bereichen der Leistung versagt, finden die negativen Selbstaspekte der Eltern einen Ort außerhalb des Paares, wo sie untergebracht werden können. Auch das Schulderleben wird projektiv im Kind untergebracht: Zwar fühlen sich die Eltern schuldig, letzten Endes ist es aber das Kind, das zum Schuldigen gemacht wird: Würde sie besser »funktionieren« (wie das die Eltern von sich fordern), müssten sich beide weniger schuldig fühlen. So sehr also Ulrike ihren Eltern Probleme bereitet, so sehr trägt sie gerade dadurch zur Stabilisierung der brüchigen elterlichen Kollusion bei. Eine erfolgreiche Therapie führt in diesem Fall unweigerlich in ein Wiederaufleben der problematischen Paardynamik. Der gesunde Impuls des Kindes, für sich etwas Eigenes haben und entwickeln zu dürfen, auf einer von der Eltern getrennten Selbstentwicklung zu bestehen (was der Mutter versagt blieb), kann nun nicht anders als symptomatisch zum Ausdruck kommen: in der (analen) Verweigerung, auf psychosomatischer Ebene in der Retention des Stuhls. Weil nun die Autonomiebestrebungen des Mädchens sich in einem störenden Symptom äußern, werden sie eben dort auch bekämpft – zumal darin die verbotenen Wünsche der Eltern erscheinen.*

Hält man sich vor Augen, wie in der Symptomatik des Kindes ein ungelöster Paarkonflikt auftaucht und stellvertretend reguliert wird, so wird klar, dass eine Therapie des Kindes nicht auskommt, ohne dass der Paarkonflikt der Eltern verstanden und entschärft wird.

In einem solchen Fall, in dem die ungelöste Paarproblematik der Eltern offenkundig die Entstehung und Aufrechterhaltung der neurotischen Erkrankung des Kindes wesentlich mitverursacht, muss der Fokus der Elternarbeit auf der entgleisten Kollusion des Paares liegen. Das unterstreicht die Notwendigkeit, dass beide Partner bereit sind, sich auf die therapeutische Elternarbeit einzulassen. Als Vorgehen empfiehlt sich zunächst ein Klarifizieren des Paarkonflikts, u. U. auch ein konfrontierendes Vorgehen. Schließlich ist eine Deutung hinsichtlich der Genese meist weiterführend. Eskalierenden Streit in der Therapiestunde sollte der Therapeut nur dann zulassen, wenn er sich eine Erkenntnis hinsichtlich der Konfliktdynamik erhofft, ansonsten sollte er ihn unterbinden und die affektiv aufgeladene Situation als solche ansprechen und deuten.

Es ist natürlich damit zu rechnen, dass der Therapeut selbst in die Dynamik hineingezogen wird und jeder versucht, ihn als Bündnispartner auf seine Seite zu ziehen. Er gerät dann in die Position des Kindes, und seine Gegenübertragung ist eine wichtige Quelle, um zu verstehen, wie es einem Kind mit Eltern geht, die diese spezifischen Beziehungswünsche an es richten. Sofern es nicht ausreicht, eine neutrale Position zu wahren, müssen auch diese Versuche angesprochen und bewusst gemacht werden.

Th.: »Nach dem, was Sie mir über Ihr leidvolles Erleben in Ihren eigenen Familien erzählt haben, kommt mir der Gedanke, dass Sie sich erhofft haben mögen, in Ihrer Beziehung vom anderen die Anerkennung zu bekommen, die Sie so schmerzlich vermisst haben.« Sie: »Natürlich, das ist doch normal.« Th.: »Sicher ist das normal und verständlich. Nur mussten Sie beide wohl erleben, dass diese Erwartung eigentlich eine Überforderung darstellt. Sie können Ihrem Mann nicht die besser liebende Mutter sein, und Sie (an den Mann gewandt) können Ihrer Frau kein Ersatz für die fehlende elterliche Zuwendung sein.« Er: »Aber wie soll denn da je etwas besser werden? Ich versuche ja, mein Bestes zu geben, wie ich das immer gemacht habe. Nur zählt das ja alles nicht.« Th.: »Gemeinsam ist Ihnen, dass sie sich sehr für die Beziehung und auch für die Familie anstrengen. Aber ebenso gemeinsam scheint die Enttäuschung zu sein, dass es nie reicht.« Sie: »Eigentlich fühle ich mich genauso, wie früher in meiner Familie. Es reicht nie.« Er: »Ich sage dir immer, wie gut du das mit den Kindern machst. Was soll ich denn noch tun?« Sie: »Du überlässt ja alles mir und bist nur ständig mit der Arbeit beschäftigt. Nie bist du da, wenn ich dich brauche. (An den Therapeuten gewandt:) Es stimmt doch, dass Kinder einen Vater brauchen, der auch da ist ...!?« Th.: »Ich habe den Eindruck, dass jetzt eine Diskussion entsteht, die Sie gut kennen. Ich möchte Ihnen vorschlagen, sich hier auf ein Experiment einzulassen. Wie würde es aussehen, wenn Sie anerkennen können, dass der andere nie vollständig das ersetzen kann, was einem fehlt?« Sie: »Sie meinen, ich muss mich damit abfinden?« Th.: »Ja und nein. Nein, wenn Sie das so verstehen, dass Sie sich resigniert zurückziehen. Ja, wenn Sie sich damit auseinandersetzen, dass Sie nichts erzwingen können.« Nach einer Pause: Th.: »Ich glaube, dass jeder von Ihnen auf seine Weise etwas sehr Förderliches in die Beziehung einbringt. Eigentlich sehen Sie das auch, nur sehen Sie immer zugleich auch das, was Ihnen fehlt – eben weil das Erleben des Mangels, das Sie aus Ihrer Kindheit mitbringen, Sie so sehr überwältigt. Kann es sein, dass Sie sich wechselseitig etwas vorwerfen, was Sie eigentlich Ihren Eltern vorwerfen möchten?«

Eine weitere Vignette aus der Elternarbeit: Th.: »Frau G., Sie haben erwähnt, wie sehr Sie sich in Ulrike selbst sehen. Es kommt Ihnen vor, als sei ihre Ängstlichkeit und Gehemmtheit genauso, wie Sie sich selbst erleben. Kann es vielleicht auch sein, dass Sie da etwas in das Kind hineinsehen?« Frau G.: »Aber warum sollte ich das? Ich gebe mir ja alle Mühe, ihr zu helfen. Ich wäre froh, wenn sie anders sein könnte.« Th.: »Vielleicht möchten Sie ja unbewusst an Ihrer Tochter etwas wiedergutmachen, was Ihre eigene Not ist.« Frau G.: »Sie meinen, wenn Ulrike anders wäre, müsste ich mich mehr mit mir selbst beschäftigen?« Th.: »Und was würde das für Sie bedeuten?«

Die tiefenpsychologische therapeutische Arbeit mit dem Kind richtet sich auch in diesem Fall auf sein Erleben und seine Verarbeitung der unbewussten Delegation. Der Therapeut sollte dem Kind signalisieren, dass er nachvollziehen kann, in welch drangvolle Situation es geraten ist, ohne natürlich die Eltern zu beschuldigen oder schlecht zu machen, also ebenfalls unter Wahrung der Neutralität[7]. Im Übertragungs- und Gegenübertragungsgeschehen wird der Therapeut darauf achten, welche Beziehungserwartungen auf ihn gerichtet werden und inwieweit er in die Elternrolle manövriert wird.

---

7 Für die Arbeit in Familiensystemen hat sich der Begriff der »Allparteilichkeit« eingebürgert. Ich bevorzuge hier den Begriff der Neutralität. Er verweist darauf, dass der Therapeut eine Haltung einnimmt, die auf Wertungen, nicht jedoch auf Empathie verzichtet.

6.8 Paarkonflikte und kindliche Neurose

Ulrike richtet das Puppenhaus ein. Dabei beschäftigt sie sich lange mit der Küche, deckt sorgfältig den Tisch mit kleinen Tellern. Th.: »Du möchtest deine eigene Ordnung schaffen und richtest ein Haus ein, in dem jeder genug bekommt und sich wohlfühlen kann.« Wie zur Bestätigung nimmt sie anschließend Muscheln und kleine Steinchen aus dem Regal und sortiert sie auf dem Tisch, so dass eine Art Muschelbild entsteht. Pat.: »Die sind aber schön.« Th.: »Du freust dich daran, was du Schönes geschaffen hast. Sie liegen alle so beieinander, wie du es willst.« Pat.: »Mhm ...« Th.: »Du zeigst mir, dass du auch selbst etwas ordnen und bestimmen möchtest. Vielleicht ist das nicht immer möglich – in der Schule und zu Hause bestimmen andere.« Pat: »Ich komm da einfach manchmal nicht mit. Ich geb mir ja Mühe, aber manchmal hab ich überhaupt keine Lust.« Th.: »Du hast keine Lust, so zu sein, wie andere es von dir wollen?« Pat.: »Jaaa ...« Th.: »Ich glaube, das kann ich verstehen. Es macht ein ziemliches Durcheinander in den Gefühlen. Kann es sein, dass du da manchmal auch wütend bist?« Pat.: »Eigentlich bin ich nur auf mich selbst wütend. Nein, auch auf meinen doofen Lehrer. Und auf die anderen. Immer ärgern sie mich.« Th.: »Mir kommt es so vor, dass du auch in deine Gefühle ein wenig Ordnung bringen willst. Wie das ist, wenn du wütend bist und dir doch wünschst, dass andere dich so mögen, wie du bist.«

Das Verstehen dieser Szene bleibt allerdings unvollständig, wenn man den Übertragungsaspekt außer Acht lässt. Die Patientin fühlt sich auch in der Therapie fremdbestimmt: Die Eltern wollen, dass sie kommt, der Therapeut bestimmt den Rahmen, und manchmal hat sie dazu einfach keine Lust. Wieder soll sie – so ihr Erleben – im Interesse elterlicher Instanzen funktionieren. Dass der Rahmen eben dazu dient, einen Raum zu ermöglichen, in dem sie zu eigener Selbstentwicklung finden kann, weckt zunächst einmal Misstrauen.

Zu einer Stunde bringt Ulrike ihren Bruder mit und möchte, dass er mit in die Therapie kommt. Die Motive sind sicher vielschichtig (warum muss sie in Therapie und nicht der Bruder? Ist sie so viel schlimmer?). Zunächst sichert der Therapeut den Rahmen und sagt, die Stunden hier seien nur für sie und dazu passe es nicht, wenn der Bruder dabei sei. Der Therapeut versagt ihr also ihren Wunsch und ist in diesem Fall »der Bestimmer«. Es folgt eine Stunde voller trotziger Verweigerung und Abweisung aller Interventionen des Therapeuten. Zu Hause äußert sie heftige Aggressionen gegen den Therapeuten und will nicht mehr in die Therapie kommen. In der Übertragung wiederholt sich der Grundkonflikt: Ulrike erlebt den Therapeuten als einen, der – ungeachtet ihres eigenen Selbsterlebens – ihre Wünsche übergeht und sie in der Rolle des »Problemkindes« festhält. Der Therapeut bekommt andererseits zu spüren, wie es ist, wenn man völlig »verunwichtigt« wird. Mit den Eltern wurde besprochen, in einer gemeinsamen Stunde über den Fortgang der Therapie zu beraten. In dieser Stunde erlebt der Therapeut verzweifelt bemühte, aber auch tief enttäuschte Eltern, die ein weinendes, aber ansonsten völlig verschlossenes und schweigsames Kind bearbeiten.

Th., wendet sich an Ulrike: »Ich finde es zwar sehr schade, wenn du nicht mehr kommst, auch bin ich ein bisschen ärgerlich, dass du mir nicht selbst gesagt hast, was dich stört. Aber ich kann andererseits auch akzeptieren und respektieren, dass

> *du es selbst bestimmen möchtest. Ich möchte dir vorschlagen, dass du noch einmal alleine kommst, damit wir uns gut voneinander verabschieden können.« Darauf kann sich Ulrike einlassen. Tags darauf ruft die Mutter an, Ulrike habe sich entschlossen, doch weiter in Therapie zu kommen.*

Ulrike musste die Möglichkeit bekommen, sich selbst für die Therapie zu entscheiden. Eine weitere Bedeutung liegt darin, dass Ulrike die Verlässlichkeit testete, ob es hier wirklich nur um sie gehen sollte. Dieses Geschehen zwischen Therapeut und Patientin musste in den folgenden Stunden verstanden und bearbeitet werde. Es ist also eine Arbeit an Widerstand und Übertragung notwendig.

Das ausführliche Fallbeispiel verdeutlicht, in welchem Feld sich eine tiefenpsychologisch fundierte therapeutische Arbeit bewegt, wenn festgefahrene Paarkonflikte die Pathologie dominieren. Es unterstreicht auch, wie wichtig es ist, immer wieder den Rahmen zu sichern.

Ähnlich gelagert ist die Arbeit mit Paarkonflikten, wenn das Paar sich getrennt hat. Eine spezifische Schwierigkeit besteht darin, beide Eltern zu einer Zusammenarbeit zu bewegen. Auch hier besteht das Ziel darin, dass die getrennten Eltern ihre Position als Eltern behalten und darin zusammenarbeiten, das Kind in seiner Entwicklung zu begleiten und zu fördern (Ahlheim & Müller-Brühn 1992). Das ist nicht immer möglich. Mit dem Elternteil, welches zur begleitenden Therapie zur Verfügung steht, wird an den Delegationen an das Kind gearbeitet, die im Falle der Trennung besonders heftig sein können. In manchen Fällen stehen Eltern gar nicht zur Verfügung, etwa bei Heimkindern. Unweigerlich kommen auch bei diesen Kindern ihre Verarbeitung des Paarkonflikts, der Trennung bzw. des Fehlens von Mutter oder Vater oder beider Eltern als grundlegende Themen in die Therapie, insbesondere dann, wenn der Verlust der Eltern mit zusätzlichen traumatischen Erlebnissen wie Missbrauch, Gewalt oder Tod in Verbindung steht.

Als spezifische Schwierigkeiten in der therapeutischen Arbeit mit Trennungskindern sind zu nennen:

Die *Verleugnung* der Trennung: Die Trennung der Eltern ist für Kinder ein dramatischer Einbruch ins Leben, auch wenn sie sich lange angebahnt hat. Ihre Realität muss zunächst in ihrer ganzen Wucht vom seelischen Leben ferngehalten werden. Kinder halten lange Zeit an der Phantasie fest, die Eltern könnten doch noch zusammenkommen, und unternehmen bewusst wie unbewusst nicht wenig, um dies aus eigener Kraft zustande zu bringen. Manche Kinder versuchen, Verzweiflungsgefühle, Trauer, Affekte wie Angst, Wut und Trotz zurückzustellen oder zu verdrängen und sich besonders unauffällig, gefügig und »brav« zu zeigen. Äußerlich vernünftig und scheinbar selbstständig arrangieren sie sich mit den neuen Verhältnissen und lassen nichts von ihren emotionalen Regungen erkennen. Andere werden psychisch und/oder körperlich krank mit dem sekundären Effekt, dass sich nun die Eltern wenigstens gemeinsam Sorge machen müssen. Oder sie entwickeln Verhaltensauffälligkeiten, welche die Eltern zwingen, sich gemeinsam mit diesen auseinanderzusetzen.

Bei manchen Trennungskindern hält die Phase der Verleugnung sehr lange an – u. U. unerkannt durch die soziale Umgebung. Oft sind es äußere Ereignisse, welche die Verleugnung zusammenbrechen lassen: Ein Umzug an einen fernen Ort, die Heirat eines Elternteils mit einem neuen Partner oder die Ankunft eines Halbgeschwisters usw. Wenn sich die Phantasie der elterlichen Wiedervereinigung nicht mehr halten lässt, hat das Kind sein spezifisches »Scheidungserlebnis« – oft lange nach der juristischen Scheidung (Figdor 1997).

Elterliche Trennung ist für das Kind meist damit verbunden, dass es auf die Präsenz eines Elternteils verzichten muss. Besonders für jüngere Kinder ist dies dramatischer als ein Trennungserlebnis, es ist vielmehr ein Verlusterlebnis und wird auch als ein solches verarbeitet. Aber es gehen nicht nur Vater oder Mutter verloren, sondern auch die *Eltern als Paar*.

Ein vorherrschendes psychisches Erleben sind Schuldgefühle, die je nach Alter und Entwicklungsstand des Kindes mehr oder weniger bewusstseinsnah ausfallen. Das Kind phantasiert, durch eigene Wünsche oder Affekte die Trennung verursacht zu haben. Besonders brisant wird dieser Zusammenhang, wenn die Eltern das Kind gegeneinander in Position zu bringen trachten.

Eine weitere Dimension ist die *narzisstische Verletzung*. Scham, Selbstzweifel und Einrisse ins Selbstwertgefühl kommen auf: War ich vielleicht nicht gut, interessant und wertvoll genug, dass der Vater oder die Mutter gegangen sind und mich einfach verlassen haben?

Gerät ein Kind bereits bei Paarkonflikten von Eltern, die sich nicht trennen, leicht in die *Rolle des Bündnispartners* im Ehestreit, so ist dies erst recht bei Trennung und Scheidung der Fall. Das Kind wird funktionalisiert und gegen den nunmehr verhassten Ex-Partner in Stellung gebracht, um die eigene Position zu stärken. Aber selbst wenn die Eltern in der Lage sind, dieser Versuchung zu widerstehen, gerät das Kind unweigerlich in Loyalitätskonflikte. Im anwesenden Elternteil kommt der andere nicht (mehr) als geliebtes Objekt vor, sondern als ein gehasstes und entwertetes. Wie kann man z. B. in Gegenwart der Mutter liebevolle Gefühle für den Vater erhalten, wenn diese ihn hasst und sich von ihm zutiefst gekränkt fühlt? Ein Dreieck zerbricht und wandelt sich in zwei miteinander konkurrierende Dyaden – ein Rückfall in der Entwicklung der Objektbeziehungen. Das Kind erlebt unbewusst ein »Triangulierungsverbot« (Rohde-Dachser 1987): Es finden dyadische Verschmelzungen mit jeweils einem Objekt unter feindseligem Ausschluss des anderen statt; die psychische Entwicklung wird im Sinne einer Regression zurückgeworfen auf frühe Abwehrmechanismen wie Spaltung, Projektion und Idealisierung. Das Kind behilft sich damit, ein Elternteil als libidinöses Objekt zu wählen, hält von diesem alle feindseligen Regungen fern und richtet sie stattdessen auf das andere Elternteil. Dabei sind beide Varianten beobachtbar: Die Feindseligkeit wird auf den abwesenden Elternteil gerichtet, um sich die Liebe des anwesenden Elternteils zu erhalten; damit befindet sich das Kind meist im Einklang mit dem anwesenden Elternteil, das sich in der eigenen Haltung bestätigt sieht. Oder die Feindseligkeit wird auf den anwesenden Elternteil gerichtet, das ja auch alle unlustvollen Alltagsregelungen zu verantworten hat, um sich die Idealisierung des fernen Elternteils zu erhalten.

Eine Variante der Rolle des Bündnispartners ist diejenige des Ersatzpartners. Allerdings wird eine solche unangemessene libidinöse Besetzung immer mit schweren Ambivalenzen einhergehen und im Kind größte Verwirrung anrichten, ist doch das Kind nicht nur das, was von der Liebe übrigbleibt, sondern immer auch Repräsentant des anderen, verlorengegangenen und aggressiv besetzten Partners. In der klinischen Praxis sind nicht wenige Fälle zu beobachten, in denen z. B. der Sohn (wieder) im halbverwaisten Ehebett bei der Mutter schläft, was diese, je älter der Sohn wird, zwar mit Bedenken erlebt, unbewusst jedoch nicht darauf verzichten kann.

Auch die Eltern sind durch Trennungskonflikte psychisch erheblich belastet – unverarbeitete Kränkungen können noch Jahre nach der Trennung wieder aktiv werden. Neben den bekannten äußeren Belastungen durch Trennung und Scheidung, durch die Anforderungen an alleinerziehende Elternteile, durch neue Konstellationen in Patchwork-Familien werden u. U. bereits lange schwelende *innere Konflikte aktualisiert*. Eine gescheiterte Beziehung hinterlässt auch in den Eltern heftige Affekte; Scham und Schuldgefühle drängen heran. Zwar wird juristisch im Fall einer Scheidung nicht mehr nach Schuld gefragt, das ändert aber nichts daran, dass Schuld erlebt wird. Eltern fühlen sich auch schuldig gegenüber ihren Kindern. Feindselige Gefühle gegenüber dem Ex-Partner verführen dazu, mit der Schuld projektiv umzugehen und sie zur eigenen Entlastung in diesem unterzubringen.

Wenn es gut geht, können Trauerprozesse in Gang kommen, an deren Ende neue und unbelastete Lebensperspektiven entstehen. Auf dem Weg dahin jedoch sind Eltern meist nur eingeschränkt in der Lage, den aufbrechenden Gefühlen der Kinder ausreichend Raum und Halt zu geben. Dies ist dann eine wichtige Aufgabe innerhalb der Therapie

In einem aktuellen Scheidungskonflikt ist es kaum möglich, mit den Eltern an den eigenen Anteilen und an der Verantwortungsübernahme zu arbeiten; das Affekterleben und die narzisstische Kränkung erzwingen Abwehrmechanismen, die zunächst auch als Schutz gebraucht werden. Ähnliches gilt für Kinder. Zunächst wird der Therapeut als Container zur Verfügung stehen, ein aufdeckendes Vorgehen ist für Patienten in dieser Phase meist nicht zu verkraften. Die tiefenpsychologisch fundierte Arbeit an der psychischen Stabilisierung, die Beruhigung überflutender Affekte und eine verträgliche Regelung der Außenkonflikte eignen sich hier als Krisenintervention und als »Erste Hilfe«.

Beispiele aus der Elternarbeit

Der Therapeut kann Angst aufnehmen und relativieren und auf mögliche Ressourcen hinweisen.

> Th.: *»Sie bekommen große Angst, dass sich Ihr Ex-Partner rächt und Sie noch tiefer in finanzielle Schwierigkeiten bringt, wenn Sie ihm in der Frage des Umgangs mit den Kindern nicht nachgeben. Ich kann diese Angst nachvollziehen, nach allem, was Sie erlebt haben. Ich frage mich aber, ob ihr Ausmaß Sie nicht handlungsunfähig macht. Es gibt ja auch Instanzen, die Ihnen in dieser Frage helfen könnten.«*

Der Therapeut kann anregen, anstatt gegen das Unveränderliche anzukämpfen, Selbstfürsorge zu entwickeln.

Eine Mutter hat für den einst idealisierten Partner nur noch verächtliche Beschimpfungen übrig und breitet diese auch vor der Tochter aus. Th.: »Mir ist deutlich, wie tief die Kränkung sitzt, die er Ihnen angetan hat. Sie müssen sich von allen früheren positiven Gefühlen losreißen. Und es wäre Ihnen recht, wenn auch in Ines (die achtjährige Tochter) keine positiven Gefühle für ihren Vater übrigbleiben.« Pat.: »Der ist doch kein Vater. Er ist leider der Erzeuger.« Th.: »So berechtigt Ihre Gefühle sind – es ist nicht zu ändern, dass Ines Umgang mit ihrem Vater hat. Und auch eine eigene Gefühlswelt. Was könnten Sie denn unternehmen, dass diese Tatsache weniger belastend für Sie ist?«

Der Therapeut kann auf scheiternde Beziehungsmuster hinweisen und dazu einladen, Handlungsalternativen zu erdenken.

Ein Vater, der darunter leidet, dass seine adoleszente Tochter, die bei der Mutter lebt, den Kontakt zu ihm verweigert: »Da stehe ich vor der Tür des Hauses, in dem ich selbst gelebt habe, und sie kommt nicht einmal heraus, um mir Grüß Gott zu sagen.« Th.: »Ich kann mir vorstellen, dass das auch ziemlich demütigend ist.« Pat.: »Das ist es. Ich habe das Gefühl, ich laufe ihr dauernd nach und sie lässt mich zappeln.« Th.: »Mag sein, dass Ihre Tochter Sie umso mehr abweist, je mehr Sie ihr nachlaufen. Ich kenne sie zwar nicht, aber vielleicht möchte sie auch ein bisschen stolz auf ihren Vater sein können – und hat dieses Gefühl verloren.« Pat.: »Auf einen, der so belämmert vor dem Haus steht, kann man ja nicht stolz sein. Das ist irgendwie unwürdig.« Th.: »Könnte es eine andere Form geben, wie sie mit ihrer Tochter Kontakt halten können?«

Der Therapeut kann die progressiven Ich-Kräfte stärken, ohne die negativen Gefühle zu verleugnen.

Th.: »Sie haben mit der Trennung eine Situation beendet, die für Sie unerträglich geworden ist. Das allein schon erfordert Mut, auch weil Sie nun die Schwierigkeiten der Kinder ertragen müssen und sich dafür schuldig fühlen. Das ist jetzt schwer auszuhalten, aber ich finde es ist ganz natürlich, dass eine solche Veränderung auch innere Krisen mit sich bringt. Können Sie sich auch vorstellen, dass etwas Gutes daraus erwächst?«

Viele Kinder und Jugendliche entwickeln allerdings erst eine mehr oder weniger lange Zeit nach der aktuellen Trennung Symptome und kommen dann in die Therapie. Trennung und Verlust und ihre Bearbeitung können dann im Fokus der Therapie stehen.

Beispiele für die fokussierte Trennungsbearbeitung bei Kindern und Jugendlichen

Der Therapeut kann in einer akuten Trennungssituation die innere Befindlichkeit aufnehmen und dazu ermutigen, stabilisierende Möglichkeiten zu entdecken.

> *Nico, neun Jahre alt: »Ich möchte einfach, dass meine Eltern wieder zusammen sind.« Th.: »Da war die Welt noch in Ordnung ...« Pat., jammert: »Ja, warum haben sie sich nur getrennt ...« Th: »Das ist eine Frage, mit der du dich sehr herumplagst. Besonders schlimm fühlt es sich an, dass du es nicht ändern kannst.« Pat.: »Ja, es ist alles so blöd.« Th.: »In dir gibt es eine große Sehnsucht nach der früheren Familie. Und diese Sehnsucht sagt dir, dass du vielleicht dorthin gelangen könntest, indem du wieder so wirst wie damals, als du noch ein kleines Kind warst.« Pat.: »Aber was soll ich denn machen?« Th.: »Machen ... Deine Eltern kannst du wohl nicht ändern. Vielleicht gibt es in deiner neuen Situation auch etwas, was gut für dich ist?« Pat.: »Ich gehe dann halt zu meiner Oma.« Th.: »Ja, es ist gut, dass du sie jetzt hast.«*

Der Therapeut kann Ängste aufnehmen und Bewältigungsmöglichkeiten anregen.

> *Ines, sieben Jahre alt: »Die Mama mag den Papa nicht.« Th.: »Da wird es schwierig zwischen dir und der Mama – denn du magst den Papa ja noch und willst ihn auch lieben dürfen. Und jetzt kriegst du Angst, dass die Mama dich vielleicht auch nicht mehr lieben könnte ...?« Pat.: »Ich hab Angst, wenn sie weggeht.« Sie malt ein Unterwasserbild, in der Meereswesen eine harmonische Familie bilden. »Da sind alle Freunde.« Th.: »So wie du dir wünschst, dass alle in der Familie Freunde bleiben?« Ines nickt. Th.: »Ich glaube, ich verstehe etwas von deiner Angst, dass alle guten Beziehungen verloren gehen. Aber auch etwas von deinem Wunsch, sie zu erhalten. Du suchst nach Möglichkeiten, wie das gehen soll.«*

Der Therapeut kann den Loyalitätskonflikt benennen.

> *David, elf Jahre alt: »Mama und Papa haben sich wieder furchtbar gestritten.« Th.: »Das beschäftigt dich sehr ...« Pat.: »Ich glaube, es ist wegen mir.« Th.: »Das musst du mir genauer erklären.« Pat.: »Ich war beim Papa. Der stellt immer so komische Fragen: Wo ich lieber wäre, welche Freunde ich interessanter finde ... und dann sage ich, bei ihm wäre es schöner. Das sage ich aber nur, damit er nicht böse wird.« Th.: »Du willst, dass ihr eine gute Beziehung habt.« Pat.: »Aber das will ich bei der Mama auch. Bei ihr sage ich auch, wie gut es ist, bei ihr zu sein. Und wenn sie dann telefonieren, dann streiten sie sich.« Th.: »Und dann bekommst du Schuldgefühle.« Pat.: »Ich weiß gar nicht, was ich sagen soll. Ich bin manchmal gar nicht ich.« Th.: »Du liebst beide und möchtest zu beiden die Beziehung erhalten. Aber die beiden lieben sich nicht mehr. Das kriegst du schlecht unter einen Hut.« Pat., unglücklich: »Eigentlich geht es gar nicht.« Th.: »Ich verstehe, dass du mit den Eltern*

6.8 Paarkonflikte und kindliche Neurose

keinen Konflikt vom Zaun brechen willst und deshalb das sagst, von dem du glaubst, dass sie es hören wollen. Obwohl es nicht ganz dem entspricht, was du wirklich bist. Und das Ergebnis ist, dass sie sich streiten. Aber wenn man sich streitet, hat man ja wenigstens etwas miteinander zu tun. Kann es sein, dass es dein Wunsch ist, dass die Eltern wieder etwas Gemeinsames haben – und sich dieser Wunsch dann auf diese Weise verwirklicht?«

Aktuelle Verlusterlebnisse aktivieren das Trennungsdrama. Der Therapeut weist auf diesen Zusammenhang hin.

Lucie, eine 18-jährige Adoleszente: »Ich glaube nicht, dass meine Probleme etwas damit zu tun haben, dass mein Vater die Familie verlassen hat. Das ist ja schon lange her.« Th.: »Ja, das ist lange her. Und jetzt, so viel später, am Ende der Schule, stellen Sie sich vor, wie das ist, wenn Sie von zu Hause weggehen, und bekommen panische Angst, dass Sie es alleine nicht schaffen.« Pat.: »Aber das ist doch normal ...« Th.: »Ja, ein solcher Schritt ist mit Angst verbunden, das ist zu erwarten. Die Intensität Ihrer Angst allerdings macht nachdenklich. Vielleicht mischt sich da noch etwas anderes hinein, was wir noch nicht verstanden haben. Wenn es nicht Ihre früheren Verluste sind, die Sie als Kind miterleben mussten – was könnte es dann sein?« Pat., nach einer Weile des Nachdenkens: »Vielleicht haben Sie doch recht. Ich habe so lange nicht mehr an diese früheren Dinge gedacht, dass ich sie fast vergessen habe.«

Erich, ein 17-jähriger Jugendlicher (er war als Kind in Therapie und nahm den Kontakt zum Therapeuten wieder auf, nachdem sich seine Eltern getrennt hatten), lebte nach der Trennung erst bei seiner Mutter, dann bei seinem Vater. Gegen Ende seiner Therapie: »Meine Mutter verkauft jetzt das Haus und zieht um. Jetzt kann ich nie mehr in mein Zimmer.« Th.: »Ja, es gibt wohl kein Zurück mehr.« Pat.: »Eigentlich ist es mir egal.« Th.: »Eigentlich ...?« Pat.: »Na ja, nicht so ganz.« Th.: »Wir haben hier ja schon öfter gemerkt, dass du dich mit deiner Egal – Haltung vor schmerzlichen Gefühlen schützt. Das war ja auch so, als deine Eltern sich getrennt haben.« Pat.: »Es ist mir nicht egal. Ich habe eine Scheißwut auf sie.« Th.: »Wieder ein Verlust, dem du ausgeliefert bist.« Pat.: »Ich kenn das ja schon. (Er lächelt.) Ich werd es auch diesmal schaffen.« Th.: »Zwischen uns geht ja auch etwas zu Ende. Und dann kannst du nicht mehr in dieses Zimmer kommen. Vielleicht bist du auch auf mich wütend, dass du nicht mehr kommen kannst?« Pat.: »Vielleicht schon ein bisschen. Aber ich habs ja auch gewollt. Ich bin auch ganz froh, dass ich wieder mehr Zeit habe. Aber irgendwie ist es auch schade.«

> **Merke**
>
> - Triadische Phantasien der Eltern sowie das Erleben eines realen verlässlichen Elternpaares tragen entscheidend zur Entwicklung stabiler innerer Objekte und zur basalen psychischen Struktur beim Kind bei.
> - Persistierende Paarkonflikte, Trennung und Scheidung sind ein Risikofaktor für psychopathologische Entwicklungen des Kindes.

- Festgefahrene Kollusionsmuster führen dazu, per Delegation und Projektion das Kind für die Stabilisierung des Selbst der Eltern zu funktionalisieren und es in bestimmten Rollen zu fixieren.
- In der Elternarbeit muss die Delegation aufgedeckt und in ihrer Auswirkung auf das Kind bearbeitet werden. Ein wichtiges Hilfsmittel ist die Analyse der Gegenübertragung.
- In der Therapie mit dem Kind muss das Erleben und die Verarbeitung der unbewussten Delegation beachtet und bearbeitet werden.
- Der Therapeut achtet mit besonderer Sorgfalt auf eine Haltung der Neutralität und die Sicherung des Rahmens.
- Trennung und Scheidung der Eltern werden von einem Kind als Verlust erlebt und ziehen spezifische psychische und soziale Probleme und Verarbeitungsformen nach sich.
- In akuten Trennungskrisen stehen die »holding function« der Therapie sowie Techniken zur Stabilisierung im Vordergrund.
- Spätfolgen der Trennung können durch klarifizierende, konfrontierende und aufdeckende Techniken bearbeitet werden.

6.9 Die Ressourcen des Kindes/Jugendlichen und seiner Familie

In Kapitel 5.3.6 wurde bereits auf die Bedeutung einer sorgfältigen Erhebung der Ressourcen im Rahmen des diagnostischen Prozesses hingewiesen. Dabei wurde deutlich, dass sich die aktuelle psychische Erkrankung nicht allein aus pathogenen Faktoren ergibt, sondern auch aus der Blockade salutogener Faktoren. Das Krankheitsgeschehen lässt sich auch beschreiben als ein Prozess, der sich aus einem komplementären Verhältnis von Defiziten und Ressourcen ergibt: Je größer die Resilienz, je reifer die Bewältigungsmöglichkeiten des Patienten sind, desto geringer ist der Schweregrad der psychischen Beeinträchtigung; umgekehrt gilt: Je gravierender das neurotische Geschehen in die Psyche eingreift, desto schwächer ausgeprägt sind die Ressourcen des Patienten und deren Nutzung. Für die Psychotherapie ergibt sich daraus die Anforderung, die Krankheit gewissermaßen von zwei Seiten her anzugreifen: sowohl durch eine Nachreifung der beschädigten Struktur und eine Lösung innerer Konflikte als auch durch eine Stärkung und Entwicklung der Ressourcen. Der Therapeut sollte in seinen Interventionen stets beide Richtungen im Auge behalten. Dies wird im Prozess der Therapie zwar temporär zu unterschiedlichen Schwerpunkten der Interventionen führen, jedoch nicht als voneinander gesonderte Vorgehensweisen. Auch zwischen pathogenen und salutogenen Faktoren gibt es ein dynamisches Wechselspiel, deshalb empfiehlt sich eine Haltung, die beide Sichtweisen integriert.

Psychodynamischen Therapien wird oft vorgeworfen, durch einseitige Defizitorientierung den Patienten in der Krankheit zu fixieren, anstatt durch Ressourcenaktivierung mit ihm Lösungen zu entwickeln. Dieser Vorwurf erscheint zumindest einseitig und beruht auf dem Missverständnis, Abwehrmechanismen seien per se pathologische Vorgänge. Begreift man die Abwehr und die Kompensationsversuche des Patienten als das ihm zum jetzigen Zeitpunkt mögliche Bewältigungspotential, um die Funktionsfähigkeit des Ich aufrechtzuerhalten, so ist die Arbeit daran ein ressourcenerschließendes Vorgehen – auch wenn es lange Zeit im psychoanalytischen Diskurs so nicht benannt wurde. Eine Verbesserung der Konflikttoleranz, die wachsende Fähigkeit, innere Konflikte ich- und sozialverträglich zu balancieren, eine Reifung basaler struktureller Funktionen erweitern und stärken wesentliche innere Ressourcen des Patienten – wie auch umgekehrt die gezielte Arbeit an den Ressourcen sich immer auch auf die Erweiterung der Möglichkeiten bezieht, mit konflikthaften und defizitären inneren und äußeren Gegebenheiten besser umzugehen. Auch indem wir Wert auf ein stabiles Arbeitsbündnis legen, beziehen wir uns auf die gesunden Ich-Anteile des Patienten, also auf seine Ressourcen. Die Komplementarität von Defiziten und Ressourcen wird im Übrigen bei jedem Antrag zumindest in der Prognose diskutiert. Man wird Patienten, die ja aufgrund eines Leidens, aufgrund ungelöster intrapsychischer und interpersoneller Spannungen einen Therapeuten aufsuchen, nicht gerecht und nimmt sie auch nicht ernst, wenn man dieses Leiden quasi wegdefiniert und sich auf ihre »Stärken« konzentriert. Man wird ihnen aber auch nicht gerecht, wenn man sie allein unter dem Blickwinkel des Scheiterns, des Nicht-Gelingens betrachtet und ihre Kompetenzen, ihr Leiden zu bewältigen und sich Bereiche eines geglückten Daseins zu erhalten, außer Acht lässt. So betrachtet kann der Antagonismus »defizitorientiert« vs. »ressourcenorientiert« nicht als sachgerecht aufrechterhalten werden – erst recht nicht dann, wenn man bedenkt, dass psychodynamische Therapieansätze ihrem Wesen nach konfliktzentriert sind – das ist etwas anderes als »defizitorientiert«.

Im Verlauf der Therapie wird deshalb der Blickwinkel immer wieder changieren.

Beispiele für ressourcenorientierte Interventionen

Der Therapeut kann anregen, über bisherige Bewältigungsmöglichkeiten nachzudenken.

Sergej, ein zwölfjähriger Junge mit externalisierenden Störungen: Th.: »Wie hast du früher reagiert, wenn du das Gefühl hattest, nicht wichtig zu sein?« Pat.: »Wenn es meiner Mama schlecht ging, habe ich immer versucht, ihr zu helfen. Sie hat immer gesagt: Was wäre ich ohne dich.« Th.: »Helfen ist eine gute Sache. Wenn du helfen kannst, dann hast du das Gefühl, wertvoll und wichtig zu sein. Aber nun hat dir deine Erzieherin gesagt, dass du ihr gar nicht helfen sollst, sondern deine Hausaufga-

ben machen.« Pat.: »Da bin ich wieder ausgerastet....« Th.: »Das Helfen hat dir bisher selbst geholfen – gegen deine Wut. Aber nun merkst du, dass du damit an Grenzen kommst. Denn nicht jeder will sich helfen lassen. Und dann kriegst du das Gefühl, niemandem etwas zu bedeuten.«

Der Therapeut betont, dass die altruistische Haltung des Patienten eine anerkennenswerte Leistung ist, mit seinen Gefühlen der Einsamkeit, der Bedeutungslosigkeit und der inneren Leere angesichts der Depression seiner Mutter fertig zu werden. Er bringt allerdings auch die Grenzen dieser Bewältigungsmöglichkeit zur Sprache und verbindet sie mit der Entbindung seiner narzisstischen Wut.

Die Eltern von Regina, einem sechsjährigen Mädchen mit Trennungsängsten, schildern die Anklammerung des Kindes und dessen trotzige Verweigerung altersentsprechenden Anforderungen gegenüber. In der Familie gibt es ein jüngeres Mädchen mit einer Behinderung, deren Behandlung einen hohen Einsatz der Eltern erfordert. Th.: »Sie haben ein hohes Gespür entwickelt für die Bedürfnisse und die Not Ihrer älteren Tochter. Wie sind Sie denn bisher damit umgegangen?« Vater: »Wir haben versucht, ihr all das an Zuwendung zu geben, was wir der Kleinen geben müssen. Eigentlich wollen wir beide gleich behandeln. Aber wir müssen Regina oft Dinge verbieten, die ihr unverständlich sind. Schokolade z. B. kann sie nur heimlich kriegen, damit die Kleine (die keine Schokolade essen darf) nicht neidisch wird.« Mutter: »Manchmal hält sie der Kleinen dann vor die Nase, was sie kriegt – nur um sie zu ärgern.« Th.: »Sie bemühen sich zu Recht sehr darum, dass sich Regina nicht zurückgesetzt fühlen muss. Ich könnte mir auch vorstellen, dass Sie sich manchmal schuldig fühlen, wenn Sie der jüngeren Schwester so viel mehr Sorge und Anteilnahme widmen müssen. Aber nun erleben Sie, wie das alles nicht mehr hilft, seit Regina in die Schule geht. Sie benimmt sich ja ganz wie ein viel kleineres Kind, und statt Dankbarkeit erleben Sie ihre Unersättlichkeit und ihren Trotz. Vielleicht muss zu Ihrem Bemühen, alle Ungerechtigkeiten auszugleichen, noch etwas anderes hinzukommen?«

Auch in diesem Fall gilt es, die Bewältigungsstrategien der Eltern zu würdigen, aber auch deren Grenzen anzuerkennen, die sich bei dem anstehenden Entwicklungsschritt der Patientin zeigen. Es geht nicht darum, die ausgleichende bzw. schonende Haltung der Eltern über Bord zu werfen, vielmehr darum, sie zu ermutigen, weitere Bewältigungsmöglichkeiten zu erkunden. Der Therapeut stellt hier auch eine Verbindung her zwischen der Art der Bewältigung und affektivem Erleben (Schuldgefühl). Es ist für Patienten besser annehmbar, wenn man die Abwehr als positive Leistung ansieht.

Der Therapeut kann die Bewältigungsmuster in eine neue Sichtweise einordnen und positiv konnotieren (»reframing«). Dazu gehört, auch das Symptom als eine kreative Leistung des Wechselspiels zwischen Über-Ich, Ich-Funktionen und unbewussten Wünschen und Ängsten anzuerkennen. Dieses Vorgehen ist in der psychoanalytisch begründeten Behandlung nichts Neues, wir finden den Gedanken bereits bei S. Freud: »Die Krankheit selbst darf ihm (dem Kranken, d. Verf.) nichts Verächtliches mehr sein, vielmehr ein würdiger Gegner werden, ein Stück seines Wesens, das sich auf gute Motive stützt, aus dem es Wertvolles für sein späteres Leben zu holen gilt« (Freud 1914 g, S. 132).

Lukas, 13 Jahre alt, (▶ Kap. 7.6) läuft von zu Hause weg und bleibt stundenlang verschwunden, während ihn die Mutter verzweifelt sucht. Th.: »Ich habe den Eindruck, dass du damit auch deine Mutter schützen willst.« Pat.: »Ja, bevor ich wieder ausraste, gehe ich lieber.« Th.: »Vielleicht kommt es auch deshalb in der Schule immer wieder zu diesen Ausrastern, weil du deine Wut lieber dorthin bringst, als sie der Mutter zuzumuten.« Pat.: »Ich kann ja auf meine Mutter nicht richtig wütend sein. Sie kann ja nichts dafür. Seit der M. (jüngerer Bruder) gestorben ist, ist sie total ängstlich. Alles muss sie kontrollieren.« Th.: »Eigentlich ist deine Wut sehr verständlich. Es kommt dir vor, als habest du die Liebe der Mutter verloren, weil sie innerlich so sehr mit dem Tod des Bruders beschäftigt ist. Das macht dich ohnmächtig wütend. Andererseits möchtest du deiner Mutter nicht noch mehr wehtun. Also gehst du lieber.« Pat.: »Aber sie lässt mich ja nicht.« Th.: »Vielleicht willst du ja mit dem Weglaufen auch etwas Wichtiges ausdrücken: Nämlich dein Wunsch, dass du der Mutter genauso wichtig bist wie der M., dass sie nach dir sucht.«

Im Symptom des Weglaufens verdichten sich mehrere konträre Tendenzen: zum einen die Wut über das innere Verlassen-Werden durch die Mutter, ebenso die Wut auf den Bruder, der durch seinen Tod die Mutter in eine Depression gestürzt und damit vollständig besetzt hatte. Andererseits der Wunsch, die Liebe der Mutter zurückzugewinnen, indem sich der Patient im Weglaufen gleichsam totstellt, um wenigstens als Abwesender geliebt (und idealisiert) zu werden wie der Rivale. Beide Tendenzen sind nicht per se pathologisch, sondern sehr berechtigt, das gilt es dem Patienten gegenüber festzuhalten, aber in ihrer agierten symptomatischen Form natürlich problematisch und ungeeignet, den Konflikt zu lösen. Dass auch eine erhebliche Schuldproblematik eine Rolle spielt, wurde an dieser Stelle noch nicht gedeutet. Die Technik des »reframing« dient auch zur Stabilisierung und kann den Boden bereiten für tiefere Deutungen.

Häufig beschreiben Patienten ihre Schwierigkeiten in Metaphern. Damit gelingt ihnen eine Form der Symbolisierung: Die Metapher eröffnet eine Möglichkeit, von einem Bild her über das psychische Geschehen nachzudenken, anstatt ihm nur einfach ausgeliefert zu sein. Es empfiehlt sich, solche Metaphern aufzugreifen, sie in ihrer Bedeutung auszuleuchten und sie auszugestalten. Damit wird die wichtige Ressource der Symbol- und Repräsentanzenbildung gefördert.

Rebekka, eine 18-jährige Jugendliche mit Zwangsstörungen, leidet unter einer fast völligen Arbeitslähmung. Sie versucht, dagegen anzukämpfen, indem sie sich immer perfektere, minutiöse Pläne ausarbeitet, bei deren auch nur geringster Nichterfüllung sie in heftige Selbstvorwürfe und tiefe Verzweiflung verfällt, die sie erst recht lähmen. Sie beschreibt ihre Situation so: »Ich komme mir vor, wie wenn ich auf einem Pferd reite, das störrig ist und einfach nicht macht, was ich will. Und dann verkrampfe ich mich so, dass es erst recht nicht gehorcht, und kriege Angst, dass ich mich nicht mehr halten kann und herunterfalle.« Th.: »Mit dem Bild beschreiben Sie, dass Sie auf dem bisherigen Weg nicht mehr weiterkommen – und dass alle

Ihre Bemühungen die Sache nur verfahrener machen. Es ist wie ein Kreislauf: Je mehr Sie das Pferd zwingen wollen, desto mehr verweigert es sich. Und je mehr es sich verweigert, umso mehr versuchen Sie, es zu zwingen. Was würde denn passieren, wenn Sie von dem Pferd absteigen?« Pat.: »Das geht nicht. Dann habe ich ja aufgegeben.« Th.: »Vielleicht hat es ja einen Grund, warum das Pferd nicht weiterwill.« Pat.: »Ja, aber den sehe ich nicht.« Th.: »Es könnte doch sein, dass das Pferd einfach nicht mehr kann.« Pat.: »So fühle ich mich auch. Dass ich nicht mehr kann. Aber es muss doch irgendeinen Plan geben ...« Th.: »Offensichtlich gehen die Pläne nicht auf, wenn das Pferd nicht weiterwill. Vielleicht spürt das Pferd, dass es auf dem falschen Weg ist und möchte die Reiterin vor einer Gefahr warnen.« Pat.: »Keine Ahnung. Was für eine Gefahr?« Th.: »Was würde denn die Reiterin in so einem Fall machen?« Pat.: »Sie würde versuchen, etwas über die Gefahr herauszufinden.«

Der Therapeut kann den Blick auf Hilfsmöglichkeiten im sozialen Feld lenken:

Sam, neun Jahre alt, ist tagsüber auf sich gestellt, da sein alleinerziehender Vater zu dieser Zeit arbeitet. Pat.: »Das mit dem Essen ist kein Problem. Da kann ich mir etwas warm machen. Aber dann sollte ich Hausaufgaben machen. Und wenn ich nicht weiterkomme, dann sehe ich lieber fern.« Th.: »Wer könnte dir denn dabei helfen?« Pat.: »Der Opa. Aber da darf ich nicht fernsehen.« Th.: »Der Opa könnte dir helfen. Würde er das tun?« Pat.: »Schon. Wenn er nicht bei seinen Schafen ist.« Th.: »Könntest du nicht mit ihm eine Zeit ausmachen?« Pat.: »Da müsste ich ihn fragen.« Th.: »Ja, das müsste schon von dir kommen. Du würdest allerdings für diese Zeit auf das Fernsehen verzichten müssen.« Pat.: »Hm, ja, manchmal habe ich auch keine Lust.« Th.: »Es ist auch eine Überwindung deiner Unlust ...«

Der Therapeut kann mit dem Patienten und seiner Familie zusammen gezielt Ressourcen im Umfeld des Patienten erschließen:

Ingo, elf Jahre alt, ein Junge mit dissozialen Tendenzen, ist sozial isoliert. Er hat Eltern, die ihm aufgrund eigener Behinderung an dieser Stelle nicht weiterhelfen können. Der Therapeut erkundet mit ihm zusammen Möglichkeiten, wie er Anschluss an eine Gruppe Gleichaltriger finden könnte. Unter den Einfällen kommen auch die Pfadfinder zur Sprache. In einer Art Aufgabenteilung bespricht der Therapeut die Idee mit den Eltern und stellt den Kontakt mit dem Leiter der Pfadfindergruppe her, woraufhin der Patient selbst zu einem der nächsten Treffen der Gruppe geht.
(Es handelt sich um eine Passage aus einer Analytischen Psychotherapie, das Vorgehen lässt sich aber auf eine TfP übertragen. Vgl. die Darstellung dieses Falles in: Burchartz 2010b.)

Der Therapeut sollte darauf eingehen, wenn Patienten von ihren Stärken oder von gelingenden Beziehungsepisoden berichten, und dies nicht vorschnell als Widerstand auffassen.

6.9 Die Ressourcen des Kindes/Jugendlichen und seiner Familie

Irina, 16 Jahre alt: »Es geht mir gerade ganz gut. Ich bin richtig zuversichtlich, dass ich meine Ziele schaffe.« *Th.:* »Das ist ja prima. Was hat dazu geführt, dass du dich so gut fühlst?« *Pat.:* »Es war am Wochenende so schön mit meinem Freund. Da kann ich das ewige Jammern und Kritteln meiner Mutter besser ignorieren.« *Th.:* »Wenn du dich von den Problemen der Mutter distanzieren kannst, geht es besser.« *Pat.:* »Ja, dann sind auch die ewigen Schuldgefühle und Selbstzweifel nicht da.« *Th.:* »Es hilft dir offensichtlich, wenn du dich an gute Erfahrungen mit anderen Menschen erinnern kannst.« *Pat.:* »Manchmal denke ich auch an meinen Vater. Er fehlt mir. Aber egal, was die Mama sagt, er hat mich geliebt. Er war für mich da, wenn ich ihn brauchte.«

Bei diesem Beispiel wird deutlich, dass die Patientin in der Lage ist, auf gute innere Objekte zurückzugreifen. Dieser Vorgang zeigt auch, dass ihr eine grundlegende trianguläre Struktur zur Verfügung steht. Deshalb kann sie auch aktuelle Beziehungen nutzen, um sich von der Dyade mit der leidenden und hilfsbedürftigen Mutter ein Stück weit zu distanzieren. Eine ressourcenorientierte Arbeit legt die Betonung auf diese Fähigkeiten.

> **Merke**
>
> - Ressourcenorientiertes Arbeiten berücksichtigt das komplementäre dynamische Wechselspiel von pathogenen und salutogenen Faktoren bei dem Patienten.
> - Bisherige Bewältigungsmöglichkeiten sollten exploriert und genutzt werden.
> - Bewältigungsversuche und Symptome können als kreative Leistungen in ihren positiven Aspekten gewürdigt werden (»reframing«).
> - Metaphern des Patienten werden aufgegriffen und ausgeleuchtet.
> - Der Patient wird angeregt, äußere Ressourcen zu erschließen und zu nutzen. Dazu gehört auch eine angemessene, fallbezogene aktive Hilfe des Therapeuten.
> - Stärken des Patienten im Umgang mit Schwierigkeiten sollten wertgeschätzt und gefördert werden.

7 Durcharbeiten

Eine psychische Erkrankung wird nicht dadurch geheilt, dass dem Patienten verdrängte psychische Inhalte, pathogene Beziehungsmuster, Abwehr und Widerstand in der Therapie theoretisch bewusst werden. Ein bloßes Aufzeigen dieser Vorgänge kann zwar bei älteren Kindern, Jugendlichen und Eltern eine vordergründige Zustimmung finden, damit ist aber noch nichts verändert. »Man muß dem Kranken Zeit lassen, sich in den ihm unbekannten Widerstand zu vertiefen, ihn *durchzuarbeiten* (Hervorhebung S. Freud) …« (S. Freud 1914 g, S. 135). Unter »Durcharbeiten« verstehen wir im weiteren Sinn die wiederholte Beschäftigung mit den auftauchenden Konflikten, Beziehungsmustern, Kompensationsversuchen, Widerständen, die sich in verschiedenen Facetten und Episoden innerhalb und außerhalb der Therapie ereignen. Dabei spielt das affektive Erleben des Patienten eine entscheidende Rolle: Er muss seine Ängste, sein Begehren, seine Aggressionen, seinen Neid, seine Sehnsucht, seine Trauer usw., welche sich im Zusammenhang mit der Beziehung zum Therapeuten, aber auch anhand der Beziehungen außerhalb der Therapie einstellen, durchleben, bisweilen auch durchleiden, nun aber mit Hilfe des deutenden Verstehens, der Verknüpfung isolierter psychischer Elemente, der Freilegung verschütteter innerer Quellen im Rahmen der therapeutischen Beziehung. Das entscheidende Feld, auf dem sich diese Arbeit abspielt, ist das Wechselspiel von Übertragung und Gegenübertragung (▶ Kap. 3.5) und die szenische Gestaltung, die sich auch im Spiel und in kreativen Schöpfungen zeigt.

Insbesondere bei Kindern darf man die Wucht pathogener Einflüsse in der Abhängigkeitsbeziehung zu den primären Bezugspersonen nicht unterschätzen. Aber auch Jugendliche und Erwachsene sind teils schicksalhaften, teils selbst arrangierten Verhältnissen ausgesetzt, die Veränderungen nicht ohne weiteres gestatten. Vielmehr verblassen die in der Therapie gewonnenen Einsichten und emotionalen Erfahrungen u. U. rasch oder können nicht gleich umgesetzt werden. Das geduldige Wiederholen und Aufgreifen der immer wieder ähnlichen Konflikte, die Verfeinerung und Vertiefung von deren Verständnis ist deshalb erforderlich, um die Veränderungen im Leben der Patienten zu stabilisieren. Auch hier gilt: Steter Tropfen höhlt den Stein. Schließlich ist auch die korrigierende emotionale Beziehungserfahrung zum Therapeuten nur dann wirksam, wenn sie sich immer wieder einstellt, wenn sie Angriffe und Testmanöver überlebt und sich allmählich zu einem hilfreichen inneren Objekt verdichtet.

Vor allem aber setzt sich der Umsetzung gewonnener Reifungsschritte im Alltag der sozialen Beziehungen auch ein innerer Widerstand entgegen. Erinnern wir uns, dass jedes Abwehrarrangement einen Konflikt in Schach hält, verpönte

Wünsche verdrängt, mangelhaft ausgebildete psychische Funktionen kompensiert und damit unerträgliche Affekte bindet, deren Entbindung das Ich in Angst versetzt. So quälend manches Symptom ist, so scheint es doch allemal besser, als sich der Angst und Unsicherheit auszusetzen, die mit Veränderungsprozessen einhergehen. Man verlässt auch eine unbequeme Heimat nicht gern, um sich auf ein Abenteuer mit unsicherem Ausgang einzulassen. Vor allem Kindern fehlt die Einsicht, an einer Situation etwas verändern zu wollen, die sie doch nicht anders kennen. Lieber hält man unbewusst an der Anklammerung an die Objekte fest, als sich der gefürchteten Einsamkeit der Separation auszusetzen, lieber ist einem das nasse Bett, als mögliche Kränkungen des phallischen Narzissmus hinzunehmen, lieber demonstriert man trotzigen Eigenwillen, als sich auf Beziehungen einzulassen, in denen man sich ausgeliefert fühlt an möglicherweise enttäuschende Objekte, lieber wählt man die Lösung der Projektion, als sich mit dem eigenen destruktiven Potential auseinanderzusetzen – kurz, den momentanen Lustgewinn der Krankheit gibt man nicht gern auf zugunsten einer vagen Aussicht auf ein besseres Leben, das man doch nicht kennt. Eine 17-jährige Jugendliche mit selbstverletzendem Verhalten: »Wir können hier über alles reden, nur nicht übers Ritzen. Das gebe ich nicht auf, warum auch, wenn es mir hilft.« Mit dem Fortschreiten der Therapie werden sich also bei jedem Bodengewinn, den man der Neurose abringt, erneute Widerstände entzünden, die es durchzuarbeiten gilt; in nicht wenigen Fällen stellt sich zunächst einmal eine Verschlimmerung der Symptomatik ein. Es erfordert eine geduldige, beharrliche und zuversichtliche Haltung des Therapeuten und eine Fähigkeit zum Containment, um dem Patienten zu vermitteln, dass sich die Mühe des Durcharbeitens und die aufbrechenden bedrohlichen Gefühle und Affekte mit ihm zusammen zu halten und auszuhalten lohnen.

Die folgenden Überlegungen widmen sich dem Prozess des Durcharbeitens im Rahmen des tiefenpsychologisch fundierten Vorgehens.

7.1 Übertragung und Gegenübertragung: ihre Handhabung in der TfP

7.1.1 Übertragung

In den psychodynamisch begründeten Verfahren der Kinderpsychotherapie geht man heute davon aus, dass Kinder in der Lage sind, eine spontane Übertragung auf den Therapeuten zu entwickeln. Diese Ansicht war lange Zeit strittig (▶ Kap. 6.4) und bildete den Kern der Kontroverse zwischen Anna Freud und Melanie Klein (vgl. King & Steiner 2000, Holder 2002). Klein ging davon aus, dass das Kind von Anfang an unbewusste Phantasien – die sie als Korrelat der Triebregungen auffasste – auf den Therapeuten richtet und damit aktiv durch Vorgänge wie Projektion und projektive Identifizierung eine Objektbeziehung herstellt und erlebt (vgl. die zusammenfassende Darstellung in Heinemann & Hopf 2015, S. 64ff., vgl. Buchartz, Hopf & Lutz 2016, S. 34ff.). Übertragen werden also v. a. in früher Kindheit weniger bereits erworbene innere Repräsentanzen von Beziehungsmustern, sondern viel mehr Wünsche, Affekte und Ängste, die das Kind auch in seinen sonstigen Beziehungen erlebt. Insofern behandelt das Kind den Therapeuten – und andere Bezugspersonen in seinem sozialen Umfeld – nicht wie seine *früheren* Objekte, sondern wie seine *gegenwärtigen* Objekte. Erst in späterer Kindheit und in der Adoleszenz, wenn sich die Objektbeziehungen zu inneren Repräsentanzen verdichtet haben, werden frühere Konfliktmuster auf den Therapeuten übertragen und dort wiederholt. In der Adoleszenz kommen die Umwälzungen der Identifikationen hinzu, so dass der Jugendliche den Therapeuten auch als Übertragungsobjekt wechselnder und z. T. widersprüchlicher Teilaspekte von Objektbeziehungsphantasien nutzt, die Übertragung kann ein Feld des Experimentierens mit Identitätsfragmenten werden. Zwar befindet sich auch der Adoleszente noch in einem Abhängigkeitsverhältnis zu den primären Objekten, zugleich aber ringt er um eine Ablösung. In der Übertragung werden also sowohl Impulse und Phantasien auf den Therapeuten gerichtet, die bereits verinnerlichten Beziehungsmustern entspringen (und die i. d. R. Angst vor regressiven Tendenzen auslösen), als auch gegenwärtige Wünsche und Gefühle, die sich an der Realperson des Therapeuten festmachen und der Umarbeitung zu einer eigenen Identität entstammen (vgl. Seiffge-Krenke 2007, S. 251ff.).

Übertragung ist ein ubiquitäres zwischenmenschliches Phänomen. Insofern steht nicht in Frage, ob man eine Übertragungsbeziehung in einer Therapie *herstellen* kann, vielmehr geht es darum, welche Bedingungen die Übertragung intensivieren, wie man sie therapeutisch nutzt und wie weit man sie zum Thema der Deutungsarbeit macht. Dabei sind drei Dimensionen der Übertragung in die Überlegung einzubeziehen.

1. Die Übertragung in der Therapie folgt dem Wiederholungszwang. Auch die kindliche Übertragung lässt sich unter diesem Aspekt betrachten: Es werden die nämlichen Vorgänge mit dem Therapeuten wiederholt, die das Kind auch in seinen Beziehungen zu den Eltern vollzieht. Bei älteren Kindern und Jugendlichen werden auch frühere Wünsche, Impulse und Beziehungsmuster mit den Eltern wiederholt. Streng genommen ist die Übertragung ein Agieren: Die konflikthaften inneren Strebungen werden nicht repräsentiert, auch nicht in der Erinnerung, soweit diese im Rahmen der Reifungsprozesse zur Verfügung steht, sondern wiederholt. Vorgänge, die der kindlichen Amnesie zum Opfer fallen, können naturgemäß nicht erinnert werden – es sei denn, symbolisch in Form von Deckerinnerungen. Was nicht erinnert werden kann, weil es nie im Gedächtnis war, kann nur in einer Beziehung neu aufgelegt und szenisch gestaltet werden. In der Übertragung kommt also unbewusstes Material zum Vorschein, unbewusst, teils weil es verdrängt und abgewehrt wird, teils weil es in körpernahen, prozeduralen Schemata gespeichert ist.

2. Übertragung ist ein regressives Phänomen insofern, als ein anderer nicht als reale Person wahrgenommen wird, sondern als eine frühere oder gegenwärtig bedeutsame Person. Wünsche und Gefühle werden an den Therapeuten gerichtet, die einer anderen Beziehung entstammen. Weil Kinder in ihrer Entwicklung in jeweils der Altersstufe entsprechender Intensität und Ausprägung dazu neigen, Objektbeziehungen entlang ihren Bedürfnissen und Wünschen wahrzunehmen und zu arrangieren, muss unterschieden werden, welche Beziehungsformen altersentsprechend sind und welche einer neurotischen Verzerrung unterliegen.
3. Übertragung ist eine Form von Widerstand. Je intensiver die Wünsche, Affekte und Kompensationsneigungen sind, die auf den Therapeuten gerichtet werden, desto drängender wird dieser genötigt, ihnen zu entsprechen, und desto geringer ist die Neigung des Patienten, sie durchzuarbeiten. Darin zeigt sich die Janusköpfigkeit der Übertragung[8]: Einerseits ist sie das zentrale Feld, auf dem die unbewussten inneren Konflikte des Patienten bearbeitet werden können, und zwar im Hier und Jetzt und in großer Evidenz. Das Abgewehrte kommt in der Übertragung zum Vorschein. Das emotionale Geschehen zwischen Patient und Therapeut ist real und gegenwärtig, es kann nicht beiseitegeschoben werden. Emotionale Einsicht in dieses Beziehungserleben und Verstehen desselben sind von hoher therapeutischer Wirksamkeit. Andererseits aber kann die Übertragung auch eingesetzt werden, um die Bearbeitung und das Verstehen zu vermeiden und auf der Erfüllung von Wünschen zu beharren, es entwickelt sich dann ein Übertragungswiderstand. Insbesondere bei Jugendlichen kann dies ein ernsthaftes Hindernis für eine erfolgreiche Therapie sein (vgl. Seiffge-Krenke 2007, S. 252).

Merke

- Kinder und Jugendliche entwickeln spontan eine Übertragung auf den Therapeuten.
- Je älter das Kind ist, desto mehr enthält die Übertragung Elemente aus früheren Objektbeziehungen.
- Bei Jugendlichen kann die Übertragung ein Feld des Experimentierens mit Identifikationsfragmenten werden.
- Die Übertragung
  - folgt dem Wiederholungszwang,
  - ist ein regressives Phänomen,
  - ist eine Form von Widerstand.

---

8 Wie sich die zweifache Bedeutung der Übertragung in der psychoanalytischen Theoriebildung herausgeschält hat, stellt Racker in »Übertragung und Gegenübertragung« dar (Racker 1997, S. 56ff.).

7.1.2 Gegenübertragung

Die Gegenübertragung hat in der Geschichte der Psychoanalyse »die Verwandlung vom Aschenputtel zur strahlenden Prinzessin« (Thomä & Kächele 1985, S. 88) durchlaufen. S. Freud sah in der Gegenübertragung im Wesentlichen ein Hindernis, das sich »beim Arzt durch den Einfluss des Patienten auf das unbewußte Fühlen des Arztes einstellt« und forderte, »dass der Arzt diese Gegenübertragung in sich erkennen und bewältigen müsse« (Freud 1910d, S. 108), und zwar vermittels einer Selbstanalyse. Das ärgerliche Phänomen ließ sich jedoch nie ganz beseitigen. Erst in den 40er Jahren begann man, andere Perspektiven einzunehmen. Es war Paula Heimann, die mit ihrem berühmten Vortrag »On Countertransference« (1950) eine Wende einleitete (Heimann 2016). Sie begriff die Gegenübertragung als die Gesamtheit der Gefühle des Analytikers seinem Patienten gegenüber und maß ihr eine wesentliche diagnostische Funktion bei. Sie verstand die Gegenübertragung als die Schöpfung des Patienten und unterstrich ihren positiven Wert als Erkenntnismittel über die unbewussten Vorgänge im Patienten. »Es gibt keinen dynamischeren Weg, in welchem die Stimme des Patienten den Analytiker erreicht« (Heimann 1950, zit. nach Thomä & Kächele 1985, S. 88). Heimann rückte die Gegenübertragung in die Nähe der projektiven Identifizierung, wie sie M. Klein beschrieben hatte. Damit wurde sie zum Gegenstand der Analyse einer unbewussten Kommunikation zwischen Patient und Analytiker. Eine etwas erweiterte Definition, welche auch die Übertragung des Patienten einbezieht, finden wir bei Laplanche und Pontalis (1973): »Gesamtheit der unbewußten Reaktionen des Analytikers auf die Person des Analysanden und ganz besonders auf dessen Übertragung« (S. 164).

Unterscheiden lassen sich zwei Grundtypen der Gegenübertragung. In der *konkordante*n Gegenübertragung erlebt der Therapeut die Gefühle, die auch der Patient erlebt. Er ist also mit einem Aspekt der Persönlichkeit des Patienten (projektiv) identifiziert. Er fühlt sich z. B. ebenso beschämt wie der Patient, wenn er von Mutter oder Vater bestraft wird. In der *komplementären* Gegenübertragung erlebt der Therapeut die Gefühle, die nach der Wahrnehmung des Patienten in seinem Objekt vorkommen. Er fühlt sich dann, um im Beispiel zu bleiben, wie die strafende Mutter oder der strafende Vater, während sich der Patient von ihm beschämt fühlt.

Ihren therapeutischen Nutzen entfaltet die Gegenübertragung freilich nur, wenn sie nicht vom Therapeuten agiert, sondern sorgfältig analysiert wird. Der Therapeut muss seine eigenen Gefühlsreaktionen zunächst zulassen und in Verbindung bringen mit dem Übertragungsangebot des Patienten. Er muss aber auch in Betracht ziehen, inwieweit sich eigene Übertragungsregungen auf den Patienten untermischen, also ob es nicht seine eigene Schöpfung ist, die er im Patienten unterbringt. Gegenübertragungsgefühle sind oft heftiger Natur und verleiten zur Abreaktion. Ein solches Agieren jedoch verschließt den analytisch-therapeutischen Raum und versperrt den Weg zu Einsicht und Verstehen des unbewussten affektiven Austausches, der sich in dem Wechselspiel von Übertragung und Gegenübertragung ereignet.

Da die TfP vom Therapeuten eine aktive Haltung verlangt, ist eine besondere Sorgfalt bei der Gegenübertragungsanalyse erforderlich. Der Therapeut sollte seine Interventionen daraufhin überprüfen, ob sie nicht aus einem unreflektierten Gegenübertragungsgefühl heraus erfolgen. Zu dieser Fähigkeit gelangt der Therapeut hauptsächlich durch eine gründliche Lehranalyse oder Selbsterfahrung.

In psychodynamischen Psychotherapien ist die Analyse von Übertragung und Gegenübertragung also nicht allein Erkenntnismittel, sondern auch das entscheidende Agens der Therapie. Dies gilt mutatis mutandis auch für die TfP. Für sie stellt sich folgerichtig die Frage, wie weit die Übertragungsneigung des Patienten auf den Therapeuten gefördert wird und wie man sie unter dem Gesichtspunkt der Regressionsbegrenzung handhabt. Wann greift man sie auf und deutet sie, wann belässt man es bei der Übertragungsbearbeitung auf Personen außerhalb der Therapie?

Generell gilt, dass der Therapeut in der TfP die Übertragung zwar registriert und seine Gegenübertragung zum Verstehen der unbewussten Szene nutzt, mit Übertragungsdeutungen jedoch sehr sparsam umgeht, um die Regressionsneigung des Patienten zu begrenzen. Dazu ist folgendes technische Vorgehen empfehlenswert.

> **Merke**
>
> - Der Therapeut reagiert auf den Patienten und dessen Übertragung mit einer Gegenübertragung.
> - Die Gegenübertragung ist eine Form der unbewussten Kommunikation zwischen Patient und Therapeut.
> - Sie folgt dem konkordanten oder dem komplementären Modus.
> - Die Analyse der Gegenübertragung ist ein zentrales Mittel zum Verstehen der Psychodynamik des Patienten.
> - Aufgrund der aktiveren Haltung des Therapeuten in der TfP müssen Interventionen sorgfältig auf Gegenübertragungselemente hin reflektiert werden.

7.1.3 Wahrnehmen und Erkennen von Übertragung und Gegenübertragung

Beziehungselemente, die nicht mit der Realbeziehung zwischen Patient und Therapeut in Einklang zu bringen sind, die befremdlich und unangemessen scheinen, entstammen der Übertragung. Die zentrale Frage ist: Wie behandelt der Patient den Therapeuten? Und was löst das in ihm aus? Die folgenden Beispiele sollen verdeutlichen, wie in einer TfP Übertragung und Gegenübertragung ineinander greifen und therapeutisch nutzbar gemacht werden können.

Ein sechsjähriges Mädchen bringt in eine der ersten Stunden ein selbstgemaltes Bild mit und schenkt es dem Therapeuten.

> *Der Therapeut erlebt ambivalente Gefühle: Einerseits freut er sich über das Geschenk, das ihn ja auch an seinem professionellen Interesse erreicht. Andererseits fühlt er sich bedrängt und mundtot gemacht.*

Das Kind fürchtet, vom Therapeuten zurückgewiesen zu werden, wie es das vielleicht von Vater oder Mutter erlebt, wenn es unartig ist. Es versucht, den Therapeuten für sich zu gewinnen und beschwichtigt zugleich befürchtete feindselige Einstellungen, u. U. gerade solche, die es in den Therapeuten projiziert.

> *Ein neunjähriger Junge äußert sich über den Therapeuten und die Spielsachen in seinem Raum völlig begeistert: »Bei dir ist es am schönsten.«*
> *Der Therapeut fühlt sich geschmeichelt. Zugleich beschleicht ihn eine Angst, was ihm wohl passiert, wenn die Idealisierung zusammenbricht.*

Der Therapeut wird zu einem idealisierten Objekt, auf den sich Wünsche nach einer idealen Verbindung richten. Das Kind versucht, negative Emotionen aus der Beziehung herauszuhalten und sie außerhalb des therapeutischen Raumes unterzubringen.

> *Rebekka, 18 Jahre alt, äußert Zweifel, ob sie dem Therapeuten überhaupt wichtig ist: »Sie müssen ja nett zu mir sein. Es ist egal, ob das echt ist. Dafür werden Sie schließlich bezahlt.«*
> *Der Therapeut spürt Ärger in sich aufsteigen, sieht sich seiner Gefühle enteignet. Zugleich ist er einem Impuls ausgesetzt, die therapeutische Beziehung zu erklären, aber mit der Hoffnungslosigkeit, die Patientin damit nicht zu erreichen. Er möchte sich abwenden – »soll sie doch denken, wie sie will.«*

Die Jugendliche überträgt ihr Gefühl, für den Vater unwichtig, egal zu sein. In dieser Übertragung testet sie, ob der Therapeut so reagiert, wie sie es gewohnt ist.

> *Ein fünfjähriger Junge, ein Heimkind mit einer Geschichte erheblicher Deprivation, fragt den Therapeuten: »Könnte ich nicht mit zu dir nach Hause kommen?«*
> *Der Therapeut malt sich Szenen aus, wie es wäre, wenn der Junge tatsächlich sein Sohn wäre. Die Szenen sind von positivem Interesse getönt. Er phantasiert, es besser zu machen als die realen Eltern.*

Hier ist die Übertragung des Wunsches des Patienten nach elterlicher Nähe klar und deutlich und bewusstseinsnah. Sie enthält aber auch eine verführerische Seite, die bedrückende Realität beiseite zu schieben.

Schwieriger zu erkennen sind *versteckte Übertragungsangebote*:

> *Ein zehnjähriger Junge mit einer trotz überdurchschnittlicher Intelligenz schweren Leistungsverweigerung mit dissozialen Tendenzen möchte in den Stunden sofort spielen – Karten- oder Regelspiele, die er aber meist verliert.*

> *Der Therapeut fühlt sich müde und lustlos. Er kämpft mit aufsteigenden Gefühlen der Verachtung gegenüber dem Patienten.*

Der Junge vermeidet, dass seine problematische Situation zur Sprache kommt. Der Therapeut soll ein »blinder« Vater sein, der die Destruktivität des Patienten nicht sieht, weil dieser Strafen fürchtet. Zugleich zeigt er seinen Wunsch nach Rivalität mit einem präsenten Vater, die er aber auch fürchtet, weil er sich ihr nicht gewachsen fühlt. Er spricht nicht über seine Konflikte, er agiert sie in der Übertragung.

> *Ein vierjähriger Junge sucht sich Bilderbücher aus, die er sich vorlesen lässt, wobei er sich an den Therapeuten schmiegt.*
> *Der Therapeut empfindet Freude am gemeinsamen Betrachten der Bücher, aber die körperliche Nähe ist ihm unangenehm. Er möchte den Patienten auf Abstand halten.*

Der Patient überträgt seine Sehnsucht nach einer emotionalen haltenden Beziehung. Der Therapeut soll ihm eine liebevolle und exklusive Mutter sein. Seine reale Mutter verfiel nach der Geburt eines Geschwisters in depressive Erstarrung, die Kinder waren ihr »zu viel«. Altersentsprechend ist die Übertragung direkt und entstammt einer gegenwärtigen Realbeziehung. Auch dieser Patient spricht nicht über seine Gefühle und Ängste, dies aber entspricht dem Stand seiner Entwicklung.

> *Ein achtjähriger Junge entdeckt, dass der Sand im Sandkasten anders geformt ist, als er ihn nach dem Spiel in seiner vorherigen Stunde zurückgelassen hat. »Da hat wohl jemand damit gespielt.«*
> *Der Therapeut spürt ein Schuldgefühl, nicht besser aufgeräumt zu haben.*

Eher versteckt kommen des Patienten Ärger und Eifersucht darüber zum Ausdruck, dass der Therapeut noch andere Kinder »hat«. Der Junge lebt in einer Patchwork-Familie, in die seine Stiefmutter zwei eigene Kinder mitgebracht hat. Der Therapeut wird zu einem »Stieftherapeuten«, dem andere Kinder womöglich wichtiger sind. Aufgrund der Gegenübertragung lässt sich eine Schuldproblematik in der Familie vermuten.

Der Therapeut sollte auf »*Übertragungsanspielungen*« achten, die in den Erzählungen des Patienten versteckt sind. Das ist insbesondere dann der Fall, wenn über andere Beziehungen gesprochen wird:

> *Otto, zwölf Jahre alt, klagt über die Verbote seiner Eltern und darüber, dass sie ihm – seiner Meinung nach selbstverständliche – Wünsche nach Konsumgütern und Bequemlichkeiten versagen. »Meine Mutter hat mich nicht zur Schule gefahren, dabei hat es geregnet.«*
> *Der Therapeut ärgert sich über die Anspruchlichkeit des Patienten und möchte sie zurückweisen, spürt aber auch eine Hemmung seiner Aggression, mit der Phantasie, der Patient könne das nicht aushalten.*

7 Durcharbeiten

Der Therapeut hatte ihm in einer der vorherigen Stunden vorgeschlagen, selbständig zur Therapie zu kommen. Nun erlebt ihn der Patient als eine versagende Mutter, die Unangenehmes fordert. Der Therapeut befindet sich in einer Mutterübertragung: Seine Aggression wird durch eine Schonhaltung abgewehrt.

> *Ein siebenjähriger Junge empfindet es als eine schwere narzisstische Kränkung, wenn er in einem Spiel verliert, und reagiert mit versteckter Wut und Rückzug. Angebote des Therapeuten, ihm einen Vorsprung zu geben, lehnt er ab. Er berichtet eine Episode: »Beim Fußball hat mich einer gefoult. Ich musste aufhören, weil es so wehtat. Aber der Trainer hat gesagt, ich bin einer seiner besten Spieler.«*
>
> *Der Therapeut empfindet sich in einer Zwickmühle: Angesichts des wütenden Rückzugs des Patienten fühlt er sich hilflos. Andererseits aber kommt es ihm vor, er nehme den Patienten nicht ernst, wenn er so tun würde, als spiele er schlecht.*

Der Junge zeigt dem Therapeuten seinen Konflikt: Er sucht eine phallische Rivalität, erlebt ihn aber als einen unfairen Spieler, der ihn verletzt. Zugleich aber richtet er den Wunsch an den Therapeuten, dass er seine narzisstische Größe bestätige, damit er seinen Hilflosigkeitsgefühlen nicht ausgeliefert ist.

Oft sind – wie in den beiden vorherigen Beispielen – Ereignisse aus den Stunden Anlass für spezifische Übertragungen. Das Verhalten des Therapeuten kann (und sollte!) nicht emotionslos und unbeteiligt sein. Seine Reaktionen geben *Anlass* für Übertragungen und entsprechende Auseinandersetzungen, sollten aber nicht verwechselt werden mit dem Eigentlichen der Übertragungsinhalte. S. Freud hat dies in eine Metapher gefasst: »Wenn in einer Schlacht um den Besitz eines gewissen Kirchleins oder eines einzelnen Gehöfts mit besonderer Erbitterung gestritten wird, braucht man nicht anzunehmen, dass die Kirche etwa ein Nationalheiligtum sei, oder dass das Haus den Armeeschatz berge. Der Wert der Objekte kann ein bloß taktischer sein, vielleicht nur in dieser einen Schlacht zur Geltung kommen« (S. Freud 1912b, S. 369).

> *Beim Spiel Mensch-ärgere-dich-nicht mit einer neunjährigen Patientin äußert der Therapeut seinen Ärger, nun zum dritten Mal kurz vor dem »Haus« rausgeworfen zu werden. Das Mädchen kommentiert triumphierend: »Pech gehabt!«, schlägt aber – nachdem sie gewonnen hat – ein anderes Spiel vor, bei dem es nicht um Rivalität geht.*
>
> *Der Therapeut fühlt sich durch die triumphierende Äußerung der Patientin »fertiggemacht« und bekommt Schuldgefühle, seinen Ärger ausgedrückt zu haben. Zugleich aber sieht er sich selbst einer Möglichkeit beraubt, die Gefühle in der Rivalität weiter zu explorieren, es ist wie ein plötzlicher Abbruch.*

In dieser Szene verdichten sich mehrere Übertragungen: Zum einen ist der Therapeut der Bruder, der ihrer Wahrnehmung nach von der (alleinerziehenden) Mutter stets bevorzugt wird und über den zu triumphieren, ja ihn zu »ärgern«, eine sadistische Lust befriedigt. Zum anderen scheint sie im Therapeuten auch den Vater zu sehen, der sie – wenn sie ihre aggressiven Seiten zeigt – ärgerlich wegzuschicken pflegte, bis hin zum Beziehungsabbruch, und den sie beschwichtigen muss. Sadistische Lust, Schuldgefühle und Angst mischen sich in der Übertragung.

Die Übertragung in der begleitenden Psychotherapie mit den Bezugspersonen ist ebenfalls eine wichtige Quelle, um die Familiendynamik zu verstehen (Diez Grieser 1996). Auch hier können die Übertragungen vielschichtig sein und aus verschiedenen Richtungen kommen. Der Therapeut kann die Elternimagines der Bezugspersonen repräsentieren, oder es werden Gefühle und Einstellungen dem Kind gegenüber auf ihn übertragen.

Ein frühpubertärer Jugendlicher mit einer depressiven Erkrankung zieht sich von allen Aktivitäten zurück, lernt nicht mehr und kam vom Gymnasium in die Realschule, wo nun seine Versetzung gefährdet ist. Auch zu Hause verweigert er jegliche Kooperation. Die Eltern, beide tüchtig in ihren Berufen und engagiert für die Familie, fühlen sich ohnmächtig und hilflos. »Sie sind doch der Fachmann. Können Sie uns nicht ein paar Ratschläge geben, wie wir mit unserem Sohn umgehen sollen?«

Der Therapeut fühlt sich alarmiert und fürchtet die Entwertung, wenn er nicht gute Ratschläge parat hat.

Der Therapeut wird als Autorität idealisiert; wobei schnell klar ist, dass »Ratschläge« natürlich nicht weiterhelfen werden. Damit aber wird der Therapeut selbst hilflos gemacht (und in der Folge als Autorität entmachtet und entwertet). In der Übertragung wird der Therapeut zu einem idealisierten Elternobjekt, das aber vor Verlusten und Enttäuschungen nicht zu schützen vermag – ähnlich wie beide Eltern angesichts von schweren Verlusten in ihrer Kindheit ihre Eltern erlebt haben. Es ist übrigens auch der Patient selbst, der sich der Idealisierung durch seine Eltern entzieht und ihnen Enttäuschungen bereitet. Die versteckte Botschaft an ihn lautet: »Du weißt doch, was zu tun ist. Warum bereitest du uns dann so eine Enttäuschung?« So wird auch der Therapeut zu einem enttäuschenden Versager gemacht – ähnlich wie die Eltern ihren Sohn erleben.

Die Eltern eines zehnjährigen Mädchens mit einer Angstsymptomatik berichten von schweren Paarkonflikten vor der Zeugung des Kindes. Mit der Entscheidung für ein gemeinsames Kind war die Hoffnung verbunden, durch die Elternschaft wieder zusammenzufinden. Nun müssen sie erleben, dass die Konflikte dadurch eher noch schwieriger geworden sind. Ihre älteste Tochter neigt dazu, die Eltern gegeneinander auszuspielen. Es kommt zu mehreren Einzelsitzungen mit beiden Eltern. Nun richten sich die Hoffnungen auf den Therapeuten, die Ehe zu retten, indem er wechselnd zur Parteinahme verführt wird.

Der Therapeut fühlt sich benutzt und wie in einer Sackgasse gefangen. Er ringt innerlich um einen eigenen Standpunkt, der ihm zu entgleiten droht.

Der Therapeut gerät in die Rolle des Kindes, das etwas leisten soll, wozu es gar nicht in der Lage ist. Er fühlt sich gedrängt, an einer Szene mitzuarbeiten, in der ein Dritter verwendet wird, um ihn gegen den Partner in Stellung zu bringen.

Mit anderen Worten, es werden dieselben dyadischen Beziehungsmuster übertragen, die auch das Kind erlebt: Die Patientin kann es nicht beiden zugleich recht machen, und ihre Anstrengung, es trotzdem zu versuchen, wird als ein aggressives »Ausspielen« erlebt. Diese Übertragungskonstellation muss mit den Eltern bearbeitet werden, sonst kann die Therapie nicht gut weitergehen.

> **Merke**
>
> - Beziehungselemente, die für eine altersentsprechende Realbeziehung befremdlich erscheinen, entstammen der Übertragung.
> - Reaktionen des Therapeuten, die dieser bei sich als befremdlich erlebt, entstammen der Gegenübertragung.

7.1.4 Negative Übertragungen

Wenn wir davon ausgehen, dass eine überwiegend positive Übertragung Grundlage einer TfP ist, müssen wir negative Übertragungen mit besonderer Sorgfalt beachten und behandeln. Eine positive Übertragung kann die therapeutische Arbeit bei gut strukturierten Patienten tragen, ohne dass sie zum Thema gemacht wird – es sei denn, sie ist über das gewöhnliche Maß hinaus erotisierend oder idealisierend. Negative Übertragungen hingegen sollte man nicht »anwachsen« lassen, weil sie in dem Setting einer TfP dann kaum mehr zu bearbeiten sind und möglicherweise zum Abbruch führen. Negative Übertragungen manifestieren sich, wenn der Patient den Therapeuten als feindselig, verächtlich, unempathisch, strafend, rächend oder uninteressiert erlebt.

> *Ein zehnjähriger Junge schaut den Therapeuten böse an, nachdem dieser angesprochen hat, dass er Wesentliches seiner Probleme aus der Therapie heraushält. Th.: »Jetzt bist du richtig sauer auf mich.« Pat.: »Ich rede da nicht gern darüber.« Th.: »Vielleicht fühlst du dich von mir beschämt, wenn ich deine Schwierigkeiten anspreche?«*
>
> *Der Therapeut hat den Impuls, dem Patienten die Realität seiner äußeren Problematik »unter die Nase zu reiben.«*

Der Patient vermeidet beschämende Gefühle der Unfähigkeit und Kleinheit. In der Übertragung ist der Therapeut ein solches entwertendes und beschämendes Objekt, vor dem er sich verbergen muss. Es liegt auf der Hand, dass diese Übertragung gedeutet und bearbeitet werden muss, sonst kann der zentrale Konflikt nicht in die Therapie kommen.

> *Ines, sieben Jahre alt, leidet unter Trennungsängsten, hat aber rasch eine positive Übertragung auf den Therapeuten gerichtet, kommt gern in ihre Stunden und kann sich besser von der Mutter lösen. Ihre alleinerziehende Mutter sagt vermehrt Stunden ab. Sie liegt in heftigem Streit mit dem von ihr getrennten Vater des Kindes.*

> Der Therapeut fühlt sich ausgeschlossen, um die anfänglichen Erfolge der Therapie gebracht und seiner therapeutischen Potenz beraubt.

Die Mutter bekommt es mit der Angst zu tun, dass der Therapeut ihr das Kind entfremdet, ähnlich wie sie es von ihrem verhassten Ex-Partner fürchtet. So, wie sie den Umgang des Kindes mit dem Vater unterbindet, beginnt sie, die Therapie zu unterminieren. Nun kommen ihre Verlustängste zum Vorschein. Ihr Hass und ihre Eifersucht auf den Vater des Kindes – und der ältere Hass auf enttäuschende Männer, letztlich auf ihren Vater – wird auf den Therapeuten übertragen. Auch diese Übertragung muss gleich bearbeitet werden, sonst ist die Therapie zum Scheitern verurteilt.

Gelegentlich ist es auch angebracht, eine negative Übertragung zu korrigieren oder zurückzuweisen, indem die Realität geklärt wird – dies ist insbesondere dann der Fall, wenn eine Deutung nicht weiterführt, z. B. bei strukturell erheblich eingeschränkten Patienten.

> Lucie, 18 Jahre alt, reagiert mit Vorwürfen, weil der Therapeut ein Detail aus einer früheren Stunde nicht erinnert. Der Therapeut fühlt sich in die Rolle eines Musterschülers gedrängt, der keinen Fehler machen darf, anderenfalls enttäuscht fallengelassen wird. Deutungen, etwa dass sie eine ideale Beziehung sucht und anderenfalls das Gefühl bekommt, der Therapeut interessiere sich nicht für sie, und sie sich enttäuscht und fallengelassen fühlt, wenn er diesem Ideal nicht entspricht, weist sie von sich. Th.: »Tatsächlich merke ich mir nicht jedes Detail. Das hat aber nichts damit zu tun, dass Sie mich nicht interessieren. In meiner therapeutischen Arbeit kommt es darauf an, mit Ihnen zusammen die Bedeutungen zu erkennen, die hinter den Details stecken. Und die tauchen immer wieder auf und sind mir sehr präsent.«

> **Merke**
>
> - In der TfP sollte man negative Übertragungen nicht anwachsen lassen, sondern alsbald deuten.

7.1.5 Technische Möglichkeiten der Arbeit mit der Übertragung

Annehmen der Übertragung

Der Therapeut sollte eine Haltung annehmen, die es ihm erlaubt, Übertragungen anzunehmen. Er muss die angebotene Szene ein Stück weit mitspielen, miterleben und mitfühlen, sonst kann er die unbewusste Dynamik nicht verstehen und die Übertragung nicht therapeutisch nutzen. Zugleich sollte er – gleichsam im Hintergrund – von einer reflektierenden Position aus das Geschehen, in das er verwickelt wird, mit gleichschwebender Aufmerksamkeit beobachten, wobei er auch seine eigenen Gefühle zulässt und registriert, ohne sie jedoch zu agieren (▶ Kap. 7.1.2 »Gegenübertragung«). Wichtig ist, insbesondere bei negativen Übertragungen, nicht konventionell zu reagieren (also so, wie man es außerhalb einer Therapie täte), also sich nicht zu rechtfertigen, zu erklären, sich abzuwenden, zurechtzuweisen, zu tadeln, sich aber auch nicht in Idealisierungen zu sonnen, Verliebtheiten zu befördern, übermäßig zu loben, sondern die Beziehung zu explorieren und zu klären.

Von dieser Haltung aus gilt es dann zu entscheiden, was von der Übertragung aufgegriffen und gedeutet werden muss. Insgesamt ist der Umgang mit der Übertragung in einer TfP darauf gerichtet, die Übertragung auf den Therapeuten zu registrieren, sie für das Verstehen der unbewussten Dynamik nutzbar zu machen, sie aber in ihrer Intensität zu begrenzen. Wenn auch die (Binnen-)Übertragung selbst als das zentrale therapeutische Geschehen betrachtet werden muss, so steht ihre Bearbeitung nicht im Vordergrund. Übertragungsdeutungen – sofern sie Übertragungen auf den Therapeuten zum Gegenstand haben – sind in der TfP zwar ein wesentliches Hilfsmittel für den Fortgang der Therapie, spielen aber nicht die Rolle des »Königsweges« für die Bearbeitung des zentralen Konfliktes. Es werden nicht die Erlebensweisen des Patienten aus seinen Alltagssituationen in die Übertragung »hereingeholt«, sondern umgekehrt wird die Übertragung als ein Beispiel benutzt, wie verzerrte Wahrnehmungen der Lebensrealität entstehen und sich auswirken.

Begrenzung der Übertragung

Die Frequenz einer TfP sollte in der Regel nicht mehr als ein bis zwei Stunden in der Woche betragen, eine geringere Frequenz ist angebracht bei einer stützenden Arbeit, oder wenn die Objektkonstanz bei dem Patienten bereits gut ausgebildet ist und eine ausreichende Symbolisierungsfähigkeit entwickelt ist. Es kann in einer TfP aber auch Phasen geben, in denen es wünschenswert ist, die Übertragung durch eine Erhöhung der Frequenz zu intensivieren, etwa wenn der zentrale Konflikt anders nicht in die Therapie kommt.

Elemente der Realbeziehung sollten als solche akzeptiert und gefördert werden. Das Spielen von Kindern z. B. hat u. a. auch die Funktion, eine Beziehung aufzunehmen, zu gestalten und zu regulieren, ohne dass es überwiegend Übertragungselemente enthalten muss. Eine solche spielerische Beziehung entspricht dem normalen Entwicklungsbedürfnis von Kindern und Jugendlichen; erst wenn überwiegend verzerrte Wahrnehmungen und heftige Affekte spürbar werden, ist eine Übertragungsdeutung angebracht.

> *Ein 14-jähriger Jugendlicher spielt mit dem Therapeuten Billard auf einem kleinen Tisch, der in der Praxis steht. Es ist eine lustvolle Rivalität, in der der Patient versucht, den Therapeuten zu übertreffen, in der aber auch wechselseitige Anerkennung und »Sportsgeist« herrscht. Während des Spiels werden Szenen aus dem Alltag des Patienten erzählt, auf die der Therapeut eingeht.*

7.1 Übertragung und Gegenübertragung: ihre Handhabung in der TfP

Das Spiel ist dem Jugendlichen ein Mittel, in altersentsprechender Weise Kontakt aufzunehmen. Es ist gewissermaßen eine Gelegenheit, konflikthaftes Material in die Beziehung zu bringen, ohne sich allzu sehr auszuliefern. Dass es sich dabei *auch* um das Explorieren einer Rivalität handelt, die der Jugendliche mit dem kranken Vater nicht wagt, also um den Versuch, überlegen sein zu dürfen, ohne Schuldgefühle zu empfinden, ist dem Therapeuten rasch klar. Er wartet aber mit einer entsprechenden Deutung ab, bis das erzählte Material dazu passt, um die Evidenz und Akzeptanz einer solchen Deutung nicht zu gefährden. Daneben kann er darauf vertrauen, dass die Beziehungserfahrung selbst ihre Wirkung entfaltet.

Im Vordergrund der Übertragungsbearbeitung steht die Arbeit an den Außenbeziehungen oder »Außenübertragungen«. Diese bieten bei Kindern und Jugendlichen ein reiches Reservoir, denn sie erzählen meist freimütig über Episoden und Erlebnisse mit Bezugspersonen, Erziehern und Lehrern, Freunden und auch fernstehenden Menschen. Auf die Erforschung ihrer Beziehungsgestaltungen lassen sie sich meist neugierig ein. Natürlich wissen wir, dass sie damit fast immer auch Übertragungsaspekte ansprechen. Es empfiehlt sich aber in der TfP, mit der »Hereinholung« des Beziehungsgeschehens in die Übertragung sparsam umzugehen. Bei einer unproblematischen Übertragung belassen wir es in der TfP dabei, das Übertragungsgeschehen im Außen zu nutzen, um emotionale Einsicht zu erreichen.

Als Illustration hier eine Vignette, die an anderer Stelle bereits veröffentlicht wurde (Burchartz 2004):

Der 13-jährige Patient erläutert auf Nachfrage des Therapeuten ein Computerspiel (ein Egoshooter). Er erklärt, »daß es darum geht, daß man in diesem Spiel eigentlich ständig auf der Hut sein müsse, daß man nicht selbst draufgeht. Und daß es deshalb drauf ankomme, sofort loszuballern. Es sei faszinierend, wenn man den Gegner mit einem Scharfschützengewehr ganz nah heranholt und tötet. Th: Du hast also selbst das Gefühl, bedroht zu sein – und das führt dazu, daß du sofort mit Gewalt reagierst, ohne groß nachzudenken. Kai fällt eine Szene ein: Da kommt so ein Kleiner daher und provoziert. Sagt ›Hurensohn‹ zu mir. Da hab ich ihm eine verpaßt. Das kann man doch nicht auf sich sitzen lassen. Ich mein, da ist er doch selbst schuld.

Ich: Wie ist es denn überhaupt dazu gekommen? Kai: Na ja, der sieht so komisch aus, mit seiner Brille, ich hab ihn dann gerufen, immer wieder (er macht vor, wie er den Namen des Jungen mit einer spöttischen Überdehnung und verdrehter Betonung ruft), bis der dann ›Hurensohn‹ sagte. Ich: Es sieht so aus, als ob die Provokation von dir ausging. Kai: (grinst) Ja, das stimmt schon. Ich: Mir kommt es so vor, als führst du die Situation selbst herbei, in der du von einem Jüngeren verletzt wirst. Und dann fühlst du dich ins Unrecht gesetzt und hast einen Grund, um zuzuschlagen. Vielleicht kennst du das auch aus einem anderen Zusammenhang ... Aus Kais Gesicht weicht das Grinsen und er wird ganz ernst. Das ist ja wie mit mir und L. (sein jüngerer Bruder). Ein langes Schweigen entsteht zwischen uns. Kai: Das ist ja eigentlich richtig traurig« (Burchartz 2004, S. 518f.).

Ähnlich liegen die Dinge in dem weiter oben angeführten Fallbeispiel des zwölfjährigen Otto, der sich beklagt:

> *»Meine Mutter hat mich nicht zur Schule gefahren, dabei hat es geregnet.« Es hätte nahe gelegen, diese Äußerung auf den Vorschlag des Therapeuten zu beziehen, selbständig zur Therapie zu kommen. Das wäre auch notwendig gewesen, wenn der Patient nicht auf diesen Vorschlag eingegangen wäre. Nun kommt er aber – und das seit mehreren Stunden – allein mit öffentlichen Verkehrsmitteln. Für den Weg von zu Hause zum Bahnhof verwendet er einen tragbaren Roller – also eine pfiffige Lösung und eine Leistung, die der Therapeut an anderer Stelle durchaus würdigte. Eine Bearbeitung eines Übertragungswiderstandes war also gar nicht nötig – so konnte es der Therapeut dabei belassen, dass der Patient nun zwar etwas widerwillig, andererseits aber auch mit einem gewissen Stolz einen Schritt in Richtung Selbstverantwortung getan hatte. Es kränkt ihn jedoch weiterhin, dass die Mutter allmählich ihre Verwöhnhaltung aufgibt und etwas von ihm fordert. Darauf geht der Therapeut ein: »Du fühlst dich buchstäblich im Regen stehen gelassen, wenn die Mutter deinem Wunsch nicht entspricht.« Pat.: »Aber sie könnte doch die kleine Strecke fahren …« Th.: »Was hast du denn empfunden?« Pat.: »Ich war ziemlich wütend.« Th.: »Und dann?« Pat.: »Bin ich halt gelaufen. Mit Regenjacke. Die ist ganz gut.« Th.: »Ich glaube, dass da zwei Gefühle in dir sind. Die Wut, wenn dir die Mutter nicht gibt, was du von ihr willst. Andererseits aber auch der Stolz, wenn du merkst, dass du unabhängig bist und sie eigentlich nicht brauchst.« Pat.: »Aber sie ist auch wirklich so blöd.«*

Übertragungsmanifestationen können auch verwendet werden, um die Evidenz der Bearbeitung der Außenbeziehungen zu erhöhen. Der Therapeut stellt eine Verbindung her zwischen dem Beziehungsgeschehen in der Therapie und den Ereignissen, die das Kind oder der Jugendliche darstellt oder erzählt, oder mit Spielepisoden.

> *Einem sechsjährigen Jungen fällt es schwer, das Ende der Stunde zu akzeptieren. Dabei hatte es zu Beginn der Stunde ein großes Trennungsdrama von der Mutter gegeben. Th.: »Ich merke, wie schwer es dir fällt, dich von mir jetzt zu trennen. So wie es dir vorher schwer gefallen ist, dich von der Mama zu trennen.«*

> *Erich, zwölf Jahre alt, kommt zu spät in die Stunde. Er erzählt vom Schullandheim, wie schwer es ihm gefallen ist, überhaupt mitzugehen, und wie sie dann auch noch gewandert sind. Lieber wäre er zu Hause geblieben und hätte Computer gespielt.*

Der Therapeut arbeitet mit ihm daran, dass er Kontakte zu Gleichaltrigen meidet, aus Angst, unterlegen zu sein und gehänselt zu werden. Schließlich sagt er:

> *»Und heute ist es dir wohl schwer gefallen, zu mir zu kommen – als wolltest du auch den Kontakt zu mir meiden. Kann es sein, dass du fürchtest, auch von mir verächtlich behandelt zu werden, wenn du mir erzählst, dass dich das Wandern so rasch ermüdet?«*

> *Ulrike, acht Jahre alt, spielt zu Beginn der Therapie im Puppenhaus. Sie versucht, die Räume einzurichten und ganz vielen Püppchen einen eigenen Platz zu geben. Th.: »Es ist nicht einfach, dass jeder in dem Haus einen Platz für sich findet. Vielleicht fragst du dich auch, ob du bei mir in meinen Gedanken und Gefühlen einen guten Platz findest?«*

Genetische Deutungen kommen bei jüngeren Kindern nicht in Betracht, da sie über ein sicheres Unterscheidungsvermögen zwischen »Früher« und »Jetzt« noch wenig verfügen, also ein historisches Denken nur in Ansätzen vorhanden ist. Zudem ist die Repräsentanzenbildung noch im Fluss, die Übergänge zwischen äußeren und verinnerlichten Konflikten unscharf. Deshalb sollte man in der Untersuchung der Beziehungsgestaltung im Hier und Jetzt bleiben. Aber auch bei älteren Kindern und Jugendlichen sind genetische Deutungen zu vermeiden – sie fördern regressive Tendenzen auf frühere Stufen der Entwicklung, auch wenn es natürlich grundsätzlich richtig ist, dass sich dort der Ursprung der Störung aufspüren lässt. Aber einen Aktualkonflikt kann man nicht im Dort und Damals bearbeiten. Freilich berichten v. a. Jugendliche, wie »alles angefangen hat«, und es ist hilfreich, diese Geschichte aufzugreifen und in ihren Einzelheiten auszuleuchten, nicht zuletzt signalisiert man damit, dass man eine individuelle Lebensgeschichte ernst nimmt. Gleichwohl ist es in einer TfP angebracht, die Genese auf die heutigen Schwierigkeiten zu beziehen, also eher von der Genese zur Übertragungsmanifestation zu kommen oder Parallelen zur heutigen Außenwelt zu ziehen, als umgekehrt.

Bei einem niederfrequenten Setting und den oben beschriebenen Techniken der Übertragungsbegrenzung wird die Übertragung nicht die Intensität erreichen wie in einer Analytischen Psychotherapie. Gleichwohl kann es vorkommen, dass die Übertragung über mehrere Stunden hinweg anwächst und die Realbeziehung in den Hintergrund drängt. Das ist insbesondere der Fall bei negativen Übertragungen (s. o.), aber auch bei erotisierenden und idealisierenden Übertragungen. Solche Übertragungen sind geeignet, in eine Kaskade regressiver Prozesse zu führen, was in der TfP kontraindiziert ist. Deshalb sollte man diese Übertragungsmanifestationen alsbald aufgreifen, deuten und relativieren.

> *Eine 20-jährige Adoleszente entwickelt in der Therapie eine erotische Übertragung auf den Therapeuten: Sie zieht sich aufreizend an, präsentiert einen weiten Ausschnitt, dazu erzählt sie von ihrer Verliebtheit in einen Lehrer, mit dem sie intensiven E-Mail-Kontakt hat. Aus Vorgeschichte und gegenwärtiger Familienkonstellation ist bekannt, dass sie ihren Vater inzestuös übergriffig erlebt. Th.: »Seit einigen Stunden bemerke ich, dass Sie mir etwas von Ihren Liebeswünschen älteren Männern gegenüber offenbaren. Wir haben auch gesehen, dass das etwas mit Ihrer Beziehung zum Vater zu tun hat. Kann es sein, dass es auch hier solche Gefühle gibt?« Pat.: »Eigentlich schon. Aber Sie sind ja Profi, da müssen Sie so tun, als ob Sie mich mögen, das ist sicher nicht echt.« Th.: »Dass Sie mir sympathisch sind, werden Sie schon gespürt haben. Ich glaube auch, dass wir sonst nicht gut zusammenarbeiten könnten. Vielleicht ängstigt Sie das auch. Aber ich weiß sehr genau, wo die Grenzen sind.«*

> *Richard, acht Jahre alt, inszeniert mit dem Therapeuten Rollenspiele, in denen beide ein ideales »Abenteurerteam« sind. Sein Wunsch nach einem idealisierten, großartigen Vater, der seine eigenen Größenphantasien bestätigt, ist deutlich. Zugleich aber ändert sich an seinen erheblichen Schwierigkeiten in seinen realen Beziehungen und seiner destruktiven Wut nichts. Th.: »Du möchtest nicht, dass deine Wut und dein Gefühl, für den Vater wertlos zu sein, hier in unsere Beziehung kommt. Vielleicht möchtest du mich auch schonen. Aber ich denke, unsere Beziehung kann auch deine negativen Gefühle aushalten, ohne dass sie dabei kaputt geht.«*

Bei einer intensiven Übertragung muss auch daran gedacht werden, ob die Übertragung sich nicht an die Stelle des Durcharbeitens setzt. Die Wunscherfüllung in der Übertragung ersetzt dann die versagte Befriedigung in der Realität, die eigentlich angenommen, bearbeitet und betrauert werden muss. Regelmäßig richtet sich ein Widerstand dagegen, die Übertragungsbeziehung mit verpönten Regungen zu kontaminieren. Wir sprechen in diesem Fall von »Übertragungswiderstand« (vgl. S. Freud 1912b). Die beiden letztgenannten Beispiele geben einen guten Einblick in dessen Wirkung. Die Vorstellung des Übertragungswiderstandes in der Psychotherapie auch mit kleineren Kindern ist sinnvoll, da die Befriedigung in der Beziehung zum Therapeuten ersatzweise gesucht wird, wo sie zwar nicht in vergangenen, so doch in gegenwärtig wirksamen Beziehungen vermisst wird. Es ist zwar auch in der TfP wichtig, diese Übertragung zunächst anzunehmen, aber man sollte nicht zu lange zögern, das dahinter Vermutete aufzugreifen – sei es in spielerischer, sei es in verbaler Deutung. Überhaupt ist eine Übertragungsbearbeitung dann angebracht, wenn die Übertragung selbst zu einem Widerstand wird, der den Fortgang der Therapie gefährdet (▶ Kap. 7.2 »Widerstand«).

> *Rolf, vier Jahre alt, mit einer Enuresis, spielt im Sandkasten mit dem Bagger. Es entfaltet sich assoziativ ein Spiel. Er wundert sich über den Bagger, denn dort bleibt die Stange nicht im pneumatischen Zylinder. Er fragt, wie alt der Bagger ist, und meint, der Therapeut müsse sich einen neuen kaufen. Er baggert Sand in einen Laster und in ein Wohnmobil. Dann wird ein Grundstück planiert, aus Bauklötzen ein Feuerwehrhaus errichtet, ein Platz davor planiert, dort stellt er Feuerwehrautos und Feuerspritzen hin. Bei Feuer, so erklärt er dem Therapeuten, braucht man diese Autos – wenn eine Kerze umfällt, ein Blitz einschlägt oder sich im Sommer etwas erhitzt. Oder bei Übungen. Oder bei Feuerwehrfesten, da dürfen auch die Kinder spritzen: in ein Rohr, daraus fließt das Wasser in einen Eimer.*
> *Rolf phantasiert weiter über Spritzen, Behälter, es fällt ihm ein, dass er ja – im Gegensatz zu seinem Freund – noch eine Windel braucht, meint aber, dass es doch mehr Spaß macht, draußen in hohem Bogen gegen einen Baum zu pinkeln. Rolf kommt ein Bilderbuch in den Sinn, das er sich zusammen mit dem Therapeuten angeschaut hat und in dem ein kleiner Löwe vorkommt, der lustvoll aus dem Fenster pinkelt.*
> *Dann soll der Therapeut den Wohnmobilbesitzer spielen und Sand bzw. Kies bringen. Es gibt Löcher im Platz und in der Fahrbahn, die soll der Therapeut zumachen. Der Therapeut sagt, im Wohnmobil sei er ja im Urlaub. Aber vielleicht sei die*

Arbeit ja so dringend, dass er aushelfen müsse, die Löcher zuzumachen. Damit niemand hineinfällt.

Immer neue Löcher brechen auf, dann kommt ein Erdbeben und die Bauklötze vom Feuerwehrhaus fallen um. Dann muss Rolf aufs Klo.

Als er wiederkommt, muss der Therpeut ihm helfen, seine Latzhose zuzumachen. Rolf: »Gut, dass das Erdbeben kam, dann können wir jetzt aufräumen und noch ein Buch anschauen.«

Rolf richtet auf den Therapeut Wünsche nach Bestätigung und Bewunderung seiner phallischen Größenphantasien. Aber er benutzt ihn auch, um Löcher zu schließen, die sich gefährlich auftun und in denen man verschwinden könnte. Schon zu Beginn der Stunde beschäftigt sich der Patient mit dem Zusammenpassen einer Stange mit einem Zylinder – symbolisch erscheint hier die Beschäftigung des Jungen mit der genitalen Sexualität. Der innere Konflikt ist in der Übertragung präsent: die Angst, im Inneren der Mutter zu verschwinden, und kompensatorisch die phallische Größenphantasie, die aber von Kastrationsängsten bedroht ist: Ein Erdbeben zerstört das großartige Feuerwehrhaus. Offensichtlich muss sich der kleine Patient anschließend ganz real der Unversehrtheit seines Penis versichern; mit der Bitte, ihm bei dem Schließen seiner Hose zu helfen, scheint Rolf auch an den Therapeuten die Frage zu richten, ob bei ihm alles noch in Ordnung ist. Das Erdbeben und das gemeinsame Anschauen des Buches kann als eine momentane Beseitigung der Schamangst verstanden werden.

Die Fallvignette macht deutlich, dass Rolf ganz aktuelle, aus phasentypischen Konflikten hervorgehende Wünsche auf den Therapeuten überträgt. Der Therapeut gerät in die Rolle eines Assistenten: bewundernd und beschützend zugleich.

An dieser Stelle sucht Rolf altersgemäß eine reale Befriedigung, die noch an der Stelle eines notwendigen Entwicklungsschrittes steht: nämlich anzuerkennen, dass er zu klein ist, um von der Mutter sexuell begehrt zu werden, und darauf zu verzichten, die Größe des Vaters zu okkupieren, ein Verzicht, der Voraussetzung ist, um sich mit ihm identifizieren zu können.

Der Therapeut nimmt das so auf: »Ich glaube, du möchtest bewundert werden, wie du in hohem Bogen spritzen kannst. Aber dann bekommst du Angst, dass du dich schämen musst, wenn die Eltern dich spüren lassen, dass du eigentlich noch klein bist. Wie du auch fürchtest, ich könnte dich beschämen. Sicherer fühlt es sich an, wenn du dein Spritzen in der Windel versteckst.«

> **Merke**
>
> - Der Therapeut muss die Übertragung annehmen und die sich daraus entwickelnde Szene ein Stück weit mitspielen.
> - Zugleich nimmt er eine beobachtende und reflektierende Position ein und beachtet seine Gegenübertragung.
> - Insbesondere bei negativen Übertragungen reagiert er nicht konventionell – also anders, als das der alltäglichen Erwartung des Patienten entspricht.

- Die Übertragung wird registriert und hinsichtlich des Verstehens der Psychodynamik nutzbar gemacht, in ihrer Intensität jedoch eingegrenzt durch
  - Frequenzwahl,
  - sparsame Übertragungsdeutungen,
  - Arbeit an der Realbeziehung und neuen Beziehungserfahrungen,
  - Analyse von Außenübertragungen (▶ Kap. 7.6), wobei die Übertragung verwendet wird, um die Evidenz zu erhöhen,
- Übertragungsdeutungen werden sparsam gegeben, vor allem dann, wenn
  - sie für den Fortgang der Therapie unerlässlich sind,
  - sie die Fokussierung auf den Aktualkonflikt erlauben,
  - eine intensive Übertragung agiert und zum Widerstand wird,
  - eine negative, stark erotisierende oder idealisierende Übertragung vorliegt.
- Vorsicht ist bei genetischen Deutungen angebracht, um die Regressionsneigung nicht zu fördern.

7.2 Widerstand

Eine Psychotherapie mutet Patienten jeglichen Alters zu, sich mit unangenehmen Emotionen und Affekten, mit verpönten Wünschen, mit misslingenden Beziehungsmustern und schmerzlich empfundenem Unvermögen auseinanderzusetzen. Im Alltagsleben ist das störende Bewusstwerden solcher unerwünschten psychischen Vorgänge durch die beschriebenen Formen der Abwehr unterbunden oder in ich- und sozialverträglicher Weise geregelt (▶ Kap. 3.6) – ein notwendiger Vorgang, um sich in der Realität zurechtfinden zu können. Freilich kann die Abwehr selbst Probleme nach sich ziehen – wenn sie unangemessen rigide wird, zur Bewältigung lebensgeschichtlicher Ereignisse, affektiver Impulse oder anstehender Entwicklungsschritte nicht ausreicht oder partiell zusammenbricht. Das psychische Geschehen gerät aus dem Gleichgewicht, psychische oder psychosomatische Symptome setzen sich an die Stelle einer gelungenen Bewältigung und signalisieren eine psychische Erkrankung. Die Therapie steht vor der Aufgabe, eine festgefahrene Abwehrstruktur zu lockern und umzugestalten. Die Besonderheit einer therapeutischen Beziehung begünstigt die Aufweichung der Abwehr, dies ist, will die Therapie ihr Ziel erreichen, auch ihr Sinn und Zweck. Da dies mit der Entbindung von verdrängten Affekten wie Angst, Scham, Schuldgefühlen, Wut, Neid usw. einhergeht oder mit der Wahrnehmung bislang kompensierter Beeinträchtigungen, die mit dem Selbstbild schwerlich in Einklang zu bringen sind, mobilisiert sich in der Therapie ein Widerstand. Wir verwenden den Begriff des Widerstandes – im Unterschied zur Abwehr – für Phänomene, die sich innerhalb der Patient-Therapeut-Beziehung manifestieren.

Der Widerstand innerhalb der Therapie hat eine angstregulierende Funktion. Er sorgt dafür, dass gerade so viel unbewusstes Material in die Beziehung kommt, wie es der momentanen Angsttoleranz entspricht. Freilich kann das dazu führen, dass gerade die wesentlichen angstauslösenden Konflikte und die damit einhergehenden Affekte nicht zur Bearbeitung kommen.

Der Widerstand hat auch eine beziehungsregulierende Funktion. Er dient dazu, die Beziehung zum Therapeuten vor Affekten zu schützen, die der Patient als peinlich, gefährlich oder zerstörerisch wahrnimmt. Insofern ist der Widerstand ein kommunikatives Geschehen zwischen den Beteiligten im therapeutischen Feld. Widerstände mobilisieren sich an einer spezifischen Beziehung, an welcher der Therapeut mit seiner Persönlichkeit beteiligt ist. Der Patient möchte sich nicht bloßstellen, nicht beschämt werden. Er möchte sich nicht schwach und hilflos zeigen. Er möchte mit seinen Aggressionen nicht eine Beziehung belasten, von der er sich Hilfe erhofft. Er möchte mit seinem Begehren nicht zurückgewiesen oder missbraucht werden. Er möchte nicht eine Nähe eingehen, die ihn bedroht, oder eine Distanz ertragen, die ihm Angst macht. Er fürchtet, dass solche Erlebnisse sich in der Therapie als so unaushaltbar herausstellen, wie er es von seinen Beziehungen gewohnt ist zu fürchten. Das wäre dann buchstäblich »zum Davonlaufen« und er müsste die Therapie abbrechen – was er ebenfalls vermeiden möchte.

So sehr also der Widerstand die therapeutische Beziehung zu schützen trachtet, so sehr untergräbt er sie auch. Denn natürlich kann eine Therapie nicht wirken, in der jegliche Angst und jegliches Risiko vermieden werden. Eine zentrale therapeutische Aufgabe ist daher die Bearbeitung und Auflösung der Widerstände zumindest in dem Ausmaß, das einen Fortgang der Therapie ermöglicht. Welches dieses Ausmaß ist, hängt von den Zielen und dem Setting der Therapie ab. In einer TfP mit begrenzten therapeutischen Zielen wird man daher abwägen, welche Widerstände die Therapie behindern und deshalb zum Thema gemacht werden müssen, und welche Widerstände hingegen einem Schutzbedürfnis des Patienten dienen, das seine psychischen Funktionen aufrechterhält, ohne die Therapieziele zu gefährden. Es muss also differenziert werden, welche Bereiche der Abwehr stabilisiert werden müssen, wo der Widerstand also eine protektive Funktion erfüllt und wo der Widerstand gegen eine Modifizierung der Abwehr hinderlich ist.

Die Arbeit am Widerstand ist Teil des »Durcharbeitens« und begleitet die Therapie in wechselnder Intensität fortlaufend. Man kann nicht davon ausgehen, dass der Widerstand durch eine einmalige Aufdeckung erledigt sei. Vielmehr ruft jede Widerstandsbearbeitung neue Widerstände auf den Plan, da sich an schmerzliche Einsichten erneut peinliche Affekte heften, gegen deren Auftauchen sich das Ich zur Wehr setzt.

Mit diesen Überlegungen wird deutlich, dass es ein Missverständnis wäre, Widerstände von vornherein als feindselige Akte gegen den Therapeuten oder die Therapie zu diskreditieren. Sie sind im Gegenteil kreative Akte, die es als solche zu würdigen gilt (vgl. die Ausführungen zur ressourcenorientierten Arbeit, (▶ Kap. 6.8). Die Akzeptanz des Widerstandes als eine Leistung des Patienten ist die Voraussetzung für dessen fruchtbare Bearbeitung, selbst dann, wenn er zunächst in destruktivem Gewande daherkommt. Dann aber ist die Arbeit daran eines der wertvollsten Stücke der Therapie, denn sie verknüpft bisher gefürchtete Emotionen mit Einsicht und Verstehen im Rahmen einer neuen Beziehungserfahrung und ist für den Patienten von großer Evidenz.

7.2.1 Formen des Widerstandes

Die Manöver, die gegen das Auftauchen schmerzlicher oder peinlicher Gefühlsregungen oder verpönter Wünsche gerichtet sind, werden als *Verdrängungswiderstand* bezeichnet. Dies setzt aber voraus, dass eine Verdrängung bereits erfolgreich war. Bei Kindern vor der Latenz sind die grundlegenden Abwehrmechanismen noch in der Entwicklung, die Vermeidung unlustvoller Affekte und der Verzicht auf verbotene Wunscherfüllungen spielen in den aktuellen Objektbeziehungen die Hauptrolle und werden vorwiegend aus Strafangst, Verlustangst und narzisstischen Ängsten geleistet. Sie haben sich, je nach Entwicklungsstand, noch nicht oder nicht vollständig zu inneren Verboten verdichtet. Projektive Prozesse und paranoide Ängste sind im Rahmen des Egozentrismus und des magischen Denkens nicht »unbewusst gemacht« im Sinne der Verdrängung, weil sich das Ich in seinen Abwehrfunktionen noch nicht gefestigt hat. Primitive Abwehr wie Spaltung lässt sich schwerlich im Konzept der (horizontalen) Verdrängung unterbringen. Unbewusste Phantasien hingegen sind von Beginn an ihrem Begriff nach unbewusst, nicht weil sie verdrängt werden. Was für ein älteres Kind oder einen Jugendlichen eine neurotische Angst sein kann, ist für ein kleines Kind Realangst. Deshalb ist es in diesem Entwicklungsstadium nicht sinnvoll, von Verdrängungswiderstand zu sprechen. Das Kind erwartet vom Therapeuten ähnliche Reaktionen wie von seinen *aktuellen* Bezugspersonen, anders als ein älteres Kind, ein Jugendlicher oder Erwachsener, der vom Therapeuten Reaktionen erwartet, wie er sie von seinen *früheren*, verinnerlichten Objekten phantasiert. Ein vierjähriges Kind richtet unbefangen die Armbrust auf den Therapeuten und sagt: »Jetzt erschieße ich dich« und meint es – für seine Vorstellungswelt im Äquivalenzmodus (vgl. Fonagy, Gergely, Jurist & Target 2002) – ganz real. Ein zehnjähriges Kind denkt vielleicht: »Ich könnte ihn erschießen«, sagt es aber nicht, weil es die entsprechende Gegenaggression des Therapeuten fürchtet, fordert ihn aber zu einem Schießwettbewerb an der Zielscheibe heraus. Ein Pubertierender denkt den Satz nicht und phantasiert sich in eine Computerspiel-Szene, in der er als Held Feinde erledigt. Ein Erwachsener zeigt sich besonders rücksichtsvoll und höflich dem Therapeuten gegenüber, wo eigentlich sein Ärger zu erwarten wäre.

Der Widerstand in der Therapie mit Vorschulkindern ergibt sich hauptsächlich aus einer bewussten oder unbewusst phantasierten Realangst. Realangst deshalb, weil aufgrund des magischen Denkens die Unterscheidung zwischen Phantasie und Realität noch nicht sicher etabliert ist. Es ist die Angst, dass die unbewussten Phantasien an den *konkret erfahrbaren* Objekten Wirklichkeit werden. In späteren Entwicklungsstadien und beim Erwachsenen herrscht die Angst vor, dass die unbewussten Phantasien an den *inneren Objekten* Wirklichkeit werden, die sekundär per Übertragung in den äußeren Objekten erscheinen.

Die Angst kleiner Kinder wird in der Therapie überwiegend im direkten Agieren mit dem Therapeuten gebunden. In diesen frühen Entwicklungsstadien ist der Verdrängungswiderstand eigentlich ein Übertragungswiderstand.

Damit ist eine andere Widerstandsform angesprochen: der Übertragungswiderstand. Er wurde in Kapitel 7.1.1 erläutert. Insbesondere Wunscherfüllungen und Triebregungen mit ihren Korrelaten der unbewussten Phantasie werden in der Übertragungsbeziehung zum Therapeuten untergebracht und dort agiert, womit ein Auftauchen ins Bewusstsein verhindert wird.

Eine Form des Widerstandes ist dem *sekundären Krankheitsgewinn* geschuldet. Vordergründig zeigt sich der Patient kooperativ, es gibt auch gewisse Fortschritte, die aber alsbald verfliegen. Das Ich stemmt sich gegen eine Besserung, um die sozialen Vorteile, die sich aus dem Symptom ergeben, nicht preisgeben zu müssen.

Bisweilen lässt sich eine Widerstandsform beobachten, die eine Besserung aufgrund eines Strafbedürfnisses nicht erlaubt. Kinder, die durch eine Schuldgefühlsproblematik belastet sind, etwa wenn sie kranke Geschwister oder Eltern haben, oder wenn ihnen eine besonders rigide Unterwerfung abverlangt wird, können ihr Schuldgefühl häufig nur dadurch abmildern, indem sie Strafen gleichsam als Sühne provozieren. Die Krankheit wird dann als Strafe »gebraucht«[9].

Beispiel:

> *In einer streng religiösen Familie wird das an einer Zwangserkrankung leidende sechsjährige Mädchen als Strafe Gottes bezeichnet.*

In eine ähnliche Richtung geht der Widerstand Jugendlicher, die ein unbewusstes inneres Verbot verfolgt, die Eltern nicht übertreffen zu dürfen, und die deshalb ihr Versagen in vielen Varianten prolongieren.

Eine ähnliche Widerstandsform ergibt sich aus der Delegation an das Kind. Unbewusst wird dem Kind in der Familie eine Funktion zugeschoben, welche das Elternpaar oder das gesamte Familiensystem von verpönten Wünschen, Affekten, Schuldgefühlen und narzisstischen Kränkungen entlastet (▶ *Kap. 6.6*). In dem o. g. Beispiel ist es das kleine Mädchen, das für Eltern und Geschwister die Rolle des Sündenbocks auf sich nehmen muss, der die Sündenstrafe Gottes auf sich zieht, um die anderen Familienmitglieder davon zu verschonen. Ihre Erkrankung hat also erhebliche schuldentlastende Funktion für die Familienmitglieder: Indem sie ein solch schlimmes Kind ertragen müssen, fühlen sie sich »gestraft genug«. Die Genesung des Kindes wirft dann die anderen wieder auf ihre eigenen Schuldgefühle zurück und setzt sie der Strafangst vor einer rächenden Elternimago aus, die wir unschwer in dem grausamen Gottesbild erkennen können.

---

9 Diese Phänomene können wir auch bei dissozialen oder delinquenten Jugendlichen beobachten: Es ist häufig nicht die böse Tat, die das Schuldgefühl hervorruft, sondern umgekehrt das Schuldgefühl, das die böse Tat zur Sühnestrafe braucht.

Eigentlich »darf« das Kind keine Fortschritte in der Therapie machen, es soll sich zwar bessern, aber unbewusst trägt es die Botschaft in sich, eine Genesung sei gar nicht erlaubt, sonst würden die übrigen Familienmitglieder – und es selbst – in fürchterliche Ängste und Affekte stürzen. Der Widerstand, der sich in der Therapie manifestiert, lässt sich als »Delegationswiderstand« bezeichnen und findet sich in Kinderpsychotherapien häufig.

7.2.2 Widerstandsphänomene und ihre Bearbeitung

Im Folgenden soll anhand von Beispielen aufgezeigt werden, mit welchen Widerstandsphänomenen zu rechnen ist und wie ein Umgang damit in der TfP aussehen kann.

Bewusste Widerstände

> *Rebekka, 18 Jahre alt, schweigt zu Beginn der Stunde beharrlich. Nach einer Zeit des Abwartens sagt der Therapeut: »Ich frage mich, was Ihr Schweigen zu bedeuten hat.« Pat.: »Es geht mir so viel durch den Kopf, aber ich weiß gar nicht, was es bringen soll, Ihnen das zu sagen.« Th.: »Sie können ja mit dem beginnen, was Ihnen gerade als erstes einfällt. Wir werden dann schon miteinander finden, was für die Therapie wichtig ist.« Pat.: »Eben das will ich nicht. Dieses sinnlose Gelabere bringt doch gar nichts.«*

Wir haben es hier mit einem bewussten Widerstand zu tun. Die Patientin will sich nicht an die »Grundregel« halten. Damit gefährdet sie aber die Therapie überhaupt. Damit muss der Therapeut die Patientin konfrontieren, um die Zusammenarbeit sicherzustellen:

> *Th.: »Ich würde gerne mit Ihnen darüber sprechen, was Sie gerade so hoffnungslos macht, was die Therapie angeht. Aber das geht nur, wenn Sie sich an unsere Vereinbarungen zur Arbeitsweise halten. Sonst, fürchte ich, kann Ihnen die Therapie keinen Nutzen bringen.«*

> *Sam, zehn Jahre alt, erzählt dem Therapeuten, dass es mit den Hausaufgaben ganz gut klappe in letzter Zeit und dass auch seine Noten besser würden. Im Gespräch mit dem Vater jedoch stellt sich das völlige Gegenteil heraus. Der Junge hat seit zwei Wochen keine Hausaufgaben mehr gemacht und die Unterschrift des Vaters gefälscht um vorzutäuschen, der Vater habe das Hausaufgabenheft gesehen. Nun muss er zwei Stunden nachsitzen. Auch die Noten sind gleichbleibend miserabel.*

Hier sehen wir eine Mischung aus bewusstem und unbewusstem Widerstand: Der Patient verschweigt nicht nur Wesentliches, er lügt auch den Therapeuten an. Auch sonst ist sein Lügen ein Problem. Aber um das Lügen und seine Funktion für die narzisstische Regulierung als Teil der neurotischen Erkrankung verstehen und bearbeiten zu können, muss der Patient paradoxerweise in der Therapie über das Lügen die Wahrheit sagen (vgl. O'Shaughnessy 1998). Es nützt nichts, das Lügen in der Therapie zu agieren, weil man einer bewussten geschickten Lüge weniger auf die Schliche kommt als versteckten Manifestationen von Angst und Abwehr im unbewussten Widerstand. Auch in diesem Fall muss der Patient mit seinem Verhalten konfrontiert werden.

> *Th., nachdem er sein Wissen über die Angelegenheit angesprochen hat: »Eigentlich hast du mich ja auch angelogen.« Pat.: blickt beschämt zu Boden. Th.: »Ich denke mir, dass du gelogen hast, weil du dir die Scham über deine Misserfolge ersparen wolltest. Aber jetzt merke ich, wie du dich dafür noch mehr schämst. Und jetzt wird es ganz schwierig zwischen uns, denn ich will dich ja nicht beschämen. Ich weiß, dass Beschämung nicht weiterführt. Aber Lügen und Verheimlichen führen in der Therapie auch nicht weiter.« Pat.: »Ja, das weiß ich eigentlich schon.« Th.: »Ich erinnere dich an unsere Abmachung: dass du mir nichts absichtlich verschweigst und dass du wahrhaftig bist. Dazu sind wir beide hier zusammen: dass wir die schlimmen Gefühle miteinander aushalten und besser machen.«*

Unbewusste Widerstände

Reden über Belanglosigkeiten:

> *Sergej, zwölf Jahre alt, ein Junge mit aggressiven Durchbrüchen, überschüttet den Therapeuten mit einem Redeschwall. Er reiht belanglose Details aus seinem Alltag aneinander, erzählt oberflächlich, worauf er sich alles freut, wobei von Freude nichts zu spüren ist. Der Therapeut wird müde und merkt, dass er kaum mehr aufnahmefähig ist. Das geht einige Stunden so.*

Der unbewusste Widerstand bedient sich hier eines besonderen Kunstgriffs: Anscheinend erfüllt der Junge ja »brav« die Vereinbarung der Grundregel (vgl. dazu Ferenczi 1919, S. 272: »... dass sie unbewußt die Tendenz verfolgen, den Arzt ad absurdum zu führen«). Dabei bleibt aber der Konflikt ausgespart. Unbewusst trachtet der Patient danach, die Beziehung von seiner Destruktivität zu verschonen.

> *Th.: »Du erzählst immer ganz viel aus deinen alltäglichen Erlebnissen. Nur etwas Wichtiges kommt nicht zur Sprache: deine Ausraster. Von deiner Wut ist hier gar nichts spürbar. Mir kommt es so vor, als wollest du mich davon verschonen. Vielleicht hast du Angst, dass ich dich dann nicht mehr mag?« Pat.: »Ja, eigentlich schon.« Th.: »Was passiert denn, wenn du deine Ausraster hast?« Pat.: »Dann werde ich auf mein Zimmer geschickt.« Th.: »Und hier hast du Angst, ich könnte dich wegschicken?« Pat.: »Irgendwie schon.«*

Themenwechsel, Ungeschehenmachen von Affekten:

> *Irina, 16 Jahre alt, erlebt in ihrer Familie eine schwere Missachtung. Sie weint dabei in der Stunde vor Wut, Verzweiflung und Ohnmacht, sie schimpft und schreit, kauert sich auf den Boden mit angezogenen Knien und vergräbt ihr Gesicht dazwischen. In die Stunde darauf kommt sie mit einem aufgesetzten Lächeln und sagt: »Alles wieder in Ordnung. Ich hab mich damit abgefunden. Eigentlich bin ich selbst schuld. Es ist nicht so schlimm.« Dann schneidet sie ein anderes Thema an.*

Der Widerstand ist deutlich und bedarf keiner großen Erläuterung. Der Therapeut überlegt, ob er es dabei belassen soll, spürt aber, wie die Patientin dicht davor ist, selbst etwas über ihr Verhalten zu sagen. Er entscheidet sich, die Chance der Widerstandsbearbeitung zu ergreifen, weil der Konflikt nun ganz erlebnisnah und emotional spürbar ist.

> *Th.: »Ich denke an die letzte Stunde und frage mich, was die Wende gebracht hat, dass du nun anders darüber denkst und gar nicht mehr darüber reden willst.« Pat.: »Eigentlich denke ich nicht anders darüber. Ich hasse es nur, wenn mich jemand so schwach und klein sieht.«*

Schweigen:

> *Am Anfang seiner Therapie schweigt ein neunjähriger Junge, Pflegekind, zu Beginn der Stunden beharrlich und sitzt fast regungslos in seinem Sessel. Das geht fast 20 Minuten lang so, dann schweift sein Blick über das Regal mit den Spielsachen; er sucht sich etwas aus und spielt für sich. Der Therapeut beobachtet das Spiel interessiert und gibt ab und zu einen Kommentar.*

Das Schweigen oder die Unfähigkeit, sich auf ein Spiel oder eine kreative Gestaltung einzulassen, ist ein häufiges Widerstandsphänomen. In diesem Fall lässt der Therapeut es ungedeutet, weil er weiß, dass die Pflegeeltern dazu neigen, die schweigsame Zurückgezogenheit des Jungen als Entwertung ihrer elterlichen Zugewandtheit zu interpretieren, das Kind dann mit gutgemeinten Vorschlägen und Anleitungen zu überschütten und ihm so alles abzunehmen. Die scheinbare Initiativelosigkeit des Patienten resultiert vermutlich aus der frühen Trennung von den Eltern: Er vermochte sie durch seine frühe affektive Kontaktaufnahme nicht zu erreichen und für sich zu begeistern und verfiel in Resignation. Nach und nach entwickelte sich diese Haltung zu einem Schutz vor intrusiven Objekten. Der Widerstand hat also eine wichtige protektive Funktion und schützt die zaghafte Entwicklung eines Selbsterlebens. Die Haltung des Therapeuten signalisiert: Ich bin da, aber ich lasse dir deinen Raum.

> *Matthäus, ein 18-jähriger Jugendlicher mit einer sozialen Phobie, verfällt nach einer Phase fruchtbarer Zusammenarbeit mit Fortschritten in der Therapie mehrere Stunden lang in Schweigen. Versuche des Therapeuten, die Bedeutung des Schweigens zu erkunden, scheinen an ihm abzuprallen. Er habe einfach keine Lust zu reden.*

Der Patient hatte allmählich seine Vermeidungshaltung sozialen Kontakten gegenüber, z. B. zu Peers, aufgegeben und seine Ängste, »nichts zu sagen zu haben« und eine beschämende Bedeutungslosigkeit zu verspüren, ertragen. Das alles hatte ihn Überwindung und Mühe gekostet. Nun stagniert die Therapie. Der Therapeut vermutet, dass sich hinter dem Schweigen ein unausgesprochener Vorwurf versteckt: »Nur wegen Ihnen muss ich mich so plagen. Ich hätte alles beim Alten lassen sollen.« Mit seinem Schweigen demonstriert er auch mir gegenüber, mit wie viel Angst und Unlust die Nähe zu anderen Menschen verbunden ist, ohne jedoch darüber sprechen zu wollen, denn gerade dies würde ja eine differenzierte sprachliche Verbindung schaffen.

Th.: Sie haben mir oft von Ihrer Angst erzählt, nichts zu sagen zu haben oder das Falsche zu sagen. Im Moment scheint Sie gerade das daran zu hindern, sich zu äußern.« Pat., ärgerlich: »Ich hab heute einfach keine Lust.« Th.: »Ich habe den Eindruck, dass Sie sich über etwas ärgern.« Pat.: »Eigentlich nur, dass Sie so nachbohren.« Th.: »Sie empfinden mich als bohrend, und Sie schützen sich dagegen, indem Sie sich abschirmen. Aber vielleicht erkennen wir ja darin auch einen Kreislauf, der sich zwischen uns abspielt. Wollen wir uns den einmal ansehen?« Pat.: »Hm, ja, eigentlich schon.« Th.: »Sie vermeiden unlustvolle Gefühle im Kontakt mit mir und ziehen sich zurück. Ich verliere den Kontakt zu Ihnen; das veranlasst mich wiederum, nachzuhaken. Und das führt zu ärgerlichen Gefühlen bei Ihnen. Aber Sie sagen nichts darüber, sondern schirmen sich erst recht ab. Und so weiter.« Pat.: »Ja, so ungefähr kenn ich das.« Th.: »Wo könnten Sie denn aus diesem Kreislauf aussteigen?« Pat.: »Es fällt mir halt schwer, meinen Ärger offen zu zeigen.«

Der Therapeut weiß aus der bisherigen Therapie, dass sich der Patient gegen seine Mutter, die er als sehr ängstlich-kontrollierend und eindringend erlebt, durch schweigenden Rückzug schützt. Aber hier verzichtet der Therapeut auf eine genetische Deutung, vielmehr bleibt er bei der Szene im Hier und Jetzt. Das hat für den Patienten eine größere Evidenz, weil er seine Gefühle direkt in der Beziehung zum Therapeuten erlebt. Wir sehen hier, wie sich ein Verdrängungswiderstand (aggressive Gefühle werden in Schach gehalten) mit einem Übertragungswiderstand mischt (der schweigende Rückzug wird in der Übertragung agiert anstatt bearbeitet und verstanden zu werden).

Intellektualisieren:

Lucie, eine 18-jährige Adoleszente mit einer Essstörung, pflegt den Therapeuten auf dessen Interventionen hin in intellektuelle Diskussionen zu verwickeln. Sie »zerpflückt« dessen Äußerungen und überprüft einzelne Elemente auf ihre (kognitive) Plausibilität. Einerseits fühlt sich der Therapeut fasziniert von ihrer Klugheit und auch verführt, intellektuell mitzudiskutieren, andererseits aber auch unzufrieden, weil die Patientin damit den Zugang zu ihrer Emotionalität versperrt. Er weist zwar immer wieder darauf hin, aber es will sich keine Veränderung einstellen. In einer Sitzung berichtet die Patientin von einer Begegnung mit ihrem (von der Mutter getrennten) Vater.

> »Ich weiß nie, ob er wirklich echt ist. Ich soll die brave Tochter spielen, von der er begeistert sein kann. Er sagt dann, ich sei das Wichtigste in seinem Leben. Aber wir sehen uns doch nur alle paar Wochen! Und dann sieht er mich mit seinen Hundeaugen an – und dann kann ich schon nicht mehr Nein sagen. Da habe ich einem Termin zugestimmt, obwohl ich das eigentlich gar nicht will. Und jetzt kriege ich Schuldgefühle, wenn ich ihn absage. Es ist so kompliziert.« Th.: »Sie zweifeln daran, dass er es ehrlich mit Ihnen meint.« Pat.: »Ich glaube schon, dass er mich liebt. Aber er stellt gleich so eine Einheit her.« Th.: »In der keine Unterscheidung mehr möglich ist?« Pat.: »Ja, genau.« Th.: »Und in der man nicht mehr so genau weiß, von wem welche Gefühle kommen.« Pat.: »Nee, so nicht. Ich weiß eigentlich schon, was ich fühle, aber er sieht das nicht, obwohl er doch alle Zeichen erkennen könnte, aber das will er gar nicht.« »Vielleicht ist Ihr Anteil, dass Sie von ihm erwarten, dass er merkt, was Sie wollen – aber durch Ihr vorschnelles Eingehen auf den Termin das auch verhindern.« Pat., bewegt: »Ja, das stimmt schon.« Th.: »Ich merke, dass wir hier sehr darum ringen, bis wir das gefunden haben, was auch Ihren Gefühlen entspricht.« Pat.: »Das erlebe ich nicht oft. Sie sind der einzige Mensch, bei dem ich spontan und unbefangen widersprechen kann.«

Die Vignette zeigt, welches Schutzbedürfnis hinter dem Widerstand der Patientin steckt – und wie das über mehrere Sitzungen hinweg unverstanden geblieben ist. Das Diskutieren mit dem Therapeuten diente nicht allein dazu, Emotionalität überhaupt abzuwehren, sondern vor einer verwirrenden Gefühlsindifferenz zu schützen. Darüber hinaus musste die Patientin herausfinden, ob die therapeutische Beziehung ihren Widerspruch erträgt. Insofern war der Widerstand um einer korrigierenden Beziehungserfahrung willen notwendig. In diesem Fall konnte der Widerstand in seiner Bedeutung erst dann emotional nachvollziehbar werden, als er mit dem narrativen Material verknüpft wurde. Aber ohne die Deutung (»Ich merke, dass wir hier sehr darum ringen ...«) wäre auch die Emotionalität im Hier und Jetzt nicht aufgegriffen und vielleicht eine therapeutische Chance verpasst worden.

Widerstände, die sich am Rahmen manifestieren

Zu-spät-Kommen, Stundenausfall, finanzielle Bedingungen:

> *Ronny, 14 Jahre alt, kommt 10 Minuten zu spät in seine Stunde. Er ist außer Atem. Er übergeht diesen Umstand und beginnt empört über einen Lehrer zu erzählen, der ihn gerügt habe, weil er sich so uninteressiert zeige.* Th.: »Bevor wir uns in dieses Thema vertiefen – du hat dich heute verspätet. Was ist denn geschehen?« *Der Patient berichtet, er sei noch in einem Elektronik – Laden gewesen und habe sich die neueste Version eines Computerspiels besorgt – dabei habe er ganz die Zeit vergessen.* Th.: »Ich denke an unsere letzte Stunde. Da hatten wir es von deinem Zocken am Computer. Hat das vielleicht damit etwas zu tun?« Pat.: »Nee, eigentlich nicht.« Th: »Ich hatte nach der Stunde den Eindruck, dass ich dir etwas zugemutet habe, als ich deine schulische Realität angesprochen hatte.« Pat.: »Ich mag diese Rea-

lität nicht.« Th.: »Eben. Und du magst es vielleicht nicht, wenn ich darauf hinweise.« Pat.: »O. K., ja, das mag ich nicht.« Th.: »In dir hat sich wohl ein Widerwillen geregt, dich diesem Thema hier auszusetzen. Wie bei dem Lehrer.« Pat.: »Irgendwie schon. Aber als ich gemerkt habe, wie spät es ist, bin ich gerannt.« Th.: »Da gibt es eine andere Seite in dir: Du willst eigentlich pünktlich kommen, weil du es dir auch nicht mit mir verderben willst. Aber deinen Ärger hast du mir dann doch mitgeteilt – indem du mich warten lässt.«

Die Verletzung des Rahmens – ein Agieren – hat hier eine Mitteilungsfunktion, die direkt das Thema (und das Ziel) der Therapie betrifft. Deshalb muss sie aufgegriffen werden – hier durch eine Konfrontation, denn der aggressive Affekt, der sich gegen das Realitätsprinzip in der Gestalt des Therapeuten wendet, bleibt sonst unbearbeitet.

Birgit, eine 19-jährige Adoleszente, kommt öfter einige Minuten zu spät. Ihre S – Bahn verspätet sich um diese Tageszeit (abendlicher Berufsverkehr) immer wieder.

Der Therapeut könnte darauf bestehen, dass sie eine Bahn früher nimmt. In einer analytischen Therapie wäre eine entsprechende Intervention wichtig. Allerdings wäre das mit einem erheblichen Eingriff in die Realität der jungen Frau verbunden, die froh ist, eine Arbeit gefunden zu haben, und es nicht wagt, für die Therapiestunde früher freizunehmen. In der TfP ist es eher angezeigt, näher an der Lebensrealität des Patienten zu arbeiten und auf deren Umstände einzugehen.

Th.: »Diese knapp kalkulierte Zeit bringt Sie etwas in Bedrängnis?« Pat.: »Ja, es ist blöd, und ich ärgere mich jedes Mal. Aber es geht halt nicht anders.« Th.: »Nun, wir müssen wohl damit leben. Ich weiß ja Bescheid und warte auf Sie.«

Auch in diesem Fall, wo die Bahnverspätungen »schuld« sind, spielt ein unbewusster Widerstand der Patientin vermutlich eine Rolle. Allerdings sind die Verspätungen der Patientin ganz überwiegend einer äußeren Realität geschuldet, auch der Realität, dass der Therapeut ihr keine andere Stunde anbieten kann. Sie behindern die gemeinsame Arbeit an den Therapiezielen nicht; eine Deutung wäre unangebracht und unverständlich. Gleichwohl ist es wichtig, nicht einfach darüber hinwegzugehen – sonst wird der Rahmen rasch an anderer Stelle aufgeweicht!

Bei Kindern, die von einem Elternteil in die Therapie gebracht werden, sind Verspätungen bei genauem Hinsehen meist ein gemeinsam agierter Widerstand.

Katie, 8 Jahre alt, kommt immer wieder zu spät. Sie sagt, die Mama sei zu spät weggefahren. Bei genauerer Untersuchung stellt sich heraus, dass sie selbst so lange herumtrödelt, dass sich die Abfahrt verzögert – die Mutter aber auch nicht energisch auf Pünktlichkeit besteht. Mutter und Tochter sind in einer symbiotisch anmutenden Ungetrenntheit miteinander verbunden; wenn ein Dritter ins Spiel kommt, werden Trennungsängste bei beiden virulent.

Hier kann eine Intervention im Elterngespräch hilfreich und ausreichend sein, in dem der Therapeut darauf hinweist, wie wichtig es ist, dass die Patientin pünktlich gebracht wird, damit sie ihre Therapiestunde ganz bekommt. Nur so kann die Separationsproblematik auch bearbeitet werden. Erst wenn das nicht weiterführt, wird man mit der Mutter ausführlicher an ihren unbewussten Motiven arbeiten müssen.

> *Nico, zehn Jahre alt, versäumt die erste Stunde nach den Ferien. Die Stunde liegt in seiner Schulzeit, in der Regel kommt er selbständig, ohne dass ihn die Lehrerin daran erinnern muss. In die folgende Stunde kommt er offensichtlich befangen, er druckst etwas herum, dann sagt er von sich aus: »Ich hab's das letzte Mal ganz vergessen.« Th.: »Ja, ich habe auf dich gewartet und mich natürlich gefragt, was wohl mit dir ist.« Pat.: »Ich hab in der großen Pause mit den anderen gespielt, und dann hab ich nicht daran gedacht und die Frau X. (Lehrerin) auch nicht.« Th.: »Es war die erste Stunde nach den Ferien.« Pat.: »Ja, ich war gar nicht mehr daran gewöhnt.« Th.: »Kann es sein, dass du mir ein bisschen böse bist, dass ich dich einfach sitzen gelassen habe und in den Urlaub gegangen bin?« Pat.: »Das bin ich ja eigentlich gewöhnt.« Th.: »Und trotzdem tut es weh. Das weiß ich zwar, aber vielleicht gab es in dir auch einen Wunsch, dass ich spüren soll, wie sich das anfühlt.«*

Es geht hier um Trennungsängste und entsprechende Enttäuschungswut. Dies betrifft ein zentrales Thema der Therapie und muss schon deshalb gedeutet werden. Eine andere Möglichkeit wäre eine Fokussierung darauf gewesen, dass der Patient wissen will, ob ich wohl auf ihn warte und an ihn denke – oder ob es mir gleichgültig ist. Das hat der Therapeut lediglich angesprochen, also auf der Ebene der Realbeziehung aufgegriffen.

Rahmenverletzungen sind eine sehr häufige Manifestation des Widerstandes. Sie stellen in der Regel eine Inszenierung dar. Sie müssen in jedem Fall aufgegriffen werden. Eine tiefere Bearbeitung ist dann nicht angezeigt, wenn sie das Ziel der Therapie nicht unterlaufen und auf der Ebene der Realbeziehung geklärt werden können, meist aber müssen sie auf ihre unbewussten Motive hin exploriert werden, auch um die Mitteilung dahinter zu verstehen. Das sollte unmittelbar geschehen, sonst verstärken sich die Tendenzen zum Agieren. Ist der Rahmen erst einmal aufgeweicht, wird die Rückgewinnung der therapeutischen Arbeit sehr schwer, wenn nicht unmöglich.

Delegationswiderstand

Der o. g. Fall der siebenjährigen Ines, deren Mutter Stunden absagt (▶ Kap. 7.1.4), lässt sich auch als Delegationswiderstand verstehen. Die Mutter braucht das Kind, um sich von ihrem eigenen Konflikt zu entlasten: Da ist einerseits der Hass auf ihren früheren Mann, andererseits aber sind auch ihre Schuldgefühle angesichts uneingestandener Ablehnungsaffekte dem Kind gegenüber wirksam, das ja auch Repräsentant dieses Vaters ist. Die unbewusste Botschaft lautet: Du musst deinen Vater so hassen wie ich, sonst kann ich dich nicht lieben. In dem

Maße, wie die Patientin ihre liebevollen Gefühle zum Vater zu erkennen gibt, stellt sie die projektive Entlastung der Mutter in Frage, die daraufhin das Kind dem Therapeuten entzieht.

Über-Ich-Widerstand

Katie, acht Jahre alt, kratzt sich heftig, teils ergibt das blutige Wunden, die sie auch immer wieder aufkratzt. In diesem autoaggressiven Symptom lässt sich eine Verdichtung aus heftigen Aggressionen, Separationswünschen und Schuldgefühlen erkennen. Mit Fortschreiten der Therapie geht das Symptom zurück, nun aber wandelt sich die Patientin zu Hause von einem »braven Mädchen« in eine streitlustige »Zicke«: Sie widersetzt sich den Eltern, wird laut, knallt Türen und streitet sich heftig mit ihrer Schwester. Nun stirbt ein Großelternteil. Die Patientin wirkt erschüttert, das Symptom stellt sich wieder ein.

Aggressivität gehört bestraft – diese Forderung eines rigiden Über-Ich, zunächst abgeschwächt, bekommt neue Nahrung durch die unbewussten Schuldgefühle der Patientin, mit ihrer Destruktivität am Ende etwas mit dem Tod des Großvaters zu tun zu haben. Die Patientin regrediert auf die Stufe des Egozentrismus und des magischen Denkens. Unter diesen Umständen »darf« es ihr nicht besser gehen – zur Schuldentlastung greift das Ich wiederum zur Selbstbestrafung.

> **Merke**
>
> - Durch ein stabiles Arbeitsbündnis und eine optimale Frequenzwahl (nicht zu dicht, einstündig, höchstens zweistündig) wird die Widerstandsneigung begrenzt.
> - Widerstände, bei denen die protektive Funktion überwiegt und die das Ziel der Therapie nicht gefährden, werden durch den Therapeuten zwar registriert und beobachtet, jedoch nicht aufgedeckt. Allenfalls kann man sie auf der Ebene des Arbeitsbündnisses ansprechen.
> - Widerstände, welche die Zusammenarbeit in Frage stellen, müssen zeitnah aufgegriffen werden. Oft hilft eine Konfrontation oder Klarifikation.
> - Widerstände, welche die Bearbeitung des zentralen Konflikts behindern oder blockieren, werden hinsichtlich ihres unbewussten Sinnzusammenhangs gedeutet. Widerstandsdeutungen können auch angebracht sein, um die emotionale Erlebenstiefe des Konflikts zu verdichten und ihn dadurch ins Bewusstsein zu bringen.
> - Widerstände, die aufgrund struktureller Beeinträchtigungen ein kompensatorisches Agieren aufrechterhalten, werden am besten durch eine taktvolle Beziehungsanalyse aufgelöst.
> - Widerstände sollte man nicht anwachsen lassen, insbesondere dann nicht, wenn sie sich am Rahmen manifestieren.

7.3 Die Bedeutung der therapeutischen Beziehungserfahrung

In seinen Tagebuchaufzeichnungen notiert Ferenczi am 10.3.1932 über die Erfahrung mit einer Patientin: »Ich wurde sozusagen zu einem lebendigen Symbol für Güte und Weisheit, dessen pure Gegenwart heilend und ordnend wirkte ... Dieses Heilen in entsprechender Weise an der notwendigen Stelle in die Psychotherapie einzufügen, ist ein(e) wohl nicht ganz unwürdige Aufgabe« (Ferenczi 1988). Bereits 1919 hatte Ferenczi darauf hingewiesen, dass eine sorgfältige Gegenübertragungsanalyse zu einem zuträglichen Maß an Gefühlen für den Patienten führen muss (▶ Kap. 1). Die »nicht ganz unwürdige Aufgabe« blieb in der Geschichte der Psychoanalyse umstritten (Ferenczi 1919f, S. 282f.). Franz Alexander, Ungar wie Sandor Ferenczi, der sich intensiv mit dessen Schriften und den darin entwickelten Gedanken zur Bedeutung des emotionalen Geschehens in der Psychoanalyse beschäftigt hatte, prägte zusammen mit Thomas Morton French in dem zusammen herausgegebenen Werk »Psychoanalytic Psychotherapy« (Alexander & French 1946) den Begriff der »korrigierenden emotionalen Erfahrung« (vgl. Schuch 1990, Kächele 2005). Das Werk sorgte in der psychoanalytischen Gemeinschaft für erheblichen Aufruhr, man misstraute dem Konzept, das leider auch missverständlich vorgetragen wurde. Die Befriedigung der emotionalen Bedürfnisse des Patienten, so ein wesentliches Gegenargument, dürfe sich nicht an die Stelle des Durcharbeitens und der Annahme des schmerzlichen emotionalen Mangels in der Lebensgeschichte des Patienten schieben. Die emotionale Erfahrung in der Psychoanalyse betonte auch Winnicott (1974), der auf die Funktion des »Haltens« hingewiesen hat (a. a. O., S. 317ff.).

Unstrittig ist heute, dass in Psychotherapien die positive emotionale Erfahrung des Patienten in der Beziehung zum Psychotherapeuten einen bedeutsamen Wirkfaktor darstellt (Kächele 2005). Das leuchtet jedem praktisch-klinischen Psychotherapeuten, insbesondere wenn er mit Kindern und Jugendlichen arbeitet, unmittelbar ein. Sie ist neben der Einsicht und der Aneignung unbewusster affektiver Vorgänge durch das Bewusstsein eine weitere bedeutsame Säule der Psychotherapie.

In der Psychotherapie mit Kindern und Jugendlichen, insbesondere in der TfP, spielt die emotionale Erfahrung eine besondere Rolle. Zum einen, weil der Therapeut als Realperson mit seiner emotionalen Reaktion unmittelbarer präsent ist. Diese drückt sich nicht allein in Worten aus, sondern viel mehr noch in Gesten und Mimik, in Stimme und Tonfall. Zum anderen, weil v. a. für Kinder der Therapeut, wie oben dargelegt, viel mehr ein gegenwärtiges Objekt ist als ein durch die Übertragung verzerrtes früheres Objekt. Das gilt mutatis mutandis auch für Jugendliche, die den Therapeuten auch als ein Entwicklungsobjekt gebrauchen, also als einen Menschen, an dem die Umgestaltungen der Adoleszenz direkt abgehandelt werden (Burchartz 2019a). Dabei geht es nicht um die bloße Erlaubnis, Affekte »abzureagieren«, die anderweitig verdrängt werden. Vielmehr geht es um eine neue und andersartige Reaktion auf diese Affekte, als sie der Patient gewohnt ist, und um eine Verbindung zwischen Affekt und Kognition, die in der Deutungsarbeit erfolgt. Gerade Letztere ist eine »korrigierende emotionale Erfahrung« sui generis.

Es versteht sich, dass hier von einer *positiven* emotionalen Beziehungserfahrung die Rede ist. Objektiv gesehen gibt es selbstverständlich weder positive noch negative Emotionen, das sind sekundäre Wertungen. Jedes Gefühl hat seine Berechtigung, v. a. in der Psychotherapie, auch wenn es negativ *empfunden* wird. Allerdings wird eine emotionale Qualität in der Beziehung *erfahren*, und diese Erfahrung muss für den Erfolg der Therapie positiv sein – also als hilfreich, zugewandt, wertschätzend, akzeptierend usw. empfunden werden. Negativ empfundene Erfahrungen wie Uninteressiertheit, Abweisung, Kälte, Schroffheit, Missbilligung, Beschämung, Missachtung usw. untergraben den Erfolg jeder Therapie, sofern sie nicht der Übertragung geschuldet sind und dann entsprechend gedeutet werden.

Die emotionale Beziehungserfahrung ist umso wichtiger, je unintegrierter die Struktur ist. Eine positive emotionale »Antwort« in Form der Beziehungsgestaltung durch den Therapeuten auf die negativen Beziehungserfahrungen des Patienten wirkt strukturbildend und ist eine Voraussetzung, auch die Konfliktpathologie zu bearbeiten. Das wiederum wirkt zurück auf die Entwicklung und Integration psychischer Fähigkeiten. Auch hier kann von einer Ergänzungsreihe ausgegangen werden: Je fragiler die Struktur, desto bedeutsamer die Beziehungserfahrung, je prägnanter die Konfliktpathologie, desto bedeutsamer die Deutungsarbeit. Bei seinen Interventionen muss der Therapeut je nach wechselndem psychischen Zustand des Patienten erwägen, ob die Vermittlung einer anderen, positiven Beziehungserfahrung im Vordergrund steht oder eine konfliktzentrierte Arbeit, die Trauerprozesse über erlittene Entbehrungen in den Beziehungen des Patienten zu seinen primären Bezugspersonen in Gang setzt.

Zur positiven emotionalen Beziehungserfahrung in der Therapie gehören folgende Elemente (▶ Kap. 6.2 »Das Arbeitsbündnis«):

7.3.1 Akzeptanz, Respekt, Wertschätzung

Diese Haltung desTherapeuten wurde in Kapitel 6.2 ausführlich dargelegt. Wenn einem Kind freundliches Interesse für seine Äußerungen, Affekte und spielerischen Gestaltungen entgegengebracht wird, ist dies oft schon eine neue emotionale Erfahrung. Ein Erwachsener beschäftigt sich exklusiv eine Stunde lang neugierig und zugewandt ganz mit seinem Spiel, seinen Bildern, seinen Sandkastenszenen, seinen Phantasien – dies ist für die meisten kindlichen Patienten überraschend neu und andersartig. Jugendliche machen die Erfahrung, dass der Therapeut ihre Stimmungsschwankungen, ihre Grandiosität und ihre verzweifelte Ohnmacht aushält und ihnen eine Bedeutung unterstellt, ohne zurück zu agieren, und erleben so eine Beziehung, die sie meist nicht gewohnt sind. Die wiederholte Erfahrung, dass der kindliche oder jugendliche Patient für seine Aggressionen nicht verurteilt und in seinen libidinösen Wünschen nicht abgewiesen wird, dass selbst seine Destruktivität nicht bestraft, sondern aufgenommen und verstanden wird, führt zu einer allmählichen Introjektion eines

Objekts, das rigide Über-Ich-Forderungen relativiert, Idealisierungen abmildert und von Schuld- und Schamgefühlen entlastet. Die »korrigierende emotionale Erfahrung« trägt also wesentlich zu einer Integration und Modifizierung von Selbst- und Objektrepräsentanzen und deren innerer Beziehung zueinander bei.

7.3.2 Empathie

Zu den selbstverständlichen Qualitäten eines Therapeuten gehört die Fähigkeit zur Empathie. Nicht selbstverständlich ist für viele unserer Patienten, diese Empathie auch als solche zu erleben. Die Erfahrung von Empathie kann sehr konträre Bedeutungen haben: Sie liegen auf einer Skala, an deren einem Ende Empathie als Eindringen in die eigene Gefühlswelt erlebt wird, gegen das sich der Patient zur Wehr setzen muss, um das Selbst vor einer gefürchteten Überflutung durch fremde Affekte zu bewahren – insbesondere bei Patienten mit einer schizoiden Abwehr ist dies der Fall. Sie verstehen Empathie als Mitleid, das sie nicht gebrauchen können. Am anderen Ende der Skala stehen Wünsche nach symbiotischer Verschmelzung; Empathie wird hier als Distanzierung empfunden, da sie ein eigenes, vom Patienten getrenntes Gefühlsleben des Therapeuten voraussetzt. Sie empfinden einen Mangel, wenn der Therapeut ihnen gefühlsmäßig nicht ganz gehört, wenn er gleichsam nicht ganz mit dem Kopf des Patienten denkt und mit seinem Herzen fühlt. Wie der Therapeut die emotionale Erfahrung der Empathie dosiert vermittelt, hängt also ganz von der Abwehrstruktur des Patienten ab.

> *Fallbeispiel Elisabeth: Die Jugendliche fühlt sich »gemobbt« und trägt ein großes Misstrauen emotional verbindlichen Beziehungen gegenüber in sich: Th.: »Nach dem, was Sie mir über die verächtliche Missachtung erzählt haben, die Sie von anderen Menschen (Mitschülern, Lehrern usw.) erfahren haben, ist es mir besser nachvollziehbar, dass Sie sich auf Freundschaften nicht einlassen wollen, höchstens im Internet. Ihnen ist der Schutz vor Missachtung ein ganz wichtiges Bedürfnis. Und deshalb sind Sie auch hier vorsichtig, wie weit Sie sich öffnen wollen.«*

> *Rolf, ein fünfjähriger Junge mit Trennungsängsten, erzählt von seinem Großvater in einer Weise, die der Therapeut nicht verstehen kann. Offensichtlich phantasiert der Patient, der Therapeut kenne seinen Großvater oder wüsste zumindest das Gleiche wie er – ein Wunsch nach Ungetrenntheit. Th.: »Ich verstehe, wie gern du mit deinem Opa zusammen bist. Aber nun weiß ich vieles nicht, was du weißt – vielleicht wünschst du dir, dass ich das Gleiche fühle wie du. Nur – das geht nicht, ich bin ja ein anderer Mensch. Aber ich glaube, ich kann deine Erlebnisse mit dem Opa besser verstehen, wenn du mir ein bisschen mehr über ihn erzählst.«*

Zur Empathie gehört auch, dem Patienten zu vermitteln, dass der Therapeut die Sinnhaftigkeit der Abwehrmanöver anerkennt und nachfühlen kann. Was im sozialen Leben des Patienten auf Ablehnung oder Unverständnis trifft, wird hier verstehend aufgenommen – auch dies eine neue emotionale Erfahrung, die einen akzeptierenden Umgang mit sich selbst und eine Abschwächung rigider Über-Ich-Strukturen in Gang setzen kann. Ähnliches gilt für Erlebens- und Verhaltensweisen, die der Patient an sich selbst ablehnt oder die ihm fremdartig vorkommen, die also ich-dyston sind. Anders wird man bei ich-syntonen Phänomenen vorgehen, die v. a. bei frühen Abwehrmechanismen wie Spaltung und Projektion vorfindlich sind. Hier kann die Vermittlung von Empathie darin bestehen, dass man etwa in taktvoller Weise spiegelt, dass man verstanden hat, was sich an projektivem Austausch ereignet und warum es dem Patienten wichtig ist, unerträgliche Gefühle loszuwerden.

Rebekka, eine 18-jährige Jugendliche: »*Ich weiß gar nicht, was mit mir los ist. Ich habe so viel zu tun, aber ich sitze da und starre Löcher in die Luft. Ich kann einfach nicht lernen – aber auch sonst nichts Sinnvolles tun. Dann ist der Tag rum und ich kann nicht schlafen, weil ich denke, ich habe viel zu viel versäumt, und wenn ich schlafe, dann versäume ich ja noch mehr.« Th.: »Ein quälender Zustand.« Pat.: »Ja, und ich weiß mir nicht zu helfen. Früher ist mir alles leicht gefallen, Schule, Musik und noch viele andere Aktivitäten. Meist war ich die Beste und alle haben mich gelobt und bewundert. Heute bin ich völlig unfähig. Ich hasse mich richtig dafür.« Th.: »Da ist etwas Rätselhaftes in Ihnen wirksam, das Ihre Vorhaben untergräbt.« Pat.: »Ich will dieses Rätselhafte nicht. Es soll verschwinden.« Th.: »Es ist ein Teil von Ihnen, der Sie verwirrt und plagt. Und Sie bekämpfen ihn, so gut Sie können. Aber vielleicht hat dieser Teil auch eine wichtige Botschaft?« Pat.: »Was soll das für eine Botschaft sein?« Th.: »Das sollten wir miteinander herausfinden.« Pat.: »Vielleicht habe ich viel zu sehr darauf geachtet, wie ich anderen gefallen kann ...« Th.: »... und dabei weniger darauf geachtet, ob das wirklich Ihren eigenen Bedürfnissen entspricht.« Pat.: »Ich weiß manchmal gar nicht, wer ich selbst wirklich bin.« Th.: »Dann würde dieser rätselhafte Teil von Ihnen ja eine ganz wichtige Frage stellen.«*

Otto, elf Jahre alt: »*Meine Lehrer sind alle ganz miserable Pädagogen. Überhaupt bin ich auf der schlechtesten Schule weit und breit.« Th.: »Ich weiß sehr gut, dass die Schule ein unvollkommenes Unternehmen ist und dass auch Lehrer ihre Mängel haben. Darunter kann man wirklich leiden. Aber nun hast du mir ja oft erzählt, dass du auch nicht gerade ein perfekter Schüler bist.« Pat., grinst: »Na ja, ich komm so durch. Mehr will ich gar nicht.« Th.: »Und doch ärgert es dich, dass du auf die Hauptschule gehen musst.« Pat.: »Mein Freund, der X (ein türkischer Junge), der hat jetzt auf die Realschule gewechselt. Meine Noten sind dafür zu schlecht. Jetzt hab ich niemand mehr.« Th.: »Das tut weh. Kann es sein, dass es dir leichter fällt, damit fertig zu werden, wenn du in anderen das Schlechte siehst?«*

An dieser Stelle lässt sich ein Unterschied zwischen analytischer und tiefenpsychologisch fundierter Arbeitsweise prägnant darstellen: In einer Analytischen Psychotherapie hätte eine Übertragungsdeutung nahegelegen: Gemeint ist der Therapeut, der so miserabel ist, weil er dem Patienten den Verzicht auf unrealistische Größenphantasien und Wunscherfüllungen zumutet. In einer Tiefenpsychologisch fundierten Psychotherapie bleiben wir bei der Bearbeitung der Dynamik der Außenbeziehungen, um die Regressionsneigung zu begrenzen – was bei diesem Patienten in dem Setting der TfP besonders wichtig ist.

7.3.3 Die haltende Funktion des Therapeuten

Winnicott (1974) hat darauf hingewiesen, dass der Therapeut auch eine mütterlich-haltende Funktion dem Patienten gegenüber hat. Das Bedürfnis nach Schutz und Sicherheit ist ein grundlegendes motivationales System nicht allein, aber besonders bei Kindern und Jugendlichen, vor allem wenn das Urvertrauen (Erikson 1966) gestört ist. Die haltende Funktion in der Therapie ist aber nicht allein eine mütterliche, sondern auch eine väterliche: Indem der Therapeut destruktivem Agieren Einhalt gebietet, ein »Halt« signalisiert, vermittelt er eine Erfahrung von Schutz vor den inneren, das Selbst angreifenden zerstörerischen Impulsen. Beide Formen des Haltens vermitteln wichtige emotionale Erfahrungen.

Als Beispiel eine Vignette (sie entstammt einer Analytischen Psychotherapie, lässt sich aber ebenso einem tiefenpsychologisch fundierten Vorgehen zuordnen):

Die Eltern des jetzt zehnjährigen Marco hatten sich getrennt, als der Patient sechs Jahre alt war. Er erlitt wenig später einen dissoziativen Krampfanfall mit temporärem Verlust wesentlicher Ich – Funktionen. Der Patient litt unter schweren Trennungsängsten. Der Therapeut ist während der Therapiepause in den Sommerferien mit seiner Praxis umgezogen. Zu seiner ersten Stunde in der neuen Praxis kommt der Patient jammernd und schreiend. Die Mutter hatte ihn unten verabschiedet, er muss die zwei Stockwerke allein zum Therapeuten hoch steigen. Auf der Treppe bleibt er stehen, wie in der Ambivalenz gelähmt, zum Therapeuten zu kommen oder wieder zur Mutter hinunterzulaufen. Er klagt über Bauchweh. Der Therapeut lässt die Türe offen und sagt: »Ich sehe, wie schwer es dir fällt, in die neuen Räume zu kommen – so allein ohne die Mama. Ich warte auf dich, du kannst hereinkommen, sobald es dir möglich ist.« Aber damit fühlt sich der Patient offensichtlich erst recht im Stich gelassen. Er schreit los, dass es durchs ganze Haus schallt, der Therapeut spürt Ärger und Ratlosigkeit, im Haus gibt es noch andere Parteien, denen ein solches Gebrüll nicht zuzumuten ist. Schließlich nimmt der Therapeut ihn fest bei der Hand und sagt energisch, dass er sofort aufhören soll zu brüllen, und führt ihn in die neuen Räume. Nun sitzt er auf dem Sofa als ein Häuflein Elend und jammert über sein Bauchweh. Er legt sich hin, kuschelt sich in die Kissen. Aber den Worten des Therapeuten schenkt er kein Gehör. Dieser kommt sich vor wie eine Mutter, die nicht für das Kind sorgen kann. Während er da liegt, kämpft der Therapeut mit Versagens – und Schuldgefühlen, aber auch mit seinen therapeutischen Regeln, ob er wohl in ein verfahrensfremdes Agieren gerät, wenn er ihm in Gesten ausdrückt, dass er für ihn da ist. Schließlich deckt ihn der Therapeut mit einer Wolldecke zu und fragt ihn, wie es ihm mit seinem Bauchweh gehe. Er jammert ein bisschen und meint, ein Tee täte ihm gut. Der Therapeut bringt ihm eine Tasse, die Marco, als der Tee etwas ausgekühlt ist, in kleinen Schlucken austrinkt. Dankbar ruht er sich aus, der Therapeut kommt sich vor, als bewache er seine Ruhe, während er über ihn nachdenkt, und als die Stunde zu Ende geht, meint der Patient, es sei jetzt besser, und kann sich ganz freundlich verabschieden.

In dieser Vignette sind beide Formen des Haltens erkennbar.

Im Treppenhaus fühlt sich der Junge von der Mutter im Stich gelassen (wie vom Therapeuten in den Ferien), die ihn alleine hoch schickt (»das muss er lernen«) und einer unbekannten neuen Situation ausliefert, also von ihm eine Progression erwartet, der er in diesem Moment nicht gewachsen ist. In der zunächst abwartenden Haltung des Therapeuten scheint dieser zu einem nicht präsenten Vater zu werden, der den Mutter-Sohn-Konflikt von außen betrachtet, sich aber in seine Räume zurückzieht. Erst dessen energisches »väterliches« Eingreifen scheint dem Jungen so viel Halt zu geben, dass er sich beruhigt und sich nun dem triangulären Raum der Therapie (wieder) anvertrauen kann – in dem er sich aber auch regelrecht fallen lässt. Nun bildet sich im Therapeuten der Konflikt der Mutter ab: Einerseits rigide »Regeln« zu befolgen, die aber lediglich die Berührungsangst abwehren, in welcher die Mutter ihrem Sohn gegenüber gefangen ist (die Mutter wurde als Jugendliche sexuell missbraucht), andererseits aber auch resultierend Schuld- und Versagensgefühle, die dann wiederum zur Unterbindung der Separation führen – eigentlich kann der Therapeut, wie die Mutter, es nicht richtig machen.

Die andere, mütterliche Form des Haltens zeigt sich in den fürsorglichen Gesten des Therapeuten. In einem Zustand wie dem oben beschriebenen lässt sich das oft nicht durch Worte erreichen – Worte scheinen dann wie die Waffen des Therapeuten empfunden zu werden. Der Therapeut hat den Jungen in seinen kindlichen *Bedürfnissen* gesehen und diesen Bedürfnissen gestisch, aber auch aufnehmend entsprochen (es hat sich also nicht um eine *Wunscherfüllung* gehandelt). Die Bedürfnisse waren in dieser Szene einerseits das Bedürfnis nach einem väterlich-strukturierenden Halt, andererseits das Bedürfnis nach einer haltenden, fürsorglich-berührenden Mutter. Erst die Erfahrung des Eingehens auf diese frühen Bedürfnisse sorgt dafür, dass der Patient seinen Raum beim Therapeuten wieder einnehmen und sich vertrauensvoll fallen lassen kann.

Die Vignette zeigt auch etwas von den Erfordernissen der Therapie mit einem strukturell sehr beeinträchtigten Jungen: Dieser muss eine reale und empathische Beziehungserfahrung internalisieren, um einer Reifung und Ordnung seiner inneren Objektwelt willen. Dazu gehört auch, dass er sich in seinen Bedürfnissen wahrgenommen und beachtet fühlt – freilich ohne dass der Therapeut illusionären Wunscherfüllungen nachkommt.

7.3.4 Containing

Das von Bion (1959) entwickelte Konzept des Containing besagt, dass der Patient unerträgliche Gefühle wie existentielle Angst, Hass, Neid und Scham via projektiver Identifizierung im Therapeuten unterbringt, ihn also wie ein Gefäß behandelt, in dem das, was zu einer gefürchteten Zerstörung des Selbst führen könnte, gleichsam deponiert wird. Die projektive Identifizierung hat zumindest zwei

Funktionen: zum einen eine entlastende, weil der Patient damit los wird, was ihm unerträglich ist, zum anderen eine kommunikative, weil der Patient dem Therapeuten unbewusst mitteilt, wie es um ihn bestellt ist. Die Aufgabe des Therapeuten ist, diese Gefühle – die er bei sorgfältiger Gegenübertragungsanalyse als die des Patienten erkennt – zunächst aufzunehmen und in sich zu »containen«, es sich also gefallen zu lassen, wie ihn der Patient gebraucht, ohne dies sofort abzuweisen. In einem nächsten Schritt geht es darum, über diese Affekte nachzudenken, die Bedürfnisse dahinter zu verstehen, sie zu klären und gleichsam zu verdauen, sie umzuwandeln und in sinnhafte Zusammenhänge zu bringen. Diese Metabolisierung führt zu einem neuen Verständnis. Von dieser Basis aus gibt der Therapeut dem Patienten die nun gewandelten und verstehbaren psychischen Elemente in einer verdaulichen Art zurück, so dass dieser sie in einer neuen Form integrieren kann. Der richtige Zeitpunkt ist entscheidend: Der Therapeut sollte so lange abwartend containen, bis der Patient dafür aufnahmefähig ist, aber doch rechtzeitig genug deuten, bevor im Patienten der Eindruck entsteht, im Stich gelassen zu werden. Also: Das Eisen so lange im Feuer lassen, bis es bearbeitbar ist, es dann aber schmieden, so lange es heiß ist. Die emotional korrigierende Erfahrung besteht darin, dass angesichts heftiger, oft destruktiver Affekte nicht zurückgekämpft wird, sondern in gewandelter und integrierbarer Form zurückgegeben wird.

In der o. g. Vignette spielt sich während des Ruhens des Patienten im Therapeuten ein aktiver Vorgang ab: Er denkt über die Affekte nach, die ihm der Patient »aufgebürdet« hat. Dabei spielen Versagensängste und Schuldgefühle eine Rolle, die der Therapeut bedrängend spürt, auch ein Konflikt zwischen rigiden Über-Ich-Forderungen und spontanen, intuitiven Ich-Regungen. Der Patient kann sich von seinem Affektaufruhr erholen, weil er unbewusst spürt, dass dieser im Therapeuten untergebracht ist. Ein Zurückgeben der metabolisierten psychischen Elemente findet in der Stunde selbst nonverbal statt. In der darauffolgenden Stunde ist der Patient für deutende Worte besser erreichbar:

Der Patient kommt ohne Anzeichen von Angst oder Wut gut gelaunt in seine Stunde. Th.: »Ich habe über unsere letzte Stunde nachgedacht. Ich glaube, du hast dich wie in eine fremde Welt geschickt gefühlt, als du in meine neue Praxis kommen solltest. Da habe ich etwas entschieden, wobei du gar nicht gefragt wurdest.« Pat.: »Ich werde ja nie gefragt, wenn etwas passiert.« Th.: »Als der Papa auszog z. B. Oder bei eurem letzten Umzug.« Pat.: »Mir ist es auch zu viel, dass C. und G. (Kinder des neuen Lebenspartners der Mutter) da sind. Es gibt dauernd Streit, und immer bin ich schuld.« Th.: »Vielleicht hast du auch Angst bekommen, ob dein Platz bei mir noch sicher ist?« Pat.: »Jaa ...« Th.: »Im Kopf weißt du schon, dass so ein Umzug manchmal nötig ist. Aber im Bauch hast du eine ziemliche Wut darauf, was ich dir damit zumute, und willst am liebsten mit mir streiten – aber dann fürchtest du dich auch, wieder schuld zu sein.« Pat.: »Ich bin so dumm. Ich will eigentlich die alte Praxis wiederhaben, aber das geht ja nicht.« Th.: »Dieses Gefühl verstehe ich sehr gut. Es ist traurig, wenn man etwas zurücklässt, was gut war, und es macht einen auch zornig. Ich finde, diese Gefühle sind gar nicht dumm.«

7.3.5 Modifizierte Reaktionen auf Emotionen und Affekte des Patienten

Das Konzept der korrigierenden emotionalen Erfahrung sieht vor, dass der Therapeut auf maladaptive Beziehungsangebote anders reagiert, als es der Patient in seinen sonstigen sozialen Bezügen erlebt und erwartet. Dahinter steht die Beobachtung, dass der Patient den Therapeuten unbewusst »testet«, ob dieser genau so ist, wie alle anderen Erwachsenen, oder ob von ihm eine Veränderung wirklich zu erwarten ist (vgl. die Control-Mastery-Theorie von Weiss & Sampson 1986, zusammengefasst in: Brockmann & Sammet 2003). Ein Kind mit zwanghaft-kontrollierendem Verhalten erwartet Anweisungen und klare Spielvorgaben (Pat.: »Wir haben jetzt noch eine halbe Stunde Zeit. Das reicht für drei Spiele. Was sollen wir machen?«) – der Therapeut lässt den Raum offen (Th.: »Du kannst ja ein Spiel aussuchen und dann werden wir sehen, was sich daraus entwickelt.«). Ein Kind mit Enuresis, das sich unruhig von einem Impuls zum nächsten mitreißen lässt, erwartet einen innerlich abwesenden Therapeuten, der alles »laufen lässt« – der Therapeut nimmt eine klare und strukturierende Haltung ein. Ein Kind mit depressiver Problematik erwartet Vorhaltungen und Strafen für aggressive Impulse – der Therapeut zeigt sich akzeptierend und interessiert wütenden Gefühlen gegenüber. Eine Jugendliche erzählt lachend von einer Demütigung durch ihren Freund – der Therapeut bleibt ernst und nachdenklich. Eine andere Jugendliche erwartet die entsetzte Entrüstung des Therapeuten, wenn sie von ihren Schnittwunden erzählt, die sie sich zufügt – der Therapeut bleibt gelassen und fragt, wozu das Schneiden gut ist. Ein Kind erwartet die Abwendung des Therapeuten, wenn es nicht brav ist – dieser aber bleibt emotional präsent und interessiert sich dafür, warum man nicht immer brav sein kann. Ein Jugendlicher erwartet für seine Destruktivität dem Therapeuten gegenüber Rache und Vergeltung – der Therapeut grenzt sich ab, ohne zurückzukämpfen. Ein Kind verführt den Therapeuten zu grandioser Verschmelzung – der Therapeut betont die Unterschiede zwischen seinen Gefühlen und denen des Patienten.

Es versteht sich, dass die Vermittlung solcher alternativer Erfahrungen auf der Basis einer sorgfältigen Gegenübertragungsanalyse erfolgen muss. Auch der Therapeut würde sich außerhalb der therapeutischen Situation vielleicht anders verhalten – das muss er gut unterscheiden.

Meist spürt der Therapeut, in welches Beziehungsmuster er hineingezogen wird und erlebt sich dann selbst in seinen emotionalen Reaktionen unwohl oder unecht. Es genügt, diesen Empfindungen nachzugehen und sie zu reflektieren und zu einer eigenen empathischen und stimmigen emotionalen Haltung zu finden, dann werden seine Reaktionen anders ausfallen, als der Patient sie erwartet. Er muss nicht künstlich oder gar krampfhaft alternative Reaktionen »ausdenken«. Eine solch vorgespielte Haltung würde der Patient schnell durchschauen und er hätte das Gegenteil dessen vor sich, was eine *emotional* korrigierende Erfahrung sein könnte.

> *In dem o. g. Beispiel erlebt sich der Patient selbst als »dumm« – eine Introjektion der Reaktion seiner Objekte, die seine »dummen Faxen« abweisen oder verurteilen. Wo der Patient erwartet zu hören, er sei wirklich dumm mit seinem »Theater«, bleibt der Therapeut bei seiner interessierten Zugewandtheit und anerkennt die damit verbundenen Gefühle, er entkleidet sie expressis verbis ihrer »Dummheit«. Eine solche wiederholte Erfahrung mildert die Selbstverurteilung ab und stellt sie in einen neuen Kontext.*

7.3.6 Die Reflexion des Beziehungsgeschehens in Übertragung und Szene

Wie mit Übertragungen und szenischem Geschehen in der TfP umgegangen wird, wurde in Kapitel 7.1 beschrieben. Insbesondere die Deutung einer negativen Übertragung kann eine neuartige Beziehungserfahrung des Patienten sein. Übertragen werden entwertende, verurteilende, strafende oder abweisende Aspekte von Objektrepräsentanzen oder als defizitär und wertlos empfundene Aspekte von Selbstrepräsentanzen. Indem der Therapeut diese Aspekte aufgreift, werden ängstigende Affekte wie Schamgefühle, Schulderleben oder Wut, aber auch verpönte Phantasien und Wünsche, wohlwollend angesprochen. Allein, dass in einer anderen Weise als verurteilend und verachtend darüber gesprochen werden kann, erleichtert den Patienten. Darüber hinaus vermittelt der Therapeut eine andere Haltung gegenüber dem inneren Erleben des Patienten. Seine Akzeptanz der Anteile, die der Patient bei sich negativ erlebt und mit Verdikten belegt, lädt dazu ein, dass auch der Patient mit sich selbst akzeptierender umgeht, er verinnerlicht allmählich die Haltung des Therapeuten als Haltung zu sich selbst. Die Verbindung von Einsicht und modifiziertem Selbsterleben im Rahmen der therapeutischen Beziehung setzt auch Modifikationen in der Beziehungsgestaltung in Gang: die konflikthafte innere Objektwelt wird besser ausbalanciert und mildert maladaptive Beziehungsmuster ab.

> *Fallbeispiel Elisabeth (17):* »*Sie haben mir einmal gesagt, dass ich von anderen erwarte, dass sie mit mir genauso unbarmherzig umgehen wie ich mit mir. Ich glaube, Sie haben Recht. Ich habe immer noch Angst, dass meine Zukunft versaut wird, wenn ich nicht alles perfekt mache. Aber manchmal kann ich auch davon lassen. Vorgestern habe ich einen langen Spaziergang gemacht mit meiner Kamera – und da war dann das Referat nicht so gut vorbereitet. Aber die Klasse hat so gut mitgemacht, dass es ganz ordentlich wurde. Das hätte ich mir früher nie geleistet, ich glaubte immer, dass man mich für den kleinsten Fehler fertigmacht. Und jetzt war das gar nicht so.*«

Unter dem Gesichtspunkt des szenischen Geschehens versucht der Patient, den Therapeuten in eine Rolle zu manövrieren, die eine innere Szene komplettiert. Das dynamische Wechselspiel zwischen Selbst- und Objektrepräsentanzen wird dergestalt in der therapeutischen Beziehung aktualisiert, dass der Patient etwa die Rolle des Selbst übernimmt, während dem Therapeuten Aspekte des introjizierten Objekts zugewiesen werden; oder der Patient übernimmt den Anteil des Objekts und drängt den Therapeuten in die Rolle des Selbst. Es wird sich nicht vermeiden lassen, die Szene mitzuspielen, einerseits weil die szenische Gestaltung eine Voraussetzung ist, damit überhaupt eine bedeutsame Beziehung entsteht, zum anderen weil erst mit der Rollenübernahme die Szene emotional verstanden werden kann. Die szenische Gestaltung ist im Spiel des Kindes von unmittelbarer Evidenz, sie tritt aber auch in den unbewussten Phantasien zutage, entlang derer Patienten die Beziehung auf die Bühne der Therapie bringen. Die Gegenübertragungsreaktion lässt sich unter diesem Aspekt verstehen als eine szenische Rollenübernahme: Der Therapeut wird zum verachteten Kind, zum idealisierten Kind, zur depressiven Mutter, zur verwöhnenden Mutter, zum abwesenden Vater, zum strafenden Vater usw., damit der Patient die jeweils komplementäre Rolle spielen kann. Das Ganze hat eine Abwehrfunktion – wenn das Kind z. B. den strafenden Vater »spielt«, gelingt ihm die Abwehr der Position des passiv und ohnmächtig Erleidenden durch den Wechsel zur Aktivität. Unschwer lässt sich in der szenischen Gestaltung auch der Wiederholungszwang erkennen. Last not least hat die Szene eine kommunikative Funktion: Sie teilt dem Therapeuten etwas mit über das unbewusste innere Erleben von Introjekten, welches (noch) nicht in Sprache gefasst werden kann: Ähnlich wie im Traum, enthält sie in verdichteter Form das Konfliktmaterial, zunächst jedoch, ohne dem Therapeuten eine distanzierte Betrachtung zu gestatten.

Ein Stück weit muss also der Therapeut die ihm zugedachte Rolle mitspielen. Durch eine sorgfältige Gegenübertragungsanalyse wird es ihm meist gelingen, die Rolle zu erkennen und zu durchschauen. Er muss in der Lage sein, auch wieder aus der Szene herauszutreten. Zum einen dadurch, dass er sie nicht genau so mitspielt, wie der Patient es erwartet, zum anderen dadurch, dass er sie anspricht und deutet.

> *Jan, ein neunjähriger Junge mit frühen Deprivations – und Gewalterfahrungen, hat erhebliche Lernprobleme. Er spielt mit dem Therapeuten Schule, wobei der Patient der Lehrer ist und der Therapeut Schüler. Der Lehrer ist ein strenger und fordernder Mann, er schimpft, verteilt Strafarbeiten und Nachsitzen für geringfügige Fehler und Nachlässigkeiten. Der Schüler hat das ohnmächtige Gefühl, einer beständigen herabsetzenden Kritik ausgesetzt zu sein, obwohl er sich sehr anstrengt, möglichst alles recht zu machen. Er bekommt Lust, sich dem sadistischen Geschehen zu entziehen, indem er den Lehrer auflaufen lässt und albern herumkaspert. Der Therapeut verbalisiert dieses emotionale Geschehen, indem er »zur Seite spricht«: »Es geht mir gar nicht gut in der Schule. Ich gebe mir ja alle Mühe, aber ich kann dem Lehrer nichts recht machen. Immer werde ich bestraft, ich hab schon keine Lust mehr. Ich kann mich nur schützen, indem ich das Ganze ins Lächerliche ziehe.« Der Patient reagiert streng: »So ist Schule nun mal, da kann man nichts machen.« Th.: »Lass uns einmal innehalten. Ich glaube, mit dem Spiel willst du mir etwas zeigen: wie es dir in der Schule geht. Ich soll das nicht nur wissen, ich soll es auch fühlen, wie es ist, wenn man nichts machen kann.«*

Das Spiel lässt drei Ebenen erkennen: Erstens verarbeitet der Patient ein äußeres Geschehen, das er als quälend erlebt und dem er ohnmächtig ausgeliefert ist. Dabei ist die für das kindliche Spielen typische Abwehr der Wendung von der Passivität in die Aktivität zu beobachten. Zweitens bringt das Spiel eine innere Szene auf die Bühne: Ein sadistisches Introjekt, dessen Ursprung wir in den traumatischen frühen Gewalterfahrungen vermuten müssen, steht einem geschwächten und hilflosen Selbst gegenüber, das sich dem grausamen Spiel durch eine gewisse Derealisation und Wendung ins Gegenteil (hier durch Veralbern) entzieht – oder eben sich mit dem Aggressor identifiziert. Drittens aber hat das Spiel auch eine Übertragungsdimension. Der Therapeut ist eigentlich der gefürchtete Sadist, dem sich der Patient so gut es geht unterwirft, was natürlich nie ganz gelingen kann und Schuld und Strafängste nach sich zieht, die wiederum das Selbst schwächen. Diese innere Dramatik lässt sich in eine Deutung fassen, die vom äußeren Geschehen ausgeht:

»*Ich kann mir denken, dass du von dir selbst verlangst, alles ganz besonders recht zu machen, damit du keine Angst haben musst, bestraft zu werden. Und das ist manchmal einfach zu anstrengend und du bist ganz verzweifelt, wenn es dir dann doch nicht gelingt.*«

Die Anmeldesituation im Fall Ortrud (▶ Kap. 5.1) lässt sich als Szene beschreiben. Sie »fällt mit der Tür ins Haus« und stört im Grunde die Stunde mit einem anderen Patienten. Sie kann nicht den üblichen Weg der Anmeldung per Telefon gehen. Der Therapeut fühlt sich überrumpelt, gedrängt, genötigt, die Patientin anzunehmen. Er kommt in die Rolle dessen, der mehr oder weniger widerwillig zustimmt, nachdem sie nun schon einmal gekommen ist. Die Patientin ist in der Rolle eines störenden Kindes, das nur dadurch zu seinem Recht kommt, dass es sich aufdrängt bzw. eindringt. Dabei lauert im Hintergrund die Angst, vor der Türe »stehengelassen« zu werden, also beim Objekt nicht anzukommen.

Das Überraschende an dieser Szene ist, dass der Therapeut die Patientin tatsächlich »außer der Reihe« annimmt – das zeigt etwas von der Wucht der Inszenierung. Die Hintergründe stellen sich dann in der Therapie heraus.

Ortrud ist ein Kind, das die Mutter gegen den Willen des Vaters erzwungen hat. Bereits die Existenz des Kindes begann also mit einer Überrumpelung, und so wird mir die Rolle des genötigten Vaters zugedacht, damit die Patientin das »unschuldig abgelehnte Kind« bleiben kann und keine Verantwortung übernehmen muss. Aber auch in der Beziehung zur Mutter wird diese Szene neu aufgelegt: Auch von ihr fühlt sich die Patientin in ihrem eigentlichen Wesen nicht gesehen und abgelehnt – was gut zur Anfangsszene passt, wenn man sich fragt, welche Funktion ein Kind für die Mutter haben muss, das diese gegen den Willen des Vaters empfängt. Schließlich bildet die Szene auch ein inneres Geschehen ab: Dem Therapeuten gelingt es nicht, seine eigene Struktur zu wahren und zu schützen – er übernimmt den Selbst-Anteil der Patientin, der sich schutzlos einer Manipulation ausgeliefert fühlt. Die Patientin wiederum scheint mit einer mütterlichen, manipulierend-beherrschenden Imago identifiziert.

7.3 Die Bedeutung der therapeutischen Beziehungserfahrung

In einer solchen Initialszene ist eigentlich bereits die gesamte Psychodynamik des Falles enthalten. Es ist für den Therapeuten wichtig, sie sich immer wieder zu vergegenwärtigen und in Verbindung zu bringen mit dem Material, das im Laufe der Therapie auftaucht. Eine frühe Deutung indes ist hier nicht angebracht, zum einen, weil zu Beginn der Therapie die Tragweite und Komplexität der Szene gar nicht verstanden werden kann, zum anderen, weil eine Deutung der Patientin erst dann evident werden kann, wenn die Hintergründe emotional präsent und zumindest vorbewusst geworden sind.

> **Merke**
>
> - Die positive »korrigierende« emotionale Erfahrung in der Therapie ist ein bedeutsamer Wirkfaktor.
> - Dazu gehören unkonventionelle Reaktionen des Therapeuten auf Affekte und die deutende Verbindung zwischen Affekt und Kognition.
> - Je fragiler die Struktur, desto bedeutsamer die Beziehungserfahrung. Je prägnanter die Konfliktpathologie, desto bedeutsamer die Deutungsarbeit.
> - Elemente der positiven emotionalen Beziehungserfahrung:
>   - Akzeptanz, Respekt, Wertschätzung:
>   - Die Introjektion eines hilfreichen »guten« Objekts führt zu einer Modifikation des Selbst- und Objekterlebens;
>   - Empathie:
>   - Anerkennung der Sinnhaftigkeit der Abwehrmanöver oder ich-dystoner Verhaltensweisen;
>   - Haltende Funktion des Therapeuten:
>   - Halt im Sinn von Schutz und Sicherheit,
>   - Halt im Sinn von Begrenzung (z. B. von destruktivem Agieren);
>   - Containing;
>   - Modifizierte Reaktion auf Emotionen und Affekte des Patienten;
>   - Reflexion des Beziehungsgeschehens in Übertragung und Szene:
>   - Der Therapeut greift Aspekte von Selbst- und Objektrepräsentanzen, die im Beziehungsgeschehen zum Vorschein kommen, wohlwollend auf;
>   - Ängstigende Affekte werden aufgenommen und angesprochen;
>   - In szenischen Gestaltungen bringt der Patient seine innere Welt auf die Bühne der Beziehung. Dem Therapeuten wird die Rolle eines introjizierten Objekts oder eines Selbstanteils zugewiesen;
>   - Der Therapeut spielt die Szene mit, tritt aber auch wieder aus ihr heraus und deutet die fokusnahen Elemente;
>   - Wichtig: Gegenübertragungsanalyse!

7.4 Deutungen

In psychoanalytischen Psychotherapien gehen wir davon aus, dass die zunehmende Einsicht in unbewusste Motive und Zusammenhänge und ihre Integration in das Ich, also diejenige psychische Instanz, welche die Vermittlungsarbeit zwischen innerer und äußerer Realität leistet, ein zentraler therapeutischer Wirkfaktor ist. Neben Klarifikation und Konfrontation leistet die Deutung an dieser Stelle die entscheidende Arbeit (Burchartz 2019b). Ein sorgfältiges Augenmerk auf die Deutungstechnik ist daher von großer Wichtigkeit. Die Deutung ist ein Vorgang, der die manifesten Äußerungen des Patienten, seine alltäglichen Beziehungserfahrungen, aber auch die Übertragungs- und Widerstandsphänomene innerhalb der therapeutischen Beziehung, in Verbindung bringt mit dem unbewussten Material, das hinter diesen aktuellen Manifestationen wirksam ist (vgl. Freud 1900a, insbesondere 1926e, S. 249ff.; Laplanche & Pontalis 1972/73, S. 117ff.; Roudinesco & Plon 2004, S. 183ff.). Dabei sollten wir uns stets vor Augen halten, dass der Therapeut nicht über ein gesichertes Wissen über die unbewussten Vorgänge des Patienten verfügt, sich in ihm vielmehr im Rahmen des therapeutischen Prozesses Hypothesen herausbilden. Der Therapeut vermutet unbewusste Determinanten, welche das aktuelle innere Erleben des Patienten und seine aktuellen Beziehungserfahrungen und -gestaltungen beeinflussen oder bestimmen.

Die Deutung steht vor zwei grundsätzlichen Schwierigkeiten:

Zum einen entzieht sich das Unbewusste seiner Natur nach dem Zugang zum Bewussten. Es gibt deshalb keine »richtige« Erfassung und Interpretation des unbewussten Vorgangs unabhängig von einem therapeutischen Beziehungsprozess, an dem die Interaktionspartner beteiligt sind. Die Verknüpfung von Hypothesen zu unbewussten Vorgängen mit manifesten Phantasien, Verhalten und Beziehungsgestaltungen muss deshalb immer vom Patienten selbst verifiziert werden, letztlich ist die Deutung die Leistung des Patienten, die er mit Hilfe des Therapeuten vollbringt – ähnlich wie ja auch ein Traum nicht vom Therapeuten »verstanden« werden kann, sondern vom Patienten mit Hilfe des Therapeuten in seiner Bedeutung erfasst wird.

Zum zweiten ist eine Deutung immer ein Eingriff in die Abwehrstruktur des Patienten und wird deshalb als schmerzlich empfunden. Sie bringt den Patienten in Kontakt mit denjenigen Wünschen, Regungen und Objektbeziehungsphantasien, die verpönt sind, die als schuldhaft oder beschämend erlebt werden, für die Strafe oder Objektverlust gefürchtet wird oder die mit dem Selbstbild nicht in Einklang zu bringen sind. »Kinder machen das oft sehr deutlich, wenn sie sich die Ohren zuhalten oder den Analytiker zum Schweigen bringen wollen, weil ihnen seine Worte weh tun« (Heinemann & Hopf 2015, S. 77). Insbesondere jüngere Kinder, deren symbolische und phantasievolle Produktionen den Therapeuten faszinieren, empfinden deutende Worte darüber mitunter als zerstörerische Waffen, da diese von einem mächtigen Gegenüber ausgehen und sie selbst noch nicht über die Reife der sprachlichen Symbolisierung verfügen wie der Erwachsene. Eine zusätzlich kränkende Dimension kann eine Deutung insbesondere bei Patienten mit strukturellen Entwicklungsdefiziten bekommen: Patienten empfinden sich dann in den Augen des Therapeuten als mangelhaft, eben nicht so, wie sie sein sollten.

Deutungen müssen daher in den Kontext einer haltenden, stützenden, warmherzigen und akzeptierenden Haltung eingebettet sein.

Deutungen werden meist als Verbalisierungen von unbewussten Vorgängen oder von nicht oder nur indirekt wahrgenommenen Emotionen und Affekten verstanden. Das ist aber nur ein Teil der Deutungsarbeit. Ebenso deutend verhält sich der Therapeut durch seine Mimik und Gestik, durch seinen Tonfall und seine Körperhaltung und vor allem in seiner Beteiligung am kindlichen Spiel. Immer aber ist die Deutung eine Mitteilung des Therapeuten, welche explizit oder implizit eine Hypothese über den momentan erlebten psychodynamischen Zustand enthält. Es ist bei der Deutungstechnik deshalb zu beachten, dass nicht allein die Sprache, in der eine Deutung gegeben wird, dem kindlichen Entwicklungsstand angemessen ist, sondern auch die nonverbale Dimension und das spontane oder überlegte Spielverhalten sorgfältig beachtet werden müssen.

Weil sich im aktuellen Erleben des Patienten mit seinen Bezugspersonen, mit dem Therapeuten, in seinen Narrativen, seinem Spiel und seinen Phantasien immer unbewusstes Material manifestiert, kann prinzipiell jede dieser Äußerungen zum Ausgangspunkt einer Deutung werden (▶ Kap. 7.4.1). Dabei lassen sich unterschiedliche Deutungsebenen unterscheiden:

- Die *genetische Deutung* verknüpft gegenwärtige Erlebens- und Verhaltensmuster mit ihrer Entwicklung aus vergangenen Beziehungserfahrungen und ihrer Verarbeitung.
- Die *Abwehrdeutung* stellt einen Zusammenhang her zwischen Wünschen, Handlungsimpulsen oder Affekten und Vorgängen zu deren Umformung im Dienste einer Anpassung. Sie versucht, die Wege zu beschreiben, die von einer verpönten Regung zur Abwehr geführt haben, wobei das Unerwünschte vom Bewusstsein ferngehalten wird. Hierher gehört auch die Deutung aktueller maladaptiver Verhaltensmuster in den Außenbeziehungen des Patienten.
- Die *Widerstandsdeutung* (▶ Kap. 7.2) greift Phänomene aus der Interaktion zwischen Patient und Therapeut auf, die sich einem Fortschreiten der Therapie entgegenstellen, und verbindet sie mit der dahinter vermuteten unbewussten Konfliktdynamik bzw. mit den dem Schutz des Ich dienenden defensiven Manövern.
- Die *Übertragungsdeutung* weist auf den Zusammenhang zwischen der aktuellen therapeutischen Beziehung und den darauf gerichteten Phantasien des Patienten und Personen aus der Vergangenheit oder Gegenwart des Patienten hin. In der Arbeit mit jüngeren Kindern lässt sich zwar ebenfalls von Übertragung im Sinne der Aktualisierung vergangener Beziehungsmodi sprechen, allerdings werden hier ebenso die aktuellen Bezugspersonen im Rahmen der Therapie auftauchen. In diese Kategorie fällt auch die Deutung unbewusster Phantasien, die sich anhand der Person des Therapeuten aktualisieren und die sich auf ihn richten.

- Eine weitere Deutungsebene ist die *Verbalisierung von Emotionen und Affekten*. Dieser Vorgang lässt sich als Deutung begreifen, da insbesondere bei strukturellen Störungen emotionale und affektive Vorgänge weitgehend unbewusst sind bzw. sie Spaltungsmechanismen anheimfallen. Ihre allmähliche Bewusstwerdung mit Hilfe des Therapeuten stellt dem Patienten wesentliche Bereiche seiner Persönlichkeit wieder oder überhaupt erst zur Verfügung und ist häufig Voraussetzung für Deutungen auf den zuvor genannten Ebenen.

In der TfP sind Deutungen, die Regressionsneigungen begünstigen, nur sehr sparsam einzusetzen. Dies ist v. a. bei Übertragungsdeutungen der Fall, da sie in der Regel weitere Übertragungen intensivieren und auf diese Weise eine Verzweigung des therapeutischen Prozesses nach sich ziehen, die von der aktuellen Konfliktzentrierung wegführen. Ähnlich verhält es sich mit genetischen Deutungen. Sie sollten nicht ins »Dort und Damals« der Vergangenheit führen, sondern bezogen bleiben auf die Erhellung des gegenwärtigen Konflikts. Hilfreich ist hier die Unterscheidung zwischen »Vergangenheits-Unbewußtem« und »Gegenwarts-Unbewußtem« (Sandler & Sandler 1985). In der TfP konzentrieren wir uns auf die Erhellung des »Gegenwarts-Unbewußten« und auf seine strukturierende und regulierende Funktion.

Generell erfolgen die deutenden Interventionen des Therapeuten entlang des Fokus (▶ Kap. 5.4).

Zur Vertiefung des Themas der Deutung in Kinderpsychotherapien seien die Arbeiten von Berns (2000), Stork (2001) und Windaus (2007) empfohlen.

Merke

- Eine Deutung verbindet die manifesten Äußerungen des Patienten (Narrative, Spiel, Phantasien usw.) mit der dahinter liegenden unbewussten Dynamik.
- Deutungen sind die Mitteilung einer Hypothese und sie müssen vom Patienten verifiziert werden.
- Deutungen greifen in die Abwehrstruktur ein. Sie müssen eingebettet sein in eine haltende Beziehung.
- Deutungen sollen in einer verständlichen Sprache gegeben werden und die nonverbale Dimension (Gestik, Mimik, Spielverhalten etc.) berücksichtigen.
- Unterschieden werden:
  - genetische Deutung,
  - Abwehrdeutung,
  - Widerstandsdeutung,
  - Übertragungsdeutung,
  - Verbalisierung von Emotionen und Affekten.
- Deutungen beziehen sich in der TfP auf den Aktualkonflikt und auf den Fokus.

7.4.1 Deutungstechniken

Die Deutung darf den Patienten nicht unvorbereitet wie ein Blitz aus heiterem Himmel treffen. Eine psychodynamische Hypothese des Therapeuten, und sei sie noch so plausibel und schlüssig, erreicht den Patienten nicht, wenn sie ein ihm noch fremdartiges und ich-fernes Geschehen zum Inhalt hat. Allenfalls lassen sich vordergründige kognitive Zustimmungen erreichen, die u. U. lediglich der Anpassung an den Therapeuten dienen, den der Patient vielleicht nicht kränken will (wie er sich auch den Erhalt der Zuneigung der Bezugspersonen durch Unterwerfungsvorgänge angelegen sein lässt). Im ungünstigen Fall weckt eine solche unvorbereitete Deutung unnötige Widerstände – und der Therapeut hat sein Pulver verschossen.

Gedeutet wird das, was im Patienten im Verlauf der Therapie vorbewusst auftaucht. Die Deutung ist dann gleichsam die Geburtshilfe für einen Gedanken, der bereits im Patienten schlummert und von diesem entdeckt werden will. Idealerweise ist es dann der Patient selbst, der sich die Deutung mit Hilfe der Formulierung des Therapeuten gibt.

> *Ronny 14 Jahre alt, pflegt temporär in ein exzessives Computerspielen abzutauchen. Seine Schullaufbahn ist von einer Mischung aus Vermeidung und andauernden Misserfolgserlebnissen geprägt. Th.: »Ich würde gerne besser verstehen, was dich so an das Computerspiel fesselt.« Pat.: »Wenn man kurz vor dem nächsten Level ist, dann muss man einfach weiterspielen. Da denk ich an nichts anderes mehr, egal, ob es Tag oder Nacht ist.« Th.: »Und wenn du das nächste Level erreicht hast?« Pat.: »Da kann ich stolz darauf sein. Nicht alle schaffen es bis zum x – ten Level.« Th.: »Da kannst du auf eine Leistung stolz sein ...« Pat.: »Anders als in der Schule. Da kann ich auf gar nichts stolz sein.«*

Es empfiehlt sich, eine Deutung in Frageform zu kleiden oder als Hypothese zu formulieren. Das gibt dem Patienten eine Entscheidungsmöglichkeit, die Deutung anzunehmen oder zurückzuweisen, und unterstreicht, dass es auf den Patienten ankommt, ob die Deutung »richtig« ist (Zur Validierung von Deutungen vgl. Althoff 2019, S. 125ff.). Der Therapeut tritt so als Partner in der Suche nach dem zutreffenden Verstehen auf und nicht in der Position dessen, der Recht haben oder es besser wissen will. Oft wirkt eine solche vorläufige Hypothese im Patienten weiter und taucht an anderer Stelle wieder auf, sie reift gewissermaßen, bis sie im Patienten eine Evidenz erreicht hat, die dieser annehmen kann.

> *Ritterspiel des fünfjährigen Rolf: Th.: »Könnte es sein, dass die Ritter deshalb so eine starke Burg brauchen, weil sie Angst haben?« Pat.: »Nö, Ritter haben keine Angst.« Th.: »Immerhin werden sie von einem starken Drachen bedroht.« Pat.: »Der kann Feuer spucken. Der kann so Feuer spucken, dass alles verbrennt.« Th.: »Auch die Burg?« Pat.: »Nö, die haben ja einen Zauberer, der kann das Feuer wegzaubern.« Th.: »So ein Zauberer ist sehr nützlich. Er schützt die Ritterburg.« Pat.: »Ja, sonst könnten sie nichts gegen den Drachen machen.«*

> *Wenig später, in derselben Stunde, berichtet der Patient, er sei nachts aufgewacht und habe draußen Geräusche gehört. »Das waren bestimmt Räuber, oder Einbrecher. Erst hab ich gedacht, ich hab ja meine Pistole. Aber dann hab ich doch Angst gekriegt und bin zu den Eltern ins Bett.« Th.: »Du wünschst dir in deiner Angst einen guten Schutz. Die Pistole hat nicht ganz ausgereicht, aber die Eltern können einen schützen, wie der Zauberer die Burg schützt.«*

Gedeutet wird von außen nach innen, von der Oberfläche in die Tiefe (vgl. Freud 1905e, S. 169). Dieser Grundsatz der Deutungstechnik sollte besonders in einer TfP sorgfältig beachtet werden. Die Deutungsarbeit beginnt an den bewusstseinsnahen Elementen und führt schrittweise in tiefere und komplexere Schichten des psychischen Geschehens. Aktualkonflikte, deren Bearbeitung in der TfP im Mittelpunkt stehen, sind Abkömmlinge tieferer Konflikte, diese erschließen sich dem Patienten erst, wenn die Dynamik des aktuellen Konflikts in seiner Bedeutung verstanden wird. In der TfP deuten wir nur solche Elemente des tieferliegenden neurotischen Konflikts, die zum Erreichen des auf den Fokus begrenzten Therapieziels dienlich sind.

> *Kim, ein zwölfjähriges Mädchen, entwickelt Schulängste. Nach den Ferien war es ihr nicht möglich, die Schule zu besuchen. Sie hatte große Angst vor einem bestimmten Jungen, der sehr dominant und aggressiv auftritt. Obgleich sich Kim sonst trotz einer gewissen Zurückhaltung angemessen abgrenzen und durchsetzen kann und auch in der Therapie ein gesundes Aggressionspotential zeigt, fühlt sie sich diesem Jungen hilflos ausgeliefert. Die Deutungsarbeit bezieht sich zunächst auf ihre Angst vor männlicher Aggression. Kim entwickelt eine Strategie, wie sie dem Jungen aus dem Weg gehen kann, so gelingt es ihr wieder, in die Schule zu gehen. Im weiteren Verlauf stellt sich heraus, dass sich dieser Junge zwar brutal zu anderen verhält, ihr selbst aber bis auf eine Neckerei nichts angetan hat. Diese Neckerei hatte eine sexuelle Anspielung. Dem Therapeuten wird deutlich, dass es um Triebängste der Vorpubertären geht. Th.: »Wir haben verstanden, dass du dich vor der Aggression von E. fürchtest. Obwohl du ja sonst nicht so ängstlich bist. Kann es sein, dass es auch eine Rolle spielt, dass E. dich fragte, ob du mit seinem Freund M. gehen willst?« Pat.: »Der macht immer so blöde Anspielungen.« Th.: »Er spielt darauf an, dass du ein Mädchen bist und Interesse an Jungen haben könntest.« Pat.: »Das kann ich gar nicht leiden. Und an dem schon gar nicht.« Th: »Vielleicht gibt es auch Jungen, die du nett findest?« Pat: »Ja, schon.« (Zählt welche auf). Th.: »Du interessierst dich für Jungen. Vielleicht schwärmst du auch für einen?« Pat., verlegen: »Ja, schon ein bisschen.« Th.: »Kann es sein, dass du auch Angst davor hast, dass ein Junge deine geheimen Wünsche entdeckt?« Pat.: »Jaa, die soll eigentlich niemand wissen. Höchstens meine beste Freundin.«*

Eine Deutung sollte zum richtigen Zeitpunkt erfolgen. Dafür gibt es einige Kriterien: Das Konfliktmaterial muss durch Klarifikation oder Konfrontation gegenwärtig und lebendig sein, der Patient sollte es emotional erleben und nachvollziehen können, so dass sich unbewusste Zusammenhänge zwanglos erschließen.

Oft kommt es vor, dass der Therapeut im Zweifel ist, ob der Patient eine Deutung erträgt, oder sich fragt, ob er noch zuwarten soll, bis sich der Konflikt deutlicher darstellt. Dann muss er auf die Reaktion des Patienten achten. Ist die momentane Kränkbarkeit hoch, wird er vielleicht von einer naheliegenden Deutung Abstand nehmen und darauf achten, dass das Arbeitsbündnis stabil bleibt. Andererseits kann dann u. U. der Kairos ungenutzt vorübergehen. Ein taktvolles Deutungsangebot kann gleichsam auch probeweise gegeben werden, um zu sehen, ob der Patient dafür bereit ist. Wichtig ist, dass der Patient die Deutung als hilfreich erleben kann. Das ist besonders dann der Fall, wenn der Therapeut konnotiert, dass er eine mögliche Sichtweise auf die Dinge beisteuert, die nicht unbedingt zutreffend sein muss. Auch wenn der Patient der Deutung zunächst nicht zustimmt, kann eine nachdenkliche Betroffenheit oder eine affektive Reaktion anzeigen, dass die Deutung in ihm weiterarbeitet. Oft tauchen dann weitere Assoziationen auf, die im Zusammenhang mit der Deutung stehen.

Deutungen sind nicht am Platze, wenn sich das Kind oder der Jugendliche in einer affektiv aufgewühlten Stimmung befindet. Dann ist zunächst die haltende Funktion des Therapeuten gefragt. Ebenso wenig sollten Deutungen gegeben werden, wenn sich der Therapeut gereizt oder ärgerlich, gelangweilt oder müde fühlt – kurz, wenn er zunächst für sich eine Gegenübertragungsreaktion analysieren und bearbeiten muss. Deutungen werden zu Angriffen, wenn sich der Therapeut mit ihrer Hilfe von eigenen schwer erträglichen affektiven Zuständen zu entlasten trachtet.

Sam, ein elfjähriger Junge (▶ Kap. 7.2.2), lebt mit seinem alleinerziehenden Vater zusammen. Dieser ist tagsüber beruflich beschäftigt. Sam kommt aufgelöst in die Stunde. Er habe sein Handy vergessen. Jetzt könne er nicht von seinem Vater erreicht werden und könne ihn auch nicht anrufen. Einen konkreten Anlass für einen notwendigen Anruf gibt es nicht, allein, dass die Verbindung nicht möglich ist, versetzt den Jungen in Alarmbereitschaft. Es läge nun nahe, seine Trennungsangst zu deuten und in Verbindung zu bringen mit seinen Versuchen, das Objekt zu kontrollieren; schließlich könnte der Therapeut auch darauf eingehen, wie schwer dem Patienten das Ende der letzten Stunde gefallen ist. Aber das würde ihn, aufgewühlt, wie er ist, in eine Rechtfertigungsposition bringen, warum er eben unbedingt ein Handy braucht usw. So belässt es der Therapeut dabei, die Angst des Patienten aufzunehmen und mit ihm auszuhalten. Th.: »Es macht dich ganz verzweifelt, wenn dir eine Verbindung zu deinem Vater eine Zeitlang nicht möglich ist.« Pat.: »Ja, es könnte ja etwas passieren. Ich könnte mit dem Fahrrad hinfallen und dann liege ich da ...« Th.: »Du hast Angst, dass dann niemand für dich da sein könnte?« Pat.: »Genau.« Th.: »Es ist schwer auszuhalten, wenn man sich so allein fühlt.« Pat.: »Eigentlich bin ich immer allein.«

Am Ende der Stunde deponiert der Patient eine Bastelarbeit, die in der Stunde entstanden ist, sorgfältig in seiner Schachtel. Th.: »Ich glaube, dass diese Schachtel und was drinnen ist, zwischen uns eine Verbindung herstellt. Ich bewahre etwas von dir bei mir auf, und du kannst dich daran erinnern. Vielleicht ist das so etwas Ähnliches wie ein Handy, nur in der Phantasie.«

7 Durcharbeiten

Elisabeth, eine 16-jährige Jugendliche mit autoaggressiven Handlungen, verharrt über viele Stunden hinweg in der Haltung, dass sie keine Aggressionen kenne. Allmählich verändert sich ihre Haltung, die sozialen Ängste gehen zurück, sie wagt es, sich in der Schule offener zu präsentieren, mit guten Erfahrungen. Zwei schmerzliche Verlusterlebnisse hatten in ihr Trauer ausgelöst, sie gönnte sich in dieser Zeit, nicht mehr so perfektionistisch sein zu müssen. In eine Stunde kommt sie voller Ärger: Die Klassenarbeiten häufen sich, in der letzten kam ein Stoff dran, der nicht behandelt wurde, manche Lehrer seien unzugänglich und rücksichtslos. Th.: »Du fühlst dich ungerecht behandelt. Ich glaube, dein Gefühl ist ganz stimmig. Es ist einfach auch ein Teil der schulischen Realität. Da geht es manchmal ungerecht zu.« Pat.: »Mich ärgert das einfach. Ich will mir nicht den Notendurchschnitt verderben lassen.«

Der Therapeut sieht den richtigen Moment für eine Deutung: »Jetzt spürst du Ärger und Wut über das Versagen der Erwachsenen. Kann es sein, dass du das früher erst gar nicht spüren konntest?« Pat., überrascht: »Ja, das hätte ich nie zugegeben.« Th.: »Ich könnte mir vorstellen, dass dein Schneiden deshalb zurückgegangen ist, weil du die Aggression anerkennen und ertragen kannst, die in Beziehungen entsteht.«

Mitunter kommt es vor, dass die Reaktion des Patienten dem Therapeuten klarmacht, dass er mit seiner Deutung danebengelegen hat. Mögliche »falsche« Deutungen sollten jedoch nicht Anlass sein, übertriebene Vorsicht bei der Deutungsarbeit walten zu lassen, sofern die bisher genannten Grundsätze beachtet werden. Wichtig ist, freimütig anzuerkennen, dass man mit dem Deutungsangebot offensichtlich nicht das Richtige getroffen hat. Oft erschließt sich aus dem expliziten oder impliziten Protest des Patienten neues Material, das wichtige Aspekte auf eine bisher verborgene Dynamik erlaubt. Indem der Therapeut anerkennt, dass er sich irren kann, wird das Arbeitsbündnis eher gestärkt und die Eigenverantwortlichkeit des Patienten für den therapeutischen Prozess unterstrichen.

Lucie, eine 19-jährige Adoleszente mit einer Essstörung, beschäftigt sich mit ihrer Beziehung zum Vater, der die Familie verlassen hatte, als sie dreieinhalb Jahre alt war. Sie nimmt sich selbst – entgegen aller Realität – wahr als »dumm und hässlich«. Wie sie psychisches Geschehen am Körper abhandelt, ist bereits verstehbar geworden. In der Szene präsentiert sie sich als anziehende und außerordentlich kluge junge Erwachsene, bemüht sich aber zugleich darum, dass der Therapeut sie unsympathisch findet. Der Therapeut gibt folgende Deutung: »Vielleicht haben Sie Ihr Begehren, das sie auf den Vater gerichtet hatten, als etwas Bestrafungswürdiges angesehen, nachdem er Sie verlassen hat. Und nun bestrafen Sie Ihren Körper, indem Sie ihn verachten.« Pat., nach einer Zeit des Nachdenkens: »Nein, das stimmt nicht. Mein Vater hat mich immer überschüttet mit dem, was er für seine Liebe hält. Im Gegenteil: Seine Berührungen hatten immer etwas Unangemessenes, Bedrängendes, auch heute, wenn er mich bei einer Begegnung umarmt.« Th.: »Da habe ich wohl mit meiner Bemerkung nicht das Richtige erfasst. Könnte es eine andere Funktion haben, dass Sie sich selbst ›dumm und hässlich‹ machen?« Pat.: »Manchmal glaube ich es selbst nicht mehr. Ich glaube, es ist eine Art Schutz, dass mir nicht jemand zu nahe kommt.«

> **Merke**
>
> - Gedeutet wird,
>   - was im Vorbewussten des Patienten auftaucht,
>   - in Frageform oder als Hypothese formuliert,
>   - von außen nach innen,
>   - zum richtigen Zeitpunkt,
>   - unter Beachtung der Reaktion des Patienten.
> - Keine Deutung in affektiv aufgeladener Stimmung und bei ungeklärter Gegenübertragung!
> - »Falsche Deutungen« werden offen kommuniziert.

7.4.2 Die Rolle des Therapeuten im Spiel

Wie in Kapitel 6.5 dargestellt, enthält die Art und Weise, wie der Therapeut im gemeinsamen Spielen mit dem Kind reagiert, wie er die ihm zugewiesene Rolle ausfüllt bzw. nicht ausfüllt, bereits eine Deutung. Sie besteht darin, dass die unbewussten Konflikte und defensiven Manöver, die kompensatorischen Versuche, strukturelle Defizite zu bewältigen, in Verbindung gebracht werden mit einer bewusstseinsnahen manifesten Spielhandlung. Spielerische Interventionen haben den unschätzbaren Vorteil, dass sie unbewusstes Material mit aktuellem Geschehen in Verbindung bringen auf einer kommunikativen Ebene, die dem Kind unmittelbar zugänglich ist. Die verbale Übermacht des Therapeuten, die oft zu paranoiden Gefühlen und Reaktionen bei kindlichen Patienten führt und auf diese Weise rein sprachliche Deutungen ins Leere laufen lässt, wird so relativiert. Zudem kann der Therapeut im Spiel die fokusnahen Elemente zwanglos aufgreifen.

Die Deutung im Spiel bleibt jedoch unvollständig, wenn einfach nur mitagiert wird. Ein der Entwicklungsstufe angemessenes explizites Verstehen durch gemeinsames Nachdenken über das Erlebte muss hinzukommen, um sich nicht dem Wiederholungszwang zu unterwerfen (Beispiel Jan, ▶ Kap. 7.3.6).

Der Therapeut kann in einem Rollenspiel aus seiner Rolle heraus seine Befindlichkeit laut reflektieren. Er kann dies verknüpfen mit dem ihm bekannten oder von ihm vermuteten Erleben des Patienten in seinen Beziehungen und so dem Geschehen eine Bedeutung geben.

Eine gute Möglichkeit ist es, im Symbolspiel des Kindes die Rolle einer Figur zu übernehmen oder sich als eine neue Figur einzubringen. Er unternimmt es dann, als diese Figur zu sprechen und auf verborgene Gefühle, Wünsche, Absichten hinzuweisen. Eine solche Figur kann ein Alter Ego sein, eine komplementäre Rolle übernehmen oder bestimmte Aspekte des Selbst repräsentieren.

Kreative Gestaltungen wie Bilder, Knet- oder Tonfiguren eignen sich gut, um in die Rolle dargestellter Elemente zu schlüpfen und sich auszumalen, wie sich diese fühlen, was sie beabsichtigen oder wovor sie sich fürchten.

7 Durcharbeiten

Immer geht es bei diesen spielerischen Deutungen um eine Verknüpfung: Affekte, Phantasien, Handlungen werden in Verbindung gebracht mit der Beziehung zwischen Patient und Therapeut, zwischen Patient und Bezugspersonen.

Es lässt sich nun der kritische Einwand geltend machen, ob der Therapeut damit nicht seine Neutralität verliert, die darin besteht, dass er alle Persönlichkeitsanteile des Patienten gleichermaßen anerkennt, was nur aus einer gewissen gleichmäßigen Distanz heraus möglich ist. Ebenso könnte man einwenden, dass der Therapeut in die freie Assoziation im Spiel manipulierend eingreift.

Diese Einwände lassen sich durch die Überlegung entkräften, dass jede Deutung, auch die rein verbale, Anteile enthält, welche auf ein Ungleichgewicht der inneren Instanzen und der Objektrepräsentanzen einwirken. Gegen ein rigides Über-Ich wird eine geschickte Deutung das Ich stärken, gegen Größenphantasien die Realität ins Spiel bringen, gegen das Hypertrophieren des Lustprinzips Grenzsetzungen deutlich machen, gegen das Verleugnen von Trennungen und Verlusten Trauerprozesse in Gang setzen usw. Das zentrierende gezielte Aufgreifen bzw. Nicht-Beachten bestimmter Assoziationsstränge wiederum ist konstitutives Merkmal des fokussierten Arbeitens, wie es für die TfP charakteristisch ist.

> *Ulrike, ein achtjähriges Mädchen mit Trennungsängsten, inszeniert ein Handpuppenspiel. Darin kommt ein Teufel vor, der die Prinzessin raubt und alles im Königsschloss durcheinanderbringt. Der König wirkt hilflos und weiß nicht mehr aus noch ein. Die Prinzessin macht den Eindruck, als sehne sie sich einerseits nach Befreiung, andererseits scheint sie in der Hölle nicht nur unglücklich zu sein, denn sie schickt den Kasper, der ihr zu Hilfe kommt, zurück ins Schloss. Der Therapeut nimmt eine Frauenfigur und schlüpft in die Rolle der Großmutter des Teufels. Zum Teufel: »Du weißt doch, du sollst keine Prinzessinnen rauben. Das bringt sie nur durcheinander. Du kannst dir von mir den Kopf kraulen lassen.« Zur Prinzessin: »Ich glaube, du bist ein wenig neugierig, wie es beim Teufel aussieht. Schau dich ruhig um, ich sorge dafür, dass der Teufel dir nichts tut.« Daraufhin spricht die Patientin als Prinzessin zum Teufel: »Du bist echt hässlich und böse. Du siehst schon so aus. Nur gut, dass du in der Hölle wohnst.« Th., als Großmutter: »Aber irgendwie scheinst du Gefallen daran zu finden, dass dich der Teufel geraubt hat.« Pat., als Prinzessin: »Nur, weil es im Schloss immer so langweilig ist.« Th., als Großmutter: »Ich glaube, du möchtest manchmal weg aus dem Schloss und die Welt da draußen erkunden. Aber das traust du dich nicht. Und da ist es dir ganz recht, dass dich der Teufel entführt hat.« Pat., als Prinzessin: »Aber meine Eltern sind jetzt bestimmt traurig ...« Der Therapeut legt die Handpuppe beiseite und sagt: »Wenn die Prinzessin ihre Eltern zurücklässt im Schloss, um etwas anderes kennenzulernen, kommt sie sich so böse vor, als würde sie sich mit dem Teufel verbünden. Es kommt mir so vor, als würdest du dich oft so ähnlich fühlen wie die Prinzessin. Zum Beispiel, wenn du eigentlich mit zum Übernachten in der Schule willst, und dann doch so ein höllisches Bauchweh kriegst.«*
>
> *Bastian, ein zehnjähriger Junge, dessen Eltern sich getrennt haben und der sich nun zwischen zwei Patchwork – Familien hin – und hergerissen fühlt, malt ein Bild mit einem außerirdischen Wesen, das mit einem riesigen, dreieckigen Kopf mit mehreren*

Stielaugen und zwei großen Ohren ausgestattet ist, langen, spinnenartigen Armen und Beinen mit Krallen und einem winzigen Körper. Das Wesen macht einen roboterhaften Eindruck. Es schwebt allein im Weltraum, der mit Sternen und einem kleinen Planeten angedeutet ist. Th.: »Wenn ich mich in das Wesen hineinversetze, kommt es mir ziemlich einsam und heimatlos vor. Vielleicht hält es mit seinen Augen Ausschau nach anderen Lebewesen und horcht mit seinen Ohren, ob es Geräusche von anderen hören kann.« Pat.: »Es ist nirgends zu Hause. Es schwebt durch den Weltraum.« Th.: »Ob es sich vielleicht sehr allein fühlt?« Pat.: »Vielleicht schon. Aber eigentlich ist das so bei solchen Wesen.« Th.: »Wo kommt es denn her?« »Es kommt aus einem Ei. Das schwebte auch im Weltraum.« Th.: »Ein Ei. Dann ist es vielleicht aus einer Verbindung zwischen einer Mutter und einem Vater entstanden?« Pat.: »Nee, da gibt es keine Mütter und Väter. Die braucht man nicht. Jedes Wesen kann so ein Ei alleine machen.« Th.: »Mir kommt der Gedanke, dass du dich vielleicht auch so fühlst, dass du nirgends richtig zu Hause bist. Und du fragst dich, ob es keine Verbindung zwischen einer Mutter und einem Vater geben muss, um ein Kind zu haben?« Pat.: »Ja, ich weiß schon, dass es so ist. Aber meine Eltern mögen sich nicht. Eigentlich gehöre ich nirgendwo hin.«

Diese Sequenz regt in dem Patienten ein weiteres Bild an: Er malt einen Planeten, der ein lachendes Gesicht hat und in dessen Krater sich mehrere ähnliche Wesen häuslich eingerichtet haben, als Schutz vor Meteoriten-Einschlägen. Th.: »Das Wesen und seine Freunde müssen sich selbst ein Zuhause schaffen.« Pat.: »Jetzt sind sie wenigstens nicht allein.«

Merke

- Wie der Therapeut mit dem Kind spielt, ist bereits eine implizite Deutung.
- Hinzu kommt die Verbalisierung;
- Aufgreifen der fokusnahen Elemente und Assoziationsstränge im Spiel;
- Rollenübernahme und Verbalisieren der Befindlichkeit;
- als Spielfigur unbewusste Vorgänge, Affekte etc. ansprechen;
- identifizierende Exploration kreativer Gestaltungen.

7.4.3 Den Affekten einen Namen geben

Kinder und Jugendliche, die nicht ausreichend gute Beziehungserfahrungen mit den frühen Objekten verinnerlichen konnten, leiden häufig unter Mängeln in der Wahrnehmung und Differenzierung von Emotionen; sie können ihre Affekte nicht innen halten und kontrollieren, sondern tragen sie ungefiltert in die soziale Umgebung. Emotionales Erleben und affektive Impulse sind daher weitgehend unbewusst. Hier ist die Arbeit an der Struktur vordringliche Aufgabe der Deutungsarbeit. Diese verknüpft das aktuelle Geschehen mit der Exploration und der Benennung der zugehörigen Gefühle (▶ Kap. 7.4.4 »Mentalisieren«). Die Differenzierung diffuser aggressiver Stimmungen und die Benennung einzelner Gefühlskomponenten wie Ärger, Wut, Neid oder Eifersucht trägt erheblich zur Strukturbildung bei, ebenso die explizite Verbalisierung libidinöser Gefühle und Impulse wie Begehren, Sehnsucht, liebevolle Regungen und Bedürfnisse nach Wiedergutmachung. Die genaue Arbeit an der aktuellen Genese der Beziehungsszenen entlang unerkannter emotionaler Motive bedeutet für den Patienten eine Erweiterung der Steuerungsfunktionen des Ich und bringt manche Aha-Erlebnisse in die Therapie.

> *Sergej, ein zwölfjähriger Junge mit aggressiven Affektdurchbrüchen (▶ Kap. 6.9), schildert einen seiner »Ausraster«. Er verweigert sich einer Aufgabenstellung durch die Lehrerin, von der er sich überfordert fühlt, beschimpft sie heftig, wirft Stühle im Klassenzimmer um und greift einen Mitschüler an.* Th.: »Wie bist du denn in diese verzweifelte Stimmung geraten?« Pat.: »Ich weiß nicht. Ich hab halt einfach die Aufgabe nicht verstanden und sie hat's nicht noch einmal erklären wollen.« Th.: »Vielleicht warst du vorher schon in schlechter Stimmung?« Pat.: »Die J. (ein Mädchen, mit der er sich angefreundet hatte) hat gesagt, ich soll mich raushalten, sie braucht mich nicht.« Th.: »Wobei?« Pat.: »Sie hat sich verletzt und ich wollte ihr helfen.« Th.: »Du wolltest ihr helfen und sie hat dir bedeutet, dass du jetzt gar nicht so wichtig für sie bist.« Pat.: »Genau.« Th.: »Kann es sein, dass es dich sehr verletzt und kränkt, wenn du das Gefühl bekommst, nicht wichtig für andere zu sein?« Pat.: »Ja, das macht mich total wütend.« Th.: »Ich verstehe, dass Wut in dir aufsteigt, wenn du dich zurückgesetzt fühlst. Aber ich glaube auch, dass du das erst einmal gar nicht spürst, weil du ja weiterhin gemocht werden willst. Und bei nächster Gelegenheit platzt es aus dir heraus.« Pat.: »Ich glaub, ich lass es dann an anderen raus.« Th.: »Und du merkst es nicht rechtzeitig.« Pat.: »Manchmal schon. Dann spüre ich diese Wut in mir aufsteigen und ich kann dann einfach rausgehen und mich wieder abregen.« Th.: »Mir kommt es so vor, als komme diese Wut über dich wie eine Welle, die alles wegschwemmt. Aber ich sehe auch, wie es dir immer besser gelingt, Dämme dagegen aufzurichten. Das könntest du ausbauen, indem du dein Gefühl erst einmal in dir drin spürst, anstatt es gleich rauszulassen.«

Die Weiterarbeit an dieser Stelle kann mit Hilfe einer genetischen Deutung erfolgen, die auf das aktuelle Konfliktgeschehen zentriert ist. In diesem Fall überwiegt im Therapeuten der Eindruck, der Patient könnte bereit sein, noch einen Schritt weiterzugehen, zumal er die entscheidende Einsicht selbst formuliert hat.

> Th.: »Ich erinnere mich, wie du mir erzählt hast, dass du deiner Mutter immer sehr geholfen hast, wenn es ihr schlecht ging, besonders dann, wenn dein Vater sie misshandelt hat. Du konntest dir sicher sein, dass deine Mutter dich liebt, solange du wichtig für sie warst.« Pat.: »Irgendwie schon.« Th.: »Und wie kam es, dass du das Gefühl bekamst, nicht mehr wichtig zu sein?« Pat.: »Als der K. (neuer Partner der Mutter) kam. Eigentlich schon früher. Als meine Schwester zur Welt kam. Da fing das mit den Ausrastern im Kindi an.« Th.: »Da hat es auch Frauen als Erzieherinnen gegeben.« Pat.: »Ja, klar. Sie meinen, es hat etwas mit Frauen zu tun?« Th.: »Möglich. Zumindest fällt mir auf, dass du besonders heftig reagierst, wenn du dich

von Mädchen oder Frauen unwichtig gemacht fühlst, besonders dann, wenn du es eigentlich gut meinst.«

Elisabeth, eine 17-jährige Jugendliche, die sich schneidet, bekennt verschämt, wie schwierig es für sie ist, wenn der Sommer kommt. Sie könne dann ihre Schnittwunden nicht mehr so gut unter langen Pullover – Ärmeln verbergen. Th.: »Du möchtest das Schneiden vor anderen verbergen. Vielleicht schämst du dich dafür?« Pat.: »Es geht einfach niemanden etwas an. Es kommen dann immer so Fragen.« Th.: »Fragen, die du nicht beantworten willst.« Pat.: »Die man eigentlich auch nicht beantworten kann.« Th.: »Weil es dir selbst etwas rätselhaft ist, warum du das tun musst?« Pat.: »Es erleichtert mich einfach, ich fühle mich nachher gut und entspannt.« Th.: »Es löst eine Spannung. Könnest du die etwas genauer beschreiben?« Pat.: »Es kommt immer, wenn mich die anderen wieder ärgern und verspotten. Ich versteh das nicht. Wie man so sein kann. Seit ich denken kann, haben sie mich gemobbt.« Th.: »Das tut in der Seele weh. Und ich kann mir vorstellen, dass es auch wütend macht.« Pat.: »Ach, eigentlich macht es mir nichts aus. Ich bin das gewöhnt.« Th.: »Kann es sein, dass du den seelischen Schmerz wegdrückst, weil du es sonst nicht aushalten würdest?« Pat.: »Ich muss ja so tun, als mache es mir nichts aus. Sonst wird's ja nur noch schlimmer.« Th.: »Mir scheint, dass du dich da doppelt ausgeliefert fühlst. Einerseits an das, was du von anderen erlebst, andererseits aber auch an deine schmerzlichen Gefühle, gegen die du dich nur wehren kannst, indem du sie ignorierst.« Pat.: »Ja, so ungefähr ist das. Ich mag solche Gefühle nicht.« Th.: »Wenn du dich ritzt, hast du den Schmerz selbst in der Hand. Vielleicht verwandelst du da den seelischen Schmerz in einen körperlichen. Und der geht vorüber und löst die innere Spannung.« Pat.: »Dann hätte das Schneiden ja schon einen Sinn.« Th.: »Ja, das glaube ich auch. Nur dass es das eigentliche Problem nicht löst und dich wiederum in andere Schwierigkeiten bringt ...«

> **Merke**
>
> Insbesondere bei strukturellen Mängeln ist die Arbeit am emotionalen Erleben wichtig durch:
>
> - Verknüpfung des aktuellen Konfliktgeschehens mit der Exploration und Benennung von Emotionen und Affekten,
> - genaue Differenzierung der Gefühle.

7.4.4 Mentalisieren

Wie bildet sich im Menschen eine Vorstellung von mentalen Vorgängen wie Fühlen, Denken, Wünschen, Befürchten sowie Intentionen – und zwar sowohl bei sich selbst als auch bei anderen Menschen? Gewiss werden innere Zustände von Säuglingen und Kleinkindern zunächst »erlebt«: Hunger, Sättigung, Sehnsucht, Schmerz Verzweiflung, Befriedigung, wohltuende Nähe usw. sind unmittelbar spürbar, es kann über sie nicht nachgedacht werden, sie können nicht antizipiert werden, weil sie noch keinen inneren Raum gefunden haben, in dem sie repräsentiert wären. Entsprechend können Kinder in diesem frühen Entwicklungsstadium auch nicht erfassen, welche Gefühle, Motive und Absichten ein anderer Mensch in seinem Inneren hegt. Erst allmählich entwickelt sich eine »theory of mind«, eine Reflexionsfunktion, und zwar sowohl kognitiver als auch affektiver Art. Das »Transformieren eines präreflektierenden Erlebens mentaler Zustände in ein reflektierendes Verstehen dieser Zustände« (Fonagy et.al. 2002, S. 39) ist Thema des Mentalisierens. »Wir bezeichnen diese Fähigkeit ... sich mentale Zustände im eigenen Selbst und in anderen Menschen vorzustellen, ... als ›Mentalisierung‹« (Fonagy et. al. 2002, S. 31).

Unter psychoanalytischem Blickwinkel widmeten sich v. a. Peter Fonagy und seine Arbeitsgruppe der Frage, wie die Fähigkeit zum Mentalisieren entsteht. Ihrer Auffassung nach geht sie aus einem frühen Affektaustausch zwischen Pflegeperson – zumeist die Mutter – und Kind hervor, in dem die Mutter die inneren Zustände des Kindes aufnimmt und emotional, verbal und handelnd beantwortet (»Affektspiegelung«).

Nun kann es geschehen, dass der Affekt der Mutter sehr nahe am Affekt des Kindes liegt. Wenn z. B. ein Kind Angst bekommt, kann dies eine Angst der Mutter hervorrufen, die u. U. aus Quellen früherer unverarbeiteter Angstzustände stammt. Dann sind beide Kommunikationspartner in Angst verstrickt, das Kind kann nicht mehr unterscheiden, welches die eigene Angst und die der Mutter ist. Damit aber wird das Kind von Angst überschwemmt, eine Affektberuhigung kann nicht eintreten. Ein solcher Vorgang ist – um bei der Spiegel-Metapher zu bleiben – eine unendliche »Spiegelung« der immer wieder selben Angst, wie zwei Spiegel, die ihr eigenes Bild ständig hin- und her reflektieren. Es muss zur bloßen »Spiegelung« also noch ein zweiter Vorgang hinzukommen, der dem Kind erlaubt, seinen eigenen affektiven Zustand von dem der Mutter zu unterscheiden.

Ist der Affekt der Mutter jedoch zu weit von dem Affekt des Kindes entfernt, erfolgt ebenso keine Regulation und das Kind wird von fremdartigen Affekten überschwemmt und schlimmstenfalls traumatisiert. Das geschieht z. B., wenn die Angst des Kindes für die Mutter so bedrohlich ist, dass sie mit Flucht oder Aggression reagiert. Dabei wird das Kind den Affekt der Mutter als nicht kongruent empfinden: Die Angst des Kindes verstärkt sich. Solche scheiternden Affektspiegelungen stehen nicht selten am Grund frühkindlicher Regulationsstörungen.

Eine Mentalisierung, also eine differenzierte Wahrnehmung eigener und fremder mentaler Zustände erfordert einen Vorgang, der »markierte Spiegelung« genannt wird. Mütter reagieren meist intuitiv mit einer »Ammensprache«, welche diesen Unterschied markiert.

Beispiel:

> *Ein Kind weint und schreit, es hat Hunger und die nahrungsspendende Nähe der Mutter lässt auf sich warten. Das Kind bekommt Angst. Die Mutter, mit etwas anderem beschäftigt, vielleicht der überlaufenden Milch auf dem Herd, kommt in*

> *Stress, sie spürt, wie schwer es das Kind jetzt hat mit seinen unregulierten Affekten. Endlich ist sie beim Kind, nimmt es auf den Arm und spricht mit ihm: »Oh je, jetzt hast du solange warten müssen, was muss das für eine Not sein, aber jetzt bin ich ja da und der böse Hunger hat ein Ende...« In Sprache und Duktus hört sich die Mutter völlig anders an, als sie sonst – etwa mit Erwachsenen – spricht.*

Mit der Markierung macht die Mutter intuitiv deutlich, dass sie jetzt vom dem Affekt des Kindes spricht – und nicht etwa vom eigenen. »Das Ergebnis besteht darin, daß der Säugling den markierten Spiegelungsreiz referenziell als Ausdruck seines eigenen Selbstzustandes verankert« (Fonagy et al 2002, S. 186; Hervorhebung F. et al.).

Reagiert die Mutter jedoch aufgrund eigener Beeinträchtigung wort- und emotionslos, etwa weil sie in einer Depression erstarrt ist, oder wütend und ablehnend, weil sie das Schreien des Säuglings als Angriff erlebt, wird das Kind keine Affektberuhigung erfahren; es werden ihn eigene und fremde Affekte überfluten und keine Repräsentanz finden.

In dieser »markierten« Antwort steckt mithin eine Bedeutungsgebung: In der Reaktion des Anderen erkennt das Kind allmählich sich selbst; die Repräsentanz seines Zustandes im Anderen wird zur Repräsentanz in ihm selbst. Durch die wachsende Koordinierung dieser Repräsentationen erhält das Kind Informationen über mentale Vorgänge: »Für das Kind bezieht der Affekt seine Bedeutung oder seinen Sinn aus der integrierten Repräsentanz seines eigenen Affekts und des mütterlichen Affekts.« (Fonagy et.al. 2004, S. 44) Von hier aus wird es dem Kind möglich, zwischen dem mentalen Funktionieren der Mutter und seinem eigenen Ähnlichkeiten und Unterschiede zu erkennen. Dies ermöglicht dem Kind eine zunehmende Subjekt-Objekt-Differenzierung und eine wachsende Fähigkeit zur Affektregulierung (Burchartz 2019c, 2021). Deutlich wird hier, dass Bindung und Mentalisierung in einem engen Zusammenhang stehen.

Mentalisierende Vorgänge gehen über die frühe Mutter-Kind-Beziehung weit hinaus. So ermöglicht die Triangulierung, die Beziehung zu einem Dritten, etwa dem Vater, andere Bedeutungsgebungen und Differenzierungsmöglichkeiten (▶ Kap. 6.8). Man kann sagen, dass die grundlegende triadische Struktur des menschlichen Daseins eine mentalisierende Potenz enthält (Garstick 2019, Müller-Pozzi 2015).

Mentalisierung geht auch aus sozialen Prozessen hervor, i. W. sind dies das Als-Ob-Spiel, das Sprechen und die Peergruppen-Interaktion (Fonagy et al 2002, S. 55ff.).

Ähnlich wie »Halten« und »Containing« frühe Austauschprozesse in der therapeutischen Situation abbilden, so hat auch die Therapie eine mentalisierende Funktion. Besonders eindrücklich haben dies Diez Grieser und Müller (2018) beschrieben.

In der Therapie wird die Aufmerksamkeit des Kindes auf das Beziehungsgeschehen und innere Zustände gelenkt. Auf einer zweiten Ebene werden affektive Zustände mithilfe von markierter Spiegelung wahrgenommen, verstanden und verbalisiert. Handlungen werden so in Verbindung gebracht mit ihren mentalen Inhalten (Diez Grieser & Müller 2018, S. 148f.), Affekte finden zu einer inneren

Repräsentanz. Auf einer dritten Ebene werden mentale Vorgänge bei sich und anderen in ihrer Wechselwirkung und Kausalität verknüpft. In allen diesen therapeutischen Interventionen steckt eine Bedeutungsgebung, die schließlich auf der vierten Ebene mit biografischen, interpersonalen und intrapsychischen Zusammenhängen in Verbindung gebracht wird (Diez Grieser & Müller 2018, S. 161). In der Arbeit mit Familien und mit Eltern spielen Mentalisierungsvorgänge eine herausragende Rolle und eröffnen neue Sichtweisen auf die innere Einstellung zum Kind und zu den einzelnen Familienmitgliedern – mithin auf das »System Familie«. Eine ausführliche Beschreibung des Vorgehens finde ich in dem erwähnten Werk (Diez Grieser & Müller 2018, S. 164ff.).

Die Technik der Mentalisierung in der Therapie ist eine behutsame, schrittweise erfolgende auf den Affektaustausch fokussierte Deutungsarbeit.

Fallbeispiel: Patrizia, ein 10;8-jähriges Mädchen, lässt den Therapeuten nicht zu Wort kommen. Er soll in ihrer Spielinszenierung genau das tun, was sie will, andernfalls wird sie sehr wütend. Im Grunde fürchtet sie, dass sich der Therapeut innerlich von ihr entfernt, wenn er eigene Motive und Absichten verfolgt. In ihrer Beziehungsrealität kommt die Zwillingsschwester L. der früh deprivieren Patientin als eine Bindungsperson vor, eine Art Mutterersatz, deren Nähe sie zur Affektregulierung braucht. Diesem »mentalen Gefängnis« sucht sich L. verständlicherweise zu entwinden – was die Patientin in Verlustängste stürzt, die sie mit kontrollierendem Verhalten abwehrt – ein Verhalten, das in der Wohngruppe, in der sie lebt, zu schwer aushaltbaren Problemen führt. Diese Beziehungsgestaltung bildet sich in der Übertragung ab.

Th, nach dem Spiel: Ich soll genau das tun, was du willst. Ich glaube, du fürchtest, ich könnte dir verloren gehen, wenn ich eigene Gedanken und Ideen habe. Und das fühlt sich schrecklich an. Pat: Ja, und dann gehst du auch noch eine Woche in Urlaub. Th: Alleingelassen werden tut weh. Und da kann man so wenig machen. Und da ist es besser, selber über den anderen zu bestimmen. Pat: Ich gehe jetzt auf eine andere Schule als L. Erst wollte ich gar nicht, aber dann hat mir die Mama versprochen, dass sie mir einen Wunsch erfüllt. Th: Jetzt fällt dir L. ein. Vielleicht ist das ganz ähnlich wie hier bei uns: Du fühlst dich im Stich gelassen, wenn sie etwas anderes denkt und tut als du. Ihr habt euch ja auch lange Zeit sehr gebraucht.

> **Merke**
>
> - Mentalisierung ist die Fähigkeit, »sich mentale Zustände im eigenen Selbst und in anderen Menschen vorzustellen« (Fonagy et.al. 2002, S. 31).
> - Mentalisierung entsteht im frühen Affektaustausch zwischen Säugling und Pflegeperson und führt zu Repräsentanzen affektiver Zustände.
> - Durch Mentalisierung entsteht eine Bedeutungsgebung der Emotionen und Affekte und der unbewussten und bewussten Kommunikation.

- Die Fähigkeit der Mentalisierung entscheidet – ähnlich wie die Qualität der Bindungsrepräsentanzen – über eine erfolgreiche Teilhabe am sozialen Geschehen.
- Die Förderung der Mentalisierung ist eine Aufgabe psychodynamischer Psychotherapien.

7.5 Die Arbeit mit Träumen

Es ist kein Zufall, dass S. Freud seinem Werk »Die Traumdeutung« (1900a) grundlegende und überragende Bedeutung für die Psychoanalyse beigemessen hatte. Schon das Erscheinungsjahr deutet an, dass er es als ein »Jahrhundertwerk« betrachtete, umso größer war seine Enttäuschung über die zögerliche Rezeption in der Fachwelt. Heute ist unumstritten, welche Bedeutung der Traum für das Verstehen der unbewussten psychischen Vorgänge in einem Menschen hat, das gilt für Erwachsene und Jugendliche ebenso wie für Kinder.

S. Freud betrachtete den Traum als »Via regia zur Kenntnis des Unbewußten« (Freud 1900a, S. 613). Seine wesentlichen Entdeckungen fasste er gemäß dem topografischen Modell des »seelischen Apparates« in folgende kurz zusammengefasste Beschreibung:

Latente Traumgedanken, die als Triebregungen und Wünsche im Unbewussten im Wachzustand in der Verdrängung gehalten werden, verschaffen sich unter der Bedingung der Reduzierung des Wachbewusstseins im Schlaf Zugang zum Vorbewussten, indem sie sich mit aktuellen Tagesresten und Sinnesreizen verbinden. Diese sind gleichsam die Fahrkarte für die Reise in bewusstere Regionen der Psyche. Allerdings müsste ein direktes Bewusstwerden dieser latenten Inhalte das Erwachen des Schläfers erzwingen, denn dessen Verdrängungsarbeit könnte die anstößigen und nicht mit dem Bewussten zu vereinbarenden latenten Traumgedanken nicht zulassen. Es ergibt sich die Notwendigkeit eines Kompromisses zwischen dem Schlafbedürfnis und den herandrängenden unbewussten Inhalten. An dieser Stelle erfährt die Reise eine Unterbrechung, sie wird gleichsam an einer Schranke aufgehalten, an der die latenten Traumgedanken durch einen »Zensor« umgearbeitet werden. Diese »Traumarbeit« bedient sich verschiedener Mittel, um die Traumgedanken so zu entstellen, dass sie für den Träumer zwar erlebbar werden, aber ihre anstößige Gestalt verlieren. So entsteht der »manifeste Trauminhalt«, also das, was der Träumer wahrnimmt und später – umarbeitend – erinnert. Der manifeste Traum wird auf diese Weise zum »Wächter des Schlafes« (Freud 1900a, S. 239).

Die Mittel der Traumarbeit, die Freud bei seiner Analyse von Träumen – eigenen und fremden – herausgearbeitet hatte und die der Regression auf primitivere, frühere und formal simplifizierte psychische Verarbeitungsweisen des Unbewussten geschuldet sind, sind im Wesentlichen Verdichtung und Verschiebung, Verkehrung ins Gegenteil und die Verwendung von Symbolen. Letztere ergeben sich für Freud aus der individuellen Lebensgeschichte des Träumers, die allgemeine Bedeutung von Symbolen hatte für ihn untergeordnete Bedeutung. Diese mit der Untersuchung von Träumen gefundenen Prinzipien der Funktionsweise des Unbewussten gewannen grundlegende Bedeutung für das Verstehen auch anderer unbewusster Manifestationen.

Die so umgearbeiteten latenten Traumgedanken können nun die Schranke der Zensur passieren und erscheinen als Traumgebilde mit seiner Bildersprache, der Entkleidung von logischen Verknüpfungen wie Zeit, Raum und Kausalität. Im Erinnern und Beschreiben seiner Träume leistet der vorbewusste Zensor des Träumenden nun eine letzte Arbeit, die »sekundäre Bearbeitung«, mit deren Hilfe der Traum in eine erzählbare und verstehbare, dem Bedürfnis nach logischen Zusammenhängen entgegenkommende Form gebracht wird. Der so erzählte Traum stellt den »manifesten Trauminhalt« dar.

In der Analyse von Träumen wird dieser Weg zurückverfolgt. Das zentrale Vehikel, mit dem die Reise zurück angetreten werden kann, ist die freie Assoziation des Träumers im Rahmen der Analyse. Damit gelingt v. a. eine Entzerrung der Verdichtung, ein Auffinden der Verschiebungsprozesse, eine Rückverwandlung der Verkehrung sowie ein Verstehen der individuellen Symbolik, und der Analysand gelangt so mit Hilfe der deutenden Arbeit des Analytikers zu den zugrunde liegenden latenten Traumgedanken.

In kühner Apodiktik vertrat Freud die Auffassung, dass den latenten Traumgedanken immer infantile sexuelle Wünsche zugrunde liegen. Das hat mit der damaligen Zentrierung auf die Triebtheorie zu tun.

In späteren Entwicklungen der Traumtheorie trat zunächst die theoretische Wendung zur Strukturtheorie (Es, Ich, Über-Ich) durch Freud (1923b) hervor, die er aber nicht zu einer grundlegenden Umarbeitung seiner Traumtheorie verwendete. Mit der Weiterentwicklung der psychoanalytischen Theoriebildung zur Ich-Psychologie und Objektbeziehungspsychologie erweiterte sich auch das Verständnis des Traumes. War bis dahin der manifeste Trauminhalt lediglich der Ausgangspunkt, um zu den latenten Traumgedanken vorzustoßen, so erkannte man jetzt die strukturierende Arbeit des Ich, das auch im Schlaf mit bestimmten Funktionen an der Traumarbeit beteiligt ist, sowie das Zusammenwirken der psychischen Instanzen bei der Bildung des Traumes. War die Bedeutung der Übertragungsaspekte des Traumes schon früh im Blick, so rückte auch allmählich die Darstellung von Objektbeziehungsphantasien in den Fokus des Verstehens. Generell gehen wir im heutigen psychoanalytischen Verständnis des Traumes davon aus, dass sich in ihm das momentane psychodynamische Geschehen des Träumers auf verschiedenen Ebenen manifestiert (vgl. die umfassende Darstellung in Hopf 2007, deren Studium hier ausdrücklich empfohlen wird). Damit gewinnt der Traum auch als diagnostisches Mittel seine Bedeutung.

In den Anfängen der Kinderanalyse stellte sich die Frage, wie mit Kinderträumen umgegangen werden kann. Kinderträume stellen Wunscherfüllungen oft unmittelbar und unverstellt dar, sie ähneln Tagträumen und Phantasien. Das hängt mit den noch unreifen Ich-Funktionen der Unterscheidung zwischen

Phantasie und Realität sowie mit der noch unausgeprägten Symbolisierungsfähigkeit zusammen, aber auch damit, dass das Kind noch keine Verdrängung seiner Triebimpulse sicher etabliert hat. Aber bereits bei Kindern lässt sich das Strukturniveau aus den manifesten Träumen erschließen. Um Zugang zum Unbewussten des Kindes zu bekommen, erschien deshalb die Traumanalyse zunächst weniger bedeutend. Hinzu kommt ein zentrales Hindernis: Kinder lassen fast vollständig das freie Assoziieren vermissen, weil sie noch nicht sicher zwischen einer Erlebensebene und einer Beobachtungsebene unterscheiden können (Hopf & Winter-Heider 2019). Schließlich neigen Kinder von sich aus wenig dazu, spontan Träume zu erzählen, und wenn, dann kümmern sie sich wenig um die analytische Grundregel, ihre Träume unentstellt mitzuteilen. Oft hat man den Eindruck, dass sich in kindlichen Traumerzählungen Traum, ausfabulierende Phantasie und erlebte Realität mischen. Damit schien eine Arbeit mit Träumen hinfällig, zumal mit dem Spiel des Kindes und seinen Phantasieprodukten ein mehr als ebenbürtiges Korrelat als Zugang zum Unbewussten in der Kinderanalyse gefunden wurde.

Einen neuen Zugang zur therapeutischen Arbeit mit Kinderträumen eröffnete die Einsicht, dass der Ausfall der freien Assoziation wettgemacht werden könne durch das anschließende Spielen, Malen oder Phantasieren des Kindes. Die Deutung des Traumes erfolgte dann vor dem Hintergrund des jeweilig vertretenen theoretischen Ansatzes meist in den Kategorien der psychosexuellen Entwicklung des Kindes. Eine andere Vorgehensweise entwickelte Winnicott (1973b), indem er in genialer Weise Traumerzählung, Squiggle, Malen und Phantasieren verband. Ihm ging es nicht darum, dem Patienten die Bedeutung seines Traumes mitzuteilen, vielmehr eröffnet der Traum ein gemeinsames Phantasieren und Träumen, innerhalb dessen sich im Rahmen der therapeutischen Beziehung eine Bedeutung herausbildet. Damit gewinnt auch der Übertragungsaspekt des Traumes und die Durcharbeitung ängstigender Erfahrungen anhand des Traumes an Gewicht. Ähnliches formuliert Staehle (2006): »... der Prozess der Symbolisierung geht ebenso wie die Erzeugung von neuer Bedeutung aus der Begegnung zwischen Patient und Analytiker heraus« (S. 403).

Träume von Jugendlichen haben häufig die Funktion, den für diese Entwicklungsphase typischen Triebdruck zu binden und die psychosexuelle Reifung in die Persönlichkeit zu integrieren. Was im Agieren der Jugendlichen im sozialen Feld oft sehr konkretistisch erfolgt, zeigt sich im Traum auf einer Symbolebene. Die Ausarbeitung der Träume ist insgesamt reifer als bei Kindern, wiewohl ein niedriges Strukturniveau für Träume bei Adoleszenten typisch ist, d. h., die Trauminhalte sind wenig umgearbeitet (Hopf 2005). Weil Träume ein wichtiges Feld der Symbolbildung sind und damit den Hang zum Agieren relativieren, sollten Jugendliche in Therapien dazu ermuntert werden, Träume zu erzählen, worauf sie sich meist auch bereitwillig einlassen, vorausgesetzt, man erarbeitet mit ihnen im Rahmen einer haltenden Beziehung die Verbindung der Traumelemente mit ihrem gegenwärtigen Leben oder mit der therapeutischen Beziehung und fokussiert auf die progressive und prospektive Funktion des Traumes. Eine Deutung infantiler Wünsche erleben Jugendliche meist als sehr eindringend und sie weckt in der Regel Widerstände angesichts des zentralen adoleszenten Entwicklungsziels der Ablösung. Deshalb sollte mit genetischen Deutungen, die den Jugendlichen auf eine Abhängigkeitsbeziehung von den frühen Objekten verweisen, sehr vorsichtig umgegangen werden.

Wie geht man in der therapeutischen Arbeit mit Kindern und Jugendlichen mit deren Träumen um?

Patienten sollten ermutigt werden, ihre Träume zu erzählen. Das kann bereits zu Beginn der Therapie geschehen, aber auch im Zusammenhang mit kreativen Produktionen kann der Therapeut nach Träumen fragen, wenn er ahnt, dass es Parallelen zu einem Traumgeschehen gibt. Manchmal bieten Patienten auch einen direkten Anknüpfungspunkt, indem sie etwa andeuten, schlecht geschlafen zu haben. Man sollte sich in der TfP nicht von der Ansicht abschrecken lassen, Träume seien regressive Phänomene. Das stimmt zum einen nur zum Teil, da Träume auch progressiven Charakter haben und Lösungswege aus Konflikten entwerfen können; zum anderen aber entscheidet sich am *Umgang* mit den Träumen, ob regressive Tendenzen gefördert oder eingegrenzt werden.

Der Therapeut sollte zunächst die Stimmung des Traumes aufnehmen und sich mit »träumerischer Reverie« (Bion) darauf einlassen. Er kann zusammen mit dem Patienten dessen Traum explorieren, die einzelnen Elementen spielerisch ausformen und aufeinander beziehen. So entsteht ein reziproker Austausch im Phantasieren. Jugendliche können angeregt werden zu Assoziationen.

Wann wurde der Traum geträumt? Welche Tagesreste sind erkennbar? Die Verknüpfung des Traumes mit seinem Anlass kann insbesondere für Jugendliche evident sein und fördert weiteres Assoziationsmaterial zutage.

Ängste, die im Traum erlebt wurden oder sichtbar werden, sollten wie auch im sonstigen therapeutischen Geschehen angesprochen und einfühlsam »gehalten« werden. Der Therapeut kann »ich-stärkend mit einem Traum, insbesondere mit Angstträumen umgehen, indem er anspricht, wie positiv es ist, dass der Patient seine Ängste träumen und aushalten konnte« (Hopf 2007, S. 105f.).

Der Therapeut kann auf die Bedeutung eingehen, die der Traum im Rahmen der therapeutischen Beziehung hat. Die Erzählung eines Traums teilt – ähnlich wie Phantasieprodukte oder das Spiel – etwas über den momentanen psychischen Zustand des Patienten und sein Beziehungserleben mit, was anders nicht gesagt werden kann. Dabei sollten die Objektstufe und die Subjektstufe gleichermaßen in Betracht gezogen werden, ebenso das Verständnis der Symbole.

Ein probates Mittel ist die Anregung, zu dem Traum ein Bild zu malen oder zu zeichnen. Damit wird ein Phantasieren über den Traum angestoßen, zugleich eine Möglichkeit geschaffen, die Elemente des Traumes bewusstseinsnah in eine kreative Äußerung zu bringen und diese Bearbeitung zusammen mit den aus dem gemeinsamen Phantasieren entstehenden Bedeutungselementen sich quasi assoziativ wieder anzueignen. So findet ein Prozess einer sekundären Verinnerlichung statt, angereichert mit der Bedeutung des unbewussten Geschehens, welche nun dem Bewusstsein zur Verfügung steht.

Im gemeinsamen Phantasieren greift der Therapeut diejenigen Elemente auf, die für die Bearbeitung des Fokalkonfliktes oder der zentralen Strukturbildung bedeutsam sind. Gerade in der Traumarbeit im Rahmen einer TfP sollte darauf geachtet werden, dass sich Patient und Therapeut nicht in Details verlieren, die vom Fortgang der Therapie zentrifugal wegführen. Hilfreich ist die Fokussierung auf progressive Elemente im Traum, etwa den darin enthaltenen Entwurf einer Konfliktlösung.

Es sollte darauf geachtet werden, welches Entwicklungsthema der Traum anspricht und welche phasenspezifischen Wünsche, Befürchtungen oder Verbote darin zum Ausdruck kommen. Insbesondere mit Jugendlichen kann die Formulierung eines Hauptthemas des Traumes versucht werden.

> *Günay, eine 18-jährige Adoleszente, träumt von einer mächtigen, aber diffusen Männergestalt, die sie von hinten im Bett umarmt. Das Thema des Traums: Ich wünsche mir, einen Freund haben zu dürfen, der mich umarmt, aber das verbiete ich mir. Es könnte nur hinterrücks geschehen.*

Den ersten in der Therapie erzählten Traum nennt man Initialtraum. In ihm teilt der Patient dem Therapeuten seine gesamte psychische Dynamik mit, regelmäßig enthält er auch einen Lösungsentwurf bzw. die Hoffnung des Patienten, die er auf den Therapeuten richtet. Initialträume sollten zunächst nicht gedeutet werden – das ist auch angesichts ihrer Komplexität meist nicht möglich, da sich deren Bedeutung erst nach und nach im Verlauf der Therapie erschließt. Sie begleiten den Therapieprozess, und der Therapeut kann auftauchende Facetten des zentralen Konflikts mit Elementen des Traums verknüpfen.

Beispiele für die Arbeit mit Träumen

> *Jürgen, ein sechsjähriger Junge, träumt: »Ein Einbrecher kommt durchs Fenster und will mich mitnehmen. Ich schreie, aber meine Eltern merken nichts. Ich will ihn verjagen, aber das geht nicht. Ich verstecke mich unterm Bett, aber da findet er mich. Dann wache ich auf.«*

Jürgen ist ein Adoptivkind. Er kam bald nach seiner Geburt in die Adoptivfamilie. Seinen Adoptiveltern bereitet er große Probleme, da er einen unbändigen Trotz und Eigensinn entwickelt, der, gepaart mit Größenphantasien, zu andauernden Schwierigkeiten im familiären Leben und in sozialen Bezügen wie Schule und Peergroup führt. Im Kontrast zu seinem großspurigen und tyrannischen Auftreten wird er Nacht für Nacht von Ängsten heimgesucht, die ihn ins Bett der Eltern treiben. Seine Mutter ist Erzieherin, ihre Motivation zur Adoption war nicht allein die Kinderlosigkeit des Paares, sondern auch der Wunsch, einem solchen Kind ein »besseres« Zuhause zu bieten. Der Vater ist als Techniker beruflich sehr eingespannt und oft erschöpft, so dass er sich familiär zurückzieht, was zu erheblichen Paarkonflikten führt.

In der Therapie beschäftigt sich Jürgen mit der Frage, warum ihn seine Mutter weggegeben hat. Die rationalen Erklärungen der Eltern verfangen nicht, Jürgen quälen Selbstzweifel, ob er seinen leiblichen Eltern nicht recht war, ob etwas an ihm sei, dass sie ihn nicht wollten. Der unbewusste Vorwurf an seine Adoptiveltern, sie hätten ihn den leiblichen Eltern geraubt, taucht in der Therapie auf. Dazu kommen angesichts der notwendigen erzieherischen Einschränkungen Phantasien, es bei den leiblichen Eltern viel besser haben zu können. Schließlich unternimmt der kleine Patient alles, um seinen Eltern zu demonstrieren, dass sie keineswegs die besseren sind – eine tief verankerte Loyalität gegenüber seiner wahren Herkunft.

Im Traum verdichten sich Wünsche und Ängste des Patienten. Die Phantasie, geraubt worden zu sein, verknüpft sich mit dem Wunsch, es sollte ihn jemand entführen und zu seinen leiblichen Eltern zurückbringen. Dieser Wunsch aber verursacht immense Angst, vornehmlich Verlust- und Existenzangst und Schuldangst.

Fokus: »Ich muss gegen meine Adoptiveltern aufbegehren, weil ich mich nach meinen wahren Eltern sehne. Aber das macht mir große Angst, denn ich weiß nicht, was mir dort begegnen würde.«

Dem kundigen Leser wird es nicht schwerfallen, die einzelnen Traumelemente zu entschlüsseln: die Eltern, die seinen notvollen Schrei nicht hören – aber vielleicht auch nicht hören sollen. Der Versuch, selbst mit dem Einbrecher fertig zu werden, und dessen Misslingen, also ein Ausgeliefertsein an die eigenen inneren Impulse, das Fehlen ausreichend stabiler innerer Objekte. Die »Lösung« der Angst durch das Aufwachen.

> *Der Therapeut empfindet die Dramatik des Traumes und greift ihn so auf: »Mir kommt es so vor, dass du im Traum viel Angst auszuhalten hattest. Ein sehr bedrängender Traum.« Pat.: »Ja, ich bin dann zu den Eltern gegangen.« Th.: »Was hat dir denn besonders Angst gemacht?« Pat.: »Der Einbrecher. Und dass ich nichts machen konnte.« Th.: »Könntest du dir vorstellen, den Einbrecher aus dem Traum zu malen?« Der Patient lässt sich darauf ein. Während er eine furchterregende bewaffnete Gestalt malt, phantasieren wir darüber, was der Einbrecher wohl vorhat, wohin er den Patienten entführen will. Der Patient malt eine Höhle, darin brennt ein Feuer, dort wohnt der Räuber. Th.: »Irgendwie kommt mir diese Höhle auch ganz gemütlich vor.« Pat.: »Schon. Der Räuber hat Felle, da schlafen die Kinder drauf. Aber sie dürfen nicht weg.« Th.: »Die Kinder wollen wieder zu den Eltern zurück.« Pat.: »Ja, aber da müssen sie wieder zur Schule. Beim Räuber gibt es keine Schule.« Th.: »Kann es sein, dass es dir auf eine Weise vielleicht ganz recht wäre, wenn ein Räuber käme und dich in eine solche Höhle brächte?« Pat.: »Nee. Man darf Kinder nicht wegrauben. Obwohl ...« Der Therapeut macht ein fragendes Gesicht. Pat.: »Manchmal denke ich an meine richtige Mama. Ob sie mich liebhatte ...« Th.: »Du wünschst dir manchmal, bei ihr zu sein, und denkst, da wäre es vielleicht so gemütlich wie in der Höhle. Aber dann bekommst du Angst, dass dir deine Eltern böse dafür sind und du nicht mehr zurückdarfst.«*

Der Therapeut greift die fokusnahen Elemente auf. Eine andere Möglichkeit wäre die Exploration der Übertragungsdeutung gewesen. Der Therapeut könnte in der Räuberfigur erscheinen, dann würde der Patient ihn als einen Verbündeten der »räuberischen« Adoptiveltern erleben, der ihn dazu bringen soll, brav sein Schicksal anzunehmen. In der therapeutischen Situation empfindet sich der Therapeut jedoch eher wie die Eltern, die den Schrei des Patienten nicht hören: Hinter dem Agieren des Patienten – auch in der Therapie – ist seine Angst oft schwer zu erkennen und auszuhalten. Letztlich kann auch der Therapeut die Adoption, das damalige »räuberische Geschehen«, nicht rückgängig machen und muss das Schicksal des Jungen »ohnmächtig« mit aushalten. Die Bearbeitung der Übertragungsbedeutung würde jedoch von der fokalen Bearbeitung wegführen und möglicherweise negative Übertragungselemente verstärken, deshalb hat sich der Therapeut im Rahmen der TfP nicht dafür entschieden.

Günay, eine 18-jährige Jugendliche, träumt: »Ich trage mein Haar offen. Die Mutter kommt und schneidet mir die Haare kürzer. Erst wehre ich mich, dann aber finde ich die kürzere Frisur auch ganz schön.«

G. ist eine junge Muslimin. Sie ist sehr intelligent und bereitet sich auf das Abitur vor. Sie ist – wie ihr Elternhaus – streng gläubig und trägt aus religiösen Gründen ein Kopftuch. Sie leidet unter Panikattacken, die mit starken wechselnden somatischen Symptomen verbunden sind. Sie bekommt in diesen Attacken Angst zu sterben. Besonders heftig treten sie während religiöser Zeremonien auf, z. B. im täglichen Gebet. In der Therapie haben wir verstanden, dass sie von übermächtigen Strafängsten geplagt ist: Allah könnte sie sterben lassen und sie dann wegen ihrer »bösen« Wünsche vom Paradies ausschließen. Ein Angstkreislauf hat sich etabliert: Der Versuch, die Angst durch besonderen Eifer bei der Erfüllung religiöser Pflichten einzudämmen, verstärkt diese eher noch: Die Nähe zu Gott bedeutet die Nähe zu Tod und Bestrafung.

Auslöser für die Panikattacken war das Erlebnis, als sie ihre ältere Schwester zum ersten Mal mit deren Freund sah. Diese Schwester hatte sich aus der religiösen Strenge ihrer Herkunftsfamilie gelöst und umarmte und küsste ihren Freund ungeniert. Dieses Ereignis verstärkte die bis dahin leidlich in religiösen Reaktionsbildungen gebundenen sexuellen Wünsche der Patientin, die sie nicht mehr »in den Griff bekam«.

Anlass für den Traum war die Vorbereitung auf die Hochzeit der Schwester. Sie erklärte dem Therapeuten, dass am Vorabend der Hochzeit eine Art Polterabend üblich sei, zu dem nur Mädchen und Frauen zugelassen seien und wo diese ihr Haar offen tragen dürften.

Th.: »Was könnte es denn mit den Haaren im Traum auf sich haben?« Pat.: »Wir dürfen unser Haar nicht offen tragen. Das könnte Männer reizen.« Th.: »Es könnte das sexuelle Begehren der Männer wecken?« Pat.: »Genau. Die Haare der Frau darf nur der Ehemann sehen.« Th.: »Das Haar hat also offensichtlich eine sexuelle Bedeutung.« Pat.: »Das stimmt.« Th.: »Vielleicht kommt ja in dem Brauch des Polterabends etwas Ähnliches zum Ausdruck: Frauen tragen ihr Haar offen und zeigen damit, dass sie bereit sind für eine sexuelle Beziehung, wie es ja die Braut auch ist. Und nun träumen Sie, Ihre Haare offen zu tragen. Ist es möglich, dass in Ihrem Traum auch ein Wunsch zum Ausdruck kommt?« Pat., lacht: »Ja, ich wünsche mir schon auch einen Freund, für den ich attraktiv bin. Aber so offen wie meine Schwes-

ter würde ich das nie machen.« Th.: *»Das würde Ihren religiösen Überzeugungen widersprechen. Der Traum spricht wohl auch einen Konflikt an: zwischen Ihren sexuellen Wünschen und Ihrem Glauben.«* Pat.: *»Ich habe eigentlich oft Angst, dass ich es für Gott nicht alles recht mache. Wenn ich einmal ein Gebet versäume, muss ich es nachholen. Vielleicht hat das auch mit den Panikattacken zu tun.«* Th.: *»Das kann ich gut nachvollziehen. Das Problem scheint mir aber auch, dass Sie ja Ihre Wünsche nicht einfach beseitigen können, selbst wenn Sie das wollten. Spielt das vielleicht bei dem Motiv im Traum eine Rolle, dass Ihre Mutter Ihnen die Haare abschneidet?«* Pat.: *»Es war nur am Anfang unangenehm. Nachher fand ich es ganz gut.«* Th.: *»Und was fällt Ihnen dazu ein?«* Pat.: *»Vielleicht wären die Haare nicht so gefährlich, wenn sie kürzer wären.«* (…)

Auch diese Traumbearbeitung folgt dem fokalen Konflikt. Der Traum selbst ist relativ unausgearbeitet und offenbart in seiner deutlichen und der Patientin zugänglichen Symbolik das zentrale psychodynamische Geschehen. So kurz der Traumtext ist, so komplex sind jedoch die latenten Traumgedanken. Eine Übertragungsdeutung in die Richtung, dass die Patientin auch Verführungswünsche an den Therapeuten richtet, hätte vermutlich an dieser Stelle die Ängste der Patientin verstärkt und damit den Widerstand. Indem die Traumbearbeitung auf der Ebene des inneren dynamischen Geschehens in Verbindung mit den religiösen und familiären Bindungen blieb, war sie für die Patientin annehmbar. Eine weitere Möglichkeit wäre eine Amplifizierung gewesen, also die Verknüpfung des manifesten Traumes mit Motiven aus religiösen und mythischen Überlieferungen. Das Haar als Symbol hätte weitreichendes weiteres Material zutage fördern können. Aber dies hätte von der fokalen Bearbeitung wiederum weggeführt.

> **Merke**
>
> - Träume und ihre Erzählung sind komplexe Darstellungen des momentanen psychodynamischen Geschehens und deshalb unverzichtbare Elemente in der Therapie.
> - Durch die Traumarbeit wird unbewusstes Material umgearbeitet in eine Form, die für das Vorbewusste des Träumers akzeptabel erscheint. Für das Verständnis des Traumes sind die umgearbeiteten latenten Traumgedanken *und* der manifeste Traum zu untersuchen.
> - Träume haben eine kommunikative Funktion und eine Übertragungsbedeutung.
> - In Kinderträumen kommen Wünsche und Ängste meist unmittelbar zum Ausdruck.
> - In der Adoleszenz haben Träume häufig eine integrierende Funktion. Als Symbolbildungen mildern sie das Agieren ab.
> - Der Ausfall der freien Assoziation bei Kindern wird ersetzt durch kreative Gestaltungen zum Traum (Malen, Tonen, freies Spiel …).

- Jugendliche werden zum freien Assoziieren eingeladen. Das Material wird durch fokussiertes Aufgreifen strukturiert.
- Gemeinsames Phantasieren über den Traum erschließt neue Bedeutungen.
- Patienten sollten ermuntert werden, Träume zu erzählen.
- In der TfP erfolgt die Bearbeitung von Träumen
  - durch das Aufnehmen der »Stimmung« im Traum und gemeinsames Phantasieren,
  - ich-stützend,
  - fokusnah,
  - bezogen auf die aktuelle Beziehungssituation, wenn nötig auf die Übertragungssituation,
  - bezogen auf das gegenwärtige Entwicklungsthema.

7.6 Die interpersonale Dynamik – Arbeit an den »Außenbeziehungen«

Erzählungen, Phantasien, Spiele, Gestaltungen und Träume haben in der Therapie immer mehrere Bedeutungsebenen. Sie sagen etwas aus über frühere Objektbeziehungen und deren Niederschlag in der Repräsentanzwelt des Patienten, über die von ihm aktuell erlebten Beziehungen in seiner sozialen Umwelt und über die Übertragungsbeziehung (vgl. das »Dreieck der Person« oder »Dreieck der Einsicht«, Menninger & Holzmann 1977). Auch wenn wir in der TfP die Übertragung in ihrer Intensität durch das Setting und die Interventionstechnik begrenzen, ist sie doch stets gegenwärtig. Diese Begrenzung ist, wie gezeigt, notwendig, um regressive Prozesse zu steuern. Eine Übertragungsdeutung kann angezeigt sein, um den Therapieprozess entlang des Fokus zu fördern. Insgesamt aber wird nicht *in* der Übertragung gearbeitet, sondern *mit* ihr, d. h. die Übertragung wird benutzt, um die Psychodynamik des Patienten zu verstehen (▶ Kap. 7).

Steht im Mittelpunkt einer Analytischen Psychotherapie die Übertragungsbeziehung zum Analytiker und ihre Bearbeitung, so verlagert sich das Feld, auf dem die Konfliktlösung gesucht wird, in der TfP auf die Außenbeziehungen des Patienten und wie sie in seiner Wahrnehmung vorkommen, mit anderen Worten, es wird näher an der Realität des Patienten gearbeitet. Weil die Wahrnehmung und Gestaltung dieser Außenbeziehungen natürlich auch durch Übertragungselemente geprägt und verzerrt sind, kann man von einer Arbeit an den »Außenübertragungen« sprechen.

Die folgenden Beispiele sollen – ergänzend zu den entsprechenden Hinweisen in den bisherigen Kapiteln – einen Einblick in die Möglichkeiten dieser therapeutischen Grundorientierung geben.

Deutung des Konflikts in den Beziehungen

> *Ines, ein siebenjähriges Mädchen mit Trennungsängsten, spielt im Puppenhaus. Dabei kommen ausschließlich weibliche Personen vor. Th.: »Mir fällt auf, dass es da gar keine Männer gibt. Keinen Vater, keinen Großvater ...« Pat.: »Die dürfen da nicht wohnen.« Th.: »Und was denkt sich das Mädchen, dass sein Vater nicht dabei sein darf?« Pat.: »Och, nichts Besonderes.« Th.: »Kann es sein, dass das Mädchen den Papa auch los sein wollte?« Pat.: »Ja, der hat mit der Mama immer gestritten. Da hat sie sich von ihm getrennt und ihn weggeschickt.« Th.: »Und das Mädchen ist damit ganz einverstanden?« Pat.: »Eigentlich schon. Der Papa ist böse. Das Mädchen will nichts mit ihm zu tun haben.«*
>
> *In der nächsten Stunde bastelt die Patientin einen komplizierten »Parcours«, auf dem ein Papierkügelchen über und unter verschiedene Hindernisse gepustet werden muss, bis es ins Ziel kommt. Das Ziel liegt auf der Seite des Therapeuten, regelmäßig landet das Papierkügelchen auf seinem Schoß. Th.: »Es scheint fast so, als solle das Kügelchen bei mir ankommen, aber es ist sehr kompliziert und mühevoll, bis das Kügelchen im Ziel ist.« Pat.: »Aber es geht!« Th.: »Da soll etwas von dir bei mir ankommen, aber das ist nicht so einfach. Ich denke da auch an deinen Papa. Du wünschst dir auch, dass etwas von dir bei ihm ankommt, dass er an dich denkt und sich für dich interessiert.« Pat., wird traurig: »Ja, er ruft nie an. Aber ich darf auch nicht anrufen, das verbietet die Mama.« Th.: »Sie hat ihn weggeschickt, ähnlich wie die Mama im Puppenhaus in der letzten Stunde.« Pat.: »Meine Mama mag den Papa nicht.« Th.: »Und du?« Pat.: »Ich weiß nicht recht ...« Th.: »Ich glaube, in dir sieht es da ziemlich kompliziert aus. Einerseits wünschst du dir, dass du mit dem Papa zusammen sein kannst. Andererseits kriegst du dann Angst, der Mama damit wehzutun, und musst deinen Wunsch verstecken. Vielleicht auch vor dir selbst.« Die Patientin nickt schweigend. Th.: »Wenn du mit der Mama ärgerlich bist, kriegst du vielleicht Angst, dass sie auch mit dir nichts mehr zu tun haben will. Und dann musst du ganz nah bei ihr bleiben und kannst nicht in die Schule gehen.« Pat.: »Ich hab morgens immer Bauchweh. Sie bringt mich dann in die Schule, sie muss ja auch arbeiten. Aber dann wird es auch besser. Ich kann sie ja immer auf dem Handy anrufen.« Th.: »Es ist gut, dass du deine Angst besser aushalten kannst. Und ich glaube, auch deine Mama kann es aushalten, wenn du mal ärgerlich auf sie bist.«*

In diesem Beispiel wird deutlich, dass der Therapeut die Übertragungsbedeutung des Spiels nur kurz aufgreift und dann auf die familiären Beziehungen und den zentralen Konflikt der Patientin zu sprechen kommt. Schließlich bestärkt er die Versuche der Patientin, mit ihrer Angst zurechtzukommen – ein Ich-stützendes Vorgehen.

Ich-stützende und supportive Techniken sind parallel zu der Konfliktbearbeitung in den Außenübertragungen fast immer notwendig, insbesondere bei Patienten mit strukturellen Beeinträchtigungen. Hier kann es auch notwendig sein, Ich-Funktionen gezielt zu fördern:

7.6 Die interpersonale Dynamik – Arbeit an den »Außenbeziehungen«

Realitätsprüfung

Fallbeispiel Elisabeth: Th.: »Ich verstehe, wie enttäuscht Sie sind, dass Sie für das Referat nicht die erhoffte Note bekommen haben. Aber ich frage mich doch, warum Sie angesichts einer Zwei so völlig deprimiert sein müssen.« Pat.: »Alles, was unter 15 Punkten ist, ist für mich schlecht.« Th.: »Wurden Sie für Ihr Referat kritisiert?« Pat.: »Nein, eigentlich nicht. Der Lehrer hat sich lobend geäußert. Nur im Vortrag selbst war ich nicht so gut.« Th.: »Ich glaube, dass es in Ihnen eine sehr strenge Instanz gibt, die Sie in eine schwierige Situation bringt. Diese innere Stimme fordert immer 100 % von Ihnen und programmiert die Enttäuschung vor. Dann sind 90 % schon schlecht, obwohl es von anderen betrachtet eine gute Leistung ist. Und vielleicht gibt es in Ihnen auch eine andere Stimme.« Pat.: »Ich weiß nie, ob die recht hat. Ob ich nicht nur einfach zu faul bin. Und das wäre inakzeptabel.« Th.: »Wie wäre es, wenn wir diese andere Stimme einmal mehr zu Wort kommen lassen?«

Fähigkeit zur Selbstberuhigung

Es geht hier nicht darum, affektive Zustände des Patienten zu bagatellisieren. Im Zustand einer Affektüberflutung ist aber zunächst eine Beruhigung angezeigt, die auch die Fähigkeit zur Selbstberuhigung und Affektkontrolle fördert. Dazu gehört die Anerkennung der aufgewühlten inneren Situation.

Lucie, 18 Jahre alt, gerät vor dem Abitur in überflutende Prüfungsängste. Sie arbeitet Tag und Nacht mit dem Gefühl, nie genug gelernt zu haben, findet keinen Schlaf und kommt in einem Zustand völliger Erschöpfung in die Stunde. Pat.: »Ich sitze vor meinem Schreibtisch und bin kaum noch aufnahmefähig. Aber ich kann es auch nicht lassen. Ich denke immer, ich muss mein Pensum schaffen. Aber da bin ich sowieso hoffnungslos hinterher.« Th.: »Das ist fürwahr ein schrecklicher Zustand. Ich habe auch den Eindruck, dass Sie gar nicht mehr effizient lernen können. Und das versetzt Sie erst recht in Angst.« Pat.: »Ich arbeite nur noch. Ich weiß mir auch nicht anders zu helfen. Aber wenn ich so vernagelt in der Prüfung sitze, krieg ich gar nichts mehr hin.« Th.: »Fürchten Sie, die Prüfung nicht zu schaffen?« Pat.: »Nee, natürlich nicht. Ich werd es schon irgendwie schaffen. Aber irgendwie reicht mir nicht. Es würde mich furchtbar niederschmettern, wenn ich unter meinem Niveau bleibe.« Th.: »Vielleicht fühlen Sie sich nur sicher, wenn Sie alles wissen?« Pat.: »Eigentlich schon. Obwohl ich ja weiß, dass das nicht geht. Aber ich will die größtmögliche Annäherung, sonst würde ich mir Vorwürfe machen.« Th.: »Sie haben recht – alles kann man nicht wissen. Übrigens sind Prüfungen so konzipiert, dass man nicht alles wissen kann. Ein bisschen Glück gehört auch dazu. Und dann vor allem das Zutrauen, dass man sich in den Fragestellungen schon zurechtfinden wird. Dass man mit seinen Pfunden wuchern kann, auch wenn sie nicht vollständig sind. Vielleicht ist Ihnen das verloren gegangen.« Pat.: »Ja, schon.« Th.: »Wie machen Sie es denn sonst, wenn Sie Ihr Selbstvertrauen wiedergewinnen wollen?« Pat.: »Ich beschäftige mich mit etwas anderem. Aber dann fehlt mir ja die Zeit ...« Th.: »Vielleicht sollten Sie ganz bewusst Zeiten aussparen, in denen Sie nicht lernen. Dann können Sie mit neuer Kraft an die Arbeit gehen.« Pat.: »Sie haben recht. Wenn ich es mir vornehme, geht es vielleicht.« Th.: »Wie viele Stunden wollen Sie täglich etwas anderes tun?« Pat.: »Vielleicht zwei.« Th.: »Das ist eine gute Idee. Was würde Ihnen in dieser Zeit gut tun?« Pat.: »Einfach spazieren gehen.« Th.: »Ich glaube, Sie haben schon selbst die besten Ideen.«

Das Beispiel zeigt, dass es gelegentlich auch angezeigt ist, unter Anerkennung der Realität an konkreten Lösungsmöglichkeiten zu arbeiten. Natürlich lassen sich Übertragungselemente identifizieren – etwa die Angst, in den Augen einer Autorität nicht zu genügen. Der Therapeut verzichtet hier jedoch vollständig auf eine Übertragungsdeutung, weder spricht er die Übertragung innerhalb noch außerhalb der Therapie an. Das würde die prekäre Situation der Patientin nur weiter destabilisieren. (Tatsächlich konnte die Patientin ihr Vorhaben umsetzen und empfand das als großen Erfolg.)

Objektwahrnehmung

Ingo, 15 Jahre alt: »Der X. hat mich beim Baden im Fluss mit Algen beschmissen. Dem hab ich eine in den Magen gegeben, dass er kotzte. So was Ekliges.« Th.: »Du hast dich sehr angegriffen gefühlt ...« Pat.: »Ich lass mir nichts mehr gefallen. Das macht niemand mehr mit mir. Wenn der so kommt, hat er's nicht anders verdient.« Th.: »Du sagst, das macht niemand mehr mit dir. An wen denkst du denn sonst noch?« Pat.: »Na, an meinen Vater.« (Der Patient hatte seinen Vater wegen Misshandlung angezeigt). Th.: »In dem Moment hast du dich gedemütigt gefühlt wie von deinem Vater. Und dann hast du mit dem Jungen das gemacht, was auch dein Vater mit dir gemacht hat.« Pat: »Er ist ja selbst schuld.« Th.: »Kann es sein, dass du da in einen Zustand geraten bist, in dem du überreagiert hast?« Pat.: »Wieso?« Th.: »Dich haben nur ein paar Algen getroffen. Du hast aber den X. ziemlich übel zugerichtet.« Pat., grinst: »Ja, dem hab ich's richtig gezeigt.« Th.: »Wäre es möglich, dass dich X. gar nicht angreifen wollte? Sondern vielleicht eher eine spielerische Algenschlacht vorhatte?« Pat.: »Das hätte er ja sagen können.« Th.: »Und du hättest fragen können, bevor du zuschlägst.« Pat.: »Mein Vater hat auch nie gefragt, bevor er zuschlug.« Th.: »Eben.« Pat.: »Vielleicht war es doch scheiße von mir ...«

Hier deutet der Therapeut die Außenübertragung, konfrontiert aber auch und bietet eine alternative, realitätsnähere Wahrnehmung des Objekts an. Damit wird die Fähigkeit zur internen und externen Kommunikation angeregt.

Zur Arbeit an den Außenbeziehungen gehört auch die Aufdeckung maladaptiver Beziehungsmuster (Strupp & Binder 1991).

Fallbeispiel Sam: Th.: »Eigentlich erwartest du, von allen kritisiert zu werden. Dem möchtest du zuvorkommen, indem du dich als besonders gut und perfekt darstellst. Du möchtest zeigen, dass du eigentlich schon alles kannst, und möchtest bewundert werden. Dabei greifst du auch gelegentlich zu Täuschungen. In dem Moment denkst du über die Folgen nicht nach. Und dann kommt das, was du eigentlich fürchtest: Statt Bewunderung zu ernten, wirst du dafür kritisiert und bestraft.«

In einem weiteren Schritt kann in diesem Fall die Schuldproblematik des Patienten angesprochen werden und sein unbewusstes Strafbedürfnis.

Die Konzentration auf die interpersonale Dynamik in den sozialen Bezügen zielt bei rigiden Abwehren auf deren Modifikation.

Fallbeispiel Elisabeth: Pat., in einer Stunde in der Anfangsphase der Therapie: »Ich werde nie aggressiv. Aggressionen sind unlogisch. Ich bin höchstens genervt.« Der Therapeut kommt im Verlauf der Therapie beharrlich auf die Aggressionen der Patientin zu sprechen, die einer rigiden Verdrängung und Verleugnung unterliegen, begleitet von altruistischer Reaktionsbildung, und die symptomatisch in autoaggressivem Verhalten zum Ausdruck kommen. Nach etwa eineinhalb Jahren kommt es zu der Stunde, die in Kapitel 7. 4. 1 beschrieben ist.

Eine Abwehrmodifikation ist aber auch bei fragilen Abwehrstrukturen angezeigt, hier gilt es, eine Ich-verträgliche Abwehr zu stärken. Hier sei auf das Beispiel Sergej (▶ Kap. 7.4.3) verwiesen.

Merke

- In der TfP wird nicht *in* der Übertragung gearbeitet, sondern *mit* ihr.
- Gedeutet werden Übertragungen und Konflikte in den Außenbeziehungen des Patienten.
- Parallel dazu kommen Ich-stützende und supportive Techniken zum Einsatz, z. B.:
  - Realitätsprüfung,
  - Stützung der Fähigkeit zur Selbstberuhigung,
  - Erarbeitung konkreter Lösungsmöglichkeiten,
  - Verbesserung der Objektwahrnehmung.
- Maladaptive Beziehungsmuster werden aufgedeckt.
- Rigide Abwehren werden modifiziert, fragile Abwehrstrukturen stabilisiert.

7.7 Der Dritte, der Vierte ... Der reale Einbezug weiterer Bezugspersonen

In jede Psychotherapie mit einem Kind oder einem Jugendlichen sind noch andere Personen und Instanzen involviert: Die Eltern bzw. bei fremdplatzierten Kindern die Erzieher, der überweisende Arzt bzw. der Konsiliararzt, der Gutachter, die Krankenkasse; sofern die Therapiestunden innerhalb der Schulzeiten liegen, der Lehrer. In der Regel haben diese Instanzen ihren festen Platz und ihre Funktion, die einen Teil des Rahmens bilden. Andere Personen werden nicht real in die Psychotherapie einbezogen, um den therapeutischen Raum zu schützen. So weit ist alles richtig und klar.

Aber in der Realität einer Versorgungspraxis sehen die Dinge oft anders aus. Da gibt es bei einem Kind, das in einer Jugendhilfeeinrichtung lebt, einen Vormund, einen Heimleiter, die den Therapeuten »kennenlernen« wollen; für Kinder, die durch Jugendhilfemaßnahmen betreut werden, gibt es Hilfeplangespräche, sie haben Erzieher, die den Therapeuten sprechen wollen; Eltern wollen, dass der Therapeut mit dem Lehrer spricht, Lehrer rufen – unabhängig von den Eltern – beim Therapeuten an, um mit ihm zu sprechen, womöglich mit einer fertigen Diagnose im Kopf, von der sie den Therapeuten überzeugen wollen. Eine türkische Mutter braucht eine Dolmetscherin. Schließlich bringt ein Kind ein Geschwister mit und will ihm einmal »zeigen«, wie es beim Therapeuten zugeht, oder eine Jugendliche ihre Freundin.

Man kann alle diese Wünsche und Anliegen als Störmanöver abtun, wird ihnen damit aber vermutlich nicht gerecht. Dahinter liegen meist berechtigte Befürchtungen, die geklärt werden müssen, bevor sie sich zu ernsthaften Störungen der Therapie entwickeln. Allerdings darf die größere Realitätsnähe der TfP nicht dazu führen, dass in der äußeren Realität unreflektiert Einfluss genommen wird. Man sollte nicht vergessen, dass die Arbeit an den realen Beziehungen des Patienten sich darauf bezieht, *wie diese in seiner Phantasiewelt vorkommen*, und nicht darauf, wie sie vermeintlich »wirklich« sind. Ziel einer TfP ist, den Patienten in die Lage zu versetzen, eine versagende Realität mit seinen Mitteln zu verändern oder die Unveränderbarkeit ohne neurotische Verzerrungen und Symptombildungen zu verarbeiten.

Elterngespräche haben die Funktion, das pathogene Milieu des Kindes, ggf. auch des Jugendlichen, zu beeinflussen und den Rahmen der Therapie zu sichern. Wenn es gut geht, hat eine Psychotherapie einen wohltuenden und entwicklungsfördernden Einfluss auf entgleisende Familiendynamiken. Eine solche Funktion können Gespräche mit Lehrern oder pädagogischen Mitarbeitern nicht haben, denn ein Psychotherapeut vermag weder die Persönlichkeit von Lehrern und Pädagogen noch das Schulsystem selbst oder gar sozialpolitische Parameter zu verändern.

Welche Funktion also kann der reale Einbezug anderer Personen haben und wo hat dieser seine Grenzen? Grundsätzlich gilt:

- Der Einbezug anderer muss sorgfältig auf seine Bedeutung für den therapeutischen Prozess hin reflektiert werden, um nicht zu einem Agieren zu geraten. Gelegentlich wird es auch vorkommen, dass der Therapeut selbst den Einbezug anderer für sinnvoll hält, dann muss er gut differenzieren, ob dieser Wunsch einer Gegenübertragungsreaktion geschuldet ist. Das Abstinenzgebot ist durch den Einbezug anderer zwar nicht grundsätzlich verletzt, da es sich darauf bezieht, von einer Realisierung eigener (unbewusster) Wünsche abzusehen, aber es muss gut überlegt sein, wie es aufrechterhalten wird.

- Vorrang hat der Schutz der therapeutischen Beziehung. Wir arbeiten in der TfP zwar nur begrenzt in der Übertragung und fördern auch keine Übertragungsneurose, gleichwohl ist aber die Übertragung ein zentraler Weg zum Verstehen des aktuellen Konfliktgeschehens. Der Einbezug anderer muss also auf seine Übertragungsbedeutung hin untersucht werden. Muss befürchtet werden, dass er negative Reaktionen beim Patienten hervorruft oder die therapeutische Beziehung stört, so ist er taktvoll, aber bestimmt abzulehnen.
- Was dem therapeutischen Ziel nützt und den Rahmen sichert, ist möglich, was dem entgegensteht, ist zu verhindern.
- Es wird keinesfalls Material aus den Stunden mit dem Kind preisgegeben.
- Jeder Einbezug anderer wird mit dem Patienten (und ggf. seinen Eltern) besprochen und setzt sein Einverständnis voraus. Nichts geschieht hinter seinem Rücken.

Chancen eines Einbezugs sind z. B.:

Sicherung des therapeutischen Rahmens und des Fortgangs der Therapie, Förderung des Verständnisses für die Krankheit:

Für ein behindertes neunjähriges Mädchen soll eine Jugendhilfemaßnahme aus Kostengründen auslaufen. Die Maßnahme hat bisher den therapeutischen Prozess unterstützt und entlastet. Die Mutter ist alarmiert, auch der Therapeut hat Bedenken gegen das Auslaufen der Hilfe. Die Mutter möchte den zuständigen Sozialarbeiter zu einem gemeinsamen Gespräch mit dem Therapeuten und ihr einladen. Sie erhofft sich davon, dass der Sozialarbeiter ein vertieftes Verständnis von der Problematik des Kindes gewinnt.

Der Therapeut stimmt zu und erarbeitet mit der Mutter die Themen, über die gesprochen werden sollen. Die Einladung wird die Mutter aussprechen. Hier kann die Erarbeitung einer verstehenden Sichtweise auf die Patientin auch im sozialen Feld entlastend wirken.

Ein Mädchen im Alter von elf Jahren lebt in einer Jugendhilfeeinrichtung. Der Umgang mit der Mutter, die psychisch schwer erkrankt ist, und deren Lebenspartner ist klar geregelt. Nun drängt die Mutter auf einen häufigeren Umgang und droht auch, juristisch vorzugehen. Das Mädchen selbst möchte den Umgang mit der Mutter nicht intensivieren. Der Therapeut hat Bedenken gegen die Einflussnahme der Mutter, die Patientin ist noch nicht reif genug, deren pathogenen Einflüssen zu widerstehen. Ein Hilfeplangespräch ist angesetzt, zu dem auch der Therapeut gebeten wird, weil die Jugendamtsmitarbeiterin seine Sichtweise mit einbeziehen will.

Der Therapeut bespricht dieses Anliegen mit der Patientin, die einverstanden ist, auch da sie sich wünscht, dass er ihre Sichtweise mit vertritt. Da der Therapeut selbst eine ähnliche Sichtweise entwickelt hat, handelt er nicht als Agent der Patientin, sondern im Interesse der Therapie, die durch eine solche Veränderung erschwert wird.

Ressourcenerschließung:

> *Die Eltern des elfjährigen Ingo sind behindert. Die Art ihrer Behinderung schränkt ihre elterlichen Funktionen erheblich ein. Die Familie und auch der Patient sind weitgehend sozial isoliert. Der Junge braucht erwachsene Vertrauenspersonen, die ihm in seinem alltäglichen Leben, in Konflikten mit der Schule etc. helfen können. Die lebenspraktischen Hilfestellungen innerhalb der Therapie reichen nicht aus, zumal der Therapeut weder zu einem realen Elternersatz werden kann noch soll.*

Der Therapeut entschließt sich (natürlich in Absprache mit dem Patienten), zusammen mit den Eltern und einem ihm bekannten Helfer aus dem Umkreis der Eltern Ansprechpartner für dieses Anliegen zu finden. Als sich ein älteres Ehepaar zu einer solchen Mentorenschaft entschließt, wird ein gemeinsames Gespräch geführt (vgl. Burchartz 2010b).

Besseres Verstehen des Patienten und Veränderung des Erziehungsverhaltens:

> *Ein zwölfjähriger Junge hat sich in der Schule in einem eskalierenden Kreislauf aus Regelverletzungen, verbalen Angriffen auf die Lehrer und immer rigider ausfallender Bestrafungsmaßnahmen verfangen. Schon Kleinigkeiten wachsen sich zu Affären aus, die in die Nähe eines Schulausschlusses rücken. Die Eltern möchten den Lehrer des Jungen zu einem gemeinsamen Gespräch einladen, das vom Therapeuten moderiert wird, weil sie den Konflikt entschärfen wollen.*

In diesem Fall ist der Patient alt genug, um an diesem Gespräch teilzunehmen. Der Therapeut bereitet mit ihm vor, was er zur Sprache bringen will, ebenso mit den Eltern, und klärt seine eigene Rolle in dem Gespräch im Vorfeld. Insgesamt hält der Therapeut das Gespräch für sinnvoll, da es die Chance bietet, aus dem Kreislauf eines Machtkampfes auszusteigen und letztlich den Schulausschluss zu verhindern – der auch den Rahmen der Therapie gefährdet hätte.

Gefahren eines Einbezugs sind z. B.:

Es können Neid- und Eifersuchtsgefühle im Patienten und in dessen Eltern entstehen, wenn andere Personen bei »ihrem« Therapeuten ebenfalls Verständnis finden.

In Kindern und Jugendlichen entsteht leicht der Eindruck, der Therapeut verbünde sich mit den mächtigen Sozialisationsinstanzen, er wird so zu einem Über-Ich-Agenten. Es ist daher ganz wichtig, dass zwischen Therapeut und Patient eine emotional getragene Übereinkunft herrscht, dass ihre Beziehung Vorrang hat. Ein Arbeitsbündnis ist eben auch ein *Bündnis*!

7.7 Der Dritte, der Vierte ... Der reale Einbezug weiterer Bezugspersonen

Es wird die Hilflosigkeit der Eltern agiert:

> *Der Stundenplan eines Patienten, der die Grundschule besucht, verändert sich, so dass nun die Therapiestunde des Kindes in die Schulzeit fällt. Die Eltern fürchten sich davor, die Tatsache der Therapie zu offenbaren und darauf zu bestehen, dass das Kind für diese Zeit von der Schule befreit wird, und bitten den Therapeuten, mit dem Lehrer zu sprechen.*

In diesem Fall bearbeitet der Therapeut den psychodynamischen Hintergrund des Wunsches der Eltern, der in einer ängstlichen und unterwerfenden Einstellung Autoritäten gegenüber begründet ist. Er ermutigt die Eltern, ihren Teil der Verantwortung für die Therapie wahrzunehmen und das Gespräch mit dem Lehrer selbst zu suchen.

Es werden Kontrollbedürfnisse bedient:

> *Ein Lehrer ruft den Therapeuten in dessen Telefonzeit an und möchte sich »über den Stand der Therapie« erkundigen. Es habe sich keine Besserung eingestellt, im Gegenteil, das Kind verhalte sich weiter schwierig. Er möchte einmal wissen, was der Therapeut so mit dem Kind »macht«.*

Der Therapeut gibt selbstverständlich keine Auskunft, erläutert aber die Bedeutung der Schweigepflicht und erklärt allgemein, dass Veränderungen in einer Therapie ihre Zeit brauchen und die temporäre Verschlechterung der Symptomatik nichts Ungewöhnliches sei. Wichtig sei bei den Beteiligten die Zuversicht, dass solche Krisen zum Heilungsprozess beitragen. Er gibt den Hinweis, dass der Lehrer ja auch ein Gespräch mit den Eltern suchen kann. Er sagt mit dem gebotenen Takt, dass er die Tatsache des Anrufs aus Gründen des Arbeitsbündnisses mit dem Patienten und den Eltern erwähnen wird.

Es werden Konflikte agiert:

> *Die zehnjährige Katie steht mit ihrer kleinen Schwester vor der Tür und möchte sie mit in die Therapie bringen. Die Patientin hat heftige geschwisterliche Rivalitätsgefühle und verarbeitet sie durch Aggressionshemmung mit zwanghaften Verhaltensweisen, psychosomatischen Phänomenen und altruistischer Reaktionsbildung.*

Der Therapeut versteht den Wunsch als ein Agieren des Konflikts. Dazu fühlt er sich getestet, ob sein Versprechen, dass der therapeutische Raum, auch der tatsächliche Therapieraum, für die Stunde der Therapie ausschließlich der Patientin gehört, auch ernst gemeint ist. Er wendet sich an die Patientin:

> *»Ich weiß noch nicht genau, was zu deinem Wunsch geführt hat, das würde ich gerne mit dir zusammen herausfinden, das ist unsere Aufgabe. Aber du weißt ja, dass dieser Raum nur für die Kinder reserviert ist, die zu mir in Therapie kommen.«*

Dann wendet er sich an die Schwester:

> »Du möchtest so gerne sehen, wie es hier zugeht, wenn Katie bei mir ist. Aber die Stunde gehört ganz ihr, da muss ich dich enttäuschen. Aber du kannst dir ja deine eigenen Gedanken machen.«

Merke

- Der reale Einbezug weiterer Personen in die Therapie folgt dem Grundsatz: Was dem therapeutischen Ziel nützt und den Rahmen sichert, ist möglich, was dem entgegensteht, ist zu verhindern.
- Die Übertragungs- und Gegenübertragungsbedeutung muss reflektiert und das Abstinenzgebot beachtet werden.
- Vorrang hat der Schutz der therapeutischen Beziehung.
- Voraussetzung ist das Einverständnis des Patienten und ggf. seiner Eltern. Nichts geschieht hinter dem Rücken der Patienten.
- Es wird kein vertrauliches Material preisgegeben.
- Chancen:
  - Sicherung des therapeutischen Rahmens und des Fortgangs der Therapie,
  - Förderung des Verständnisses für den Patienten und seine Erkrankung,
  - Ressourcenerschließung.
- Gefahren:
  - negative Reaktionen wie Neid und Eifersucht,
  - Verlassen der Neutralität – der Therapeut gerät in die Rolle eines Über-Ich-Agenten,
  - Agieren von Hilflosigkeitsgefühlen oder Kontrollbedürfnissen,
  - Agieren des Konflikts.

7.8 Psychopharmaka und Psychotherapie

Nicht wenige Kinder und Jugendliche kommen in eine Psychotherapie mit einer Medikation, die u. U. bereits seit langer Zeit eingeleitet wurde. Es gehört zur Vorgeschichte vieler Psychotherapien, dass für die Schwierigkeiten der Kinder eine Reihe von Maßnahmen »durchprobiert« wurden: Ergotherapie, Logopädie, ambulante pädagogische Maßnahmen usw. und eben auch eine Pharmakotherapie. Eine Psychotherapie wird von vielen Eltern, aber auch Pädagogen und Ärzten, immer noch als ultima ratio angesehen.

Meist sind solche Maßnahmen auf eine Beseitigung oder Linderung der Symptomatik gerichtet. Das ist verständlich, sind es doch die manifesten Symptome, die stören und quälen, die das Zusammenleben unerträglich machen und eine gedeihliche Entwicklung des Kindes in Frage stellen. Da ist der Wunsch nach einem Medikament, das rasche Abhilfe zu verschaffen verspricht, verständlich.

Zwischen Kinder- und Jugendpsychiatrie und Kinder- und Jugendlichenpsychotherapie ist immer noch eine Kluft zu beobachten. Es gibt auch heute psychiatrische Kollegen, die von einer Psychotherapie, namentlich einer psychodynamischen Psychotherapie wenig halten. Nach den Leitlinien ist zwar zur Medikation parallel eine Psychotherapie vorgesehen, hier wird allerdings auf die Verhaltenstherapie verwiesen, wobei diese mehr oder weniger »begleitend« zur eigentlichen Pharmakotherapie erfolgt.

Psychopharmaka greifen i. d. R. weitgehend in den Stoffwechsel eines sich in Entwicklung befindlichen, noch unreifen Gehirns ein. Sie sind bei vielen Patienten hoch wirksam. Das führt dazu, dass der Leidensdruck der Patienten und ihres familiären Kontextes rasch sinkt. Die Probleme scheinen bewältigt, so dass eine Motivation zu einer so komplexen und aufwändigen Behandlung, wie es eine Psychotherapie ist, sinkt. Schließlich wird inzwischen eine dauerhafte Medikation mit Beginn in der Kindheit vertreten – z. B. mit der Ausweitung der Diagnose ADHS ins Erwachsenenalter.

Psychodynamische Kinder- und Jugendlichenpsychotherapeuten hingegen vertreten den Ansatz, die tieferliegenden unbewussten Konflikte, Entwicklungshemmnisse und Funktionsstörungen psychodynamisch zu verstehen und mit Hilfe einer beziehungsorientierten Psychotherapie und einer Modifikation der Familiendynamik einer Lösung zuzuführen. Die Konflikte müssen in die therapeutische Beziehung kommen, sonst sind sie nicht zu bearbeiten. In diesem Ansatz ist eine rasche Symptombeseitigung nicht primäres Ziel – sie stellt sich aber meist ein, wenn sich die kompromissbildende Funktion des Symptoms erübrigt. Eine medikamentöse Ruhigstellung, die allgemeine Dämpfung der Affekte oder die Aufhellung depressiven Erlebens durch Psychopharmaka werden als eher hinderlich für die Entfaltung der Übertragung angesehen.

Zudem muss mit einer Reihe von Nebenwirkungen gerechnet werden, die langfristig einen Therapieerfolg unterlaufen können. So kann z. B. Methylphenidat zu Appetitlosigkeit, zu Wachstumsretardierung bis hin zu Kleinwüchsigkeit führen. Eine Behandlung der Depression mit SSRI (Selective Serotonien Reuptake Inhibitor – Selektive Serotonin-Wiederaufnahmehemmer) kann bei Jugendlichen eine Verstärkung der Suizidalität verursachen – eine gefährliche Nebenwirkung (vgl. Brisch 2020, S. 12).

> »Die allermeisten Medikamente, die zur psychopharmakologischen Behandlung von Symptomen im Kindes- und Jugendalter eingesetzt werden, sind für die Altersgruppe von Kindern und Jugendlichen in der Regel nicht ausreichend erforscht. Dies hat zur Folge, dass letztendlich über die Wirkungen und – langfristigen – Nebenwirkungen der Medikamente in der jeweiligen Altersgruppe wenig bekannt ist. Eine besondere Problematik besteht darin, dass wir heute noch gar nicht absehen können, welche Auswirkungen eine Dauermedikation eines Psychopharmakons letztendlich auf das sich in der intensiven Entwicklung befindliche kindliche Gehirn mit allen Wachstumsprozessen und sich ständig ändernden neuronalen Vernetzungen hat.« (Brisch 2020, S. 12)

Kinder, deren Symptomatik sich besonders störend im sozialen Geschehen bemerkbar macht, die in Kindergartengruppen nicht haltbar sind und deren Beschulung überhaupt in Frage steht, werden schon im Kindergartenalter und frühen Schulalter häufig auf Druck von Erzieherinnen und Erziehern, Lehrerinnen und Lehrern bei Kinderärzten oder in kinder- und jugendpsychiatrischen Praxen vorgestellt mit der Erwartung einer Medikation, da man sonst eine Isolation oder Stigmatisierung des Kindes oder ein Scheitern der Schullaufbahn fürchtet. Für Eltern eine äußerst ängstigende und bedrängende Situation. So stimmen sie u. U. einer »Off-Label«-Verschreibung zu und übernehmen damit die Verantwortung für die Behandlung mit einem für das Kindesalter nicht zugelassenen Medikament – und damit auch für alle evtl. auftretenden Nebenwirkungen.

Jedes Medikament hat nicht nur eine pharmakologische Wirkung, sondern auch eine psychologische. Für psychodynamische Kinder- und Jugendlichenpsychotherapeuten gilt es deshalb, die psychodynamische Funktion des Medikaments zu verstehen. Es stellt zunächst eine rasche Hilfe zur Affektregulation zur Verfügung. Es sind dann nicht mehr Eltern oder andere Bindungspersonen, die Affekte regulieren, Sicherheit und Beruhigung spenden oder narzisstische Kränkungen abfangen, sondern das Medikament. Da es kurzfristige Hilfe verspricht und von Konflikten entlastet, wird es rasch hoch positiv besetzt und wird zu einem »guten Objekt«, zu einer Art Ersatz-Bindungsperson, zu der man Zuflucht sucht, wenn affektive Zustände nicht mehr reguliert werden können und auf die man nicht mehr so einfach verzichten kann.

Psychopharmaka werden aufgrund einer nosologischen Diagnose verschrieben. Eine solche fragt jedoch nicht nach der Ätiologie der Erkrankung und auch nicht nach den zugrundeliegenden psychischen Konflikten oder Funktionsstörungen und deren Entstehung. Nicht selten wird reduktionistisch davon ausgegangen, dass es sich bei der psychischen Erkrankung um eine hirnorganische Dysfunktion handelt, etwa eine Störung des Hirnstoffwechsels, häufig mit der Annahme einer zum größten Teil erblichen Weitergabe. Das Medikament wird dadurch zu einem unverzichtbaren Mittel, sonst nicht beeinflussbare somatische Bedingungen *dauerhaft* zu kompensieren. Entgegen aller wissenschaftlicher Erkenntnis werden dann soziale, familiäre oder soziologische Entstehungsbedingungen bestritten. Eine solche Betrachtungsweise lässt außer Acht, dass sich hereditäre Prädispositionen, hirnorganische Entwicklung und Umweltbedingungen immer miteinander verschränken – insbesondere bei der rasanten Entwicklung von Kindern und der für sie typischen Plastizität und Vulnerabilität des Gehirns. Freilich hat die rein somatische Auffassung einen beträchtlichen schuldgefühlsentlastenden Effekt: Eltern, Erzieher und außerfamiläre Sozialisationsinstanzen müssen sich dann nicht mehr fragen, ob das Beziehungsmilieu des Kindes oder des Jugendlichen ursächlich mit der Erkrankung zusammenhängt. Wenn die Frage »Was hat es mit uns zu tun? Haben wir etwas falsch gemacht?« gar nicht mehr gestellt werden muss, ist auch die Aufgabe einer Verantwortungsübernahme obsolet. Das Störende, »Böse« wird allein im Kind oder Jugendlichen verortet und dort durch das Psychopharmakon bekämpft. Entsprechend erleben sich Kinder und Jugendliche als insuffizient, irgendwie »nicht in Ordnung«, was besonders für Jugendliche in ihrem phasentypischen vulnerablen Narzissmus unerträglich sein kann.

Wie schwer es vor diesem Hintergrund Eltern fällt, einen Weg selbstkritischer Introspektion oder gar der Suche nach eigenen Anteilen etwa aus einer eigenen traumatischen Vergangenheit einzuschlagen, wie ihn psychodynamische Psychotherapien mit der entsprechenden Elternarbeit anbieten, ist nur allzu verständlich.

Wie geht man in der Therapie mit der Frage der Medikation um?

Zunächst gilt es anzuerkennen, dass die Medikation häufig von einem akuten Symptomdruck entlastet und damit auch von dem Kreislauf aus eskalierenden Ängsten, Machtkämpfen und dysfunktionalen Reaktionen der Beziehungs-Umwelt. Es verhindert u. U. schlimmere Dekompensationen und soziale Isolation. Wenn die Erregungsspitzen abgefangen werden, ist dies häufig überhaupt erst die Voraussetzung, dass eine Psychotherapie begonnen werden kann (vgl. Streeck-Fischer 2020, S. 33f.). Es wäre daher wenig hilfreich, a priori einen Verzicht auf das hoch libidinös besetzte Objekt »Medikament« zu fordern – das würde Ängste evozieren und mit Sicherheit auch erhebliche Widerstände.

Andererseits müssen natürlich die Eltern gewonnen werden, sich auf eine Psychotherapie einzulassen, die langfristig das Medikament überflüssig macht. Viele Eltern konsultieren auch mit einem Unbehagen über die Medikation einen Psychotherapeuten, insbesondere dann, wenn die Wirkung nachlässt, eine ständige Steigerung der Dosis notwendig erscheint oder sich unerwünschte Nebenwirkungen zeigen. Sie fühlen sich hilflos, suchen nach Alternativen und haben doch Angst, auf den »rettenden Anker« zu verzichten. Manche Eltern, v. a. auch Jugendliche setzen auch abrupt und eigenmächtig die Medikation ab – völlig gegen jeden ärztlichen Rat, da sich dadurch Entzugserscheinungen einstellen können, die dann das Konfliktpotenzial wieder ins Unerträgliche steigern und erneut zu Medikationen greifen lassen.

In verträglicher Form müssen die inneren Konflikte, die störenden Affekte und Ängste in die therapeutische Beziehung kommen – sonst sind sie nicht zu bearbeiten. Das erfordert einen langfristigen Aufbau von Vertrauen in die Therapie und in den Therapeuten. Die Therapie gewinnt dann die Funktion eines sicheren Bindungs-Hafens, ganz im Sinne des Winnicott'schen Haltens. Wenn das gelingt, werden die störenden Konflikte in die Übertragung geholt und man kann entsprechend der fortschreitenden Festigung der therapeutischen Beziehung daran gehen, die Medikation auszuschleichen – nach Möglichkeit immer in Zusammenarbeit mit dem verschreibenden Arzt, nach dem Prinzip: »nur wenn (aktuell) nötig und so wenig wie möglich«. Das ist insbesondere dann eine Herausforderung, wenn mehrere Psychopharmaka eingesetzt werden (Es kommen bereits sechsjährige Kinder mit drei verschiedenen Medikationen in die Praxis!). Ein behutsames schrittweises, aber festes Vorgehen ist hier gefragt. Man muss auch damit rechnen, dass es trotz fortschreitender therapeutischer Erfolge immer wieder zu Rückfällen kommt – etwa durch Therapieunterbrechungen oder in besonderen Stresssituationen. Dann greifen Eltern wieder auf das rettende Medikament zurück, oftmals auch durch eine eigenmächtige Erhöhung der

Dosis. Wenn die Bindungsbeziehung und das Vertrauen in die Therapie wieder gefestigt sind, lässt sich meist die psychotherapeutische Arbeit an der Regulierungsfähigkeit von Eltern und Kind wieder aufnehmen, insbesondere dann, wenn das Agieren verstanden werden kann. Ein solches psychotherapeutisches Vorgehen erfordert von allen Beteiligten ein hohes Maß an Geduld, vom Therapeuten besonders eine »stellvertretende Zuversicht«.

Eine besondere Rolle kommt hier dem Arbeitsbündnis zu, das, wie es bei psychodynamischen Psychotherapien die Regel ist, immer wieder erneuert und gefestigt werden muss.

Beispiel zum Arbeitsbündnis:

Th. im Elterngespräch:
Sie haben mir einen weitgehenden Einblick in die bedrängende Situation gegeben, in der Sie sich befinden und es ist mir sehr verständlich, dass die Medikation Ihres Sohnes alle Beteiligten sehr entlastet hat. Nun haben Sie mich als Psychotherapeut aufgesucht, um die Problematik auch von einer anderen Seite anzugehen. Ich möchte Ihnen gerne eine Psychotherapie anbieten, und wir können die Medikation zunächst auch beibehalten. Ich lade Sie aber dazu ein, mit mir zusammen Wege zu finden, wie Ihr Sohn so gesund werden kann, dass langfristig auf Medikamente verzichtet werden kann. Was meinen Sie dazu?

Th. im Gespräch mit dem neunjährigen Jungen:
Wir haben ja schon darüber gesprochen, dass du morgens eine Tablette nimmst, damit du in der Schule besser klarkommst und dich besser konzentrieren kannst. Das solltest du vorerst auch beibehalten. Ich denke aber, dass wir hier zusammen einen Weg finden, wie du das auch ohne Tablette hinkriegst. Das geht meistens nicht so schnell, wenn wir aber geduldig dran bleiben, bin ich zuversichtlich, dass es uns gelingt. Möchtest du das mit mir zusammen versuchen?

Th. im Gespräch mit einer 16-jährigen Jugendlichen:
Sie haben mir ja erzählt, dass sie sich seit der Einnahme Ihres Medikaments besser fühlten und nicht mehr alles so düster und hoffnungslos erscheint. Dennoch sträubt sich etwas in Ihnen gegen »die Chemie« und Sie haben es dann einfach nicht mehr genommen, zumal es Ihnen besser ging. Und wie Sie mir geschildert haben, sind Sie dann regelrecht in ein tiefes Loch gefallen.
  Ich möchte natürlich mit Ihnen daran arbeiten, dass es Ihnen dauerhaft besser geht auch ohne das Medikament. Aber ich bitte Sie, es nicht abrupt abzusetzen. Psychopharmaka muss man »ausschleichen«, also durch Dosisverringerung allmählich absetzen, sonst schadet man sich selbst. Dazu braucht es die Zusammenarbeit mit dem Arzt. Glauben Sie, dass sie sich auf ein solches Vorgehen einlassen können?

Beispiel Ronny: Der neunjährige Ronny wurde mir vorgestellt in einer völlig verfahrenen Situation. Er war ein spilleriger, schmächtiger Junge, zu klein für sein Alter. Ein umfängliches Schulversagen hat dazu geführt, dass er bereits in drei Schulen war, immer wieder, auch jetzt, ist er »untragbar«. Ronny zog sich zunehmend zu-

rück und tauchte viele Stunden in die Welten eines Computerspiels ab. Sozial war er völlig isoliert. Bereits seit dem Kindergarten erhielt er Methylphenidat in wachsender Dosis. Der Junge litt unter Appetitlosigkeit, war untergewichtig. Nun haben die Eltern das Medikament einfach abgesetzt, ohne dass sich in seinem Verhalten irgendeine Änderung eingestellt hätte, und suchten eine Psychotherapie auf.

Ronny konnte nur sehr allmählich Vertrauen in den Therapeuten fassen. Ich ließ mir erzählen, was er in seinem Computerspiel erlebte. Um dieses Spiel erfolgreich zu spielen, musste er einige spezifische Fähigkeiten »trainieren« – z. B. Reaktionsschnelligkeit, kluges taktisches Vorgehen usw. Man ist in einer Spieler-Community und arbeitet sich auf höhere »Level« vor, fällt aber im Ranking schnell zurück, wenn man nicht ständig »dranbleibt«. So schlug sich Ronny die Nächte um die Ohren, die Eltern erlebten sich als ohnmächtig, zumal Ronny mit schrecklichen Wutanfällen reagierte, wenn sie intervenierten. Gegen eine solche gefährliche depressive Entwicklung hilft natürlich kein Methylphenidat. Eines Tages berichtete Ronny stolz, jetzt sei er auf Level 89 (von 90). »Da kann ich stolz darauf sein. Nicht alle schaffen das.« Th: »Da hast Du Erfolge und kannst auf eine Leistung stolz sein.« Ronny: »Anders als in der Schule – da kann ich auf gar nichts stolz sein.« (▶ Kap. 7.4.1)

Ronny hatte sich die Deutung selbst gegeben.

Es wurde eine sehr lange Therapie, die im letzten Abschnitt eine niederfrequente Begleitung des nun Jugendlichen in eine Berufsausbildung war (die er auch inzwischen mit Erfolg gemeistert hat). Das Beispiel zeigt, wie eine Medikation, die ja eigentlich zu einer besseren Regulierung, sozialer Integration und Selbstwertstärkung gedacht war, das genaue Gegenteil erreicht. Die (nachträgliche) Vermutung des Therapeuten war, dass bereits zu Beginn eine Angststörung in Verbindung mit einer depressiven Entwicklung vorlag, die als ADHS fehldiagnostiziert wurde. Methylphenidat wäre dann aber kontraindiziert gewesen, da dieses Medikament bekanntlich vorhandene Ängste verstärken kann. Strenggenommen erfordert also eine Medikation eine sorgfältige psychodynamische Diagnostik – die aber mit dem gängigen diagnostischen Repertoire gerade vermieden wird.

Es wäre also wünschenswert, wenn Psychotherapeuten und Psychiater enger zusammenarbeiten und gegenseitige Vorbehalte abbauen könnten. Erwiesenermaßen erhöht dies die Erfolgsaussichten sowohl der Pharmakotherapie als auch der Psychotherapie (vgl. Brisch 2020, S. 20).

> **Merke**
>
> - Psychopharmaka entlasten Patienten und ihre Familien von einem unerträglichen Symptomdruck. Sie können helfen, sozialer Isolation, Stigmatisierungen oder suizidalen Tendenzen entgegenzuwirken.
> - Oftmals sind sie notwendig, damit überhaupt ein psychotherapeutisches Setting zustande kommen kann.
> - Psychopharmaka können aber auch in die Rolle eines unverzichtbaren »guten Objekts« oder einer Ersatz-Bindungsperson geraten, die rasch Abhilfe

verschaffen. Dann fällt es den Beteiligten schwer, sich auf den so viel komplizierteren Weg einer Psychotherapie einzulassen.
- Eine dauerhafte Medikation während einer Psychotherapie kann verhindern, dass die entscheidenden Konflikte in die Beziehung kommen und dort bearbeitet werden können.
- Ein allmähliches und behutsames Ausschleichen in Zusammenarbeit mit dem behandelnden Arzt ist anzustreben. Dazu bedarf es eines sicheren Arbeitsbündnisses und einer stabilen und positiv besetzten Bindungsbeziehung zum Therapeuten. Zentral ist die »holding function« der Therapie.
- Grundlage einer Verordnung von Psychopharmaka sollte eine valide *psychodynamische Diagnostik* sein.

7.9 Stabilisieren und unterstützen

In diesem Kapitel werden nicht stabilisierende Maßnahmen besprochen, die zur Nachreifung struktureller Beeinträchtigungen dienen; diese sind in den vorangegangenen Kapiteln dargelegt worden. Hier geht es um die letzte Phase der Therapie, in der das bisher Erreichte stabilisiert und in den Alltag des Patienten integriert wird. Die Erfahrung lehrt, dass die Korrektur innerer Einstellungen, die Nachreifung der Repräsentanzen und die Konflikttoleranz bzw. ein neues Ausbalancieren der Konfliktpole oft noch auf tönernen Füßen stehen und unter besonderen Stresssituationen zusammenbrechen können, so dass auf alte, bereits überwunden geglaubte Verarbeitungsweisen zurückgegriffen wird. Dann kommt es zu »Rückfällen«, die insbesondere in der Endphase einer Therapie typisch sind. Solche Rückfälle haben auch eine Übertragungsbedeutung: Sie signalisieren, dass sich der Patient gerade jetzt, wo es ihm wieder schlechter geht, keinesfalls mit dem bevorstehenden Ende der Therapie auseinandersetzen kann. Sie haben psychodynamisch dann die Funktion, Trennung und Abschied zu umgehen.

In der TfP empfiehlt es sich, das nahende Ende einer Therapie rechtzeitig anzusprechen. Die Begrenzung der Zeit ist immer auch eine Chance, sich mit Begrenztheit überhaupt auseinanderzusetzen und Idealisierungen, die auf den Therapeuten und die Therapie gerichtet werden, zu relativieren. Oft kommen Patienten – v. a. ältere Kinder und Jugendliche – von sich aus auf das Thema zu sprechen, vor allem dann, wenn sie eine Besserung der Symptomatik bemerken. Es lässt sich dann ein Gespräch anknüpfen, in dem darüber nachgedacht wird, was bisher erreicht wurde und was der Patient noch erreichen möchte.

> *Otto erkundigt sich, wie viel Stunden er noch hat. Th.: »Du denkst über das Ende der Therapie nach?« Pat.: »Ja, eigentlich weiß ich nicht, warum ich noch kommen muss.« Th.: »Du empfindest es als ein ›Muss‹?« Pat.: »Na klar, es geht immer ein*

ganzer Nachmittag drauf.« Th.: »Du hast für die Therapie viel eingesetzt, das sehe ich wohl, und es ist sehr anerkennenswert. Und jetzt spürst du, wie dir die Mühe zu viel wird.« Pat.: »Ja, es ist ja auch eigentlich alles besser geworden. Mein Tic ist weg, und ich pinkle auch nicht mehr in die Hose. Ich hab auch keine Angst mehr, ich bin sogar zum Klassensprecher gewählt worden.« Th.: »Ja, du hast viel erreicht, darüber freue ich mich sehr. Wie ist das mit dem X., der dich immer so bedrängt hat?« Pat.: »Ich weiß nicht, das ist gar kein Problem mehr. Er traut sich gar nicht mehr an mich heran, ich weiß auch nicht wieso.« Th.: »Vielleicht, weil du eine gewisse Sicherheit ausstrahlst?« Pat.: »Ja, das könnte es sein.« Th.: »Gibt es auch etwas, was noch nicht ganz zu deiner Zufriedenheit gelöst ist?« Pat.: »Meine Mutter verbietet mir immer noch lauter Sachen, die ich nicht einsehe. Und sie meckert immer noch dauernd an meinen Noten herum. Aber da lass ich sie inzwischen reden. Ich bin zufrieden mit einer Drei. Ich muss es schließlich selbst wissen, wie viel ich für die Schule tue.« Th.: »Wie gehst du mit den Einschränkungen um?« Pat.: »Ich seh's halt nicht ein. Ich kann halt nichts machen. Manchmal werde ich wütend und dann flipp ich aus.« Th.: »Manchmal fällt es dir so schwer, dass du es machst wie früher.« Pat.: »Ja, dann weiß ich auch nicht weiter. Es ist aber seltener.« Th.: »Ich möchte dir vorschlagen, dass wir uns noch eine gewisse Zeit nehmen, damit wir diesen Punkt noch einmal anschauen. Und dann können wir in Ruhe den Abschied angehen.« Pat.: »Ja, so können wir es machen.« Patient und Therapeut vereinbaren einen Zeitpunkt des Endes.

In diesem Beispiel erkundigt sich der Therapeut nach den realen Lebensumständen des Patienten und wie es ihm gelingt, die erarbeiteten inneren Veränderungen dort einzubringen. Das zielt auf die Stabilisierung neuer Bewältigungs- und Verhaltensmuster in der sozialen Realität.

Ein weiteres Element ist die Vereinbarung über das Therapieende und eine Übereinkunft, was bis dahin noch bearbeitet werden soll. Das Ende einer Therapie kann, muss aber nicht mit der Ausschöpfung des genehmigten Kontingents zusammenfallen! Es ergibt sich aus dem dynamischen Prozess. Bei Kindern ist es auch sinnvoll, die Beendigung mit markanten Zeitabschnitten in Verbindung zu bringen, da eine abstrakte Stundenzahl wenig vorstellbar ist, also etwa: »Wir arbeiten bis zum Beginn der Sommerferien zusammen«, (▶ Kap. 8.1 »Abschied und Trennung bearbeiten«).

Der Therapeut sollte sein Augenmerk immer auch auf das Gelingen richten. Das zeigt sich in einer Veränderung des Befindens und Verhaltens des Patienten in der Stunde oder ist in den Narrativen des Patienten enthalten. Wichtig ist hier die Anerkennung für erreichte Fortschritte, die der Therapeut dem Patienten entgegenbringt, eine Anerkennung, die weniger mit einem pädagogischen Lob zu tun hat als vielmehr mit der Vermittlung der Erfahrung, dass der Patient sich in seiner Entwicklung gesehen und verstanden fühlt.

Die rivalisierenden Spiele von Reimund haben einen lustvollen Charakter angenommen, der Junge kann auch verlieren, ohne in destruktives Agieren zu verfallen oder sich zurückzuziehen. Th.: »Du kannst richtig gut spielen und ich merke, wie du auch eine Niederlage viel besser ertragen kannst. Das war früher anders: Da hat es

7 Durcharbeiten

> dir fürchterlich wehgetan, wenn du verloren hast. Und ich glaube auch, du kannst dich über einen Sieg ganz anders freuen.«

> *In der Vignette aus der Therapie mit Elisabeth (▶ Kap. 7.3.6) schildert die Patientin, wie es ihr gelungen ist, eine Einsicht aus der Therapie in ihren Alltag zu übertragen, und wie sie damit eine gute Erfahrung gemacht hat. Auch an dieser Stelle reagiert der Therapeut mit ausdrücklicher Anerkennung, dabei erfährt er auch, dass Elisabeth sich nur noch ganz selten schneidet. Patientin und Therapeut teilen ihre Freude über das Gelingen.*

Zur Stabilisierung gehört die Ermutigung, sich problematischen Situationen auszusetzen und diese prospektiv zu explorieren.

> *Eine 16-jährige Jugendliche mit einer Essstörung überlegt sich, ob sie die Klassenfahrt mitmachen soll. Pat.: »Es ist immer wieder schwierig, mit anderen zusammen zu essen.« Th.: »Sie stehen da vor einer schwierigen Situation. Allerdings bin ich der Überzeugung, dass es Sie nicht weiterbringt, wenn Sie sie einfach vermeiden. Was könnten Sie tun, dass es Ihnen gelingt, sich beim gemeinsamen Essen wohler zu fühlen, ohne dass Sie gleich auf die ganze Klassenfahrt verzichten müssen?« Pat.: »Es ist ja total bescheuert, wenn die anderen ihre Pizza essen und ich sitz nur vor einem Glas Wasser und einem Salat.« Th.: »Sie finden das ›bescheuert‹. Was genau ist daran bescheuert?« Pat.: »Die gucken dann komisch oder fragen, warum ich keine Pizza will. Ich finde es nicht mehr so eklig wie früher. Aber ich will halt nicht gefragt werden.« Th.: »Könnte es sein, dass Sie da auch etwas in andere hineinsehen, weil Sie es von zu Hause gewohnt sind, wegen Ihres Essverhaltens bedrängt zu werden?« Pat.: »Zum Teil stimmt das wahrscheinlich. Aber andererseits habe ich das auch schon erlebt. Ich will ja auch nicht so sein wie die.« Th.: »Und was könnten Sie sagen, wenn komische Bemerkungen kommen?« Pat.: »Ich weiß nicht. Vielleicht müsste ich mehr dazu stehen, dass ich es halt anders mag.« Th.: »Eine gute Idee. Möglicherweise können Sie die Situation auch entschärfen, wenn Sie es von vornherein ansprechen.« Pat., zweifelnd: »Sie meinen, gleich sagen, dass ich halt nicht so viel essen will?« Th.: »Ja, so ungefähr. Ich könnte mir denken, dass Sie dann für den Rest des Abends Ihre Ruhe haben.«*

In diesem Beispiel ermutigt der Therapeut, ein anderes Beziehungsmuster auszuprobieren, das weniger von einer projektiv-defensiven Haltung geprägt ist. Solche unterstützenden Ermutigungen gehören zum Repertoire stabilisierender Techniken.

> *Ein 13-jähriger Junge pflegt sich in sein Zimmer zurückzuziehen und sich von der Familie abzuschotten. Die Eltern reagieren darauf, indem sie ihn dort aufsuchen und mit Forderungen konfrontieren, was er noch alles zu erledigen habe. Die Folge sind fruchtlose Machtkämpfe mit dem Resultat, dass sich der Pubertierende erst recht zurückzieht und verweigert. In den Elterngesprächen wurde die Bedeutung dieses Beziehungsmusters zwischen Eltern und Jugendlichem erarbeitet. Der Therapeut regt*

an, über Alternativen nachzudenken: »*Glauben Sie, dass Ihnen eine andere Reaktion auf das Rückzugsverhalten Ihres Sohnes möglich ist?*« *Vater:* »*Vielleicht müssen wir ihm zeigen, dass wir auch etwas an seinem Verhalten verstehen.*« *Th.:* »*Wie könnte das aussehen?*« *Mutter:* »*Einerseits begreife ich, dass er so einen Rückzugsraum braucht. Aber es fällt mir schwer, ihn einfach so zu lassen.*« *Th.:* »*Vielleicht könnten Sie genau das in einer ruhigen halben Stunde Ihrem Sohn so sagen: dass Sie zwei ›Seelen in Ihrer Brust‹ haben.*« *Vater:* »*Ich glaube, wir müssen ihn wirklich lassen. Wir haben ja gesehen, dass er sich von uns überfallen fühlt.*« *Mutter:* »*Aber es regt mich auf, wenn man ihn zu allem hundertmal ermahnen muss …*« *Th.:* »*Gibt es denn Vereinbarungen über seine Pflichten im Haus?*« *Mutter:* »*Das nicht, aber man muss doch erwarten können, dass der Herr Sohn ab und zu den Mülleimer herunterträgt.*« *Th.:* »*Vielleicht ist es hilfreich, gemeinsam solche Vereinbarungen zu treffen. Dann müssen Sie sich nicht jedes Mal in einen Machtkampf verwickeln lassen.*« *Vater:* »*Glauben Sie, dass das hilft? Er wird sich nicht dran halten …*« *Th.:* »*Sicher wird es weiterhin Auseinandersetzungen geben. Aber dann können Sie sich wenigstens auf eine Abmachung beziehen, die gemeinsam getroffen wurde. Sie können an seine Verantwortung appellieren, für eine gemeinsame Absprache Verantwortung zu übernehmen. Er muss sich dann nicht mehr so überfallen fühlen.*«

Zum Erarbeiten neuer Beziehungsmuster gehört auch, dass sich der Therapeut erkundigt, wie es dem Patienten damit ergangen ist. Er wird u. U. auch hören, dass es »nichts genützt« hat. Das heißt, die Einsicht hat sich auf den therapeutischen Raum beschränkt und bricht unter den Anforderungen der Realität rasch zusammen. Dann ist es wichtig, darauf hinzuweisen, dass ein solches Konzept natürlich nicht kurzfristig greift, sondern geduldig verfolgt werden muss. Gegen Veränderungen in gewohnten Beziehungskreisläufen regen sich naturgemäß in den jeweiligen Beziehungspartnern Gegenbewegungen, da alles Neue zunächst verunsichert, auch wenn das bisher Gewohnte Leiden verursacht. Immerhin sind kollusive Muster, auch wenn sie maladaptiv geworden sind, einmal zu etwas gut gewesen. Der Therapeut sollte Redundanzen nicht scheuen! Es gehört zum Wesen jeder Therapie, dass der gleiche Konflikt unter immer neuen Aspekten bearbeitet werden muss. Wichtig ist, die Zuversicht zu vermitteln, dass sich bei geduldiger Arbeit an alternativen Konfliktlösungsstrategien ein Erfolg einstellen wird.

Rückfälle müssen offen angesprochen und bearbeitet werden.

Im letzten Drittel ihrer Therapie, nachdem es Katie schon viel besser ging und die familiären Probleme entschärft waren, kommt die Patientin in ihre Stunde, sagt nicht viel und möchte gleich spielen. Sie wählt ein rivalisierendes Brettspiel und verzettelt sich wieder, wie früher so oft, in zwanghaftes Zählen und Sortieren, ohne dass das Spiel vorangeht. Der Therapeut bemerkt, dass auch ihr Hautausschlag wieder aufgeflackert ist, sie hat eine entstellende Kratzwunde im Gesicht. Th.: »*Ich glaube, es geht dir gerade nicht so gut.*« *Pat.:* »*Wieso?*« *Th.:* »*Ich merke, wie du hier wieder vom Hundertsten ins Tausendste kommst und es gar nicht mehr ums Spielen geht.*

Und ich sehe, wie du dich wieder kratzen musstest.« Pat.: *»Jaa ...«* Th.: *»Ist irgendetwas passiert, was dich sehr beschäftigt?«* Pat.: *»Meine Oma ist jetzt auch gestorben. (Traurig:) Am Freitag war Beerdigung. Ich war dabei.«*

Das Mädchen hatte einige Wochen zuvor ihren Opa verloren, das hatte sie noch verkraftet. Nun in kurzer Zeit der zweite Verlust – das kann sie nicht mehr ohne Rückgriff auf ihre Symptome bewältigen. Der Therapeut ermutigt sie zum Erzählen und bestätigt, wie traurig sie sich fühlen muss und dass so etwas jeden Menschen hart trifft. Die Patientin kann nun ihren widerstreitenden Gefühlen Raum geben. Nach wenigen Stunden sind die Symptome wieder verschwunden.

Merke

- Innere Veränderungen müssen im sozialen Kontext des Patienten umgesetzt und stabilisiert werden. Dazu gehören:
- Erkundigung über die sozialen Lebensrealitäten des Patienten,
- Nachdenken über das Erreichte,
- Vereinbarung über noch ausstehende Ziele,
- Gelingendes ansprechen und anerkennen,
- Ermutigen, sich problematischen Situationen auszusetzen und mögliche Strategien zu entwerfen,
- Ermutigen, alternative Verhaltensmuster zu erproben,
- Redundanzen nicht scheuen!,
- Zuversicht vermitteln, dass sich geduldige Veränderungsbemühungen auszahlen,
- Rückfälle ansprechen und bearbeiten.

8 Die Beendigung der Therapie

Das Ende einer Psychotherapie ist für Patienten eine besondere Herausforderung. Auch wenn bei manchen Kindern und Jugendlichen, auch bei Eltern, Freude und Erleichterung aufkommt, bald wieder mehr Zeit zu haben und die Mühen der Terminwahrnehmung nicht länger auf sich nehmen zu müssen, so sind doch auch ängstliche und bange Gefühle damit verbunden: Wird man nun alleine, ohne den Therapeuten, zurechtkommen? Werden die Veränderungen stabil bleiben? Was, wenn es Rückfälle gibt? Ist alles erreicht, was man sich vorgenommen hat? Was ist mit den unerfüllten Wünschen und Hoffnungen? Versorgungswünsche tauchen (wieder) auf, Abhängigkeitsbedürfnisse werden wach.

Vor allem aber ist das Ende der Therapie eine Situation der Trennung und des Abschieds. Wenn wir uns vor Augen halten, dass Trennungsängste zu den häufigsten Begleiterscheinungen psychischer Störungen gehören – wenn sie nicht gar im Mittelpunkt einer Angststörung liegen –, so wird klar, dass mit der Beendigung die Therapie ihre letzte große Bewährungsprobe zu bestehen hat.

Es muss also ausreichend Zeit bleiben, um Trennung und Abschied zu bearbeiten.

8.1 Abschied und Trennung bearbeiten

Spätestens, wenn das Therapieende in einigen Wochen bevorsteht, sollte der Therapeut daran erinnern, wenn es nicht der Patient von sich aus anspricht. Bei Kurzzeitpsychotherapien (nach den Psychotherapie-Richtlinien 2 x 12 Stunden) ist die Begrenzung per se präsenter, sie wird etwa ab der Mitte der Therapie aktiv ins Gedächtnis gerufen, bei Langzeitpsychotherapien etwa dann, wenn noch zehn bis zwölf Wochen zur Verfügung stehen – das wären bei einstündiger Frequenz ebenso viele Sitzungen. Das Datum der letzten Sitzung sollte allen Beteiligten rechtzeitig präsent sein. Ein therapeutischer Prozess kann aber auch erfolgreich zu Ende gehen, ohne dass das genehmigte Kontingent voll ausgeschöpft wird. Wenn Patienten und Therapeut den Eindruck haben, das Therapieziel sei erreicht und die Veränderungen seien ausreichend stabil, vereinbaren sie einen Zeitrahmen, in dem der Abschied bearbeitet wird, und setzen einen Termin für das Ende fest (▶ Kap. 7.9 »Stabilisieren und unterstützen«).

In der Schlussphase tauchen bei Patienten Gefühle auf, die sie im Zusammenhang mit Verlust, Abschied und Trennung erlebt haben und erleben. Diese Gefühle können sehr widersprüchlich sein: depressive Gefühle, etwas zu verlieren, wütende Gefühle, dass einem etwas genommen wird, traurige Gefühle, dass man auf etwas Liebgewonnenes verzichten muss, eifersüchtige und neidische Gefühle, dass nun ein anderer bekommt, was man selbst verliert, usw. Eine solche Gefühlsmischung, von manchen Patienten als verwirrend erlebt, ist eine Trauerreaktion, wie sie jeder Mensch in ähnlichen Situationen kennt, und keineswegs pathologisch. Pathologisch ist eine *Trauervermeidung*, also etwa eine grandiose Verleugnung des Verlustes, oder eine Depression, in welcher der Patient am Verlorenen klebt und sich damit identifiziert, ohne den Abschied und die Trennung bewältigen zu können. Wir können davon ausgehen, dass eine vermiedene, nicht bewältigte Trauer im Hintergrund vieler psychischer Erkrankungen steht. In der Endphase der Therapie ist es deshalb wichtig, den Trauerprozess zuzulassen und zu unterstützen und den damit verbundenen Gefühlen Raum zu geben. Am Ende einer Trauer steht, wenn es gut geht, Dankbarkeit und eine neue Form des Lebensbezugs sowie eine Integration der Erfahrungen mit dem Menschen, von dem man sich verabschiedet (vgl. Kast 1982).

Fallbeispiel Kai (Burchartz 2004, S. 522): 57. Stunde: Kai setzt sich damit auseinander, daß die Zeit der Therapie begrenzt ist: »Wenn es aufhört, werde ich ganz froh sein, daß ich mehr Zeit habe für Freunde. Aber es werden mir die Stunden mit Ihnen fehlen. Lieber denke ich noch nicht ans Ende.« Ich: »Da kommt jetzt ein Abschied in den Blick …« Kai: »Ja, von etwas, was mir geholfen hat.« Er berichtet dann von der Anerkennung, die er vom Lehrherrn seines Praktikums erhalten hat, von ersten Auftritten, die er mit seiner Band plant. Ich: »Es geht dir um verdiente Anerkennung. Vielleicht auch durch die Mutter?« Kai: »Inzwischen glaube ich, daß ich nicht mehr so drauf angewiesen bin. Meine Mutter macht sich zu viele Sorgen …«

Reimund spielt verbissen, wie schon lange nicht mehr, gegen den Therapeuten ein rivalisierendes Spiel. Er wirft dem Therapeuten böse Blicke zu, wenn dieser am Gewinnen ist. Th.: »Ich habe das Gefühl, dass du heute besonders wütend auf mich bist. Vielleicht hat es nicht nur etwas mit dem Spiel zu tun …« Pat.: »Du hast das letzte Mal gesagt, dass wir bald aufhören mit der Therapie. Das will ich gar nicht hören.« Th.: »Es tut wohl auch weh, wenn du an das Ende denkst. Und du hast das Gefühl, ich lasse dich im Stich. Kann es sein, dass dich das wütend macht?« Pat.: »Eigentlich will ich noch gar nicht aufhören. Es war so schön hier.« Th.: »Es macht dich wütend und traurig zugleich. Das kann ich gut verstehen.«

Die vorletzte Stunde mit den Eltern von Reimund. Vater: »Schade, dass es zu Ende geht. Durch die Therapie habe ich ein ganz neues Verhältnis zu meinem Sohn entwickeln können. Das nehme ich mit. Aber ich wünschte, es könne weitergehen. Ich habe das Gefühl, ich könnte noch einiges profitieren.« Mutter: »Ja, wir haben unheimlich viel gelernt, und mit Reimund ist es heute so viel anders, manchmal richtig schön, das hätte ich vorher nie gedacht. Auch andere sagen, was für ein netter Junge er ist. Aber eines macht mir noch zu schaffen: Ich hatte oft das Gefühl, dass Sie mich sehr kritisch sehen.« Th.: »Wenn ich Sie damit bedrängt habe, tut es mir leid. Aus meiner Sicht stimmt es nur zum Teil. Was mich oft beschäftigt hat, war Ihre Einstellung, als Mutter alles verkehrt zu machen. Da haben wir ja oft darüber gesprochen. Ich empfand das ganz anders, da habe ich Ihnen vielleicht heftiger widersprochen, als Sie es ertragen konnten.« Mutter, lacht: »Nein, nein, das war ganz in Ordnung. Ich glaube, ich brauchte diesen Widerspruch.«

Dieses Beispiel enthält auch ein Element, das spezifisch ist für das Ende einer Therapie: die Auflösung der Übertragung. Die Mutter hatte mich – wie sie es aus ihrer Herkunftsfamilie gewöhnt ist – als eine überkritische Instanz erlebt. Daran wurde gearbeitet. Nun, am Ende der Therapie, ist es angezeigt, diese Übertragung aufzulösen und in eine Realbeziehung zu überführen, sonst bleibt der Patient in Idealisierungen oder Entwertungen hängen. Es ist also angebracht, in einem verträglichen Maß über die eigenen Gefühle zu sprechen, die mit der Therapie verbunden waren (▶ Kap. 8.3).

Auf den Umstand, dass in der Beendigungsphase die Symptomatik als spezifische Reaktion auf den bevorstehenden Verlust mit der unbewussten Intention der Vermeidung wieder aufflackern kann, wurde bereits hingewiesen (▶ Kap. 7.9). Es ist notwendig, solche Phänomene konsequent auf das Ende der Therapie hin zu deuten, sie verschwinden in der Regel rasch wieder, wenn sie verstanden sind.

Ortrud kommt niedergeschlagen in die Stunde. »Ich fühle mich so leer und depressiv, wie schon lange nicht mehr. Ich bin zu gar nichts in der Lage. Ich muss wieder so oft an den Suizidversuch meines Vaters denken. Ich frage mich, wie ich ohne Sie auskommen soll, wenn das immer wieder kommt.« Th.: »Ich kann mir denken, dass Ihre Gefühle auch etwas mit der Beendigung der Therapie zu tun haben. Da kommt jetzt aus diesem Anlass vieles wieder, was Sie schon überwunden hatten.« Pat.: »Kann schon sein. Ich sehe ja auch ein, dass Sie nicht nur für mich da sein können.« Th.: »Ja, Ihr Kopf sieht das ganz vernünftig ein. Aber die Gefühle scheren sich manchmal nicht um den Kopf. Möglicherweise sind da auch ärgerliche Gefühle in Ihnen, dass Sie nun einem anderen Platz machen müssen und ich mich mehr um den neuen Patienten kümmere.« Pat., lächelt: »Eigentlich will ich mir das nicht eingestehen.« Th.: »Warum eigentlich?« Pat.: »Ich schäme mich für diese Gefühle. Sie sind so egoistisch. Sie haben ja viel für mich getan.« Th.: »Eben deshalb, weil hier viel Gutes geschehen ist, ist vielleicht der Abschied so schwer. Und dann schämen Sie sich für Ihren Ärger über das Ende. Vielleicht fühlen Sie sich auch ein wenig schuldig dafür, dass Sie so egoistische Gefühle haben?« Pat.: »Ach, das kennen wir ja.« Th.: »Sie kennen sich mit Ihren Gefühlen gut aus und können sie einordnen, viel besser als am Anfang. Deshalb bin ich ganz zuversichtlich, dass Sie solche Situationen künftig auch ohne mich meistern können.«

> **Merke**
>
> - Rechtzeitig das Therapieende ansprechen und einen Abschlusstermin festlegen.

- Den mit Abschied und Trennung verbundenen Gefühlen Raum geben.
- Trauerarbeit anregen und unterstützen.
- Wiederkehr der Symptomatik als Reaktion auf das Therapieende deuten.

8.2   Das Erreichte würdigen

In der Beendigungsphase der Therapie kommt es darauf an, die Erinnerung an den therapeutischen Prozess wachzurufen und aktiv zu gestalten. Ein Abschied kommt immer auch einem gewissen Sortieren gleich. Was war gut? Wie habe ich profitiert? Was nehme ich an guten Erinnerungen mit? Was war belastend? Was ist nicht gelungen? Was hat mich am Therapeuten gestört? Kann ich es aussprechen und dalassen?

Dieses Vorgehen zielt nicht allein auf eine Auflösung der Übertragung und eine Ent-Idealisierung des Therapeuten, sondern auch darauf, das innere Objekt, das der Therapeut (eigentlich die Therapie) geworden ist, wahrzunehmen und zu integrieren. Jede Therapie, wenn sie gut läuft, ist eine neue Beziehungserfahrung und wird als solche internalisiert. Damit bleibt der Therapeut als hilfreiches inneres Objekt erhalten, auch wenn er nicht mehr leibhaftig zugegen ist. Dieser Vorgang wiederholt sich und reift im Verlauf der Therapie von Stunde zu Stunde, wenn der Patient allmählich in die Lage kommt, in seinem Alltag auf das zurückzugreifen, was er sich in der Therapie zusammen mit dem Therapeuten erarbeitet hat. Der Vorgang des »Er-Innerns« ist, wörtlich genommen, ein Wachrufen eines solchen inneren Objekts, das einmal ein äußeres war.

Dieser Effekt, etwas Bleibendes mitzunehmen, eine hilfreiche innereStimme, wird psychoanalytisch orientierten Therapeuten persönlich durch die Lehranalyse erfahrbar. Ihre professionelle Arbeit mit Patienten wird kontinuierlich begleitet von dem inneren Objekt, das sich aus der Lehranalyse gebildet hat.

Die Erinnerungsarbeit ist also eine zentrale Aufgabe beim Abschluss einer Therapie. Eine positive Konnotation des Erreichten und eine Anerkennung der Leistung des Patienten gehören dazu, ebenso eine Bilanz, welche Ziele erreicht worden sind und welche ggf. nicht.

Fallbeispiel Kai (Burchartz 2004, S. 522): 66. Stunde: Kai ist im letzten Schuljahr. Neulich hatte er in Mathe eine sehr gute Note geschrieben. »Irgendwie kann ich jetzt lernen. Neulich habe ich aus lauter Langeweile Mathe geübt – und ich habs gekonnt. Es hat richtig Spaß gemacht. Und jetzt ist die Schule schon bald zu Ende. Es ist so schnell gegangen. Hätte ichs doch nur früher begriffen!« Ich: »Damals warst du innerlich wohl noch nicht stark genug. Heute eher.« Kai: »Auf jeden Fall. Da hat mir auch die Therapie geholfen.« Th: »Ob du dir verzeihen kannst, daß es damals so nicht möglich war?« Kai: »Ich glaub schon.«

Vgl. auch das Fallbeispiel Otto (▶ Kap. 7.9 »Stabilisieren und unterstützen«).

Ralf, fünf Jahre alt, beendet seine Kurzzeitpsychotherapie. »Das Angstbewältigungsspiel (das er selbst erfunden hat und dem wir diesen Namen gegeben haben) hat am meisten Spaß gemacht.« Th.: »Ja, das habe ich gemerkt. Ich finde auch, du hast da etwas ganz Tolles erfunden. Ich hatte auch meine Freude daran. Wenn ich es recht verstehe, hast du auch nicht mehr so viel Angst?« Pat.: »Nee, ich geh jetzt immer raus mit dem X. und dem Y. und wir spielen zusammen. Wir haben eine Rollerbahn ...« (erzählt vom Spielen mit den Freunden). Th.: »Und wenn ein Wind kommt?« Pat.: »Das macht mir nichts aus. Ich denk dann an das Angstbewältigungsspiel. Dann ist es nicht schlimm.« Th.: »Du hast in der Therapie bei mir wirklich viel geleistet. Du bist so stark geworden, dass du mit deiner Angst allein fertig werden kannst. Du musst dich nicht mehr verstecken. Ich freue mich sehr darüber.«

Ein hilfreiches Ritual der Erinnerungsarbeit ist das Auspacken der Kiste in der vorletzten oder letzten Stunde mit einem Kind. In der Kiste wird alles aufbewahrt, was im Laufe der Therapie an Bildern, Figuren, Basteleien, Aufschrieben usw. entstanden ist, und es verbleibt dort, bis die Therapie zu Ende ist. Nun wird alles noch einmal in die Hand genommen und gemeinsam angeschaut. Dabei werden Erinnerungen wach an das miteinander Erlebte, an alte, überwundene Probleme, an drängende oder hilfreiche Phantasien, an innere Bilder. In der Betrachtung gehen der Therapeut und das Kind nochmals gleichsam im Zeitraffer die Veränderungsprozesse durch, häufig entsteht ein Staunen darüber, wie sich das Leben zu Beginn der Therapie angefühlt hat und wie es heute ist. Bei manchen Elementen stellt das Kind überrascht fest. »Das habe ich ja ganz vergessen.« »Was, das habe ich gemalt?« Es entspricht dem Wesen einer Veränderung in den unbewussten Strukturen, dass der Patient sie während des Prozesses oft kaum wahrnimmt und erst im Nachhinein, im Vergleich zu »früher«, den Unterschied feststellt.

Der abschiedliche Prozess des »Sortierens« bekommt so einen symbolischen Charakter. Er macht sich einerseits an konkreten Phantasieprodukten fest, das Kind kann real entscheiden, was es aus der Therapie als Erinnerung mitnimmt und was es beim Therapeuten lassen kann. Es entscheidet damit aber auch im Bereich der Phantasie, welche hilfreichen Beziehungselemente, die in den Phantasieprodukten und im Spiel ihren Niederschlag gefunden haben, in der »Er-Innerung« aufbewahrt werden sollen.

Zur Beendigung der Therapie bringen manche Kinder kleine Geschenke mit, ein selbstgemaltes Bild oder etwas Gebasteltes. Im Laufe der Therapie würden wir das in seiner Übertragungsbedeutung aufgreifen. Am Ende einer Therapie, wenn der Abschied gelungen und die Übertragung weitgehend in den Hintergrund getreten ist, lässt sich eine solche Geste besser verstehen als ein kindliches Zeichen der Dankbarkeit – die Anerkennung, dass es einen anderen Menschen gibt, von dem man etwas Gutes bekommen hat (Klein 1957). Das Kind drückt damit auch seinen Wunsch aus, dass es im Inneren des Therapeuten weiterhin seinen Platz hat und nicht vergessen wird. Ein solches Geschenk ist ein Symbol im wahrsten Sinn des Wortes[10].

> Th.: »Ich danke dir sehr für das schöne Bild, das du mir gemalt hast. Es rührt mich an, wie du uns beide da gemalt hast. Ich werde es gut aufbewahren. Und ich werde mich auch gern an dich erinnern, so wie du manchmal auch an mich denken wirst.«

Manchmal beenden Patienten die Therapie vorzeitig, ohne dass dies einem Abbruch gleichkäme. Das kann verschiedene Gründe haben: Patienten können den Eindruck haben, das therapeutische Ziel sei erreicht und eine weitere Arbeit sei nicht notwendig, auch wenn der Therapeut diese Auffassung nicht teilt. Es können auch verschiedene Ängste eine Rolle spielen: dass etwa ein vertieftes Einlassen auf die therapeutische Beziehung in eine gefürchtete Abhängigkeit führen könnte, oder dass weitere Veränderungen das familiäre Gefüge mehr aus dem Gleichgewicht bringen könnte, als die Patienten zu ertragen können meinen. Oft kommt hier auch ein Delegationswiderstand ins Spiel, der momentan nicht aufgelöst werden kann. Derlei hinterlässt im Therapeuten oft widersprüchliche Gefühle. Es kann ihm schwer erträglich erscheinen, eine Arbeit aus der Hand zu legen, die nicht befriedigend zu Ende geführt ist, Gefühle der Entwertung und »Verunwichtigung« können eine Rolle spielen. Neben einer sorgfältigen Analyse der Gegenübertragung wird er aufzeigen, welche Nachteile es haben kann, die Therapie jetzt zu beenden. Er wird aber die Entscheidung der Patienten grundsätzlich akzeptieren und mit ihnen zusammen zu verstehen versuchen, welche inneren Prozesse es zur Zeit nicht möglich machen, die Therapie fortzuführen. Keinesfalls sollten Patienten, die auch nach einer Bearbeitung des Widerstandes am Wunsch nach Beendigung festhalten, zu einer Fortsetzung überredet werden – das Arbeitsbündnis wäre instabil, die Widerstände würden sich an anderer Stelle entzünden und die therapeutische Arbeit unterlaufen. Auch in diesen Fällen sind eine Würdigung der gemeinsamen Arbeit, das Erreichen von Teilzielen und die Anerkennung der bisherigen Bemühungen der Patienten geboten.

> *Die Mutter von Ines möchte es bei der Kurzzeittherapie, die zur Abklärung der therapeutischen Beziehung beantragt wurde, belassen. Der Therapeut sieht Fortschritte beim Kind, die er aber mehr der Übertragung zuschreibt als einer echten Heilung. Er fürchtet, dass das Erreichte nicht stabil genug ist und rasch zusammenbrechen könnte, sieht aber auch, dass die Mutter zur Zeit nicht in der Lage ist, ihre Einstellung zu ändern. Der Therapeut im Gespräch mit der Mutter: »Ich denke, wir haben auch in dieser kurzen Zeit einiges erreicht. Ines kann wieder zur Schule gehen, sie klebt nicht mehr so an Ihnen, auch schläft sie inzwischen meist nachts in ihrem eigenen Bett. Es ist gut, dass Sie mit ihrem Kind in Therapie gekommen sind.« Pat.:*

---

10 Das Wort »Symbol« stammt etymologisch vom griechischen »symballein«, zusammenwerfen, zusammenfügen. Es geht auf den Brauch zurück, dass zwei Freunde, wenn sie sich trennen, ein Tontäfelchen beschriften, das hernach in zwei Hälften zerbrochen wird. Jeder nimmt eine Hälfte mit sich. Beim Wiedersehen werden die beiden Hälften wieder zusammengefügt.

»Ja, eigentlich ist es ja das, was ich wollte.« Th.: »Sie wissen ja, dass ich eine Fortsetzung der Therapie für notwendig halte, auch wenn die Symptome zurückgegangen sind. Ich fürchte, die Besserung ist nicht stabil genug. Es wäre schade, wenn wir die Chance auf eine dauerhafte Heilung verpassen.« Pat.: »Ich glaube schon, dass Ines jetzt auch ohne Therapie in die Schule gehen kann.« Th.: »Vielleicht gibt es etwas, was Sie bei einer Fortsetzung fürchten? Sie haben mir ja erzählt, dass Ines vermehrt nach ihrem Vater fragt.« Pat.: »Das kann ich kaum ertragen. Ich habe mich selbst so gequält, von dem loszukommen, er hat mir so viel angetan; ich war auch in psychiatrischer Behandlung wegen meiner Depression, ich bin froh, dass ich es bis hierher geschafft habe. Ich frage mich, was sie eigentlich von ihrem Erzeuger will. Der ist doch kein Vater, er macht nur leere Versprechungen.« Th.: »Ich kann nachvollziehen und akzeptieren, dass dies ein Punkt ist, an dem es jetzt nicht weitergehen kann. Sie haben für sich viel getan, um weiterleben zu können, und nun haben Sie und Ines viel dafür getan, dass Sie es besser miteinander haben. Ich möchte Ihnen auch sagen, dass die Tür zu mir offen ist, wenn Sie das Gefühl haben, es wäre gut wiederzukommen.«

> **Merke**
>
> - Erinnern als Prozess der Internalisierung der positiven Beziehungserfahrung und der Vergewisserung des »guten« inneren Objekts anregen.
> - Dem »Sortieren« des Erlebten im Abschied Raum geben.
> - Das Erreichte ansprechen und würdigen, die Leistung des Patienten anerkennen.
> - Eine vorzeitige Beendigung akzeptieren, wenn die Widerstandsbearbeitung nicht zum Erfolg führt; erreichte Teilziele anerkennen, das Unbearbeitete benennen.

8.3 Die Grenzen der Therapie annehmen

Dass eine Psychotherapie – wie alles im Leben – etwas Unvollkommenes bleiben muss, ist eine Banalität, die nicht weiter erwähnt zu werden brauchte, hinterließe sie nicht im Therapeuten schmerzliche Gefühle. Es wird wohl keine Therapie zu Ende gehen, bei der der Therapeut nicht das Gefühl zurückbehielte, er hätte dies oder jenes noch »besser machen« können, aufmerksamer sein können etc. Meist sieht er auch noch unbearbeitete Gebiete der Seelenlandschaft seines Patienten, die ihm Sorgen bereiten, oder stellt fest, dass zwar der Patient zufrieden ist über das erreichte Ziel, bei ihm selbst jedoch noch offene Fragen bleiben.

Auch der Therapeut muss den Abschied und die Trennung von einem Patienten bearbeiten. Die notwendige Identifikation mit der eigenen Professionalität enthält immer auch Elemente der Idealisierung, gerade Menschen in helfenden Berufen sind dafür anfällig. Ein gewisses Maß an Idealisierung ist sicher auch notwendig, sonst könnte man die Schwierigkeiten, die der Beruf des Psychotherapeuten mit sich bringt, wohl nicht meistern. Am Ende einer Therapie jedoch stellt sich die Aufgabe, die eigenen Idealisierungen zu relativieren und die Bedingung der Begrenztheit des eigenen Wirkens anzunehmen. Sonst drohte die Gefahr, dass wir unseren Patienten nicht zutrauten, mit dem, was sie aus der Therapie gewonnen haben, auch aus eigener Kraft ihr Leben weiter förderlich gestalten zu können.

Mit dieser Haltung können wir auch unsere Patienten ermutigen, die Grenzen der Therapie realistisch zu sehen und anzuerkennen.

Patienten können den Eindruck haben, ihr Ziel nicht oder nur unvollständig erreicht zu haben, ohne dass es sich um illusionäre Ziele handelt. Der Therapeut sollte darauf eingehen und die Sichtweise des Patienten zunächst akzeptieren. Er sollte nicht signalisieren, der Patient habe sich nun einmal mit dem zufriedenzugeben, was er bekommen habe. Er sollte aber auch auf das hinweisen, was aus seiner Sicht gelungen ist, und dazu einladen, die Begrenztheit der Therapie nicht als etwas Defizitäres zu sehen, sondern als eine Grundlage, auf der weitere Entwicklungen möglich sind. Schließlich hat auch jeder Mensch eine »empfindliche Stelle«, eine spezifische psychische Vulnerabilität, die nicht »wegzutherapieren« ist, jedoch angenommen werden kann, wenn der Patient die Fähigkeit zur Selbstwahrnehmung und Selbstfürsorge ausreichend entwickelt hat.

Für die Beurteilung, welche positiven Effekte eine Therapie hat, empfiehlt sich eine Betrachtung auf drei Ebenen:

1. Ist das subjektive Leiden des Patienten zurückgegangen? Hat sich die Symptomatik abgeschwächt?
2. Hat sich in den Objektbeziehungen des Patienten eine Verbesserung eingestellt?
3. Ist das emotionale Erleben differenzierter geworden, gelingt die Affektkontrolle besser, kann der Patient Ambivalenzen besser ertragen, mit Enttäuschungen angemessener umgehen – kurz, hat sich seine psychische Struktur positiv verändert?

> *Ortrud: »Ich hätte mir gewünscht, mich besser von meiner Mutter abgrenzen zu können. Es gelingt mir zwar immer wieder ganz gut, aber dann gibt es wieder so Situationen, wo sie nur jammern muss, wie schlecht es ihr geht, und schon lasse ich wieder alles stehen und liegen und bin für sie da.« Th.: »Das ist sicherlich enttäuschend für Sie, dass Sie den Eindruck haben müssen, hier habe die Therapie nur zum Teil geholfen.« Pat.: »Immerhin erkenne ich solche Situationen viel rechtzeitiger, früher habe ich gar nicht gemerkt, wie es dazu kommt.« Th.: »Das halte ich auch für einen wesentlichen Fortschritt. Vielleicht können Sie auf dieser Grundlage Ihre Fähigkeit ausbauen, sich besser abzugrenzen und sich nicht mehr so sehr von anderen ausbeuten zu lassen.«*

Mutter von Otto: »Er ist halt immer noch faul. Seine Schulleistungen haben sich kaum verbessert.« Vater: »Ich finde, der Junge hat sich prima entwickelt. Er zuckt nicht mehr, seine Hose bleibt trocken, er kann sich wehren und hat Freunde. Und das mit der Schule wird er schon noch kapieren, spätestens wenn es um eine Lehre geht.« Th.: »Ich habe den Eindruck, Otto kann vor allem besser einschätzen, wie er im Umgang mit anderen wirkt und wie er sich zu ihnen verhalten kann. Er kann auch eher Frustrationen ertragen, ohne auszuflippen. Dass er weiterhin hinter seiner Leistungsfähigkeit in der Schule zurückbleibt, sehe ich auch und ich kann verstehen, dass er damit Sie, Frau P., enttäuscht. Aber ich denke auch, er hat eine gute Grundlage, mit der er auch diesen Bereich seines Lebens meistern wird. Vielleicht müssen wir auch anerkennen, dass eine Therapie nur sehr begrenzt zu besseren Noten beitragen kann.«

Die Beendigung einer Psychotherapie ist mit einer weitgehenden Rücknahme der Übertragung verbunden. Reste negativer Übertragungen sollten noch vor der Endphase durchgearbeitet sein. Positive Übertragungen enthalten stets auch das Element der Idealisierung. Im Therapeuten wird (auch) eine schützende und versorgende Elternimago gesehen, bei einem guten Verlauf wird diese, wie gezeigt, internalisiert, so dass der Therapeut in der Wahrnehmung der Realbeziehung auf seine »normale« Größe schrumpfen darf.

Der Patient sollte in der Endphase schrittweise den Therapeuten als einen realen Menschen mit seinen Fähigkeiten und Begrenzungen wahrnehmen können. Die Arbeit an der Begrenztheit der Therapie ist damit auch die Arbeit daran, Idealisierungen zurückzunehmen bzw. zu relativieren. Das ist für Kinder und besonders für Jugendliche ein schmerzlicher Prozess, zumal gerade in der Entwicklungsphase der Adoleszenz die Eltern ihren Status als allmächtig bewahrende und umfassend versorgende Instanz einbüßen. Die Ent-Idealisierung des Therapeuten ist eine notwendige Bedingung für Autonomie und Ablösung und damit für die Sicherung des therapeutischen Erfolgs.

Ronny, in der Endphase einer langen, durch einen Aufenthalt in einem psychotherapeutischen Kinderheim unterbrochenen Therapie, ist inzwischen ein 14-jähriger Jugendlicher. Pat.: »Ich hab immer geglaubt, Sie wüssten die richtigen Lösungen für mich. Schule, Eltern und so weiter. Jetzt muss ich mich selbst wegen dieses Praktikums entscheiden. Im letzten Moment hat es ja dann doch noch geklappt beim Schreiner.« Th.: »Du bemerkst, dass ich tatsächlich nicht in allem Bescheid weiß. Ich kenne mich in diesen Berufen nicht gut aus. Und eigentlich glaube ich auch, dass du selbst herausfinden musst, was für dich der beste Weg ist.« Pat.: »Ja, das sehe ich ja ein. Aber ich schiebe es dann so vor mir her ...« Th.: »Ich glaube, das enttäuscht dich, dass ich nicht immer die richtigen Lösungen weiß, so wie du dir das früher vorgestellt hast. Und dann vermeidest du so lange eine Entscheidung, bis dann doch wieder jemand anderes für dich entscheidet.« Pat., grinst: »Ja, so ungefähr ist es.« Th.: »Ich denke, du möchtest mit deiner Vermeidungshaltung etwas wiederherstellen, was du eigentlich schon verloren hast: Eltern, die alles wissen und alles für dich entscheiden. Und du ahnst, dass du auch in mir einen solchen allwissenden Therapeuten nicht haben kannst, zumal ja die Therapie tatsächlich bald zu Ende geht.«

Der Therapeut hat Ronny und seine Eltern über 5 Jahre in einem niederfrequenten Setting begleitet. Heute ist der Jugendliche in der Lage, ohne Medikamente zu leben, er geht in die Schule mit der begründeten Aussicht, den Hauptschulabschluss zu schaffen, er interessiert sich für verschiedene Berufe und entdeckt mit Befriedigung seine handwerklichen Fähigkeiten. Seine Praktika bewältigt er ohne Fehlzeiten und erhält von dort auch Anerkennung. Er betreibt einen Sport mit gutem Erfolg. Gelegentlich taucht er ab in die Welt eines Computerspiels, ist aber in der Lage, sich davon wieder zu distanzieren. Das alles hört sich wenig spektakulär an, ist aber vor dem Hintergrund der schweren Störung, mit der er seine Therapie begonnen hat, als Erfolg zu werten.

Mit diesem Beispiel zu schließen, ist deshalb ein schöner Hinweis darauf, wie relativ der Erfolg einer Therapie sein kann, gemessen an den Erwartungen, die man an gesunde Kinder richtet, und wie erfreulich und befriedigend eine Entwicklung sein kann, wenn man die Startbedingungen belasteter Kinder kennt.

> **Merke**
>
> - Die eigene Begrenztheit anerkennen.
> - Das Gelungene als weitere Entwicklungsgrundlage betonen.
> - Vulnerabilität akzeptieren, auf die Fähigkeit zur Selbstfürsorge abheben.
> - Übertragungsbeziehung begrenzen und Realbeziehung betonen.
> - Ent-Idealisierung fördern, dies trägt bei zu Autonomie und Ablösung.

Literatur

Ahlheim R (2007): Die begleitende tiefenpsychologisch fundierte Psychotherapie der Bezugspersonen. In: Hopf H, Windaus E (Hrsg): *Lehrbuch der Psychotherapie Bd. 5: Psychoanalytische und tiefenpsychologisch fundierte Kinder- und Jugendlichenpsychotherapie.* München: CIP-Medien, S. 253–269

Ahlheim R, Müller-Brühn E (1992): Elternarbeit als Erweiterung des analytischen Bezugsrahmens der Kinderpsychotherapie. In: Biermann G (Hrsg): *Handbuch der Kinderpsychotherapie Bd. V.* München, Basel: Ernst Reinhardt, S. 470–484

Ainsworth M D S (1977): Feinfühligkeit versus Unempfindlichkeit gegenüber Signalen des Babys. In: Grossmann K E (Hrsg): *Entwicklung der Lernfähigkeit in der sozialen Umwelt.* München: Kindler, S. 98–107

Ainsworth M D S, Blehar M C, Waters E, Wall S (1978): *Patterns of attachment. A psychological study of the strange situation.* Hillsdale, NJ: Erlbaum

Alexander F, French T M (1946): *Psychoanalytic Psychotherapy.* New York: Ronald Press

Althoff M L (2017): *Die begleitende Psychotherapie der Bezugspersonen. Theorien, Modelle und Behandlungstechnik in der psychodynamischen Psychotherapie.* Stuttgart: Kohlhammer

Althoff M L (2019): *Rahmen und Rahmung. Bedeutung in der psychodynamischen Psychotherapie mit Kindern und Jugendlichen.* Stuttgart: Kohlhammer

Antonovski A (1979): *Health, Stress and Coping.* San Francisco: Jossey-Bass-Publications. Dt. (1997): *Salutogenese. Zur Entmystifizierung der Gesundheit.* Tübingen: DGVT

Arbeitskreis OPD-KJ-2 (Hrsg) (2016): *Operationalisierte Psychodynamische Diagnostik im Kindes- und Jugendalter. Grundlagen und Manual.* 2., überarbeitete Auflage. Bern: Hogrefe

Argelander H (1970): *Das Erstinterview in der Psychotherapie.* Darmstadt: Wissenschaftliche Buchgesellschaft, ⁶1999

Auchter T (2003): Psychoanalyse zwischen Emanzipation, Effizienz, Euro und Entfremdung. In: Gerlach A, Schlösser A-M, Springer A (Hrsg) (2003): *Psychoanalyse mit und ohne Couch. Haltung und Methode.* Bibliothek der Psychoanalyse (Hrsg von H-J Wirth). Gießen: Psychosozial, S. 87–107

Balint M, Ornstein P H, Balint E (1972): *Fokaltherapie. Ein Beispiel angewandter Psychoanalyse.* Frankfurt/M.: Suhrkamp 1973

Berns U (2000): Deutung. In: Mertens W, Waldvogel B (Hrsg): *Handbuch psychoanalytischer Grundbegriffe.* Stuttgart: Kohlhammer

Beutel M E, Doering S, Leichsenring F, Reich G (2010): *Psychodynamische Psychotherapie. Störungsorientierung und Mentalisierung in der Praxis.* Bd. 1 der Reihe: Praxis der psychodynamischen Psychotherapie – Analytische und tiefenpsychologisch fundierte Psychotherapie, Hrsg. von Beutel M E, Doering S, Leichsenring F & Reich G. Göttingen u. a.: Hogrefe

Bion W (1959): Attacks on linking. *Int. J. Psycho-Anal.,* 40, S. 308–315. Dt. (1990): Angriffe auf Verbindungen. In: Bott-Spillius E (Hrsg): *Melanie Klein Heute, Bd. 1.* Stuttgart: Internationale Psychoanalyse, S. 110–129

Boll-Klatt A, Kohrs M (2014): *Praxis der psychodynamischen Psychotherapie. Grundlagen – Modelle – Konzepte.* Stuttgart: Schattauer

Bordin E (1979): The generalizability of the psychoanalytic concept of the working alliance. *Psychotherapy: Theory, Research, & Practice,* 16, S. 252–260

Bovensiepen G: Zwang und adhäsive Identifizierung. *Analytische Kinder- und Jugendlichenpsychotherapie,* Heft 144, XL. Jg. 4/2009, S. 471–488

Bowlby J (1969): *Attachment and loss. Vol. 1: Attachment.* New York: Basic Books. Dt. (1975): *Bindung. Eine Analyse der Mutter-Kind-Beziehung.* München: Kindler

Brisch K H (1999): *Bindungsstörungen. Von der Bindungstheorie zur Therapie.* Stuttgart: Klett-Cotta

Brisch K H (2020): Bindung, Psychopharmaka und Psychotherapie von Kindern und Jugendlichen. *KJP*, Heft 185, 51. Jg., 1/2020, S. 9–22

Brockmann J, Sammet I (2003): Die »Control Mastery Theory« von J. Weiss. Theoretische Grundlagen und empirische Ergebnisse des psychoanalytischen Therapieprozesses – Anwendungen in der psychodynamischen Therapie. In: Gerlach A, Schlösser A-M, Springer A (Hrsg) (2003): *Psychoanalyse mit und ohne Couch. Haltung und Methode. Bibliothek der Psychoanalyse* (Hrsg von H-J Wirth). Gießen: Psychosozial, S. 280–293

Buchholz M B (2011): Körper – Bild – Szene – Geste – Sprechen. *Analytische Kinder- und Jugendlichenpsychotherapie,* Heft 149, XLII. Jg. 1/2011, S. 7–34

Burchartz A (2004): Tiefpsychologisch fundierte Psychotherapie eines 13-jährigen Jugendlichen mit depressiv-narzisstischer Entwicklungsstörung. Ein kasuistischer Beitrag zur Indikationsstellung und Behandlungstechnik. *Analytische Kinder- und Jugendlichenpsychotherapie,* Heft 124, XXXV. Jg. 4/2004, S. 495–526

Burchartz A (2007): Prävention und Rehabilitation psychischer Erkrankungen im Kindes- und Jugendalter. In: Hopf H, Windaus E (Hrsg): *Lehrbuch der Psychotherapie Bd. 5: Psychoanalytische und tiefenpsychologisch fundierte Kinder- und Jugendlichenpsychotherapie.* München: CIP-Medien, S. 63–82

Burchartz A (2008): Verwöhnung. Eine psychoanalytische Annäherung. *Analytische Kinder- und Jugendlichenpsychotherapie,* Heft 138, XXXIX. Jg. 2/2008, S. 207–239

Burchartz A (2010a): Mangel und Verwöhnung. Psychische Verarbeitung von Armut. *Analytische Kinder- und Jugendlichenpsychotherapie,* Heft 145, XLI. Jg. 1/2010, S. 7–30

Burchartz A (2010b): Psychoanalytische Therapie und Pädagogik. Ein Werkstattbericht. In: Heinemann E, Hopf H (Hrsg): *Psychoanalytische Pädagogik. Theorien, Modelle, Fallbeispiele.* Stuttgart: Kohlhammer, S. 33–44

Burchartz A (2014): »Fünfzig Minuten sind doch keine Stunde«. *Analytische Kinder- und Jugendlichenpsychotherapie.* Heft 162, XLV. Jg., 2/2014, S 235–256

Burchartz A (2018): Weibliche Adoleszente und ihre Väter. KJP 49, 1/2018, S. 7–33

Burchartz A (2019a): Übertragungs-Objekt und Beziehungs-Subjekt. Eine Gratwanderung. KJP 50, 1/2019, S. 87–106

Burchartz A (2019b): Deutung in der analytischen Kinder- und Jugendlichen-Psychotherapie. KJP 50, 4/2019, S. 519–544

Burchartz A (2019c): Traumatisierung bei Kindern und Jugendlichen. Psychodynamisch verstehen und behandeln. Stuttgart: Kohlhammer

Burchartz A (2020): Wer macht was mit wem? Szenen in der Erstbegegnung. KJP 51, 3/2020

Burchartz A (2021): *Psychodynamische Psychotherapie im Kindes- und Jugendalter. Mit einem Beitrag von Eberhard Windaus.* Stuttgart: Kohlhammer

Burchatz A, Hopf H, Lutz C (2016): *Psychodynamische Therapien mit Kindern, Jugendlichen und jungen Erwachsenen. Geschichte, Theorie, Praxis.* Stuttgart: Kohlhammer

Burchartz A, Kunze B (2014): »Ich will meine alte Welt wiederhaben.« Aus der psychoanalytischen Behandlung eines achtjährigen Jungen. Falldarstellung, Kommentar und Diskussion. In: Quindeau I, Dammasch F (Hrsg): *Männlichkeiten. Wie weibliche und mnnliche Psychoanalytiker Jungen und Männer behandeln. Fallgeschichten, Kommentare, Diskussion.* Stuttgart: Klett-Cotta, S. 61–83

Cremerius J (1993): Die »tendenzlose Analyse« hat es nie gegeben, sie ist einer jener »Fliegender Holländer«, von denen wir einige konservieren. *Z. Psychosom. Med.,* 39, S. 215–218

Dammasch F (2008): Triangulierung und Geschlecht. Das Vaterbild in der Psychoanalyse und die Entwicklung des Jungen. In: Dammasch F, Katzenbach D, Ruth J (Hrsg): *Triangulierung.* Frankfurt/M.: Brandes & Apsel, S. 13–39

Dammasch F, Metzger H G (Hrsg) (2006): *Die Bedeutung des Vaters. Psychoanalytische Perspektiven.* Frankfurt/M.: Brandes & Apsel

Dammasch F, Metzger H G, Teising M (Hrsg) (2009): *Männliche Identität. Psychoanalytische Erkundungen.* Frankfurt/M.: Brandes & Apsel

Dammasch F, Quindeau I (2014): Biologische, psychische und soziale Entwicklungsprozesse von Jungen und Männern. In: Quindeau I, Dammasch F (Hrsg). *Männlichkeiten. Wie weibliche und männliche Psychoanalytiker Jungen und Männer behandeln. Fallgeschichten, Komentare, Diskussion.* Stuttgart: Klett-Cotta, S. 12–60

Dieckmann M, Becker M, Neher M. (Hrsg) (2021): *Faber/Haarstrick. Kommentar Psychotherapierichtlinien.* 12. Auflage. München: Elsevier

Diez Grieser M T (1996): Probleme der Elternarbeit in der Psychotherapie mit Kindern und Jugendlichen. *Kinderanalyse*, 4, S. 241–253

Diez Grieser M T, Müller R (2018): *Mentalisieren mit Kindern und Jugendlichen.* Stuttgart: Klett-Cotta

Döll-Hentschker S, Reerink G, Schlierf C, Wildberger H (2008): Psychoanalyse in der Psychotherapie: Das Privileg der Frequenzwahl. In: Dreyer K-A, Schmid M G: *Niederfrequente psychoanalytische Psychotherapie.* Stuttgart: Klett-Cotta, S. 144–168

Dreyer K-A, Schmid M G (2008): *Niederfrequente psychoanalytische Psychotherapie.* Stuttgart: Klett-Cotta

Dührssen A (1988): *Dynamische Psychotherapie.* Berlin, Heidelberg, London, Paris, Tokyo: Springer

Dührssen A (1995): *Dynamische Psychotherapie. Ein Leitfaden für den tiefenpsychologisch orientierten Umgang mit Patienten.* Göttingen: Vandenhoeck & Ruprecht

Eckstaed A, Klüwer R (Hrsg) (1999): *Zeit allein heilt keine Wunden. Psychoanalytische Erstgespräche mit Kindern und Eltern.* Frankfurt/M.: Suhrkamp

Einnolf U (2004): Überlegungen zu den Grundlagen der »tiefenpsychologisch fundierten Psychotherapie« bei Kindern und Jugendlichen. *Analytische Kinder- und Jugendlichenpsychotherapie*, Heft 124, XXXV. Jg. 4/2004, S. 479–488

Eissler K (1953): The effects of the structure of the ego on Psychoanalytic technique. *J. Amer. Psa. Assn.*, 1, S. 104–143

Erikson E H (1966): *Identität und Lebenszyklus.* Frankfurt/M.: Suhrkamp ²1973

Ermann M (2004): Die tiefenpsychologisch fundierte Methodik in der Praxis. *Forum Psychoanal*, 3, S. 300–313

Ermann M (2007): *Psychosomatische Medizin und Psychotherapie. Ein Lehrbuch auf psychoanalytischer Grundlage.* Stuttgart: Kohlhammer ⁵2007

Ermann M (2008): Gegenübertragung. In: Mertens W, Waldvogel B (Hrsg): *Handbuch psychoanalytischer Grundbegriffe.* 3., überarbeitete und erweiterte Auflage. Stuttgart: Kohlhammer, S. 233–239

Ferenczi S (1913): Ein kleiner Hahnemann. In: Ders.: *Schriften zur Psychoanalyse Bd. I*, Hrsg. von M. Balint. Gießen 2004: Psychosozial, S. 164–171

Ferenczi S (1919a): Technische Schwierigkeiten einer Hysterieanalyse. In: Ders.: *Schriften zur Psychoanalyse Bd. II*, Hrsg. von M. Balint. Gießen 2004: Psychosozial, S. 3–10

Ferenczi S (1919f): Zur psychoanalytischen Technik. In: Ders.: *Schriften zur Psychoanalyse Bd. I*, Hrsg. von M. Balint. Gießen 2004: Psychosozial, S. 272–283

Ferenczi S (1921c): Weiterer Ausbau der ›aktiven Technik‹ in der Psychoanalyse. In: Ders.: *Schriften zur Psychoanalyse Bd. II*, Hrsg. von M. Balint. Gießen 2004: Psychosozial, S. 74–91

Ferenczi S (1932): *Ohne Sympathie keine Heilung. Das klinische Tagebuch von 1932.* Hrsg. v. Judith Dupont. Frankfurt/M.: Fischer 1999 (im französischen Original erschienen 1985: Journal clinique)

Ferenczi S, Rank O (1924): *Entwicklungsziele der Psychoanalyse.* Wien: Turia + Kant 2009

Figdor H (2001): *Kinder aus geschiedenen Ehen: Zwischen Trauma und Hoffnung.* Mainz: Matthias Grünewald ¹1997

Fonagy P, Gergely G, Jurist E L, Target M (2002): *Affektregulierung, Mentalisierung und die Entwicklung des Selbst.* Stuttgart: Klett-Cotta 2004

Fraiberg S, Adelson E, Shapiro V (1980): Ghosts in the nursery: A psychoanalytic approach to the problem of impaired infant-mother relationships. In: Fraiberg S (Hrsg): *Clinical studies in infant mental health.* New York: S. 164–196

Freud A (1936): Das Ich und die Abwehrmechanismen. In: *Die Schriften der Anna Freud. Bd. 1B.* Frankfurt: Fischer, S. 191–355

Freud A (1927/1926): Vier Vorträge über Kinderanalyse. 1: Die Einleitung der Kinderanalyse. In: *Die Schriften der Anna Freud. Bd. 1.* Frankfurt: Fischer, S. 10–25

Freud A (1966): *Einführung in die Technik der Kinderanalyse.* München: Ernst Reinhardt

Freud A (1976): Die Beziehung zwischen Psychopathologie und Normalentwicklung. In: *Die Schriften der Anna Freud. Bd. 10.* Frankfurt: Fischer, S. 2705–2718

Freud S (1900a): Die Traumdeutung. GW II/III. Frankfurt/M.: Fischer, S. 1–642

Freud S (1901b): Zur Psychopathologie des Alltagslebens. GW IV. Frankfurt/M.: Fischer

Freud S (1905c): Der Witz und seine Beziehung zum Unbewußten. GW VI. Frankfurt/M.: Fischer

Freud S (1905e): Bruchstücke einer Hysterie-Analyse. GW V. Frankfurt/M.: Fischer, S. 161–286

Freud S (1909b): Analyse der Phobie eines fünfjährigen Knaben. GW VII. Frankfurt/M.: Fischer, S. 241–377

Freud S (1910d): Die zukünftigen Chancen der psychoanalytischen Therapie. GW VIII. Frankfurt/M.: Fischer, S. 103–115

Freud S (1912b): Zur Dynamik der Übertragung. GW VIII. Frankfurt/M.: Fischer, S. 363–374

Freud S (1912e): Ratschläge für den Arzt bei der psychoanalytischen Behandlung. GW VIII. Frankfurt/M.: Fischer, S. 375–387

Freud S (1913c): Zur Einleitung der Behandlung. GW VIII. Frankfurt/M.: Fischer, S. 453–478

Freud S (1914c): Zur Einführung des Narzißmus. GW X. Frankfurt/M.: Fischer, S. 137–170

Freud S (1914g): Erinnern, Wiederholen, Durcharbeiten. GW X. Frankfurt/M.: Fischer, S. 125–136

Freud S (1915e): Das Unbewußte. GW X. Frankfurt/M.: Fischer, S. 263–303

Freud S (1916–17): Vorlesungen zur Einführung in die Psychoanalyse. GW XI. Frankfurt/M.: Fischer

Freud S (1919a): Wege der Psychoanalytischen Therapie. GW XII. Frankfurt/M.: Fischer, S. 181–194

Freud S (1923b): Das Ich und das Es. GW VIII. Frankfurt/M.: Fischer, S. 235–289

Freud S (1926e): Die Frage der Laienanalyse. GW XIV. Frankfurt/M.: Fischer, S. 206–286

Freud S (1933a): Neue Folge der Vorlesungen zur Einführung in die Psychoanalyse. GW XV. Frankfurt/M.: Fischer

Garstick E (2019): *Väter in der psychodynamischen Psychotherapie mit Kindern und Jugendlichen. Die Triangulierung und das väterliche Prinzip.* Stuttgart: Kohlhammer

Göttken T, v. Klitzing K (2015): *Psychoanalytische Kurzzeitpsychotherapie mit Kindern (PaKT). Ein Behandlungsmanual.* Stuttgart: Klett-Cotta

Greenson R R (1973): *Technik und Praxis der Psychoanalyse Bd 1.* Stuttgart: Klett (im Original erschienen 1967: The Technique and Practice of Psychoanalysis)

Grossmann K, Grossmann K E (2004): *Bindungen – das Gefüge psychischer Sicherheit.* Stuttgart: Klett-Cotta

Havighurst R J (1948): *Developmental Tasks and Education.* New York: David McKay Company 1972

Haynal A (2000): *Die Technikdebatte in der Psychoanalyse. Freud, Ferenczi, Balint.* Gießen: Psychosozial (im Original erschienen 1987: La technique en question; Controverses en psychoanalyse)

Heigl-Evers A, Ott J (1994): *Die psychoanalytisch-interaktionelle Methode. Theorie und Praxis.* Göttingen: Vandenhoeck & Ruprecht

Heimann P (1950): On Countertransference. *Int J Psychoanal*, 31, S. 81–84

Heimann P (2016): *Gegenübertragung und andere Schriften zur Psychoanalyse. Vorträge und Aufsätze aus den Jahren 1942–1980.* Stuttgart: Klett-Cotta

Heinemann E, Hopf H (2015): *Psychische Störungen in Kindheit und Jugend. Symptome – Psychodynamik – Fallbeispiele – psychoanalytische Therapie.* 5., überarbeitete Auflage. Stuttgart: Kohlhammer

Holder A (2002): *Psychoanalyse bei Kindern und Jugendlichen. Geschichte, Anwendungen, Kontroversen.* Stuttgart: Kohlhammer
Hopf H (2002): Überlegungen zum Gutachterverfahren bei analytischer und tiefenpsychologisch fundierter Psychotherapie bei Kindern und Jugendlichen. *Psychotherapeutische Praxis,* 3, S. 111–118. Göttingen: Hogrefe
Hopf H (2005): *Traum, Aggression und heilende Beziehung.* Frankfurt: Edition Déja-vu
Hopf H (2006): Vom Verschwinden von realer Angst und Scham. Zwei Jugendlichen-Behandlungen vor dem Hintergrund veränderter sozio-kultureller Verhältnisse. *Analytische Kinder- und Jugendlichen-Psychotherapie,* Heft 130, XXXVII. Jg. 2/2006, S. 143–162
Hopf H (2007): *Träume von Kindern und Jugendlichen. Diagnostik und Psychotherapie.* Stuttgart: Kohlhammer
Hopf H (2007): *Wenn Kinder krank werden. Besser verstehen – einfühlsamer helfen.* Stuttgart: Klett-Cotta
Hopf H, Windaus E (Hrsg) (2007): *Lehrbuch der Psychotherapie Bd. 5: Psychoanalytische und tiefenpsychologisch fundierte Kinder- und Jugendlichenpsychotherapie.* München: CIP-Medien
Hopf H (2009): *Angststörungen bei Kindern und Jugendlichen. Diagnose, Indikation, Behandlung.* Frankfurt/M.: Brandes & Apsel
Hopf H, Winter-Heider C (2019): *Sprache und Traum in der psychodynamischen Therapie von Kindern und Jugendlichen.* Stuttgart: Kohlhammer
Hug-Hellmuth H (1920): Zur Technik der Kinderanalyse. *Kinderanalyse,* 1994, 1, S. 9–27
Jaeggi E, Gödde G, Hegener W, Möller H (2003): *Tiefenpsychologie lehren – Tiefenpsychologie lernen.* Stuttgart: Klett-Cotta
Jaeggi E, Riegels V (2008): *Techniken und Theorie der tiefenpsychologisch fundierten Psychotherapie.* Stuttgart: Klett-Cotta
Kächele H (2005): *Korrigierende emotionale Erfahrungen – ein Lehr- und Lernprozess.* Plenarvortrag im Rahmen der 55. Lindauer Psychotherapiewochen. URL: www.lptw.de
Kahl-Popp J (2009): Die therapeutische Wirkung der Elternbehandlung. *Analytische Kinder- und Jugendlichenpsychotherapie,* Heft 143, XL. Jg. 3/2009, S. 301–329
Kahl-Popp J (2011): Forschen – Lernen – Heilen. Zur Entwicklung psychotherapeutischer Kompetenz – Implikationen für die Ausbildung. *Analytische Kinder- und Jugendlichenpsychotherapie,* Heft 149, XLII. Jg. 1/2011, S. 116–133
Kalff D M (1966): *Sandspiel. Seine therapeutische Wirkung auf die Psyche.* München: Ernst Reinhardt ⁴2000
Kast V (1982): *Trauern. Phasen und Chancen des psychischen Prozesses.* Stuttgart: Kreuz
Kernberg O F (1975): *Borderline-Störungen und pathologischer Narzissmus.* Frankfurt/M.: Suhrkamp ³1979
Kernberg O F, Hartmann H-P (2006): *Narzissmus. Grundlagen – Störungsbilder – Therapie.* Stuttgart: Schattauer
King P, Steiner R (Hrsg) (2000): *Die Freud/Klein-Kontroversen 1941–1945,* Bd. 1u. 2. Stuttgart: Klett-Cotta (im Original erschienen 1991: The Freud-Klein Controversies 1941–45)
Klein M (1926): *Die Psychoanalyse des Kindes.* München: Kindler ²1979
Klein M (1955a): Die psychoanalytische Spieltechnik, ihre Geschichte und Bedeutung. In: Biermann G (Hrsg): *Handbuch der Kinderpsychotherapie Bd. I,* München: Ernst Reinhardt 1969, S. 151–168
Klein M (1952c): Über das Seelenleben des Kleinkindes. In: Dies.: *Das Seelenleben des Kleinkindes und andere Beiträge zur Psychoanalyse.* Reinbek: Rowohlt 1972, S. 144–173
Klein M (1957): Neid und Dankbarkeit. Eine Untersuchung unbewußter Quellen. In: Dies.: *Gesammelte Schriften Bd. III,* Hrsg. von Ruth Cycon. Stuttgart-Bad Cannstatt: frommann-holzboog 2000
Klüwer R (1983): Agieren und Mitagieren. In: *Psyche,* 37, S. 828–840
Klüwer R (1995/2005): *Erweiterte Studien zur Fokaltherapie.* Gießen: Psychosozial 2005
Klüwer R (2004): Das Konzept des Fokus im psychoanalytischen Denken. In: Klüwer R, Lachauer R (Hrsg): *Der Fokus. Perspektiven für die Zukunft.* Psychoanalytische Blätter, Bd. 26. Göttingen: Vandenhoeck & Ruprecht, S. 20–37
Kohut H (1971): *Narzissmus. Eine Theorie der psychoanalytischen Behandlung narzisstischer Persönlichkeitsstörungen.* Frankfurt/M.: Suhrkamp 1973

Kohut H (1977): *Die Heilung des Selbst*. Frankfurt/M.: Suhrkamp 1979
Küchenhoff J (2005): *Psychodynamische Kurz- und Fokaltherapie. Theorie und Praxis*. Stuttgart: Schattauer
Lachauer R (1992/2004): *Der Fokus in der Psychotherapie. Fokalsätze und ihre Anwendung in Kurztherapie und anderen Formen analytischer Psychotherapie*. Stuttgart: Pfeiffer bei Klett-Cotta ³2004
Laimböck A (2019): *Das psychoanalytische Erstgespräch*. 2., erweiterte und überarbeitete Auflage. Frankfurt/M.: Brandes & Apsel
Laplanche J, Pontalis J B (1973): *Das Vokabular der Psychoanalyse*. Frankfurt/M.: Suhrkamp (im Original erschienen 1967: Vocabulaire de la Psychoanalyse)
Lorenzer A (2000): *Sprachzerstörung und Rekonstrukion*. Frankfurt/M.: Suhrkamp
Luborski L (1988): *Einführung in die analytische Psychotherapie*. Berlin, Heidelberg, New York, London, Paris, Tokyo: Springer
Lutz C (2007): Projektive Verfahren und ihre Verwendung für die psychodynamische Diagnostik bei Kindern und Jugendlichen. In: Hopf H, Windaus E (Hrsg): *Lehrbuch der Psychotherapie Bd. 5: Psychoanalytische und tiefenpsychologisch fundierte Kinder- und Jugendlichenpsychotherapie*. München: CIP-Medien, S. 159–174
Lutz C (2009): Elternarbeit unter analytischer Akzentsetzung. *Analytische Kinder- und Jugendlichenpsychotherapie* Heft 143, XL. Jg. 3/2009, S. 363–383
Malan D H (1963): *Psychoanalytische Kurztherapie. Eine kritische Untersuchung*. Reinbek: Rowohlt 1972
Menninger K A, Holzmann P S (1977): *Theorie der psychoanalytischen Technik*. Stuttgart: Frommann-Holzboog
Mentzos S (1984): *Neurotische Konfliktverarbeitung*. Frankfurt/M.: Fischer
Mentzos S (2009): *Lehrbuch der Psychodynamik. Die Funktion der Dysfunktionalität psychischer Störungen*. Göttingen: Vandenhoeck & Ruprecht
Mertens W (2010–2012): *Psychoanalytische Schulen im Gespräch*. Bd 1–3. Bern: Huber
Mitscherlich A (1963): *Auf dem Weg zur vaterlosen Gesellschaft*. Weinheim, Basel, Berlin: Beltz 2003
Müller-Pozzi H (2015): Das Begehren der Mutter und der Name des Vaters. Die drei Aspekte der Vatermetapher. *Analytische Kinder- und Jugendlichenpsychotherapie*, 46(3), S. 313–326
Nissen G (2005): *Kulturgeschichte seelischer Störungen bei Kindern und Jugendlichen*. Stuttgart: Klett-Cotta
Novick J, Novick K K (2009): *Elternarbeit in der Kinderpsychoanalyse. Klinik und Theorie*. Frankfurt/M.: Brandes & Apsel
O'Shaughnessy E (1998): *Kann ein Lügner analysiert werden? Emotionale Erfahrungen und psychische Realität in Kinder- und Erwachsenenanalysen*. Hrsg. von Frank C und Weiß H (Perspektiven kleinianischer Psychoanalyse Bd. 3). Tübingen: Ed. diskord
Pfleiderer B (2002): Tiefenpsychologisch fundierte Psychotherapie bei Kindern und Jugendlichen. *Praxis der Kinderpsychologie und Kinderpsychiatrie*, Heft 52, 1/2002, S. 31–38
Piaget J (1975): *Nachahmung, Spiel und Traum*. Gesammelte Werke 5 (Studienausgabe). Stuttgart: Ernst Klett
Porsch U (2007): Allgemeine und psychologische Grundlagen der Psychotherapie. In: Hopf H, Windaus E (Hrsg): *Lehrbuch der Psychotherapie Bd. 5: Psychoanalytische und tiefenpsychologisch fundierte Kinder- und Jugendlichenpsychotherapie*. München: CIP-Medien, S. 3–28
Poser M (2010): *Tiefenpsychologisch fundierte Psychotherapie mit Kindern und Jugendlichen. Therapiekonzeption und Falldarstellungen*. Stuttgart: Schattauer
Racker H (1967 [1997]): *Übertragung und Gegenübertragung. Studien zur Psychoanalytischen Technik*. München, Basel: Ernst Reinhardt
Raue J (2007): Theorie und Praxis der psychoanalytischen Diagnostik bei Kindern und Jugendlichen unter besonderer Berücksichtigung des szenischen Verstehens. In: Hopf H, Windaus E (Hrsg): *Lehrbuch der Psychotherapie Bd. 5: Psychoanalytische und tiefenpsychologisch fundierte Kinder- und Jugendlichenpsychotherapie*. München: CIP-Medien, S. 143–157
Reimer C, Rüger U (2006): *Psychodynamische Psychotherapien. Lehrbuch der tiefenpsychologisch fundierten Psychotherapieverfahren*. Heidelberg: Springer, ⁴2012

Rohde-Dachser C (1987): Ausformungen der ödipalen Dreieckskonstellation bei narzisstischen und Borderline-Störungen. *Psyche*, 1987/9, S. 773–799
Richter H E (1963): *Eltern, Kind und Neurose*. Reinbek: Rowohlt ²1969
Richter H E (1970): *Patient Familie*. Reinbek: Rowohlt
Roudinesco E, Plon M (2004): *Wörterbuch der Psychoanalyse*. Wien: Springer (im Original erschienen 1997: Dictionnaire de la Psychoanalyse)
Rudolf G (2004): *Strukturbezogene Psychotherapie. Leitfaden zur psychodynamischen Therapie struktureller Störungen.* Stuttgart: Schattauer
Rudolf G (2010): *Psychodynamische Psychotherapie. Die Arbeit an Konflikt, Struktur und Trauma.* Stuttgart: Schattauer
Rüger U (2002): Tiefenpsychologisch fundierte Psychotherapie. *Prax. Kinderpsychol. Kinderpsychiat.*, 51, S. 12–30
Rüger U, Dahm A, Kallinke D (2003): *Faber / Haarstrick, Kommentar Psychotherapierichtlinien.* München, Jena: Urban & Fischer
Salge H (2013): *Analytische Psychotherapie zwischen 18 und 25. Besonderheiten in der Behandlung von Spätadoleszenten.* Berlin, Heidelberg: Springer
Sandler J, Dare C, Holder A (1973): *Die Grundbegriffe der psychoanalytischen Therapie.* Stuttgart: Klett-Cotta 1994 (im Original erschienen 1971: The Patient and the Analyst. The Basic of the Psychoanalytic Process.)
Sandler J, Sandler A M (1985): Vergangenheits-Unbewußtes, Gegenwarts-Unbewußtes und die Deutung in der Übertragung. *Psyche*, 39, S. 800–829
Scholich B (1997): Der abwesende Vater. Väterliche Strukturgebung und väterlicher Auftrag. In: Schulz U (Hrsg): *Väter. …es ist, als wüssten sie nichts über ihre Kraft.* Waiblingen: Stendel, S. 35–66
Schon L (2010): *Sehnsucht nach dem Vater. Die Psychodynamik der Vater-Sohn-Beziehung.* Stuttgart: Klett-Cotta
Schuch H W (1990): *A propos Technik-Debatte in der Psychotherapie.* URL http://dr.hans-waldemar-schuch.de/pdf/psychotherapie/Aktive_und_elastische_Psychoanalyse_-_Ferenczi.pdf
Seiffge-Krenke I (2007): *Psychoanalytische und tiefenpsychologisch fundierte Therapie mit Jugendlichen.* Stuttgart: Klett-Cotta 2007
Staehle A (2006): Kinderträume – Erwachsenenträume. Der Zusammenhang zwischen Denkvermögen und Träumen. *Analytische Kinder- und Jugendlichenpsychotherapie*, Heft 131, XXXVII. Jg. 3/2006, S. 385–405
Sterba (1934): The fate of the ego in analytic therapy. *Int J Psychoanal*, 15, S. 117–126
Stork J (2001): Die Deutungsarbeit und andere Aktivitäten zur Aufrechterhaltung des psychoanalytischen Prozesses. *Kinderanalyse*, 9. Jg., S. 347–373
Streek-Fischer A (2002): Tiefenpsychologisch fundierte Psychotherapie von Kindern und Jugendlichen – Einführung in die Thematik. *Prax. Kinderpsychol. Kinderpsychiat.*, 51, S. 3–11
Streek-Fischer A (2020): ADHS und der fehlende psychische Raum. Wann ist eine medikamentöse Behandlung angezeigt und wie wirkt sie? *KJP*, Heft 185, 51. Jg., 1/2020, S. 23–38
Strupp H H, Binder J L (1991): *Kurzpsychotherapie.* Stuttgart: Klett-Cotta
Thomä H, Kächele H (1985): *Lehrbuch der psychoanalytischen Therapie. Bd. 1: Grundlagen.* Berlin, Heidelberg, New York, Paris, London, Tokyo: Springer
Timmermann F: *Psychoanalytische Indikationsgespräche mit Adoleszenten.* Frankfurt/M: Brandes & Apsel 2001
v. Klitzing K (2005): Rivalen oder Bündnispartner? Die Rolle der Eltern bei der analytischen Arbeit mit Kindern – eine Einführung in das Themenheft. *Kinderanalyse*, 13, S. 113–122
v. Klitzing K, Stadelmann S (2011): Das Kind in der triadischen Beziehungswelt. *Psyche*, 65, S. 953–971
Weiss J, Sampson H & The Mount Zion Psychotherapy Research Group (1986): *The Psychoanalytic Process: Theory, Clinical Observations and Empirical Research.* New York: Guilford Press

Wienand F (2019): *Projektive Diagnostik bei Kindern, Jugendlichen und Familien. Grundlagen und Praxis. Ein Handbuch*. 2. Auflage. Stuttgart: Kohlhammer
Willi J (1975): *Die Zweierbeziehung*. Reinbek: Rowohlt
Willi J (1978): *Therapie der Zweierbeziehung*. Reinbek: Rowohlt
Windaus E (1999) Psychoanalytische Elternarbeit und szenisches Verstehen. *Analytische Kinder- und Jugendlichenpsychotherapie*, 103, S. 307–338
Windaus E (2007): Behandlungskonzepte der tiefenpsychologisch fundierten und analytischen Therapie bei Kindern und Jugendlichen. In: Hopf H, Windaus E (Hrsg): *Lehrbuch der Psychotherapie Bd. 5: Psychoanalytische und tiefenpsychologisch fundierte Kinder- und Jugendlichenpsychotherapie*. München: CIP-Medien, S. 231–251
Winkelmann K (2007): Posttraumatische und akute Belastungsstörungen bei Kindern und Jugendlichen. In: Hopf H, Windaus E (Hrsg): *Lehrbuch der Psychotherapie Bd. 5: Psychoanalytische und tiefenpsychologisch fundierte Kinder- und Jugendlichenpsychotherapie*. München: CIP-Medien, S. 443–459
Winnicott D W (1973b): *Die therapeutische Arbeit mit Kindern*. München: Kindler
Winnicott D W (1974a): *Reifungsprozesse und fördernde Umwelt*. München: Kindler (im Original erschienen 1965: The Maturational Processes and the Facilitating Environment)
Winnicott D W (1974b): *Vom Spiel zur Kreativität*. Stuttgart: Klett-Cotta
Wöller W, Kruse J (2020): *Tiefenpsychologisch fundierte Psychotherapie. Basisbuch und Praxisleitfaden*. 1. Nachdruck 2020 der 5., überarbeiteten Auflage 2018. Stuttgart: Schattauer
Zoja L (2000, dt. 2002): *Das Verschwinden der Väter*. Düsseldorf, Zürich: Walter
Zulliger H (1952): *Heilende Kräfte im kindlichen Spiel*. Eschborn: Dietmar Klotz ^{8}2007

Verzeichnis der Fallbeispiele

Aufgeführt sind umfangreiche Fallbeispiele und solche, die an mehreren Stellen erwähnt werden. Kurze Vignetten aus nur einmal zitierten Beispielen sind nicht namentlich gekennzeichnet. Alle Namen sind Pseudonyme. In den Fallbeispielen wird das aktuelle Alter der Patienten (in Jahren) angegeben, im Verzeichnis das Alter zum Zeitpunkt des Erstgesprächs (in Jahren; Monaten).

Pseudonym	Alter bei Erstgespräch	Diagnosen (ICD 10)	Erwähnt auf Seite:
Bastian	10;6	F95.1 Chronische Ticstörung F 98.0 Nichtorganische Enuresis	248
Birgit	19;2	F43.1 Posttraumatische Belastungsstörung	90, 114, 225
Christian	4;4	F83 Kombinierte Entwicklungsstörungen F94.1 Reaktive Bindungsstörung	150
David	10	F43.2 Anpassungsstörung F93.2 Störung mit sozialer Ängstlichkeit und Trennungsängsten	190
Diana	16;9	F50.0 Anorexia nervosa	75
Dorothee	16;2	F50.0 Anorexia nervosa F32.2 Schwere depressive Episode ohne psychotische Symptome	146
Elisabeth	15;11	F32.1 Mittelgradige depressive Episode F60.6 Beginnende ängstliche (vermeidende) Persönlichkeitsstörung mit autoaggressivem Verhalten	67–68, 156, 159, 230, 236, 246, 251, 265, 267, 280
Erich	10;11	F32.1 Mittelgradige depressive Episode F93.2 Störung mit sozialer Ängstlichkeit	191, 212
Günay	18;4	F41.0 Panikstörung F32.1 Mittelgradige depressive Episode	259, 261
Hanne	6;7	F98.0 Nichtorganische Enuresis	92, 95
Ines	7;8	F93.0 Emotionale Störung mit Trennungsangst	31–32, 190, 208, 264, 288
Ingo	11;6	F43.1 Posttraumatische Belastungsstörung	138, 196, 266, 270

Verzeichnis der Fallbeispiele

Pseudonym	Alter bei Erstgespräch	Diagnosen (ICD 10)	Erwähnt auf Seite:
Irina	15;10	F92.8 Kombinierte Störung des Sozialverhaltens und der Emotionen F43.1 Posttraumatische Belastungsstörung F32.1. Mittelgradige depressive Episode	167, 171, 197, 222
Isolde	8;2	F43.2 Anpassungsstörungen F50:4 Essattacken F98.1 Nichtorganische Enkopresis	114, 136, 164, 169
Jan	8.4	F94.1 Reaktive Bindungsstörung F91.1 Störung des Sozialverhaltens bei fehlenden sozialen Bindungen	237
Jasmin	9;9	F50.4 Essattacken F93.0 Emotionale Störung mit Trennungsangst	135
Jürgen	5.9	F93.1 Phobische Störung F94.1 Reaktive Bindungsstörung	259
Kai	12;10	F92 Kombinierte Störung des Sozialverhaltens und der Emotionen	154, 211, 284, 286
Katie	8;9	F93.0 Emotionale Störung mit Trennungsangst	53, 55, 62, 71–72, 77, 140, 158, 225, 227, 271–272, 281
Kim	12;3	F93.2 Störung mit sozialer Ängstlichkeit	244
Kristin	3;1	F93.3 Emotionale Störung mit Geschwisterrivalität F94.0 Elektiver Mutismus	88
Lucie	18	F50.4 Essattacken bei anderen psychischen Störungen	147, 191, 209, 223, 246, 265
Lukas	12;1	F90.0 Einfache Aktivitäts- und Aufmerksamkeitsstörung	102, 168, 174–177, 195
Marco	8;4	F44.7 Dissoziative Störung F42.1 Zwangshandlungen F94.1 Reaktive Bindungsstörung	232
Matthäus	17;7	F40.1 Soziale Phobien	222
Mike	6;1	F98.1 Nichtorganische Enkopresis	79, 106
Nico	9;2	F43.2 Anpassungsstörungen	190, 226
Ortrud	17;5	F32.1 Mittelgradige depressive Episode	46, 238, 285, 290
Otto	11;3	F93.2 Störung mit sozialer Ängstlichkeit F95.1 Chronische Ticstörung	39, 55–57, 65, 109, 112, 155,

Verzeichnis der Fallbeispiele

Pseudonym	Alter bei Erstgespräch	Diagnosen (ICD 10)	Erwähnt auf Seite:
			171, 205, 212, 231, 278, 291
Patrizia	10;8	F43.1 Komplexe posttraumatische Belastungsstörung F94.1 reaktive Bindungsstörung des Kindesalters F 98.0 Nichtorganische Enuresis	254
Ralf	5;5	F40.2 Spezifische Phobien	80, 278
Rebekka	18;2	F42.2 Zwangsgedanken und Zwangshandlungen	195, 204, 220, 231
Regina	6;1	F93.3 Emotionale Störung mit Geschwisterrivalität F91.0 Auf den familiären Rahmen beschränkte Störung des Sozialverhaltens	194
Reimund	6;2	F93.0 Emotionale Störung mit Trennungsangst F98.0 Nichtorganische Enuresis	62–64, 158, 169, 279, 284
Richard	7;9	F92.0 Störung des Sozialverhaltens mit depressiver Störung	84, 88, 132, 134, 214
Rolf	4;1	F98.1 Nichtorganische Enkopresis	131, 152, 167, 214, 230, 243
Ronny	9;9	F92.0 Störung des Sozialverhaltens mit depressiver Störung	92, 148, 167, 224, 243, 276, 291
Rosi	10;5	F94.2 Bindungsstörung mit Enthemmung	171
Sam	9;6	F92.0 Störung des Sozialverhaltens mit depressiver Störung	196, 220, 245, 266
Sascha	5;6	F43.1 Posttraumatische Belastungsstörung	109
Sergej	12;4	F92.9 Kombinierte Störung des Sozialverhaltens und der Emotionen F94.1 Reaktive Bindungsstörung	68, 193, 221, 250
Tamara	9;4	F32.2 Schwere depressive Episode ohne psychotische Symptome E66.09 Adipositas durch übermäßige Kalorienzufuhr	170
Ulrike	7;8	F93.0 Emotionale Störung mit Trennungsangst	181–186, 213, 248

Stichwortverzeichnis

A

Abhängigkeit 30, 43, 52, 95, 110, 135, 137, 145, 248, 288
Abhängigkeitsbedürfnisse 283
Ablösung 27, 46, 65, 91, 110, 114, 200, 225, 291
Abschied 150, 278, 283
Abstinenz 19, 21, 38, 53, 138 f., 190
– Abstinenzregel 19
Abwehr 33, 75, 119, 230
Abwehrdeutung 241
Abwehrmechanismen 26, 34, 146
– primitive Abwehrmechanismen 84
– Projektion 174
– projektive Identifizierung 38, 233
– Verleugnung 186
Adaptivität 41, 67 f., 156, 159, 230, 236, 246, 251, 265, 267, 280
ADHS 273
Affekt 156, 191, 212, 235
– affektives Erleben 198
Affektregulation 274
Affektspiegelung 252
Agieren 38, 127, 200, 259, 261
Akkomodation 92, 95, 162
Aktivität 19, 29, 31 f., 55, 98, 189 f., 208, 264, 288
– aktive Haltung 20
– aktive Methode 20
– Wechsel von Passivität zu Aktivität 237 f.
Aktualkonflikt 105
Akzeptanz 52, 132, 138, 146, 196, 229, 266, 270
Ambivalenzkonflikt 132
Analytische Psychotherapie 23, 167, 171, 197, 222, 263
– Unterscheidung von der TfP 23 f., 43, 231
Anamnese 74, 114, 120, 136, 164, 169
Anerkennung 237, 279
Anfang der Therapie 126, 135
Angst 34 f., 62, 71, 78, 118, 131, 188, 199, 218, 259

Anmeldesituation 45, 154, 211, 284, 286
Antrag 53, 55, 62, 71, 77, 116, 140, 158, 225, 227, 271, 281
Arbeitsbeziehung 60, 129
Arbeitsbündnis 17, 39, 60, 64, 129, 193, 244, 246, 288
– Arbeitsbündnis mit dem Kind 130
– Arbeitsbündnis mit den Eltern 142
– Arbeitsbündnis mit Jugendlichen 145
Assimilation 88, 162
Assoziation, freie 21, 147, 160 f., 163, 191, 209, 223, 246, 248, 256, 265
Aufmerksamkeit 59, 102, 168, 174, 195
– gleichschwebende Aufmerksamkeit 53, 98, 209
– selektive Aufmerksamkeit 98
Ausfallhonorar 127, 232
Außenbeziehungen 222, 232, 263
Außenübertragung 79, 106, 263
Ausstattung des Therapieraumes 163, 190, 226

B

Bedeutung 31, 38, 46, 74, 238, 285, 290
– Bedeutung des Traumes 257
Bedeutungsgebung 253 f.
Bedürfnis 30, 39, 41, 55–57, 65, 109, 127, 133, 136 f., 155, 171, 205, 212, 231, 278
– Bedürfnis nach Sicherheit 87
– Schutzbedürfnis 232
Beendigung der Therapie 80, 283, 287
– vorzeitige Beendigung 287
Begrenztheit 195, 204, 220, 231, 278, 290
Behandlungsmotivation 94, 194
Behandlungsplan 62, 64, 123, 158, 169, 279, 284
Behandlungsvoraussetzungen 84, 88, 91, 104, 132, 134
Bewältigung 34, 131, 152, 167, 190, 214, 230, 243
Bewältigungsmöglichkeiten 93, 148, 167, 193, 224, 243, 291
Beziehung 37, 107 f., 118, 127, 164, 171, 210, 268

- soziale Beziehungen 90
- therapeutische Beziehung 31, 37, 101, 216
Beziehungserfahrung 31, 150, 196, 220, 228, 245, 266
- korrigierende emotionale Beziehungserfahrung 21, 37, 198, 228
Beziehungsgestaltung 37, 39, 70, 76, 109, 129
Beziehungsmuster 31, 68, 71, 76, 193, 200, 221, 250, 280
- maladaptive Beziehungsmuster 235, 266
Beziehungsphantasien 180
Bezugspersonen 142, 170, 267
- begleitende Psychotherapie der Bezugspersonen 143, 174, 207
- pädagogische Bezugspersonen 68
Bindung 87, 181, 185, 213, 248
- Bindungsrepräsentanz 87
- Bindungsstil 87
Bindungsqualität 87
Bindungsrepräsentanz 87, 129
Bindungstheorie 26

C

Cirkumplexmodell 76
Container 38, 63
- Containing 199, 233
Control Mastery Theorie 235

D

Defizitorientierung 193
Delegation 143, 174, 186, 219
Delegationswiderstand 220, 226, 288
Depressive Position 151
Deutung 20, 41, 97, 108, 161 f., 229, 236, 240
- Affekte benennen 249
- Deutungstechniken 243
- falsche Deutungen 246
- genetische Deutung 213, 241
- im Spiel 247
- Probedeutung 56
- von Träumen 257
Diagnostik 70, 90, 123
Differentialindikation 105
Durcharbeiten 198
Dyaden 76, 180

E

Effekte der Therapie 290

Einsicht 37, 94, 218, 236, 240
- emotionale Einsicht 201
Eltern 172
- alleinerziehender Elternteil 188
- elterliche Ideale 113
Empathie 230
Entwertung 148
Entwicklung 29 f., 35, 78, 82, 147, 172, 259
- Entwicklungskonflikte 27
Entwicklungsaufgaben 78
Entwicklungskonflikte 27, 169
Entwicklungsobjekt 228
Entwicklungspsychologie 27
- Entwicklungsaufgaben 27
Ergänzungsreihe 17, 107, 229
Erinnern 20, 32, 256, 287
Erinnerung 200
Erinnerungsarbeit 286
Ermutigung 280
Ersatzpartner 188
Erstgespräch 51
- Erstbegegnung mit dem Kind 61
- Erstgespräch mit den Eltern 51
- Phasen des Erstgesprächs 59
Es 37
Exploration 166
Explorationsbedürfnis 87
Externalisierung 71

F

Familiendynamik 143, 174
Fokaltherapie 97
Fokus 21, 43, 97, 124, 152
- Familien-Fokus 102
- Fokaltherapie 21
Fremdheit 135
Frequenz 127
Funktionsweise des Unbewussten 256

G

Gegenübertragung 31, 54, 146, 198, 202 f., 237
Gelingen 196
Geschützter Raum 52
Grenzen der Therapie 289
Gutachter 116

H

haltende Funktion 232
Haltende Funktion 38, 169
Handlungsalternativen 189

Handlungsdialog 127
Hauptproblem 99
Hilfsmöglichkeiten 196

I

Ich 26 f., 30, 34, 37, 122, 145, 155, 158, 181, 218 f., 240, 248, 256
– Ich-Fähigkeiten 26
– Ich-Psychologie 26
– Ich-stützende Techniken 264
– therapeutische Ich-Spaltung 129
Ich-Fähigkeiten 90
Idealisierung 148, 278, 290
Identität 46, 65, 110, 179, 200
– männliche Identitätsentwicklung 179
Imaginäres Kind 173
Indikation 102
– Indikationsstellung bei Jugendlichen 110
Initialszene 239
Initialtraum 259
Inneres Bild 143, 173
Inneres Objekt 286
Intellektualisieren\t siehe Widerstandsphämomene 223
Internalisierung 71
Interpersonale Dynamik 263
Introspektionsfähigkeit 93
Inzestverbot 135

K

Klarifizierung 166, 183
Kohärenz 38
Kollusion 180
Kommunikation 83, 237
Kompromissbildung 35
Konflikt 27, 30, 36, 54, 71, 77, 86, 97 f., 107, 121 f., 152, 155, 164, 166, 169 f., 229
– Aktualkonflikt 79, 244
– ödipaler 123
– ödipaler Konflikt 135
– umschreibbarer Konflikt 21
– zentraler psychischer 120
– zentraler psychischer Konflikt 78, 101
Konflikttoleranz 193
Konfrontation 170
Krankheit 29–31, 76, 93, 117, 192, 194
– Krankheitsgewinn 219
– seelische Krankheit 117
Krankheitseinsicht 45, 145
Krankheitsgewinn 94
Krisenintervention 188
Kurzzeit-Psychotherapie 21, 117, 151

L

Lehranalyse 203, 286
Leidensdruck 46, 51, 71, 93
Lösungsorientierung 144, 155
Lösungsphantasien 164
Loyalitätskonflikt 79, 106, 187, 190
Lustprinzip 34

M

Maladaptive Beziehungsmuster 76, 236
Markierung 253
Medikation 273
Mentalisierung 26, 82, 159
Metapher 195
Methylphenidat 273
Milde positive Übertragung 33, 63, 94, 129
Modifikation 267
Modifizierte Reaktion 235
Motivation 46, 55, 57, 61, 63

N

Narrativ 53
Narzissmus 26, 46, 107, 145, 179, 181
Nebenwirkungen 273
Neutralität 53, 184, 248

O

Objekt 162, 218, 249
– Objekterleben 83
– Objektrepräsentanz 26, 76, 83, 156, 172
– primäre Objekte 27, 84
– Sexualobjekt 27
– Teilobjekt 84
– triangulierendes Objekt 83
Objektbeziehung 28, 30, 156, 160 f., 290
Objektbeziehungsphantasien 31
Objektbeziehungstheorie 26
Objektkonstanz 210
Objektphantasien 173
Objektverlust 85

P

Paarbeziehung 178
Patchworkfamilie 180, 188
Pathogenese 121
Peergroup 90, 148
Persönliche Fragen 138
Perspektivenvielfalt 41

307

Positive Beziehung 131
Probedeutung 63
Probedeutung siehe Deutung 56
Problemaktivierung 152
Prognose 106
Progression 36, 189
Projektion siehe Abwehrmechanismen 174
Projektive Identifizierung siehe Abwehrmechanismen 233
Psychischer Befund 118
Psychoanalyse 25, 255
Psychoanalytische Haltung 98
Psychodynamik 53, 120
- Psychodynamik des Konflikts 77

R

Rahmen 115, 126, 224
Ratschläge 143
Realangst 218
Realitätsprinzip 34
Realitätsprüfung 265
Reframing 194
Regression 35, 43, 124, 187, 201
- Regressionsbegrenzung 106 f.
- therapeutische Regression 36
Regressionsbegrenzung 203
Repräsentanzen 26, 31, 172, 178, 200, 230, 236
- Objektrepräsentanz siehe Objekt 156
- Selbstrepräsentanz siehe Selbst 156
Resilienz 90, 192
Respekt 134, 146, 229
Ressourcen 90, 122, 188, 196
Ressourcenaktivierung 193
Rezeptive Grundhaltung 52
Rolle 237
Rückfälle 278, 281
Rücknahme der Übertragung 291

S

Salutogene Faktoren 192
Scheidungserlebnis 187
Schema 162
Schnörkelspiel 161
Schuldgefühle 187 f.
Schutzbedürfnis 217
Schweigen siehe Widerstandsphänomene 222
Schweigepflicht 127, 142
Seelische Krankheit 103
Selbst 38, 83 f., 142, 173
- Selbsterleben 83
- Selbstwertgefühl 167

Selbstberuhigung 265
Selbstbild 34, 75, 179
Selbsterleben 236
Selbstfürsorge 189, 290
Selbstpsychologie 26
Selbstwertgefühl 187
Selektive Serotonin-Wiederaufnahmehemmer 273
Sicherheitsgefühl 132
Somatischer Befund 119
Spiegelung 253
Spiel 160, 238
Sprache des Therapeuten 139
Stabilisieren 190, 278
- stabilisierende Techniken 155
Stationäre Psychotherapie 103
Steuerung 82
Störungsspezifität 42
Strafbedürfnis 219
Struktur 29, 82, 107, 122, 229, 290
- strukturelle Störung 107
- Strukturniveau 83, 86
Strukturdiagnostik 82
Subjekt-Objekt-Differenzierung 26, 83, 167
Supportive Techniken 264
Symbol 256, 288
- Symbolisierung 26
- Symbolisierungsfunktion 86, 163
Symbolisierung 195
Symptom 30, 70, 93 f., 99, 194, 199
- auslösende Situation 71
- psychosomatische Symptome 71
Symptomatik 70, 118, 199, 285, 290
Symptomträger 42, 71
Szene 33, 47 f., 54, 57, 236
- szenische Gestaltung 127
Szenische Rollenübernahme 237

T

Themenwechsel siehe Widerstandsphänomene 221
Therapeut als Container 188
Therapeutische Allianz 129
Therapeutische Beziehung 107
Therapeutische Ich-Spaltung 93
Therapeutischer Raum 141
Therapeutisches Milieu 36
Therapiemotivation 93
Therapieziel 111, 124, 288 f.
Tiefenpsychologisch fundierte Psychotherapie
- Unterscheidung von der Analytischen Psychotherapie 36, 43
- Verfahren 41

Trauer 188, 284
Traum 160, 255
Trennung 62, 186, 283
- Trennungskonflikte 180
- Trennungssituation 130
Trennungssituation 87
Triade 179
Trianguläre Beziehung 130
Triangulierung 130, 179
Triangulierungsverbot 187

U

Über-Ich 34, 83, 231, 248
Über-Ich-Widerstand 227
Übertragung 31, 54, 160, 170, 198f., 203, 236
- Annehmen der Übertragung 209
- Auflösung der Übertragung 285
- Außenübertragung 211
- Begrenzung der Übertragung 210
- erotisierende Übertragung 213
- idealisierende Übertragung 213
- negative Übertragung 208
- Übertragungsdeutung 210
- Übertragungsheilung 32
- Übertragungsneurose 32
- Übertragungswiderstand siehe Widerstand 201
Übertragungsbeziehung 129
Übertragungsdeutung 241
Übertragungsheilung 93
Übertragungsneurose 160
Übertragungsobjekt 31, 108, 200
Übertragungswiderstand 214, 219
Unbewusstes 25
- Funktionsweise des Unbewussten 26
- strukturales Modell 26
Ungeschehenmachen siehe Widerstandsphänomene 221
Urvertrauen 129, 232

V

Vater 178
Veränderungsmotivation 92
Verbalisierung 242
Verdichtung 256
Verkehrung ins Gegenteil 256
Verleugnung siehe Abwehrmechanismen 186
Verlust 151, 186f., 191, 284
Verschiebung 256

W

Wertschätzung 52, 229
Widerstand 32f., 35, 153, 199, 201, 216
- bewusste Widerstände 220
- Übertragungswiderstand 201
- unbewusste Widerstände 221
- Verdrängungswiderstand 218
Widerstandsdeutung 241
Widerstandsphänomene 220
- Intellektualisieren 223
- Stundenausfall 224
- Ungeschehenmachen 221
- Zu-Spät-Kommen 224
Wiedergutmachung 83
Wiederholung 20, 32, 127, 198
- Wiederholungszwang 20, 120
Wiederholungszwang 200, 237
Würdigung 286

Z

Zeit 149f., 278
Zu-Spät-Kommen siehe Widerstandsphänomene 224

Arne Burchartz

Psychodynamische Psychotherapie im Kindes- und Jugendalter

2021. 226 Seiten. Kart.
€ 25,–
ISBN 978-3-17-032645-3
Psychotherapie kompakt

Die Psychoanalyse geht von einem dynamischen Unbewussten aus. Dieses steht im Zentrum der Psychodynamischen Psychotherapie im Kindes- und Jugendalter. Unter ihrem Dach haben sich zwei therapeutische Verfahren entwickelt: die Analytische Psychotherapie und die Tiefenpsychologisch fundierte Psychotherapie. Das Buch gibt einen grundlegenden Überblick über das Thema, die Geschichte, theoretische und behandlungstechnische Konzepte, den Stand der wissenschaftlichen Forschung und einen Einblick in die therapeutische Praxis. Damit vermittelt es fundierte Kenntnisse der Verfahren und bietet darüber hinaus berufs- und ausbildungspraktische Informationen.

Auch als E-Book erhältlich.
Leseproben und weitere Informationen: www.kohlhammer.de

Arne Burchartz

Traumatisierung bei Kindern und Jugendlichen

Psychodynamisch verstehen und behandeln

2019. 189 Seiten. Kart.
€ 34,–
ISBN 978-3-17-032037-6
Psychodynamische Psychotherapie mit Kindern, Jugendlichen und jungen Erwachsenen

Traumatisierungen im Kindes- und Jugendalter haben weitreichende, lange nachwirkende Folgen. Dabei sind die psychischen Beeinträchtigungen komplex, uneinheitlich und als Traumafolgen nicht ohne Weiteres erkennbar. Gleichwohl bietet eine rechtzeitige therapeutische Intervention die Chance, einerseits psychische Störungen zu lindern oder zu heilen und andererseits die Resilienz zu stärken. Psychodynamische Psychotherapien nehmen eine unverzichtbare Stellung im Kanon traumatherapeutischer Ansätze ein und können auf reichhaltige behandlungstechnische Konzepte zurückgreifen. Das Buch stellt diese dar und gibt Einblicke in die psychodynamische klinische Praxis.

Auch als E-Book erhältlich.
Leseproben und weitere Informationen: **www.kohlhammer.de**

Burchartz/Hopf/Lutz

Psychodynamische Therapien mit Kindern, Jugendlichen und jungen Erwachsenen

Geschichte, Theorie, Praxis

2016. 211 Seiten. Kart.
€ 34,–
ISBN 978-3-17-029863-7
Psychodynamische Psychotherapie mit Kindern, Jugendlichen und jungen Erwachsenen

Ausgehend von einem geschichtlichen Überblick fasst das Werk den heutigen Stand der Psychodynamischen Psychotherapien mit Kindern, Jugendlichen und jungen Erwachsenen in komprimierter und verständlicher Form zusammen. Wissenschaftlich fundiert und praxisorientiert bietet es einen Überblick über die von der Psychoanalyse ausgehenden therapeutischen Schulen und Verfahren. Dabei werden sowohl die von Freud als auch die von C. G. Jung beeinflussten Richtungen dargestellt. Didaktisch durchdacht wird der Leser in die komplexe Thematik eingeführt und durch Fragen und vertiefende Literaturempfehlungen zum weiteren Studium angeregt.

Auch als E-Book erhältlich.
Leseproben und weitere Informationen: **www.kohlhammer.de**